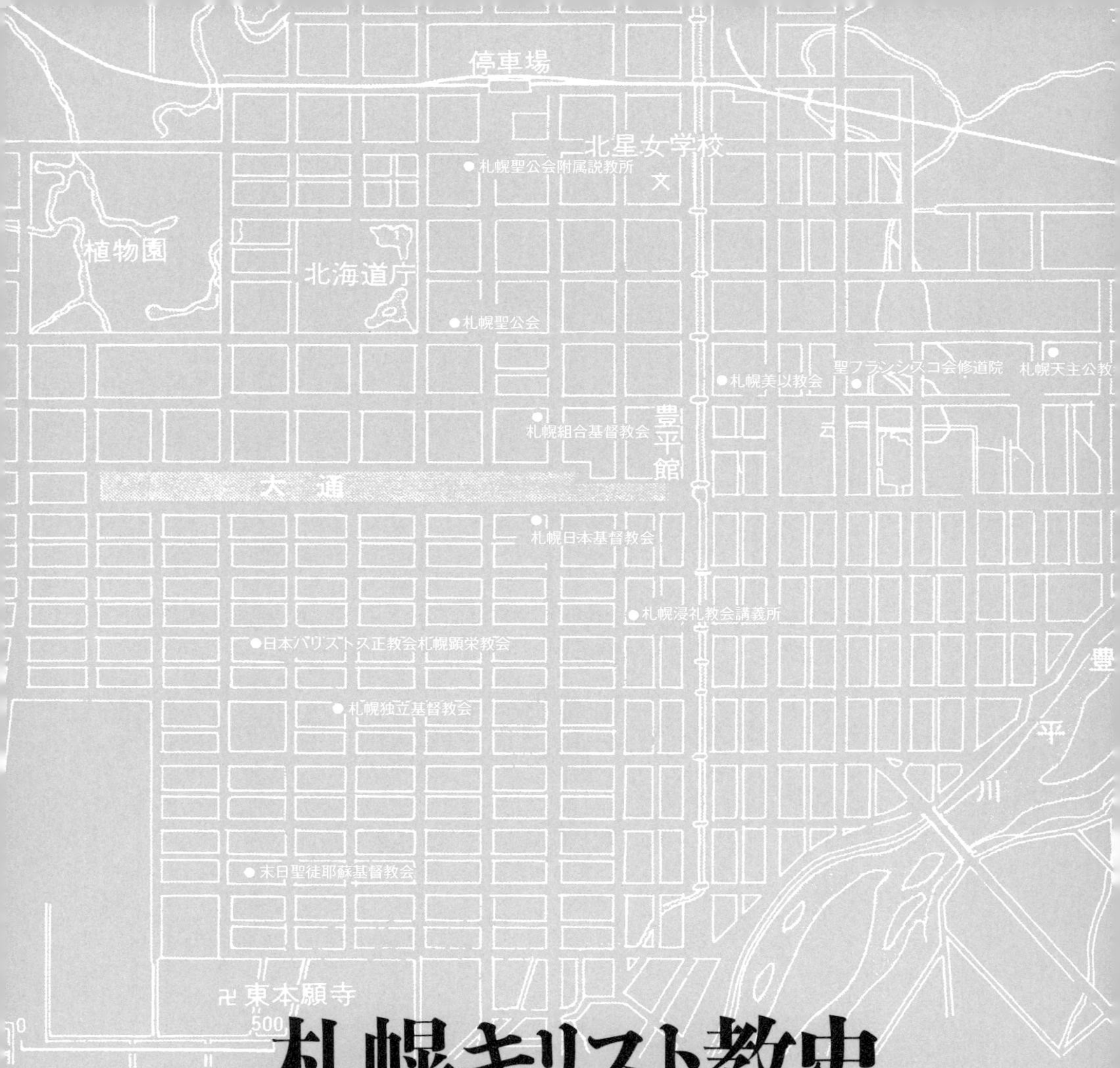

札幌キリスト教史

History of the Christianity in Sapporo

宣教の共なる歩み

鈴江英一

Eiichi Suzue

一麦出版社

Soli Deo Gloria

凡例

一、年の表記

年の表記は、西暦年を主表記とし、適宜、元号を括弧に入れて付記した。ただし一九四五年以降は、元号の付記を省略した。

なお、太陽暦が採用された一八七二（明治五）年以前の月日は、西暦に換算せず和暦によって表記したものである。

二、史料の引用

引用は、原文のままを原則とした。ただし、用字については現在使用されている漢字およびかなに改めた。

なお、引用者が行った補記は、［　］で括って示した。

三、引用、参考文献

本文の典拠となった文献は、逐一註として明示した。そのうちおもな歴史書、研究書、論文、史料集などは、巻末に目録として掲げた。

四、敬称の省略

本文および註の氏名は、すべて敬称を省略した。

五、その他

本書では、その時代にキリスト教として社会的に扱われている限りは、本文の記述の対象としている。その中には、他の教派・教会から相容れないと言われている教派もあるが、それをもって本文から控除しなかった。このことは筆者の個人的な信仰の立場および出版社のキリスト教理解を現すものではない。

目次

はじめに ――『札幌キリスト教史』の成り立ち――

一、『札幌キリスト教史』と『新札幌市史』との関係

本書『札幌キリスト教史』は、札幌のキリスト教の歩みを一八七五（明治八）年から二〇〇四年にわたって通史としてたどろうとするものです。もともとは、札幌市、札幌市教育委員会が編集、刊行した『新札幌市史』第二巻（一九九一年刊）から第五巻（下）（二〇〇五年刊）まで、五巻六編にわたって私が執筆した〝キリスト教〟の部分をまとめて一冊にしたものです。[一] この「はじめに」では、本書と『新札幌市史』との関係、両書の共通点、相違点、通史として心がけたところ、時期区分の考え方などをあらかじめ明らかにしておきたいと思います。もとより、「はじめに」を抜きにして本文を読んでいただいても異存はありません。その場合は、どうか通史第一章からお読みください。ただ、この通史がどのように成り立っているか、ご関心の

ある方は、この「はじめに」をご覧願えるならば幸いです。

当初、私は、『新札幌市史』のキリスト教史部分をつなぐだけで一冊の札幌キリスト教の通史ができると考えていました〔二〕。しかし、本文の出典を明らかにするために註が必要であると思いいたりました。『新札幌市史』では、細かな註を付さないことが原則でした。したがって個々の出典は、――一部、第八巻Ⅱの年表に記載のある事項を別にすれば――明らかにはなっていません。なかには、訂正すべき誤記もありました。通史であっても出典が明らかになるのに越したことがありません。正誤を確かめることができるからです。日ごろ私も他の通史を参照したおりにその出典を確認する必要を痛感しているところです。

もうひとつ、時代背景として札幌のキリスト教をめぐる全国のキリスト教、また北海道、札幌の状況を描く必要があるとも考えるようになりました。市史では、札幌の各時代の状況は、別のところで取り扱っているわけです。私が担当したキリスト教史部分でふれた時代背景とは、主として日本のキリスト教史の範囲にとどまります。しかし、こうしてキリスト教の部分のみを市史から切り出してみると、札幌のキリスト教史を説明するため、日本、北海道、札幌の状況にふれる必要もあると思いました。それで本書では、各章のはじめにそれぞれの時代の状況を最小限の範囲で、付け加えました。

市史と本書の違いは、時期区分の一部にもあります。これは日本のキリスト教通史の時期区分とも関連させてあとで述べます。註を付したことと、時代背景をつけくわえたことで、当初の構想を超えたものになりましたが、基本的には本書の各章は、市史執筆の枠組みを維持してきました。それが何かは、次項で述べることにします。

二、通史としての成り立ち

いうまでもなく『新札幌市史』は通史ですから、時代の流れをたどって記述がされています。キリスト教の部分も同様に時代の流れをたどります。しかし、キリスト教が通史として描かれるということは、どの自治体史――この場合、市町村史――でもなされているとは限りません。私が見た限り一貫した歴史の流れとしてキリスト教史が書かれているのは、全国的でもまれなのではないでしょうか。多くの自治体史では、キリスト教が時代の特徴を示すトピック（話題）をとらえて書かれているように見受けられます。キリシタンの布教、殉難があったなら、まずそれが書かれます。次いで近代初頭のキリスト教の流入、伝道開始もかならず取り上げられるところです。またキリスト教が目覚ましい働きをしたとき、たとえば遊郭反対運動などが書かれることがあります。しかし、多くの場合、キリスト教は、その後はしばらく歴史のおもてには登場せず、第二次世界大戦時に教会やキリスト教主義学校が困難に遭遇したこと、戦後になって起こったキリスト教ブームなどのことが自治体史のなかに登場します。そこではキリスト教の流れが断片的に取り上げられる傾向があります。あるいは、個別の教会史が相互の関連を格別にもたずに羅列されていることも少なくありません。これは、キリスト教の歴史が連続した流れとして全体的にとらえられていないことを示しています。その自治体史のなかで、キリスト教史に割けるスペースに限りがあるという事情もありましょう。ただ、キリスト教が時代を通して存在することへ歴史の眼が届いていないか、あるいは地域のキリスト教全体をとらえるのに関心が向いていないことがあるのではないでしょうか。[三]

『新札幌市史』のキリスト教史では、通史全体の一部であると同時に、それ自体が通史として連続した流れとして描くことに私は努めました。また、取り上げたキリスト教は、それぞれの時代の全体像――全部の教会を取り上げるというわけではありませんが――が何かをとらえることにも努めました。すくなくとも一部の教会、特定の人物を描くことで終わらないように心がけました。

ともあれ札幌という地域でキリスト教史を描けるのは、地域のキリスト教会、関係団体の交流があり、また交流がないとしても一体のものとしてとらえられる歴史があるからです。『新札幌市史』は、当然のこととして札幌の市域での歴史を描くのが叙述の枠組みですが、現在の札幌という市域は、いまのところキリスト教にとっても一つの歴史を語ることができる、まとまりのある地域だと、私は考えてきました。この点、本書『札幌キリスト教史』も同じです。もっとも市史の中でキリスト教という限られた分野が、連続した流れをもって一つの歴史として描くことができるのも、そういう実態があるからです。各時代のキリスト教界、たとえば各派に分かれているプロテスタントには協同の働きがあり、プロテスタントとの交流がなかった時代のローマ・カトリックやハリストス正教会も、そこに時代を共有する活動があったと見られるからです。また各教派および教派を超えた活動を明らかにすることができる歴史資料が豊富に残されていることも札幌の特徴ではないでしょうか。そのうえそれらの諸資料を活用して札幌のキリスト教についての調査や、研究が積み重ねられてきました。このことは、札幌のキリスト教をトピックのつまみどりに終わらせず、また個別教会史の羅列となることから免れさせました。資料と市史に先立つ調査と研究については、次の項で紹介します。

もうひとつ市史でこころがけたことがあります。それは、歴史の事実に対して私の思想や信仰の立場から評価を下さず、学説についての論評を加えないという執筆態度です。自治体が発行する市史ですから、教派の主張に対して中立であろうとするのは、当然です。市史では、その筆者がキリスト者であることもうかがわれないように書く必要があるとさえ考えてきました。この『札幌キリスト教史』の方は私個人の著作ですが、ここでも、同じ立場を私はとっています。それは市史で書いたことをそのまま生かそうという、本書の動機からでもありますが、通史として描くときは、論文や評論と違い、中立的な立場に立つことによって、いっときの思潮に流されず歴史を確実に描くことが必要ではないかと考えてのことです。たとえば戦時下での逮捕、裁判事件は、キリスト教への迫害ですが、その不当を論難する視点では書いていません。簡略ながら努めてその経緯を明らかにすることにとどめました（第四章三節）。そのほうが、通史としていわば長生きさせられるのではないでしょうか。私が歴史上なにを重視しているかは、通史の中で取り上げている事柄が何かを見ていただければよいと思っています。

通史の本文では、事実を押さえ多岐にわたらず、努めて簡潔に書きました。歴史的な論争が起こりそうな問題、また立場によって意見が分かれる主張や問題があれば、本文でとりあげず註で扱うことにしました。まして一定の信仰の主張、教派の立場から書くことをしていません。なかには、他のキリスト教派・教会からは相容れないとする教派がありますが、その教派についても、当時、札幌の社会でキリスト教として扱われている限りは、本文でも取り上げています。[四]

三、通史を支えた史料と研究

札幌の場合、プロテスタントでは宣教の当初、唯一の教会であった札幌基督教会（現、札幌独立キリスト教会）

は、特定の教派によらず、しかも諸教派の協力を得て歩みだしました。その後、教派を超えた札幌基督教青年会、のちには札幌基督教会同盟、札幌基督教聯盟があり、戦後は現在の札幌キリスト教連合会が結成されるなど、超教派で活動する組織がありました。また二十世紀初頭、全国的に行われた大挙伝道、続く協同伝道、さらには禁酒会運動、凶作・水害救済運動が起こされました（第二章第三節、第三章第二節、第四節）。戦後では靖国神社法案反対運動（第五章第四節、第六章第四節）などが超教派の活動として取り組まれました。これら協同の活動が時代を通してなされてきたことでこの通史も描けるのですが、それも活動を記録した資料があってこそできることです。札幌基督教青年会は一八九八（明治三十一）年以降、月刊紙『北海教報』を発行し、教派を超えたプロテスタントの教会、団体の動きを伝えています。また各教派・教会の教会誌紙、「週報」(五)であってもその教派を超えた活動を記録しています。このほか、札幌市（区）役所の宗教関係文書および統計、また一般新聞紙の中のキリスト教関係記事などは、プロテスタント、ローマ・カトリック、ハリストス正教会など諸教会、団体を横断する資料となっています。(六)そのうえで諸教派、教会が、それぞれに歴史をまとめています。

もっともキリスト教史の関係資料は、市史編集の段階で初めて収集されたものではありません。ここでは市史に先んずる二つの史資料調査・収集、また研究があったことを紹介しておきます。そのひとつは、一九七一年から行われた北海道キリスト教史料調査会による史料所在調査と収集です。いまひとつは、一九八七年に刊行された、さっぽろ文庫の一冊、『札幌とキリスト教』の編集です。

北海道キリスト教史料調査会は、北海道のキリスト教史の研究、史資料調査、収集を目的として設立された、期限を切っての組織でした。当初は、教会史料の複製収集、史誌の収集にあたってきましたが、一九七九年からは教会記録の所在調査と調査目録の公刊をめざすこととなりました。その成果は、「北海道キリスト教会史史料目録」上、下となり、一九八一年〜一九八三年に刊行された『日本宗教史研究年報』四、五（佼成出版社）に掲載されました。ここに収録している教会記録は、刊行された教会史誌類一八三点、教会所蔵史料三、二五一点、図書館等所蔵史料五十七点、合計三、四九一点です。教会所蔵史料は、プロテスタントの教会に限られていますが、二教団の教区事務所と四十七教会の戦前の記録および先に述べた札幌市役所宗教関係文書のうちキリスト教部分をくわしく明らかにしています。

一方、『札幌とキリスト教』は、さっぽろ文庫の一冊です。主として戦前の札幌のキリスト教を、その「軌跡」「教育」「社会活動」また「人物」によって描きだしました。私もこの編集計画に全面的に関わり、執筆と資料の収集にもたずさわりました。同書は通史ではありませんが、キリスト教活動のさまざまな面に光をあてました。キリスト教が、札幌の文化的形成に抜きがたい影響力を発揮していた歴史を明らかにしました。またキリスト者の市民が社会、文化、学術にたずさわってきた業績の大きさと先駆性を描きだしました。『新札幌市史』と本書『札幌キリスト教史』は、『札幌とキリスト教』が描きだして見せたキリスト教の姿を、戦後、二〇〇四年まで、時間の流れに沿って組み直して、通史として明らかにすることに努めた成果です。

ところで、札幌のキリスト教の全容はどのようなものでしょうか。具体的にいうと札幌の教会はどのくらい存在していたのか、です。たとえば、現存の教会をみて、戦前から存在してきたプロテスタントやローマ・カトリックの諸教会、ハリストス正教会を数え上げることができますが、はたしてそれで全部なのでしょうか。現存していない教派、教会がなかったかどうか、たしかめておきたいところです。また戦後、札幌市域の教会、修道院、キリスト教主義学校の全体像はどのようなものでしょうか。

三、通史を支えた史料と研究

そこで戦前については、『札幌とキリスト教』の編集にあたって、私は「戦前、札幌におけるキリスト教会の変遷――その名称と会堂位置について――」によって、あらかじめ明らかにすることにしました。また戦後の教会などの分布図を作成して、『札幌とキリスト教』に掲載しました。一九八七年四月現在の図です。また、その十六年後、二〇〇三年十二月現在の分布図を再び『新札幌市史』のために作成しました（ともに第六章第三節）。私としては、こうした作業が、全体の動向を描き出す際、基礎となる作業として欠かせないことと思っています。

四、時期区分のことなど

さて、札幌のキリスト教史はどのような時代に分けられるのでしょうか。時期区分をどうするかということです。さっぽろ文庫の『札幌とキリスト教』の第一章「札幌のキリスト教の軌跡」では、伝道前史から一九五〇年までを三つの時期に分け、私を含む三人で書き分けました。これが札幌キリスト教史最初の時期区分であったと思います。一方、『新札幌市史』は、自治体史ですから区制や市制など行政制度の変化を重要な時期区分ととらえて編目を構成していますから、キリスト教史の部分もそれに沿って書きました。しかし、『札幌キリスト教史』として独立した著作にしますと時期区分も、キリスト教の通史として仕立て直さなくてはなりません。その結果、私としては第一章から第六章までの全六章を、それぞれの年代で区切ることにしました。市史と本書は一、二年の差はありますが、一か所を除き大きな違いはありませんでした。大きく違ったのは、第三章の終わりと第四章のはじまりです。つまり本書では、「教勢の伸展と市民への浸透」

の時期の終わりを一九三二年に、戦時下に向かって「教勢の退潮と教会の統合」のはじまりを一九三三年に置きました。市史の時期区分では、札幌に市制がしかれた一九二二年をもって時期区分としていましたから、ここで十年ほどうしろに下げたことになります。市制による時期区分から離れキリスト教史として考えると、本書はこのようになりました。詳しくは各章の最初に述べている時期区分の説明をご覧ください。

もっとも戦時下に向かう時期区分というと一九三一年の満州事変にはじまりを置くことが多いのではないでしょうか。『札幌とキリスト教』もそうでした。しかし、本書では章の名称を、「戦時体制の下で」というような社会一般の状況をあらわすことばでなく、キリスト教自体の状況を示すことばにしました。

キリスト教史のような場合、時期区分を設定したとしても時代はゆるやかに変わっていくものですから、格別大きな事件でもない限り、その区切りで大きな画期が見えるというものでもないでしょう。ただ時期区分を設けるのは、それによって時代の変化を説明しやすくするためです。私が考えた時期区分は、おもに教会の消長、教勢の推移拡大または後退、市民への浸透という視点から時代を区切ったものです。この時期区分は、通史として書かれた日本全体のキリスト教史の時期区分とは、一致しているところも多いのですが、前に述べた戦時下の時期のはじまりや第三章の教勢が伸展する時期をどう見るか他の歴史書と異にするところも少なくありません。このキリスト教の発展期を〝大正デモクラシー〟と重ね合わせている通史もまたあるようです。キリスト教史としての時期区分としては、今後さらに考える必要があるのではないかと私は思っています〔七〕。

本書では、第六章のあとに、「おわりに――『札幌キリスト教史』のこの先――」を付け加えました。そこでは本書が終わった先に、札幌のキリスト教史として残されていることが何かを見ようと思います。また

四、時期区分のことなど

巻末に年表とおもな参考文献を掲げました。年表には、索引の役割の一部を果たさせています。このようにして本書ができました。それでは、まずは第一章をご覧ください。

註

〔一〕『新札幌市史』通史各巻のうち、キリスト教にかかる節がある巻は次のとおりである。

第二巻通史二、一九九一年。第三巻通史三、一九九四年。第四巻通史四、一九九七年。第五巻通史（上）、二〇〇二年。

第五巻通史五（下）、二〇〇五年。

ほかに第八巻Ⅱ（二〇〇八年）の年表にもキリスト教関係事項が収録されている。

〔二〕これまで私が執筆した『新札幌市史』のうち第二巻から第四巻までを「札幌のキリスト教」一～三などとして、複製し関係者に配付した。第五巻（上）、（下）については、市史編集室によって抜き刷りが作成されている。

〔三〕自治体史のなかのキリスト教の扱いについては、「自治体史の中のキリスト教史——札幌市史の経験を中心に——」（『日本プロテスタント研究会報告』第五一号、一九九四年）。その後、「地域キリスト教史の試み——札幌の事例による——」（『横浜プロテスタント史研究会報』第十六号、一九九五年）などで補足している。

自治体史では、キリスト教の扱いは限定的であるが、近年、個人の著作では通史としての地域キリスト教史が公にされている。わたしが接することができたのは、次のとおりである。

坂井信生著『福岡とキリスト教——ザビエルから現代までの変遷を追って——』海鳥社、二〇一二年。松本汎人《ひろと》著『長崎プロテスタント教界史——東山手から始まった新教の教会——』上巻・中巻・下巻、長崎文献社、二〇一七年。

〔四〕キリスト教を標榜しているが、旧新約聖書とは異なる教典を信じている団体などは、本書では「その他の教派（または教団）」としている。具体的には、末日聖徒耶蘇基督教会（モルモン教）などのことである。

〔五〕『北海教報』は、一八九八年一月二十六日、札幌日本基督教会青年会が創刊した月刊紙であったが、十一月からは、札幌基督教青年会（ＹＭＣＡ）の発行という超教派の教界紙となった。また戦前に限ってみても教派および教会誌紙には、札幌独立基督教会の『独立教報』（一九一三年創刊）、札幌組合基督教会および日本組合基督教会北海部会関係の『北海光』（一九〇六年創刊）、『北光』（一九一四年創刊）、日本メソヂスト教会北海道部の『北海メソヂスト』（一九一七年創刊)、札幌メソヂスト教会の『札幌教壇』(一九三〇年創刊)、日本聖公会北海道地方部の『北海之光』(一八九四年創刊)、ローマ・カトリックではフランシスコ会の『光明』(一九一六年創刊)、ハリストス正教会の『北海の(之)正教』(一九一九年創刊)』などがある。

「週報」は、多くの教会が日曜日ごとに作成し、教会員、来会者に配付する二ないし四頁程度の印刷物で、礼拝式順、行事予定、報告記事、教会によっては説教要旨を掲載している。プロテスタント教会では、総会・役員会記録、教会員原簿などとともに教会の基本的な記録である。教会活動を即時的に反映している史資料でもある。ただし礼拝式順とその内容も含めて多くは予告記事であるから、その部分について実施されたものかどうか、事実の確認が必要である。

〔六〕公文書その他教界外の史料としては、『札幌区(市)統計』が一九一〇年以降の各教会の届出による教師および信徒数を明らかにしている。この届出の原本および宗教団体法の施行によって生じた教会設立認可手続き文書をまとめたものに札幌市役所の『社寺関係書類』などがある(一九二七〜一九四三年。現在、北海道立図書館所蔵『札幌宗教関係書類』一〜二二)。これなどももっと利用されてよい資料ではないかと思われる。新聞記事は、新札幌市史編集の過程で、「宗教新聞」などとして、『北海道毎日新聞』(一八八七年創刊)、『小樽新聞』(一八九四年創刊)、『北海タイムス』(一九〇一年創刊)、『北海道新聞』(一九四二年創刊)および『北海タイムス』(一九四九年創刊)などの関係記事が切り抜きされてまとめられている(現在、札幌市公文書館所蔵)。

〔七〕日本キリスト教史の時期区分については、二〇一二年九月開催のキリスト教史学会大会で「地域キリスト教史の試み――札幌における時期区分をめぐって――」を報告した。これは『キリスト教史学』第六七集(二〇一三年)、二六六頁以下に要旨が掲載されている。このことについては拙著『札幌キリスト教史の研究――通史のための試み』第一部補論でふれた。

第一章　札幌宣教の始め（一八七五―一八八九年）

第一節　札幌宣教の背景

世界宣教の始まり

札幌にもたらされたキリスト教は、欧米の海外宣教団体（ミッション）などによる東アジア宣教が結実した一端である。キリスト教には、その当初から、「あなたがたは、……地の果てに至るまで、わたしの証人となる」（使徒言行録一章八節）[一]と、キリストの福音を伝える伝道（宣教）を信仰上の重要な営為として位置づけている。ローマ・カトリック、プロテスタントを問わず、宗教改革、その後のヨーロッパ宗教戦争、市民革命の時代を経て、世界的な宣教活動を展開するようになる。[二]ローマ・カトリックは教勢と信仰の復興をめざして、その修道会によって、スペイン、ポルトガルの植民地、また東アジアへの宣教を果たし、日本にも到達する。

プロテスタントも時代の危機の中で、敬虔主義（Pietismus）の信仰に促されてヨーロッパ以外への宣教に踏みだす。敬虔主義は、宗教改革期では最重要の関心事であった信仰告白や教会制度よりも、個人の内面や倫理、社会的実践を重視する傾向があった。

この傾向は、北米において、国家の体制から切り離された、自由で政教分離原則に立つ、自由教会（free church）を生みだした。アメリカなどでは、自由教会が自ら立ち、発展することをめざし、信徒を獲得するために伝道にいそしみ、自らの教派や教会の拡大を図ることになる。敬虔主義は、信仰復興運動（リバイバル）の原動力となっていくが、アメリカでは、おのずと信仰や教会形成のありようがヨーロッパの伝統とは異なる傾向を生みだした。日本など東アジアでは、そのようにして生まれた教会を〝母教会〟としてキリスト教を受けついだ。日本における個人的心情に根ざした信仰、自由な教会は、このような影響の下に形成されてきたように思われる。

一方、東アジアでは、日本のように政治的には、欧米の植民地支配を受けていない国であっても、キリスト教の伝来には、文化的植民地性が切り離せないという側面があって、キリスト教信仰者が、自らの民族性、文化的主体性と相克することがある。日本の場合、国家との関係が、信仰者個人としても、その集団である教会としても、〔三〕ときとして重要で深刻な問題となる。本書では、地域でのキリスト教信仰の定着、教会の確立とともに国家との問題に遭遇する様相もこれから見ることになろう。〔四〕

アメリカ・プロテスタント諸教派の海外宣教

さて、一七〇〇年代末から一八三五年頃にかけて、アメリカでは敬虔主義に促されて第二次の信仰復興運動が起こった。人びとは神への悔い改めと回心を強く促され、キリスト教界の状況を一変させた。おりしもアメリカ経済は産業革命の前夜であり、人びとは東部から西部へ向けて移動していた。人口の激しい流出は、社会の解体・再編成をもたらした。キリスト教界もまた、既存の宗教的権威を批判したヨーロッパの啓蒙主義の影響や道徳的頽廃による宗教的関心の低下に、危機意識を強めていた。

当時、アメリカの教会は、イギリスの国教会やドイツの領邦教会〔五〕、また移住当初の東部諸州における政教一致体制を支えた教会とは異なり、前に述べたような、政教分離原則に立って、信徒がそれぞれの信仰に基づき自発的に結集する自由教会であった。この時代、各教派はそれぞれ固有の教理や教会制度を主張し、教勢の拡大を図るようになった。信仰復興の熱情は、アメリカ社会の拡大とともにアメリカのすべてを、ひいては世界をキリスト教化することに向かわせた。それは国内的には西部伝道となり、国外においてはアジア宣教として展開した。

アメリカ西部伝道は、新しい伝道の形態と担い手を生みだした。たとえば、教会のないところでの天幕伝道集会、開拓地を巡回する教職制度の採用、さらには自発的な志をもって活動する信徒伝道者の養成であった。また、週の中間に持たれる祈禱会を盛んにし青少年への聖書教育の必要から日曜学校を育成した。十九世紀の信仰復興運動は、奴隷制度の廃止や道徳的頽廃に対抗するための禁酒の奨励など、社会問題への取り組みをも提起した。

諸教派が競って伝道に励んだ結果、アメリカ移住時代初期の主流教派であってピューリタンの後継者である会衆派や改革派（長老派）のほかに、メソヂスト派やバプテスト派が有力な教派として成長した。教派の意欲的な宣教姿勢は、教派間の競争をもたらす一方、教派の協調をも生みだした。一八一〇年には、マサチューセッツ州などニューイングランド諸州を基盤とした諸教派が共同して、海外宣教団体アメリカン・ボード（American Board of Commissioners for Foreign Missions）を設立した。アメリカン・ボードは、「宣教とは、世界の道徳を革新することである。戦争をやめさせることである。いずれの国をも聖別することである。あらゆる村に学校と教会を建てることである。あらゆる家庭に聖書と朝毎《あさごと》、夜毎《よごと》の祈りをもたらすことである。神の幕屋を人々の間に打ち建てることである」[六]（一八二七年、第一八回記録）との使命感に促されて世界宣教に乗りだした。他の教派・海外宣教団体もまた、その志すところは同じであった。[七]

日本宣教の気運、北海道への進出

こうして諸教派・海外宣教団体は、アジア宣教の中に日本を位置付けた。日本本土へのキリスト教の宣教は、欧米諸教派の中国・琉球宣教のなかで準備されていた。わが国と欧米諸国との修好通商条約による、一八五九（安政六）年の貿易のための開港は、キリスト教諸教派・宣教団体にとっていよいよこれを実行に移す好機の到来と受けとめられ、宣教師の派遣が開始された。キリシタン禁教政策が続く日本では伝道活動を公然とはできなかったが、解禁の到来のために、宣教師たちは日本語の習得、聖書の翻訳や伝道パンフレットの編集にあたっていた。

諸教派のうち、まずローマ・カトリック教会（以下、「カトリック」とも記す）は、パリ外国宣教会によってキリシタン時代以来の再布教に着手した。派遣された一人、メルメ・デ・カションは函館（当時、箱館）

を任地としたが、北海道で活動の場を得た最初のカトリック宣教師となった。ただ直接の布教活動は行わず、辞典や会話書を編集して、布教時機の到来に備えた。また、ペテルブルグに本拠をもつロシア正教会（ハリストス正教会）は、一八六一（文久元）年に来日した在函ロシア領事付司祭のニコライ（のちの日本大主教）に日本宣教を託した。ニコライは、函館を基点として旧仙台藩領など東北地方に教線を伸ばした。イギリス国教会は、一七九九年に設立された海外宣教団体ＣＭＳなどによって東漸し、ついには宣教師を函館に派遣することとなった。その他のプロテスタント諸教派の宣教師派遣は、主としてアメリカの教派・海外宣教団体によって行われた。

一方、政府は一八七三（明治六）年二月二十四日付で太政官布告第六八号を発し、キリシタン禁制などの高札撤去を命じた。これは高札の内容が一般に熟知されているとの理由であって、キリスト教を解禁したものでも黙許を示唆するものでもなかった。しかし一般にはこの布告をもって政府が信教の自由を保証したかのように受け取られ、宣教師はひそかに洗礼を受けていた日本人信徒とともに公然と活動を開始した（八）。

高札撤去の前年の一八七二（明治五）年二月、わが国最初のプロテスタント教会が開港地横浜で設立、「横浜公会」と称した。当時、プロテスタントの宣教師たちは、教派の競合を日本に持ち込むことを避けようと考え、最初の教会を教派に属さない無教派の教会として設立した。そして今後設立する教会の組織は無教派であることがよいとして、「公会主義」を掲げた。しかし、この最初の教会合同運動は一八七五年に「日本基督公会」の設立が不調におわり、頓挫した。このように北海道へのプロテスタントの伝道は、この合同機運と挫折の時期に始まった。

すなわち、一八七四年一月にアメリカ・メソヂスト監督教会のメリマン・コルバート・ハリス夫妻が、五月には前述のイギリス国教会CMSの宣教師ウォルター・デニングの函館着任をみた。函館では、それ以前から活動を開始していたハリストス正教会、ローマ・カトリック教会の動きと合わせて、宣教師や信徒の活動が活発となる。[九]これらの活動は政府が進める天皇を中心とする国民教化政策の根底を揺るがすものとして、開拓使が警戒する一面があった。現地の開拓使函館支庁は、一八七二年にニコライの弟子たちである正教徒を捕縛した事件に次いで、高札撤去後も、デニングに説教をさせた小川淳などを逮捕し裁判所へ送った。[一〇]それはウィリアム・スミス・クラークが札幌に着任し、札幌農学校一期生に伝道した前年のことであった。

第二節　W・S・クラークの伝道

草創期の札幌

キリスト教が札幌に流入する一八七〇年代後半、札幌は都市建設を始めてからいまだ十年を経ていなかった。開拓使が、判官島義勇《よしたけ》らに札幌本府経営を命じたのは、一八六九（明治二）年であったが、以来、北海道の首府として、都市計画、諸施設の建設、移民の招致がなされた。キリスト教が初めて札幌の歴史に登場する一八七五（明治八）年当時、札幌には、二、五七〇人（本籍および入寄留人口）ほどが、今日、札幌市の中心部となっている約二キロメートル四方に住んでいた。

W・S・クラークが札幌に着任した一八七六年当時、札幌には、巨大なドームを戴いた高さ二六メートルの開拓使本庁舎が、現在の北海道庁構内、赤れんが庁舎の北側にそびえていた。開拓使本庁舎前の東方向、北三条通りは開拓使にとって中心的な大路で、本庁舎間近《まぢか》に札幌農学校の校舎群が建ち、創成川を渡った東側には、病院、製糸工場、麦酒醸造所、葡萄酒醸造所などが、さらに大通の工業局製作場を含めて開拓使の官営工場が建ち並んでいた。開拓使としては、最先端の知識と技術をここに集積させていた。

官用地として設定された大通以北に対して、大通以南は、町屋であった。南一条通りは、都市建設当初から繁華街として発展し、西一丁目から二丁目には有力な商人の店舗が並んでいた。さらに南二条と南三条との背中合わせには狸小路があり、商業、遊興の施設が集まっており、南四条から南五条には、二丁角の遊郭「薄野《すすきの》」があった。遊郭の横には、現在の曹洞宗中央寺があり、やがて遊郭を囲んで仏教寺院が建つようになる。

札幌は、急速に膨張した都市である。市民の生活を支えた札幌の経済は、その初期にあっては、開拓使による建設事業と家作料、農具、衣食、開墾費などを支給する移民保護政策とに依存していた。開拓使末期（〜一八八二年）に至っても、市民は自営の〝志が立たず〟、官の保護に慣れて〝心が定まらない〟と評されていた。物価の高騰、家作費貸与などによる手厚い扶助、膨大な工事費の支払い、労賃の高騰は、札幌に経済的な確立をもたらさないまま、一部に所得を膨らませ、その結果、遊興に費消され、はては薄野に吸収されていった。[11] このようにして建設された開拓使時代草創期の札幌は、官営工場や札幌農学校のような最先端の知識と技術を集積した街であると同時に、多くの移民は、経済的な自立を果たせないまま、定着せず流動的であった。人びとは、郷里の慣習に束縛されず、新開地の開放的な中にあったが、同時にそこでは伝統的な社会の保障が少なく、将来への不安が多い生活を送ることになる。そうしたなかでキリスト教はまず、高等教育機関の中で受容されることになった。[12]

伊藤一隆（1880年）

最初の聖書研究会と洗礼式

札幌で最初のキリスト教の集会が開かれたのは、一八七五（明治八）年八月頃のことと考えられる。それは、開拓使女学校の教師でイギリス人のエリザベート・デニスが彼女の居宅で行ったささやかな聖書講義の集会であった。

デニスの集会は、毎日曜日の朝に開かれ、デニスのコックと「下女」、通訳の小島守気という、いわばデニスの「身内」ともいうべき人びとが参加していた。まもなく東京から札幌農学校（この時点では札幌学校）の生徒として来札した伊藤一隆が加わった。しかしこの集会は永続きせず、翌年五月、女学校は閉校となりデニスが離札することによって途絶えた。[一二]

伊藤一隆は、開拓使仮学校在学中から宣教師について聖書を学んでいた。彼のキリスト教に対する関心はデニスの集会が途絶えた後も続き、七月、札幌を最初に訪れた宣教師であるＣＭＳのＷ・デニングの説教を聞く機会を得た。デニングは、昼は聖書や『天路歴程』（ジョン・バニヤン著）などの書籍を売り、夜は街頭に立って説教をしたので、これが市内の評判になった。伊藤はこの評判に惹かれて毎日のようにデニングを訪れ、質問を重ねるようになった。しかし、これが学校当局に知られ、官費生の身分で、「国禁に等しい外教を信ずるのは不都合」であると譴責を受けた。伊藤は当局のこの制止に反発し、かえって洗礼を受ける決意を持った。

デニングは、当初伊藤の昂った気持を見抜いて受洗に反対し、彼を伏籠《ふしこ》川沿いの林に伴って共に祈った。それでもデニングには、彼が洗礼を受けるにたる信仰を持っているようには見えなかった。ただデニングとしても帰函の日が目前に迫っており、近く札幌に再来することも予定できなかったし、今後伊藤が周囲の圧迫に抵抗できる信仰を育てる必要をも考え、彼に洗礼を授ける決断をした。ところが、彼の受洗をデニングがその夜の街頭での説教で公表したため、またも学校当局に知られるところとなった。洗礼式の執行は、デニングの宿では宿屋の主人に許されず、路上では巡査に制止された。思いあまってデニングは、札幌に着任したばかりの札幌農学校教頭W・S・クラークに事情を話し、式場の提供と立会を依頼した。

デニングと伊藤を前にクラークは快諾し、自分はかねて農学校の生徒に渡すつもりで一函の聖書を携えて来た、その学生の一人に受洗者を見るのは意外なことで、自分がこの地に為そうとすることを、神が是認し示そうとしている、と述べた。[一四]クラークは、ウイリアム・ホイーラー、ダビット・ピマース・ペンハロー両教授共々立ち会うことになり、教師館となった本陣の客間（ホイーラーの応接間）でデニングの司式によって、札幌で最初の洗礼式が執行された。一八七六（明治九）年八月二日のことであるといわれている。[一五]

聖書による徳育

クラークが携えてきた三十冊の英語の聖書は、横浜で米国聖書会社（協会）日本支部を設立したばかりのL・H・ギュリックから寄贈を受けたものである。思いがけず伊藤一隆の洗礼式に立ち会って間もなく、クラークは農学校の開校式を前に、彼らの徳育問題について黒田清隆開拓長官と話し合う機会を得た。八月七日から十一日にかけて石狩川を遡り、炭鉱などを視察したと

W. S. クラーク

クラーク持参の聖書

きのことである。黒田は、クラークに健全な道徳を教えることを要請した。このときのクラークの答えは、妻のハリエッタへの手紙の中で次のように述べられている。

私の考えは主に聖書から取られているので、絶えず聖書に言及せずに（道徳を）教えることは不可能である――実は自分は新入生用の聖書を既に三〇冊持っている。長官が私がそれらを配り使用することを許してくれるならば、それは非常に彼（黒田）の名誉を高める行為だと答えました。私は彼に、やがてすべての学校で聖書が使われるようにきっととなるに違いない、私は札幌でこの先鞭をつけたいのだと言いました。[一六]

クラークが妻などにあてた手紙によると、黒田との徳育論争はこれまで言われているような、札幌への赴任途中の玄武丸船中ではなく、着札後ということになる。

ともあれ、クラークは聖書を用いて生徒の徳育にあたろうとした。彼はマサチューセッツ農科大学での教育を札幌に移植しようとしていたが、そこでは農業知識や技術の伝達だけではなく、平等・進歩・労働尊重を基本的理念として謳い、教育を通じすべての者を威厳ある自由人として向上させることをその方針としていた。学生たちは日曜礼拝か聖書研究会のいずれかに出席することになっていた。クラークは会衆派の教会に属し、アマーストでは日曜日ごとに一家揃って礼拝に出席していたが、とくに目立った教会生活や伝道活動を行ったことはなかったらしい。ただ、マサチューセッツ州はニューイングランドのピューリタン発祥の地でもあり、アマーストは敬虔な信仰と倫理的な生活、奴隷解放や禁酒運動など社会改良運動が評価を受ける、ピューリタンの伝統を継承する地であった。クラークもその伝統の中に生きた一人であったから、札幌に着任し彼を慕う生徒たちを前にして、伝道の意欲を触発させられたようである。

黒田は最初聖書の配付を渋っていたが、のちにこれをクラークに許し、クラークは聖書に生徒の名を記して配った。やがて生徒たち全員から、彼のもとに聖書を教えてほしいとの申し出が寄せられた。クラークは、それは日本の法律で禁じられていると言ったが、彼らは法律を破ることから生ずる結果は我々が引き受けるから教えてほしいという請願書まで出したという。

クラークの聖書講義は、毎朝授業の前に聖書の数節を朗読し、キリスト教の信仰について述べ、「主の祈り」を一同で祈るものであった。しかし、授業前の聖書朗読や祈りは間もなくやめ、もっぱら日曜日午前中の聖書研究会（バイブル・クラス）を行うことにした。集会では生徒に聖書を輪読させ、また暗記させた。のちには朗読する個所を生徒自身に探させた。讃美歌は彼が不得意だったのか、生徒に詞句を味わわせようとしたのか、抑揚をつけて朗誦する程度であり、歌詞をどなって唱えているように聞こえたという。[一七]

クラークは宣教師ではなく一信徒であったので、キリスト教の教理を教えたり牧師のように説教をすることはなかった。ただ、万物の創造主なる神を信じ、キリストの十字架によって人間の罪が赦されたことを信ずるという単純な信仰を説き、「何でも祈れ」と奨めた。教師としてのクラークの人柄と行動に惹きつけられていた農学校一期生は、クラークが伝えたキリスト教信仰をも受け入れようとした。その一人、田内捨六《たのうちすてろく》は「私は未来の生命など考えてもみませんでした。『死んだら塵に帰す』と考えていたのですが、深く考えてみて、何処か行きつく処があるに違いないと思いました。……私が宇宙のことを考えると、それを造ったある力強い存在、すなわち聖書で言うように神があるに違いないと思うようになります」と告白している。[一八]クラークの徳育は農学校教育の枠を超えて、一期生をしてキリスト教を信ずる決断へと導いた。

イエスを信ずる者の契約

一八七六年十一月二十九日、クラークは「禁酒の誓約」（Pledge）を起草し、教職員・生徒に署名を求めた。これは、薬用は別として阿片・煙草・酒類をまったく使用しないこと、賭博や神を汚す言葉を使わないことを誓うという内容であった。彼は何ダースかの葡萄酒の瓶を割って捨てさせ、禁酒の誓いを実践した。彼の実践は、生徒たちとの信頼の絆を一層強いものとした。こうして彼自身考えてもいなかった伝道者の役割を、札幌では果たすことになった。（一九）

生徒たちはクラークが伝えたキリスト教信仰を真剣に受けとめ、信徒となることを決意した。クラークはその任期が果てるにあたって、彼らを一つの信徒集団として編成し、今後も信仰を離れずやがては教会に結びつくように彼らの決断を促すことにした。そのため、一八七七年三月五日、「イエスを信ずる者の契約」（Covenant of Believers in Jesus）を起草し、一期生十六人は全員これに署名した。

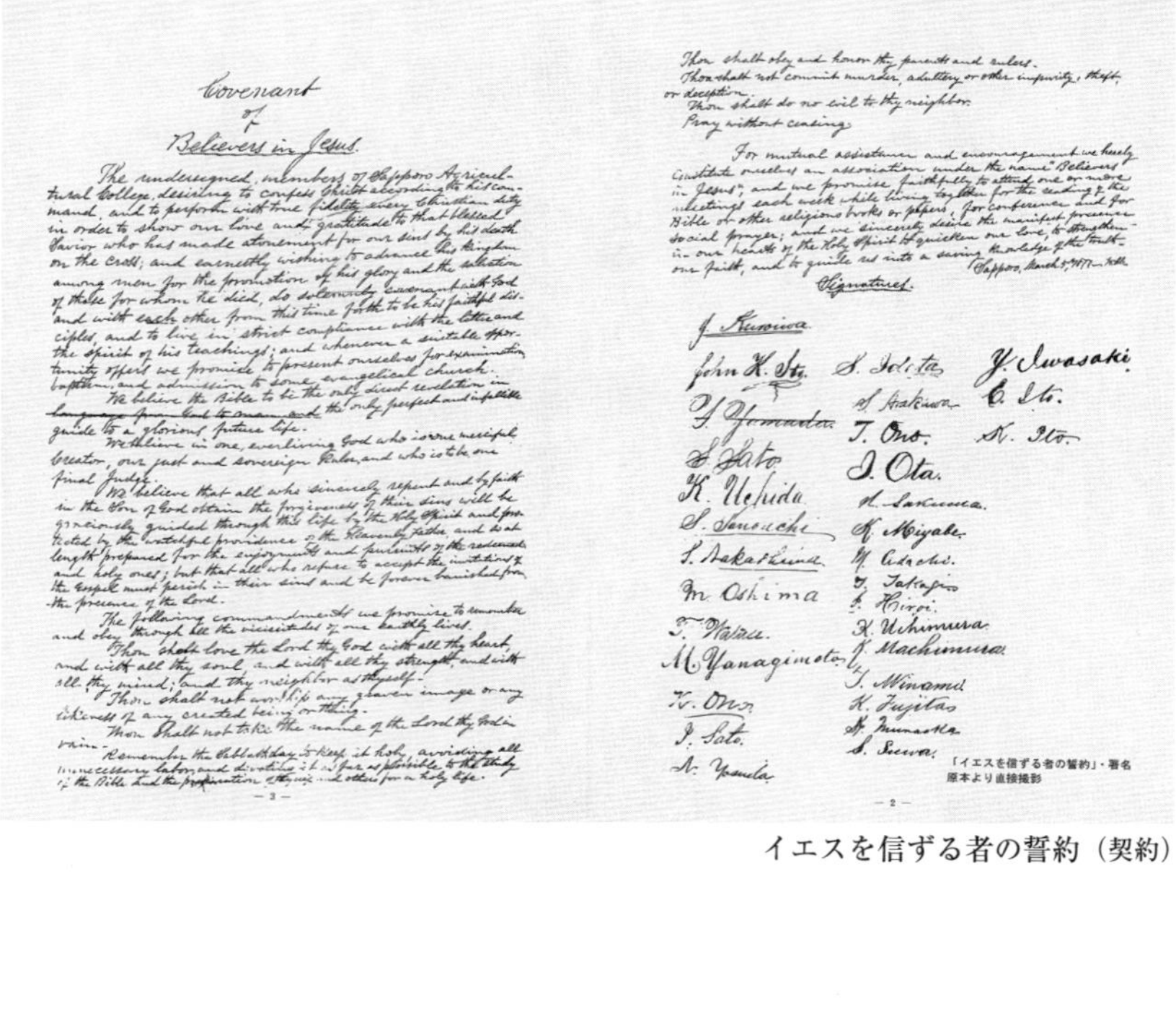

イエスを信ずる者の誓約（契約）

《イエスを信ずる者の誓約（契約）》

ここに署名する札幌農学校の職員生徒は、キリストを、その命《めい》にしたがって告白すること、及び十字架の死によって我らの罪のために贖《あがない》をなし給うた貴き救い主に対して、我らの愛と感謝とをあらわすために真の真実を以てキリスト者としての凡ての義務を果たすことを願い、又、主の栄光のため、及び主が代って死に給うた人々の救いのために主の聖国《みくに》を人々の間に前進させることを熱望して、ここに今より後、イエスの忠信なる弟子なるべきこと、及び主の教の文字と精神とに厳格に一致して生きるべきことを、神に対し、又相互に対して、厳粛に契約する。又適当な機会ある場合には、我らは試験、洗礼、入会のために福音的の教会に出頭すべきことを約束する。

我らは信ずる、聖書は神から言葉を以て人に与えられた唯一の直接の啓示であって、光輝ある来世への唯一の完全無謬の指導者であることを。

我らは信ずる、我らの慈悲深き父、我らの義なる至上の支配者にいまし給い、又我らの最後の審判者にいまし給うべき、唯一なる永遠の神を。

我らは信ずる、真実に悔い、そして神の子イエスを信ずることによって罪の赦しを得る凡ての者は全生涯、聖霊によって恩恵豊かに導かれ、天の父の絶えざる摂理によって守られ、かくて遂に贖われた聖徒の歓喜と希望とにあずかる者とされるべきことを。しかし福音の招きを受けることを拒む凡ての者は、己が罪の中に死し且つ永遠に主の御前からしりぞけられねばならぬことを。

次の誡《いましめ》は、我らの地上の生涯に如何なる変転があっても、常にこれを記憶し、これに従うべきことを約束する。

第二節　W・S・クラークの伝道

汝、心を尽し精神を尽し力を尽くし思を尽して、主なる汝の神を愛すべし、又己の如く汝の隣人を愛すべし。

汝、被造物或は被造物の如何なる彫像、如何なる肖像をも拝すべからず。

汝、主なる汝の神の名をみだりに口に挙ぐべからず。

安息日を憶えてこれを聖く守るべし。即ち凡て不必要なる労働を避け、その日を能う限り聖書の研究と自己及び他人の聖き生活への準備とにささぐべし。

汝、汝の両親及び支配者に服従し、彼等を敬うべし。

汝、殺人、姦淫、或は他の不潔窃盗、或いは詐欺を犯すべからず。

汝、隣人に何の悪をもなすべからず。

絶えず祈るべし。


我らは、互いに相援け相励まさんがために、ここに「イエスを信ずる者」の名のもとに一団体を構成する。そして聖書或は其他宗教的書籍新聞を読むため、会議のため、祈禱会のために、我らが生活を共にする間は、毎週一回以上集会に出席すべきことを固く約束する。そして我らは衷心より願う、聖霊明らかに我らの心の中に宿り給うて、我らの愛を励まし、我らの信仰を強め、救いの真理を知るの知識に我らを導き給わんことを。

一八七七年三月五日　札幌にて　W・S・C〔二〇〕

この契約は、見るとおり前半ではまずキリスト教への信仰、罪のゆるし、信徒としての義務遂行を告白し、いずれは教会において洗礼を受け、これに属することを表明する。次いで聖書の完璧無謬性、創造主・審判者である神への悔い改めと聖霊の導きについて告白する。後半はモーセの十誡に基づく生活の倫理を奨め、最後に団体の組織活動についての指示がなされている。

クラークとしては、任地を離れるにあたって、農学校生徒にキリスト教信仰の種を蒔いたが、それがどのように育てられるかを考え、基本的な教理を示し信仰を維持するための集団形成を誓わせた。契約（カベナント）は、アメリカの会衆派などで広く行われていた信仰上の誓約であるが、クラークはこれを生徒たちに今後の指針を示す文書として残した。教会のありように言及する教派の信仰箇条とは異なり、教会形成は将来のこととして、ここでは深くふれていない。牧師ではない一般信徒であるクラークとしては、いまだ教会が無く、キリスト教の教師が常駐していない札幌で、生徒たちの信仰の持続を図るため、定期的な集会を約束させることが現実的な方法であった。洗礼、教会への所属は、将来に委ねることとした。ともあれ、クラークが残した「契約」によって、札幌にキリスト教信徒の集団（バンド）が生まれ、これによって教会が建ち、やがては札幌農学校に、さらには札幌の街にキリスト教が根を下ろすことになり、日本全体に大きな影響を及ぼすものとなっていった。（一二）

一、二期生の受洗

任期の終わりが迫ったクラークは、一八七七（明治十）年四月十六日、農学校教師・職員・生徒らに見送られ札幌を離れた。島松では生徒たちと別れるにあたって、"Boys, be ambitious"「少年よ、大志を抱け」の一句――"like this oldman"「この老人のように」という意味の言葉が後に続いたと思われる――を残して去った。もっとも、当時クラークには開拓使との間で雇用契約を継続する話が出ており、島松別離の時点でも、彼は開拓使との関係が再び生ずる可能性があると考えていたはずである。しかし、クラークの雇用継続と再来日は

「島松の別離」（田中忠雄画）

実現しなかった。〔二二〕とはいえ、〝Boys, be ambitious〟は、クラークの思いを超えてまず農学校の一期生に受けとめられ、さらにそれを伝え聞いた二期生以降に継承され、さらには多くの青年たちに〝大志〟を抱かせる〝遺訓〟となって伝え続けられてきたと言える。

一期生の受洗について、クラークは離札後函館に立ち寄り、メソヂスト監督教会のM・C・ハリスに会い、後事を託した。クラークは会衆派の教会員であったが、彼の属していたアマースト第一会衆派教会は、他教派との協力を掲げている教会であった。ハリスもまた、他教派に対して幅広い関係を持った宣教師であった。やがて札幌に赴いたハリスは同年九月二日、すでにデニングから洗礼を受けていた伊藤一隆を除く、佐藤昌介、内田瀞《きよし》、大島正健《まさたけ》、渡瀬寅次郎、柳本通義、黒岩四方之進等、一期生十五人全員に洗礼を授けた。〔二三〕

洗礼式があった翌九月三日には彼らは受洗感謝会を開いていた。その夜新人の二期生が札幌に到着したが、だれも迎えに出ず、讃美歌だけが聞こえてきた。二期生の一人宮部金吾はそのとき、「何も知らずに札幌にきました吾々は驚いた。官立学校の札幌農学校において、かくも耶蘇《やそ》化されていたのか〔二四〕」と思ったという。一期生の熱烈な伝道によって、二期生のうち十五人が「イエスを信ずる者の契約」に署名した。内村鑑三によれば、そのうち七人が一期生によって大挙襲撃され、いわば「入信を強要され」、翌七八年六月二日、ハリスから洗礼を受けた。内村鑑三、太田（新渡戸）稲造、宮部金吾、広井勇、藤田九三郎、足立元太郎、高木玉太郎の七人である（二期生のうち佐久間信恭は来札以前に受洗）。内村は、自らの入信を自伝『余はいかにしてキリスト信徒となりしか――わが日記より』に次のように書き留めた。

M.C. ハリスの旅行免状
（1878 年、二期生への授洗時）

神は唯一であって多数ではないということは、私の小さな魂にとって実に喜ばしいおとずれだった。……私は「イエスを信ずる者の誓約」に無理矢理に署名させられたことを後悔しなかった。……私はキリスト教の全てが解ったように思った。唯一の神という思想は、それほど深く私の心を動かした。〔二五〕

こうして二期生の中にもキリスト教が伝わった。校内での毎週の聖書研究会は、ホイーラーやペンハロー、W・P・ブルックスらの指導によって続けられた。この一、二期生によるキリスト者青年集団は、後世「札幌バンド」と名付けられ、横浜・熊本とともに札幌が、日本のプロテスタントにおける三源流の一つに数えられるに至った。〔二六〕

第三節　宣教師の巡回

札幌への進出

クラークの伝道が行われた一八七六年から一八七七年は、プロテスタント諸教派の合同運動が一頓挫した後の時期にあたっている。一八七七年十月、長老派・改革派は合同して日本基督一致教会(のちの日本基督教会)を設立し、教会合同のもう一方の当事者であった関西の公会は、翌一八七八年、日本基督伝道会社（のちの日本組合基督教会）を設立し、教派による伝道活動が本格化した。

北海道では、前述のとおり一八七七年頃までにプロテスタントの二派、ローマ・カトリック、正教会が函館に拠点を持った。函館で盛んとなったこれらの教派の活動に対して、開拓使函館支庁の取り締りは禁教高札の撤去後も続けられた。W・デニングに説教をさせて街頭を混雑させたという理由で小川淳を逮捕したことは前にも述べたが、同じような理由でM・C・ハリスに説教をさせた和田音次郎を逮捕した。さらにキリスト教式による埋葬事件では、一八七五年までに山中琴路、小笠原定吉などにかかわる四件が起きている。それが、クラークの来札した一八七六年以降、キリスト教式埋葬問題で罰金を科した例はあっても、逮捕に及ぶ事件はみられない。一八七六年は、キリスト教に対する開拓使の態度にも変化がみられた年であった。[一七]

S. C. スミス
（1887年来札の頃）

クラークの伝道によって、キリスト教をめぐる環境も変わってきた。こののち、一八七〇年代後半以降、函館に拠点をもった各派は、函館に次いで札幌を新たな伝道の対象として進出した。もっとも、この時期に進出した教派の成果は、間もなく、札幌基督教会（現、札幌独立キリスト教会）の設立によってこれに吸収されていく。プロテスタント諸教派の教会設立は、次章の一八八〇年代後半以降を待たなければならない。

なお右に挙げた教派のほかに、一八八〇年代、宣教師や日本人牧師の来札があいついだ。たとえば一八八三（明治十六）年、札幌基督教会を応援して洗礼式を執行した日本基督一致教会の小川義綏《よしやす》、D・タムソン、療養で来札したアメリカ長老教会伝道協会派遣婦人宣教師のサラ・クララ・スミスなどである。スミスは、大島正健ら札幌農学校一、二期生たちの勧めもあり、この地での女子教育をめざすことになる。スミスは、ひとまず外国人居留地がある函館に住むが、一八八七（明治二十）年一月、北海道尋常師範学校英語教師として札幌に来着する。[二八]さらに師範学校教師のかたわら、かねての目的であった女塾（札幌長老派伝道協会寄宿女学校。のちにスミス女学校、北星女学校）を開設した。スミスの学校の理念は、生徒が「活動的な人生を送るに際し、果たさなければならない義務と責任を負えるよう、有用な知識を与えて準備させる」ところにあった。当初は師範学校官舎附属の元厩舎を改造して、一八八七（明治二十）年一月十五日に授業を開始したが、道庁長官岩村通俊が校舎を新築して貸与し、八月二十五日、開業式を挙行した。式には、道庁理事官、札幌農学校教授佐藤昌介、師範学校長、それに来札中の同志社の新島襄が出席し、佐藤昌介、新島襄らが祝辞を述べるなど支援の意を示している。開校時には道庁幹部の夫人や子どもたちが多数生徒として在籍し授業を受けており、同校の草創は、それらの学習のもとめに応えるところから始まった。九月には、札幌で最初の幼稚園も開設した。開設の経過にみるように、同校は岩村長官や道庁理事官堀基をはじめ道庁幹部など市内の有力者の支持を受けていた。[二九]

デニングの進出と撤退

各教派の宣教師のうち、札幌への伝道に最初に着手したのは、前述のCMS派遣のW・デニングであった。彼は、札幌では街頭に出て書籍の頒布と路傍説教を行ったが、伊藤一隆によるとその日本語は、すでに流暢なものであったという。デニングは伊藤一隆に洗礼を授けた後も――したがって、伊藤はデニングの属する教派の信徒となった――めざましい伝道の成果を挙げた。

まず、一八七八（明治十一）年夏、デニングはアイヌ語研究を名目として平取まで足を伸ばした。次いで平取から札幌に赴き、農学校教授ブルックス宅で集会を開いた。九月には札幌第一小学校の教師荒砥《あらと》琢哉《たくや》に洗礼を授けている。荒砥の場合、入信後圧迫が加えられ転勤を命ぜられたという。のち彼は退職して伝道者となり山陰、台湾、九州などで活躍した。このときデニングは、ジョン・バチェラーを伴っていた。バチェラーは当時神学生で、療養のために来日し函館に滞在していたが、アイヌ民族への伝道に関心を持ち、アイヌ語を教わるために対雁《ついしかり》を訪れた。〔三〇〕なお、バチェラーの自叙伝では、七七年秋、初めて来札したとしており、このとき黒田清隆開拓長官と札幌農学校生徒二十四人に会ったという。〔三一〕

次いで一八八〇（明治十三）年五月二十四日、デニングは再びバチェラーを伴い、札幌伝道を行った。五月三十日の日曜日は、在函イギリス領事ユースデンの寄寓先で礼拝を守り説教をした。ここには農学校生徒、外国人教師、同伴したバチェラーおよびデニングの家族が出席した。六月十三日には伊藤一隆の実家平野家の婦人たちなど三人に洗礼を授けた。さらにデニングは、十月十七日には伊藤の実

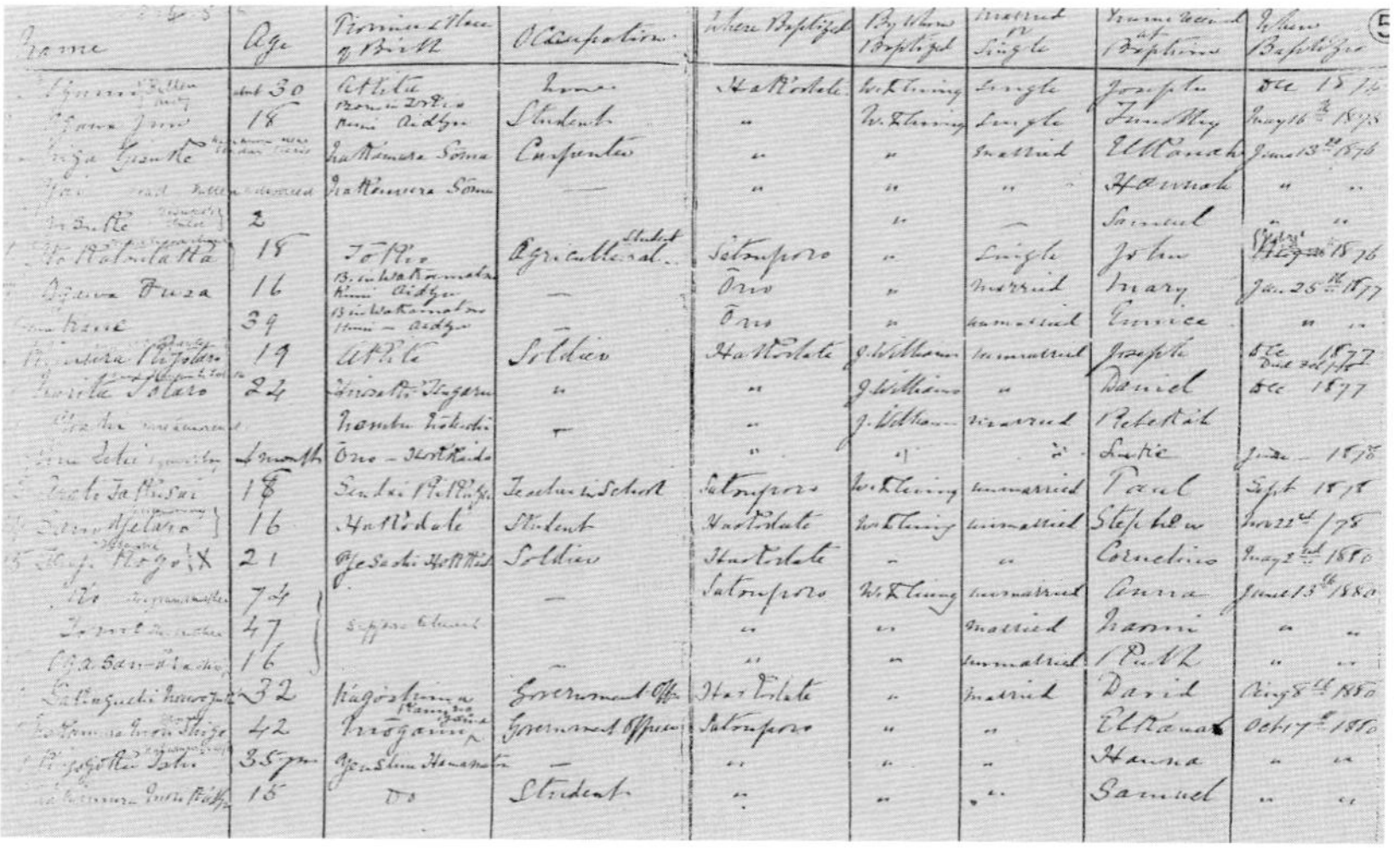

デニング司祭教籍簿

父平野弥十郎・弥市父子と中村守重ら五人に洗礼を授けた（以上の洗礼関係記事は、日本聖公会北海道教区事務所所蔵の教籍簿による。札幌独立キリスト教会の記録などでは九月十七日）。デニングは東創成町八番地（現北四条東一丁目）中村守重宅に講義所を置いていた。当時、それは札幌監督教会講義所などとよばれていたらしい。[三二] 受洗した一人、平野弥十郎は五十八歳となっていたが、次のようにその信仰の有様を告白している。

「是迄我か家は仏法信徒にして、真の神の在る事を知らず、己《おのれ》罪人なるをも弁《わきま》えず、また耶蘇基督《イエス・キリスト》よりて罪より救はる、事を知らず、暗きを愛せし者なりしが、我が男一隆の導きに依て始て真実正道に帰し、親族一同皆々洗礼を受けたる事、此上も無き幸ひ成り」[三三]。

翌一八八一年三月三十日には、デニングの司式により、伊藤一隆と小笠原富との結婚式が講義所において挙げられた。札幌最初のキリスト教式の結婚式であった。[三四] 四月にはさらに七人の受洗者があった。このように札幌の講義所所属信徒数は増加し、札幌は函館にも増して同派の有力な教会が設立される期待が持たれた。ところがこの年、デニングはＣＭＳから帰英を命じられた。当時のイギリス国教会の保守的な教理を修正した、条件付霊魂不滅説という彼の神学上の主張がＣＭＳで問題となったからである。札幌講義所の施設は、デニングの個人的な働きと信徒の篤志によるもので、ＣＭＳの支援によって開設したのではなかったようである。十月、後述するように農学校一、二期生を中心に教会合同の計画が進展すると、デニングはオルガンや書籍を新たな教会に寄贈し、札幌の伝道拠点を撤退した。[三五] デニングの帰英、解任後は、バチェラーがたびたび札幌を訪れたが、一八九二（明治二十五）年まで札幌に同派の教会を設けるに至らなかった。

メソヂストの宣教師たち

W・S・クラークの依頼で農学校一、二期生に洗礼を授けたM・C・ハリスは、そのために一八七七、七八年の両年、札幌を訪れた。そして彼らから生涯にわたる尊敬と信頼をかち得ることになった。一八七八年にハリスが東京に転じたあとは、W・C・デヴィソンが函館に着任し、札幌への巡回も行った。札幌農学校一、二期生の大部分は、ハリスに導かれてメソヂスト監督教会に入会しており、デヴィソンは彼らが将来とも同教会に属するものと考えていた。[三六]

　デヴィソンは一八八〇（明治十三）年に来札して、一、二期生らが会堂を購入するための費用を融通しようと彼らに伝えた。しかし、内村鑑三によれば、九月の来札のときデヴィソンは、新しい教会の設立計画には賛意を示さずに帰ったという。ともあれデヴィソンは翌一八八一年にその宣教師報告で、函館や福山（松前）とともに札幌も好ましい発展をなしつつあると述べている。また翌一八八二年には、信徒たちは経済的な独立をめざす最も高邁な精神を抱いていると報告している。彼としては、ここに同派の教会設立が必要であると考えていた。一八八一年頃のキリスト教界の報道記事でも、たとえば『七一雑報』が、後述する最初の会堂を「メソヂスト教会」と記すなど、専ら同派所属の教会とみなしていた。[三七]

　しかし、事態はデヴィソンの期待とは別に展開し、札幌基督教会は教派から独立して設立された。一、二期生の大半の退会によってメソヂスト監督教会による伝道活動は中断し、一八九〇（明治二十三）年に同派の教会員によって組会が組織されるまで、札幌では教会設立につながる活動は起こされなかった。ただ、デヴィソンの後任のL・W・スクワィアは、札幌基督教会の設立によって札幌の同派の教会は解散したとし、「これらの若者はメソジズム（ママ）にとっては損失であるが、キリスト教にとっては損失ではない」と報告している。その後も同派と札幌基督教会との協力関係は続き、一八八四（明治十七）年十一月三十日の洗礼式にはスクワィア、翌一八八五年八月九日の洗礼式にはR・S・マークレイが司式をしている。[三八]

フォリー神父の巡回

幕末から明治維新後にかけて、ローマ・カトリック教会の宣教（布教）は、九州地方の復活キリシタンへの対応に力を注ぎ、全国的な活動はプロテスタント諸教派に一歩を譲ったが、北海道では函館が重要な伝道の拠点となり、ここから札幌などへの巡回が行われた。北海道の布教はパリ外国宣教会によって担われ、最初に札幌を訪れたのも、フランス人の司祭、A・プティエであった。彼は一八八〇（明治十三）年に札幌に二週間滞在した。当時札幌には材木商の大国元助ほか一、二戸のカトリック教徒がいたといわれるが、大国家以外の人びとの氏名は確認されていない。この大国宅が、プティエそして次のジャン・ウルバン・フォリーの当初の拠点となった。[三九]

フォリーは函館を根拠地としながら、一八八三年、正式に北海道全域と青森県を担当する巡回布教師となったが、それ以前の一八八一年、クリスマス近くに札幌に赴き滞在した。翌年集会所を南四条東一丁目の借家に移し仮会堂とした。やがてこれが第一歩となって、札幌天主公教会（現、カトリック北一条教会）の設立につながっていった。フォリーは翌一八八二年再び来札し、クリスマス当日、三人に洗礼を授けた。さらに翌一八八三年の復活祭（イースター）には五人の受洗者があった。受洗に際して

ジャン・ウルバン・フォリー

の代父あるいは代母には、ほとんど大国元助・トメ夫妻がなっている。まだ司祭の定住していない集会所信徒の中心に大国夫妻がなっていたからである。大国はまた、集会のたびに十字架のついた幟を持って街のなかを歩いては人集めに励んだという〔四〇〕。

その後仮会堂は一八八五年に南二条西六丁目の白官邸に移り、翌一八八六年に南二条東四丁目一番地に移ったが、諸書によって移転時期や場所とも異説が多い。所在地はおおむね大通以南、創成川畔以東を転々としているが、その位置を正確に確認することは難しい〔四一〕。

この間、フォリーは精力的に全道を巡回していた。彼は伝道のかたわら趣味の植物採集を続けていたことでも有名であった。採集した植物標本は欧米や日本国内の研究者に送られ、彼の伝道費用や会堂建築の費用に変じた〔四二〕。

一八八八（明治二十一）年八月、オズーフ司教が巡教したころ、札幌のカトリック教会（当時の名称では札幌天主公教会）では、信徒は六十人ほどいたが、聖堂はまだ設けられていなかった。同月五日の日曜日に、司教が新たな受洗者に按手を行う堅振（堅信）を受けた者が十六人、聖体受領（聖晩餐）を受けた者が二十人であった〔四三〕。

このころフォリー司祭は全道を駆けめぐり、札幌に定住してはいなかった。ときおり新聞に、

教理聴問望之方ハ毎日午後二時ヨリ五時迄来臨アレ
札幌区南二条東四丁目六番地
✝天主教会　神父　フォリ〔四四〕

などと広告を出していた。一八八九（明治二十二）年、『北海道毎日新聞』は、「札幌区内の天主教信徒は戸数二十七戸七十五名にて、内男三十九名女三十六名なりと[四五]」と報じている。さらに十二月にフォリーが札幌を巡回し、「南二条東四丁目六番地天主教会に投宿し、爾後同会の依頼に応じて日々説教する由なるが聴衆は二十名位なり[四六]」であったという。これが当時の実勢であろう。フォリーは、札幌からすぐ樺戸郡地方への布教に出かけたが、翌年のパリ外国宣教会の年次報告では、「フォーリ《ママ》（Faurie）師は、信者を得るために、洗礼を授ける必要がない、日本で唯一の宣教師である[四七]」と記された。一八九二年の同年次報告では、フォリーは道内で一年間に約五十人の移住信徒を見つけだしたという[四八]。他府県から盛んに来道する移住者のなかのカトリック教徒の把握に忙殺されている巡回宣教師の働きぶりがうかがえる。これは札幌が奥地への布教の中継点となっていることと、少なからぬ信徒が札幌からさらに奥地へ向けて移動していたことを意味していた。

正教会の伝教

函館に最初の拠点を置いたハリストス正教会は、仙台や東京に進出し、一八七三年の高札撤去前後には政府の国民教化政策に対抗して教線を拡げていったが、札幌での宣教（伝教）が確認されるのは、一八八一（明治十四）年になってのことである。『大日本正教会公会議事録』（同年七月）に、函館復活教会のロシア人司祭ディミトリィの下にいた副伝教者パワェル細目の伝教を示す「（一八八一年）五月、パワェル細目、福山ヨリ帰リ直ニ札幌ニ伝教ス」という記事がそれである。ここでは札幌は、函館復活教会傘下の講義所の一つに数えられている。また一八八二年から一八八三年の『公会議事録』に、一八八二年一月、細目副伝教者が札幌より帰るとあり、札幌地方で信徒数九人との数字が挙げられている。すでになんらかの信徒集団の存在を推測させるものがある。[四九]

『札幌正教会百年史』では、一八八四年六月に小樽から移転してきた筆屋のマルク阿部多美治が、氏名の明らかとなる最初の札幌定住の信徒であるとしている。十月には函館を本拠としている司祭テイト小松韜蔵《とうぞう》が根室から札幌に巡回し阿部多美治を訪問し、一八八五年から二年間は、伝教者イリヤ佐藤虎治が札幌の伝教に従事している。一八八六年には余市在住のイオアン石川吉太郎が札幌における正教会最初の受洗者となった。この年は札幌で六人の受洗者をみた。翌一八八七年は、マカリィ鈴木一家三名が受洗した。鈴木は札幌在住者の中での最初の受洗者であった。ただ佐藤虎治は、札幌のほか幌内・小樽などを含む広い地域を担当しており、札幌定住の伝教者ではなかったようである。いまのところ札幌における当時の信徒数、講義所、集会の状況などについては、断片的な事実しか伝えられていない。[五〇]

翌一八八八年、伝教者パワェル松本安正が小樽から札幌に着任した。彼は札幌のほか、小樽・幌内・石狩を担当地域としたが、札幌最初の定住伝教者となった。これによって札幌には複数の信徒、集会所、教役者が存在することになり、正教会の教会としての要件を満たして、教会は成立した。この教会は、南一条西三丁目にあった。[五一] 同年から一八九四（明治二十七）年、南二条西七丁目に札幌顕栄会堂が完成するまで、会堂は四度にわたって毎年のように移転を重ねた（これも各記録の整合を図るのが難しい）。[五二]

一八八九（明治二十二）年の『正教新報』は、パワェル松本とペトル小田島（副伝教者）が札幌の監獄署に月三回、受刑者のために説教に行っていることを報じている。[五三]

第四節　札幌基督教会の設立

合同教会設立への気運

札幌農学校一、二期生は、在学中クラークの伝道の志を継いだマサチューセッツ農科大学出身の教授たちによって信仰的な指導を受け、ときにはハリスやデヴィソン、デニング等の説教を聞いた。ハリスは、一八七九（明治十二）年頃の様子を「これらの青年は、甚だ熱心のやうに見ゆる。彼等よりの文通によれば、彼等学業の余暇には、校外の児童に聖書を教へ、又毎週祈禱会を催し、そして彼等のすべては、公けに祈禱するであらう。安息日となれば、祈禱と聖書の研究の為めに会合す。その時にはホエーラル教授、聖書を教ゆ……これらの青年は良家の子弟なれば、将来日本の若き教会の為めに有益のものたるや疑なし」[五四]とミッション本部に報告している。

札幌基督教会員（白官邸）（1883 年）

もっとも、この頃までには一期生の受洗者のなかに信仰上の脱落者が生じ、二期生では内村鑑三等八人以外には洗礼を受けた者がなく、三、四期の入学生のなかには入信した者はまったく現れなかった。一、二期生の激しい伝道攻勢があってか、一八七八年一月頃、官立の農学校に「耶蘇《やそ》教（キリスト教）大ニ流行シ、生徒概ネ該宗ニ帰依ス」という新聞投書があった。開拓使札幌本庁ではホイーラー教頭に生徒間の宗旨問題の葛藤に注意を促している。また佐藤昌介も、開拓使の官吏から信仰上の感情を隠すように言われたとクラークに報じている。[五五]

しかし、このような圧迫があっても、前述のように一、二期生以外にも札幌の信徒は増加していった。一期生は一八八〇年に卒業したが、この頃から一、二期生は、自分たちの会堂を持つ希望を募らせていた。一八八一年、彼らは会堂取得のための具体的な行動を起こし、三月にはデヴィソンから約七〇〇円の援助金を借用した。彼らの大部分はメソヂスト監督教会員であったが、彼らのめざした新しい教会は、教派に依存しない独立の教会であった。[五六]

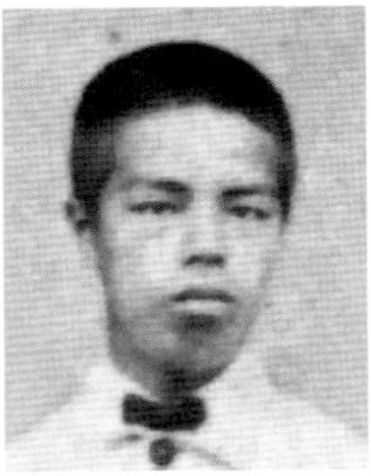
内村鑑三（1880年）

彼らは札幌に二つの教派の教会が並立することを疑問とし、教派の競合は福音（キリスト教）の宣教を妨げるものとして把えた。その結果、外国の宣教団体（ミッション）からの援助を受けず、しかも日本人に合った儀式や規則をもつ教会の設立をめざすことになる。聖書にない儀式を排除し、「神の慈愛による独立した教会を札幌に立てたい」[五七]（一八八一年五月二十五日付、W・S・クラークあて内田瀞書翰）、という願いが彼らの大勢を占めるに至った。九月には南二条西六丁目に開拓使が建てた白ペンキ塗りの洋館「白官邸」の一つを購入することができた。[五八]

札幌基督教会の自立

「白官邸」の教会は、組織された自覚的な信徒集団が存在し定期集会を行っているという意味で札幌最初の教会となった。毎日曜日には五十人ほどの人びとが、階下四十畳ほどの会堂をいっぱいにした。また、市内への伝道も盛んで四か所の伝道の拠点を設け、若い信徒は聖書や伝道用の小冊子を販売し、さらに近郊の村落や厚別《あしりべつ》の水車器械場（製材所）へも足を運ぶなど意気盛んな活動がなされた。ただ、教会の独立については、いぜんデヴィソンの賛成が得られなかった。メソヂスト監督教会からの分離独立を行った際には、同教会伝道局の援助金の取り扱いが問題となることは必至であった。一方、デニングの方は前述のとおり講義所を撤退したので、その教会員は新しい教会に移ることができた。

こうして、十月二日、一、二期生と伊藤・平野両家の人びとなど二十人は両教会に退会を申し出、白官邸での教会生活を始めた（佐藤昌介はメソヂスト監督教会からの退会には同調しなかった）。これがのちの札幌基督教会である。そのうちの一人、宮部金吾は、この日が事実上の教会創立の日であると言っている。〔五九〕もっとも、この時点では、自他ともに認める正式な名称がまだなかったと思われる。一八八一年十月二十三日には、青年活動を盛んにするために札幌基督教青年会（ＹＭＣＡ）が組織された。〔六〇〕

「白官邸の教会」においては、大島正健、渡瀬寅次郎、伊藤一隆、内村鑑三等が交替で日曜日の礼拝説教にあたった。専任の教職を求めて、東京の植村正久（一致教会牧師、のちに日本基督教会の指導者）の招聘を打診した。実現しなかったが、植村も一時、札幌行きに心を動かしたことがあったという。〔六一〕

教会自立に向かっては他にも課題があった。とくに教会の維持費とメソヂスト監督教会伝道局への返済金の捻出に苦闘しなければな

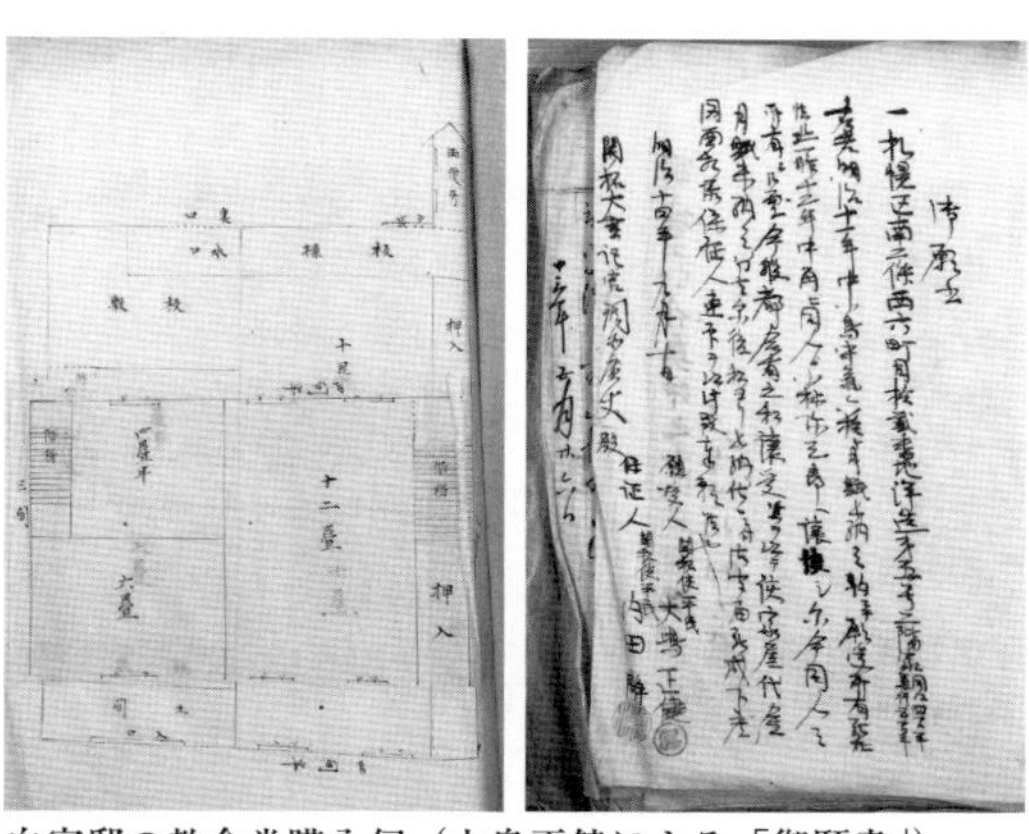

白官邸の教会堂購入伺（大島正健による「御願書」）

大島正健（1891年）

らなかった。おりしも十一月にクラークから一〇九ドル八八セントの送金があって、教会員を感激させた。一八八二年一月一日日曜日の午後、教会の前途を相談している最中に、函館のデヴィソンからの書翰が到来した。[六二] 内容は彼らの退会申し出に対するもので、内村鑑三がその直後に書いて宮部金吾に送った書翰の要約によると、「正月元旦そうそう、われわれはデヴィソン氏から、できるなら、教会建設資金を、いくらかでも、電報為替で返すようとの通告を受けた。氏の冷たい意味深長な手紙は、われわれの教会のやり方に賛成しかねる、との短い言葉で結ばれていた」[六三] というものであった。デヴィソンとしては教会の独立（教派からの分離）には反対で、もしそれを貫くのであれば援助はできないという教派の立場に立ったものであろう。

デヴィソンの書翰は、受け取った札幌の教会員を強く刺激するものがあり、すぐさま残金全額返済の意志を固めることになった。教会員はそれぞれの生活や書籍代を切りつめて献金し、あるいは会堂の二階に住み込み会堂の管理に働いたうえ、その部屋代を教会に払うなどして積み立て、この年十二月二十八日に負債の残金を返済した。この日を同教会は創立記念日と定めている。メソヂスト監督教会は翌一八八三年二月二十八日、彼らの退会を正式に承認した。この負債返済に至る経緯は、教派に属さないで独立の教会形成の志向を、いっそう明確にすることに寄与したといえよう。[六四]

新会堂建築と牧師按手礼問題

札幌基督教会は、教派によらず信徒が自由に結合して設立した教会であった。二派の信徒が合同して設立した経緯から、同教会は外部からはサッポロ・ユニオン・チャーチ（札幌合同教会）とよばれることがあった。若い人びとが中心となって設立された無教派の教会は、周囲からその将来が危惧されていた反面、札幌唯一のプロテスタント教会であったことから、プロテスタント諸教派の協力を得やすいものとした。教会独立後、かつての一、二期生の信徒のうち、一八八二年から一八八三年に、内村鑑三、佐藤昌介、新渡戸（太田）稲造、広井勇らが札幌を離れた。その一方、札幌へ転入してくる他教会員、新たに洗礼を受けた信徒らを加えて、教会は札幌の市域を超えて発展していった。このため一八八二年五月には大島正健が母校の教師をしつつ牧師となり、九月には一致教会の辻元全二が専任の伝道師として大島を補佐した。一八八三年七月には婦人会が結成され、編み物や裁縫などの手間賃仕事を得て教会の経済を助けた。一八八四年、教会員の数は約六十人になった。このため「白官邸の会堂」は狭隘となり、はやくも新たな会堂の建築を計画することになった。〔六五〕

翌一八八五年、新会堂は南三条西六丁目一番地に、教会員藤田九三郎の設計によって竣工し、八月八日、献堂式を挙げた。会堂の東側にニセアカシアの並木があったので、「アカシヤの教会」とよばれた。〔六六〕

この時期の最後に、牧師職をめぐって札幌基督教会が解決を迫られる問題が起こった。教会から牧師として任命されていた大島正健は、牧師としての按手礼《あんしゅれい》を受けていなかった。したがって当時のプロテスタント教会の大勢では、無資格者には二大聖礼典である洗礼式と聖餐式（同教会では「晩餐」式という）を執行する権能がないとされていた。このため札幌基督教会では、来札する諸教派の牧師・宣教師に依頼し、これを執行してきた。ところが同教会は一八八六年一月の臨時総会で、大島に洗礼式と晩餐式を司ることを委託し、翌年四月実行に移した。このため諸教派のなかから、無資格者の聖礼典執行に疑義が呈された。なかには札幌基督教会を異端視する批判も出された。

一八八八年夏、クラークを通じて「札幌バンド」の将来に関心をもっていた一人、新島襄（同志社の創立者、日本組合基督教会の指導者）が療養のため妻八重とともに札幌に滞在した。新島は札幌基督教会の「自由主義」を支持する立場から事態を案じ、大島正健に按手礼の受領と、死去した辻元伝道師の後任として、同志社出身の馬場（竹内）種太郎を推薦した。新島の斡旋によって教会は在京の牧師・宣教師に按手礼を依頼した。これによって一八八八年一月十二日、一番町教会で植村正久・小崎弘道等在京七牧師が、大島の頭に手を置いて按手礼を執行し、彼の牧師職を公認した。[六七]

一八八九（明治二十二）年には、同教会の日曜礼拝の出席者が一四〇～一五〇人、水曜日の祈禱会の出席が三、四〇人に及んだ。同教会の伝道範囲も広く、札幌区内に限らなかった。集治監のあった樺戸郡市来知《いちきしり》の空知《そらち》教会をはじめ、月形《つきがた》・当別などにも伝道活動が及んでいた。[六八]もっとも内村鑑三等が交替で説教にあたっていた頃から、札幌基督教会は青年たちの熱心な活動によって成長した反面、「玉に疵とも云べき事は信徒互に学問上高尚なる議論のみ兎に角流行し」[六九]たとの批評がキリスト教界内からもあった。一八八八（明治二十一）年頃もそのことが教会内で自覚されたとみえて、同年十月一日から六日間連続の「基督教連夜説教」集会が計画された。日曜礼拝など通常の集会では、学生が出席者の半ばを占めていたため、その説くところも「言妙《げんめう》に入り詰屈《きつくつ》に陥り、始めて教義を聴くものには望洋《ぼうよう》の嘆《たん》なきにあらねば」[七〇]という状況があったから、という。連夜説教集会の開催は、キリスト教を多くの市民に受け容れられるように平易に語ろうとする目的からであった。

禁酒会と婦人集会

キリスト教徒が市民と広い接点をもつ社会活動は、札幌でも禁酒会運動が最初であろう。札幌禁酒会は一八八七年、伊藤一隆を会頭として設立し、同年さらに北海禁酒会と改称した。[七一] 禁酒会運動は、キリスト教徒以外の人びとをも含めて幅広く結集した市民運動ではあったが、キリスト教徒にとってはクラークの禁酒の誓約以来の伝統があり、キリスト教信仰の確立と禁酒の実践とは表裏の関係にあると理解されていた。たとえば北海禁酒会創立の中心人物、岩井信六のことで、大島正健は「どうも、この岩井君、キリストの道に入ったが信仰がすゝまない。どうしたものかと一日その宅を訪問し、店先きから声をかけると、奥の方で慌しい物音がする。注意して見ると、来客と一ぱい飲んでゐた。その酒の席を匿さうと云ふ騒ぎであった。信仰のすゝまない元は之であった」[七二] とかつての姿を述懐している。

北海禁酒会の第一回総会は翌一八八八年一月、札幌基督教会堂で開催され、約二六〇人が参加した。会の目的を、「飲酒淫蕩の頽廃思想打破、酒より民衆をして解放せしめ、以て、正義、愛、創造の精神を基調とし、無酒真善美なる社会建設を使命とし、而して真に日本人の道を生き抜かんとする至誠より創立せられたもの」[七三] とした。六月からは、雑誌『護国之楯』を発刊した。[七四]

また、札幌基督教徒婦人会が、一八八八（明治二十一）年八月十一日に偕楽園内の清華亭で開催された。遠く空知・樺戸の教会からも集まり、六十余人の親睦会が開かれた。『北海道毎日新聞』が「一切男子の手《て》を借《か》らす全《まつた》く婦人のみの催ほしなりしものなりとの事なり本会は実に婦人親睦会の嚆矢《かうし》にして追々女子の風俗《ふうぞく》を矯正《かうせい》する一助となるに足るへし」[七五] と、その意義を報じた。翌一八八九年六月には、在札の東京婦人矯風会員の松浦たか等四人が新聞を通して「一夫一婦に関する建白」の署名活動を呼びかけ、三〇〇人余の賛

成を得て署名を東京の本部へ送った。〔七六〕

クラークの遺産

札幌基督教会が教会としての基盤を確立しつつあった一八八六（明治十九）年三月九日、W・S・クラークは、内村鑑三が留学中のアマーストで満五十九歳の生涯を終えた。彼の晩年は、鉱山経営の失敗からそれまでの名声と財産を一挙に失ったが、臨終の床で彼をみとった牧師ジョージ・S・ジッカーマンに、クラークは、「余の生涯の事業にして一として誇るに足るべきものあるなし、唯日本札幌に於ける八ケ月間の基督教伝播こそ余が今日死に就かんとする際余を慰むるに足る唯一の事業なれ」と語った。ジッカーマンは、同地に居た内村にこのことを本国へ伝えよと述べた。〔七七〕クラークが蒔いたのは、十数人をキリストに向き合わさせることであった。そのことが臨終の床でクラークにとって唯一の慰めとなったというのだが、やがて札幌基督教会が、また札幌に始まるキリスト教の流れが、大きく実ることをまだだれも目にしていたわけではない。しかし、内村は、別のところで、クラーク「特愛の聖句」が、「工匠《いへつくり》の棄てたる石は、家の隅《すみ》の首石《かしらいし》となれり。是れ主の為し給へる事にして、我等の目に不思議とする所なり」（マタイ伝［マタイによる福音書］二一章四二節、詩篇一一八篇二二、二三節）であると紹介し、クラークの伝道が自身の思いを超えた「不思議とする所」であったと語っている。〔七八〕

この頃札幌の諸教会は、宣教開始の時期から、市民に根を下ろしてゆく時期に向かいつつあった。ローマ・カトリックと正教会は宣教後まだ日が浅く、教会として確立したものとはいえなかった。諸教会のなかでは、プロテスタントの札幌基督教会が最も有力で、ほとんど札幌のキリスト教界を代表する地位にあった。札幌基督教会は、この時期の終わり頃には、札幌農学校の枠を超えた、多くの人びとによって担われる教会となった。教会員には学生や農学校関係者よりも「質実勤勉な商人」や官吏、婦人たちの比重が増し、それらの人びとによって教会が支えられていたという。礼拝に集う層も多様化し、製麻会社の青年職工や役員の中からも受洗者が生まれていた。[七九]「札幌バンド」はすでに集団としての求心力を失いつつあったが、その分だけ、市民への広がりをみせていった。

同教会の宣教開始期の性格は、その後の教会の歩みを方向づけていた。クラークの伝道を契機として誕生した教会は、独立・無教派を標榜した。設立の経過から教会政治のあり方には会衆主義をとったが、同時に合同教会として教派の協調を求める立場をとった。また簡素な信条を採択した。これらはクラークが教会の自由・自立、信徒の自治を信条とした会衆派の教会に属し、煩瑣な儀式や神学上の議論を好まなかったことと一脈通ずるものがあった。[八〇]

また彼が、「異邦（教）人」の改宗者獲得を事業として成果を競った教派・ミッションの活動とは無関係であったことも、札幌基督教会にとって自らの教会制度を自由に選択する上で幸いしたといえよう。そして一八九〇年代、後発のプロテスタント諸教派の教会は、札幌基督教会を軸として、教会間の協力関係とそれぞれの自立自給の体制を築きあげてゆくことになる。

註

〔一〕本書では、とくに断らない限り聖書の引用は、共同訳聖書実行委員会編『聖書　新共同訳』（日本聖書協会、一九八七、一九八八年）による。

〔二〕ローマ・カトリックとプロテスタントについて、一般に前者を旧教、後者を新教と略記することがある。プロテスタントは、十六世紀初頭の宗教改革によって生じた諸教派であるから、これを〝新〟とし、それまでのローマ・カトリック教会（以下、「カトリック」とも記す）を〝旧〟とする用法であるが、本書では史料に即して記す以外は、この区分を〝新・旧〟では表さないことにしている。この区分は、主としてプロテスタントの側が、他と区別して、自らを〝新〟と称するときに用いられるものだからである。

なお、ローマ・カトリック教会と一〇五四年に分離した東方正教会（ギリシャ正教）は、オーソドックス（Orthodox）と略称される。東方正教会は、ロシアに伝播してロシア正教となり日本宣教にも加わる。

〔三〕ここでいうキリスト教会であるが、キリスト教の信仰では、二人、三人がキリストの名によって集まるところが教会であるという一方、教団の制度に則って設立された集団を教会と称するところもあり、その形態は一様ではない。いずれにしても、教会は「キリストの体」（エフェソの信徒への手紙一章二三節）というように、その存在をキリスト教信仰の構成要素としている。本書では、信徒が日常的に活動している個別の教会をさす。自ら教会ではないと主張する無教会主義の集会も、本書では教会のひとつとしている。また個別の教会の集合である教団およびその地方組織を教会と記している場合もある。一方、教団や地方組織を教会とは呼ばないとする教派（たとえばバプテスト派）もある。

なお、その時代のキリスト教全体をさして〝教会〟という場合もあるが、本書では、それを〝教界〟と記すことにしている。

〔四〕この小項の執筆にあたっては、次の文献を参照した。

石原謙・松村克己・中川秀恭共著『キリスト教と日本　回顧と展望』日本基督教団出版局、一九七九年。渡辺信夫著『アジア伝道史』いのちのことば社、一九九六年。大貫隆ほか共編『岩波キリスト教辞典』岩波書店、二〇〇二年。

〔五〕ドイツでは、一五五五年のアウクスブルク宗教和議で教派属地権を認めた。これが領邦教会制度で、領主がその領邦の教派（たとえばローマ・カトリック教会か、ルター派教会か。のちには改革派も）を決めることになった。

〔六〕大山綱夫訳。北星学園百年史刊行委員会編『北星学園百年史』通史篇、北星学園、一九九〇年、三三頁。

〔七〕この小項の執筆にあたっては、前註〔四〕のほか、次の文献を参照した。

大濱徹也著『明治キリスト教会史の研究』吉川弘文館、一九七九年。土肥昭夫著『日本プロテスタント・キリスト教史』新教出版社、一九八〇年。日本キリスト教歴史大事典編集委員会編『日本キリスト教歴史大事典』教文館、一九八八年。

〔八〕一八七三年の太政官布告第六八号（布告掲示 并《ならびに》 高札撤去ニ付布告）について、政府はもっぱら法令公布制度の改革としてその趣旨を説明している。また一連の公式表明でも高札撤去はキリスト教の公認どころか黙許でもないとしている。事実、キリスト教の伝道、葬儀などに対する取り締まりが、布告後、顕在化している。ただ当時、欧米外交官およびキリスト教側は、多くこれを解禁と受けとめていた。この問題についての研究史、筆者の見解については、拙著『キリスト教解禁以前——切支丹禁制高札撤去の史料論——』（岩田書院、二〇〇〇年）で詳述した。

〔九〕幕末、近代日本へのキリスト教の流入については、海老沢亮《あきら》著『日本キリスト教百年史』（日本基督教団出版部、一九六五年）をはじめ、前註〔四〕および〔七〕の諸書がある。また北海道については、福島恒雄著『北海道キリスト教史』（日本基督教団出版局、一九八二年）および中川宏監修、仁多見巌編著『北海道とカトリック』戦前篇（「北海道とカトリック」出版委員会、一九八三年）がある。

ここで、本章に関連するキリスト教諸教派の由来について、今橋朗・徳善義和共著『よくわかるキリスト教の教派』（キリスト新聞社、二〇〇七年。新装版）、前註〔四〕、『岩波キリスト教辞典』などによって、簡略にふれておくこととする。

ローマ・カトリック教会は、ローマ教皇を頂点とする、世界的に統一された組織である。幕末、近代初頭の日本再布教にあたっては、当初、フランスに本部がある海外宣教団体であるパリ外国宣教会があたっていた。やがてイエズス会、フランシスコ会など他の修道会も日本宣教に参加する。ロシアから渡来したハリストス正教会については註〔二〕

でもふれたが、これもモスクワに正教宣教会を組織して海外宣教に踏みだした。

イギリス国教会は、ローマ・カトリック教会とプロテスタントとの中間の位置にある。同教会は、十六世紀にイギリスの宗教改革によってローマ・カトリック教会（以下、カトリック）から分離した。十八世紀にＳＰＧ（Society for the Propagation of the Gospels in Forign Parts. 英国福音伝道会）、ＣＭＳ（Church Missionary Society. 海外伝道協会と訳されている）が設立された。アメリカ聖公会などとともに日本伝道にあたった。当時エピスコパル（監督）教会ともよばれたが、一八八七（明治二十）年、同派の宣教団体が合同し、日本聖公会を設立した。

プロテスタントのうち、十六世紀のドイツでの宗教改革でルター派（ルーテル教会）が生まれ、次いでスイスではジャン・カルヴァンなどに指導された改革派（長老派）が生まれる。改革派は、フランス、イギリスに広がるが、このうち、十七世紀に宗教改革の徹底を主張したのが、ピューリタンと呼ばれた改革派、会衆派、バプテスト派などで、イギリス国教会からも分離し、さらにアメリカで発展する。改革派は日本では一八七七（明治十）年、日本基督一致教会、次いで日本基督教会を設立する。会衆派の日本宣教はアメリカン・ボードによって行われ、一八八六年、日本組合基督教会の設立となる。メソヂスト派は、ジョン・ウエスレーなどに指導されたイギリス国教会内の信仰復興運動として始まるが、アメリカに伝播し、バプテスト派とともに発展を遂げる。日本では、アメリカ・メソヂスト監督教会、（メソヂスト・エピスコパル教会ともよばれ、美以《みい》教会と称した）が宣教を開始し、一九〇七（明治四十）年、他のメソヂスト二派とともに、日本メソヂスト教会を設立した。

〔一〇〕開拓使によるキリスト教取締事件は、ニコライの伝教（伝道）によって入信した旧仙台藩士等を一八七二（明治五）年二月（陰暦）から三月にかけて、捕縛したことから始まる。この捕縛事件は、日露間に葛藤を生むが、事件を契機に、明治維新政府の対キリスト教政策の転換が図られる。ただし禁教政策は継続し、こののちも取締事件は、全国的にまた道内でも頻発する（詳しくは、註（八）、拙著『キリスト教解禁以前——切支丹禁制高札撤去の史料論——』参照）。

〔一一〕小利には見向きもしない草創期札幌の商人の営業態度を揶揄した呼称に〝五割商人〟というのがある。その利潤が五割、六割という間は営業にあたるが、三割、四割に減少するとたちまち他に転じてしまうことをいう。「寝ながら商ひ」というのも売り手優位の商慣行をあらわしている。そのようにして得た利益は、容易に遊興に流れていくことになる。

（一二）この小項の執筆にあたっては、次の文献を参照した。
拙著『北海道町村制度史の研究』北海道大学図書刊行会、一九八五年、第二編第四章「草創期札幌の支配と社会」。

札幌市教育委員会文化資料室編『開拓使時代（さっぽろ文庫、五〇）』札幌市・札幌市教育委員会、一九八九年。

札幌市教育委員会編『新札幌市史』第二巻通史二、札幌市、一九九一年。

（一三）伊藤一隆「教史」（『北海教報』第五一号、一九〇一年十月五日、所収）。伊藤一隆の受洗時点では、「札幌学校」が「札幌農学校」の名称となる以前であった。「札幌農学校」となるのは、八月十四日の開業式の後、九月八日とされている。

（一四）以上、前註、「教史」。

（一五）太田雄三著『クラークの一年――札幌農学校初代教頭の日本体験』昭和堂、一九七九年、九六頁。伊藤の受洗は、註（一三）、伊藤一隆「教史」によるとクラーク「着札」の当日としている。そうであれば、七月三十一日である。これに基づく史書も「着札当日」すなわち七月三十一日説を踏襲している。デニングの英文教籍簿（原題：Baptism,Marriages,Funerals as Region,Hakodate,1874-. 日本聖公会北海道教区事務所所蔵）も、Aug（八月）を消して July 31（七月三十一日）としてあるようにも読めるが、太田は、W・ホイラーの手紙（八月十日）から逆算して八月二日、ホイラーの応接間でのこととしている。本書では、太田の考証に従っておく。

（一六）前註、『クラークの一年――札幌農学校初代教頭の日本体験』、一三五頁。同書によって、北海道へ赴く玄武丸船上で農学校生徒の徳育をめぐって、黒田清隆とクラークが、大激論を闘わせたという内村鑑三などが伝える〝伝説〟は、根拠が無いと論証されている。

（一七）クラークの伝道については、逢坂信忢《しんご》著『クラーク先生詳伝』（クラーク先生詳伝刊行会、一九五六年）、大島正健著、大島智夫改訂増補『クラーク先生とその弟子たち』教文館、一九九三年。初版は帝国教育会出版部、一九三七年）、ジョン・M・マキ著『W・S・クラーク　その栄光と挫折』（北海道大学図書刊行会、一九八六年、新装版）、前註、『クラークの一年――札幌農学校初代教頭の日本体験――』がある。本項では主として太田著の「四、札幌より」に依拠した。近年では、小枝弘和著『William Smith Clark の教育思想――札幌農学校の自由教育の系譜――』（思文閣出版、二〇一〇年）、大山綱夫著『札幌農学校とキリスト教』（EDITEX、二〇一二年）がある。大山著は第一章でクラークの伝道を論ずるとともに、第三章で右の諸著書を論評している。

（一八）前註、『W・S・クラーク　その栄光と挫折』、二三二頁。

（一九）註（一七）、『クラーク先生とその弟子たち』、九七～九九頁。「禁酒の誓約」の日付について、註（一五）、『クラークの一年――札幌農学校初代教頭の日本体験』では、十一月二十八日としているが、本書では、鈴木俊郎著『内村鑑三伝米国留学まで』（岩波書店、一九八六年）一〇六頁などによった。クラークの「伝道」を早くに概括したのが、独立教会最初の教会史である須々木邦造編『札幌基督教会歴史』（喜多島慶次郎、一八九四年）五～六頁。クラークの伝道は、本人自身もアマーストの彼を知る人びとにとっても意外なことであった。たとえば、内村鑑三「基督教の伝道師として見たるウィリアム・S・クラーク先生」（『聖書之研究』第三一五号、一九二六年、所収。内村鑑三著『内村鑑三著作集』第一七巻、小篇、岩波書店、一九五四年、再録）、一二〇頁以下。

（二〇）鈴木俊郎訳、札幌独立キリスト教会補訳。札幌独立キリスト教会教会史編纂委員会編『札幌独立キリスト教会百年の歩み』下巻、同委員会、一九八三年、二一、二二頁、所収。ほかに同教会のホームページでは、二〇一一年四月執事会改訂訳を掲載している。

（二一）カベナントのアメリカでの歴史的背景については、前註（一七）、『札幌農学校とキリスト教』、四一頁以下参照。また同書では、「イエスを信ずる者の契約」の中で、「十誡」の第五誡にあたる部分を「汝、汝の両親及び支配者に服従し、彼等を敬うべし」とし、本来無い「支配者」をクラークが挿入した意図（農学校生徒が官費生であり、将来、官吏となる身分となること）に言及している。

なお、カベナントには「教会」論が欠如しており、後に内村鑑三の無教会主義に影響をもつという見解、たとえば、海老沢有道・大内三郎共著『日本キリスト教史』（日本基督教団出版局、一九七〇年）三七八頁の大内による指摘がある。カベナントの影響の下に建つ札幌基督教会（後の札幌独立基督教会）は、諸教派が培った教会論には距離を置いた教会形成の歩みをしてきた。また内村が札幌基督教会の発足にあたって抱いた教派教会への反発は、後に無教会主義の主張を展開する背景となるが、それらをもってカベナントに「教会論が欠如」しているとする大内らの主張は妥当であろうか。これらの論者は、カベナントにのちの内村等の主張を投影させているのではなかろうか。クラーク自身は教派にとらわれない信仰をもっていたが、カベナント自体は、教会が成立する以前の集団のありようを指示しようとしている。クラークや農学校生徒らが向き合っているのは、教会の設立をいまだ期待しえず、専門のキリスト教教職の不在が続くであろう、草創期札幌の状況である。

〔二二〕 “Boys, be ambitious” の後に、“like this oldman”（「この老人のように」）が続くことを記したのは、安東幾三郎「ウィリヤム、クラーク」（札幌農学校学芸会編『蕙林』第一三号、一八九四年、所収）で、これは大島正健の講演を聴き取ったものといわれる（大島正健、大島智夫訳「W・S・クラーク先生の憶い出」（註〔一七〕、『クラーク先生とその弟子たち』所収）参照）。また、クラークの雇用継続については、註〔一七〕、『W・S・クラーク　その栄光と挫折』、二三八頁がふれている。これは、高倉新一郎「クラーク博士と北海道大学」（『北大季刊』第一七号、一九五九年、所収）に依拠したもののようである。正確を期すると、クラーク再雇用は、開拓使札幌本庁側からの要望であるが、クラークとしては、母国のマサチューセッツ農科大学学長の本務を辞してまでも札幌農学校教頭の再任に応ずる意図はなく、もし開拓使に再度雇用されるなら、「全道諸般の事務」（開拓顧問兼御雇教師頭取ホーレス・ケプロンのような開拓政策全般への関与）あるいは甜菜糖（ビート）製造会社の経営であれば、というもののようであった。そこにクラークのアンビシャスの一端が伺えるではないか。しかしクラークは、開拓使首脳と協議するに至らないまま帰国し、再び来日することはなかった。クラークの製糖会社設立への関心は、安東幾三郎がすでに記しているところから、一期生の大島正健らには伝わっていたとみてよいであろう。クラーク自身のアンビシャスについては、一期生たちは正確に受けとめていたのではなかろうか。拙著『開拓使文書の森へ――近代史料の発生、様式、機能――』（北海道出版企画センター、二〇〇五年）、所収、「電報　クラク　ヤトイツギハイカガナリシヤ」および「クラークの「らふく」」参照。

なお、“Boys, be ambitious” という語が発せられた史実を確認した考証、またこれの持つ後世への影響についての考察は、前註〔一七〕、『札幌農学校とキリスト教』、第三章第八節および第九節（一六六〜一八四頁）が詳細である。

〔二三〕 前註〔一九〕、『札幌基督教会歴史』、一〇頁。

〔二四〕 宮部金吾「如何にして基督教が札幌初代学生間に伝はりしか」（逢坂信忢著『クラーク先生を語る』増補三版、著者、一九六三年、所収）四二頁。

（三五）内村鑑三著、松沢弘陽訳「余はいかにしてキリスト信徒となりしか――わが日記より――」（原題：How I became a Christian. 松沢弘陽編『日本の名著』三八、内村鑑三、中央公論社、一九七一年、所収）、一一三、一一四頁。内村は、「イエスを信ずる者の契約」への署名を一八七七年十二月一日にして「「ヤソ教」の門に入る」と記した。ただ宮部金吾は十二月十一日と記している（鈴木範久著『内村鑑三日録』一、一八六一―一八八八、青年の旅、教文館、一九九八年）、六七、六八頁。もっとも内村の回心（キリストの十字架による罪の赦しへの確信）は、アメリカ留学中の一八八六年三月八日であったとも、同書は記している（鈴木範久著、二二二頁）。二期生の入信については、ほかに註（一七）、『クラーク先生とその弟子たち』、一三九、一五一頁。

（三六）札幌バンド、横浜バンド、熊本バンドを、日本のプロテスタント三源流として並記するようになったのはいつ頃からであろうか。年次を特定できないが、内村鑑三が生前、熊本、横浜、札幌をして国家的、教会的、精神的（スピリチュアル）と特徴づけたことに対し、熊本バンド出身の海老名弾正がスピリチュアルは札幌の独占ではないと反論したという。これは一九三四年の『追悼集内村鑑三先生』所収の海老名の文章であるので、この頃には、「源流」と言わないとしても、この三バンドが日本のプロテスタントの要地として並記されるようになっていたと言える。「三バンド」という語が慣用されたことについては、註（一九）、『内村鑑三伝　米国留学まで』、一五三頁参照。

（三七）註（八）、『キリスト教解禁以前――切支丹禁制高札撤去の史料論――』、一六一頁。

（三八）宮部金吾「札幌独立基督教会創立当時の状況」（註（三〇）、『札幌独立キリスト教会百年の歩み』、下巻、所収）九四頁。同書、巻末同教会会員名簿。註（六）、『北星学園百年史』通史篇、四二頁。

（三九）北星女学校草創期の歴史については、北星学園百年史刊行委員会編『北星学園百年史』通史篇、北星学園、一九九〇年、四八～五五頁参照。スミス女学校は、S・C・スミスの『校務年誌』（英文、自筆）に「Girls' Boarding School of the Presbyterian Mission, Sapporo」（札幌・長老派伝道協会寄宿女学校）とある（『北星学園百年史』資料篇、同学園、一九九〇年、四九二頁）。同校の開業式については、阿部敏夫「北星学園誕生の時空――明治二〇年「函館新聞」掲載記事から――」（『北星教育と現代』北星学園キリスト教センター、二〇一四年、所収）が詳述している。同論文には、『函館新聞』一八八七（明治二十）年八月三十一日、九月一日付、所収、「女学校開業式」の全文が掲載されている。開業式に出席した道庁理事官は、浅羽靖《しずか》か堀基であろうか。

なお、スミスの学校の「根本理念」（The fundamental idea of school）は、『校務年誌』の冒頭にある。『北星学園百年史』通史篇、一〇六頁に、この邦訳があるほか、小檜山ルイ著『アメリカ婦人宣教師――来日の背景とその影響――』（東京大学出版会、一九九二年）、二五一頁に別訳がある。『北星学園百年史』通史篇は、この「理念」の記載が日露戦争以降の加筆とみている。小檜山は、この「理念」は、十九世紀アメリカの女子セミナーならどこでも掲げられたであろう、めずらしくない教育理念であるとしつつも、日本で婦人宣教師らがこれを実現することの困難さに言及する。本書では、スミスの積極的な「学校の理念」を、よりあらわしている小檜山訳を踏まえ要約して掲げた。この理念の後段には、霊的、宗教的感化の重要性を述べ、知識と霊性という二つの要素の実現を掲げている。

〔三〇〕日本聖公会北海道教区歴史編纂委員会編『教区九十年史』同教区、一九六六年、一九頁。日本聖公会歴史編纂委員会編『日本聖公会百年史』日本聖公会教務院文書局、一九五九年、七八、七九頁。「荒砥琢哉」（日本聖公会歴史編集委員会編『あかしびとたち――日本聖公会人物史――』（日本聖公会出版事業部、一九七四年、所収）、九一、九二頁。

〔三一〕ジョン・バチラー著『ジョン・バチラー自叙伝――我が記憶をたどりて――』著者、一九二八年、一一六頁。

〔三二〕註〔一七〕、『クラーク先生とその弟子たち』、一八九頁以下。註〔一五〕、英文教籍簿。講義所位置については、開拓使札幌本庁会計局租税課『地価創定請書』北海道立文書館所蔵簿書三一四八号。

〔三三〕桑原真人・田中彰共編著『平野弥十郎幕末・維新日記』北海道大学図書刊行会、二〇〇〇年、四〇八頁。

〔三四〕前註、四一一頁。註〔二五〕、「余はいかにしてキリスト信徒となりしか――わが日記より――」、一一三、一一四頁。内村は、この札幌最初のキリスト教式結婚式を三月三十一日としているが、三十日の誤記である。

〔三五〕註〔三〇〕、『教区九十年史』、二〇頁以下。註〔九〕、『北海道キリスト教史』、一五六～一五九頁。仁多見巌訳編『ジョン・バチェラーの手紙』山本書店、一九六五年十二月、三九頁。

〔三六〕註〔一七〕、『クラーク先生とその弟子たち』、一五一頁以下。註〔二五〕、「余はいかにしてキリスト信徒となりしか――わが日記より――」、九四、一〇一頁。ハリスが農学校二期生に洗礼を授けた際に使用したと思われる「外国人旅行免状」ついては、註〔三二〕、『開拓使文書の森へ——近代史料の発生、様式、機能——』、六九頁以下、「外国人旅行免状——米国領事代ヱム・シ・ハルリスの札幌行」参照。

なお、「札幌教会百年の歩み」編集委員会編『札幌教会百年の歩み』（日本基督教団札幌教会、一九九二年）、七三頁では、ハリスが一八七八年十一月二十五日、道南から札幌に至る巡回区（Circuit）を設定したとし、同教会の伝道開始日としている。デビソンの考えについては、註〔一七〕、『札幌農学校とキリスト教』、二六一頁。

〔三七〕註〔三五〕、「余はいかにしてキリスト信徒となりしか——わが日記より——」、一一〇、一一一頁。註〔九〕、『北海道キリスト教史』、一九六頁。『七一雑報』六巻四二号は、註〔七〕、『明治キリスト教会史の研究』、二二六頁の再引。

〔三八〕註〔一七〕、『クラーク先生とその弟子たち』、二二三頁以下。註〔三五〕、「余はいかにしてキリスト信徒となりしか——わが日記より——」、一一三頁以下。L・W・スクワィアの報告訳文については、大山綱夫「札幌バンドについて——成立とその性格——」（北海道道史編集所編『新しい道史』第七六号、一九八〇年五月）一一頁、註〔五二〕（註〔一七〕、『札幌農学校とキリスト教』、二六五頁に再掲）。札幌（独立）基督教会創立時におけるメソヂスト派の宣教師による洗礼式については、註〔三〇〕、『札幌独立キリスト教会百年の歩み』、上巻、三七頁。

〔三九〕北海道史編纂掛編『北海道ニ於ケル宗教』（北海道大学附属図書館管理）、「天主公教」の項。

〔四〇〕小野忠亮《ただよし》著『宣教師・植物学者フォリー神父（キリシタン文化研究会シリーズ、一五）』キリシタン文化研究会、一九七七年、一〇一、一〇二頁。註〔九〕、『北海道とカトリック』戦前篇、八一頁。「大国元助」（札幌市教育委員会文化資料室編『札幌とキリスト教（さっぽろ文庫、四一）』札幌市・札幌市教育委員会、一九八七年、所収）二四〇、二四一頁。

〔四一〕註〔三九〕、『北海道ニ於ケル宗教』、「天主公教」の項。林恒衛著『札幌市に於ける天主公教会』（カトリック北一条教会所蔵。カトリック北一条教会信友会「宣教一二〇周年記念事業委員会記念誌小委員会」編『「喜び、祈り、感謝」——カトリック北一条教会宣教一二〇周年記念——』（同教会、二〇〇二年）に「天主公教会教会誌歴」として収載）。佐藤久雄編『献堂満七十周年記念』北一条カトリック教会、一九五二年、五頁。

〔四二〕註〔四〇〕、『宣教師・植物学者フォリー神父（キリシタン文化研究会シリーズ、一五）』、二四三頁ほか。

註

(四三) 前註、一二九頁。
(四四) 『北海道毎日新聞』一八八八（明治二十一）年九月十一日付。
(四五) 前註、一八八九年年十月二十二日付、所収、「区内天主教信徒数」。
(四六) 前註、同年十二月十日付、所収、「天主教宣教師来札」。
(四七) 松村菅和・女子カルメル修道会共訳『パリ外国宣教会年次報告』Ⅰ（一八四六〜一八九三）、聖母の騎士社、一九九六年、二二〇頁。
(四八) 前註、三〇五頁。
(四九) 「景況表」（『大日本正教会公会議事録』東京降誕会、一八八一年、所収）。「大日本正教会略図」（『公会議事録』、所収）。
(五〇) 札幌正教会百年史委員会編『札幌正教会百年史』札幌ハリストス正教会、一九八七年、三一〜三五、二二三頁（年表）。同書本文では、イオアン石川吉太郎とほかの六名の受洗のことにふれられていない。
(五一) 前註、三三、二二三頁。同書では、「教会」の成立としているが、その同書でも名称は、「伝教場」とも、「講義所」とも記している。
(五二) 一八八八（明治二十一）年から九四（明治二十七）年までの札幌ハリストス正教会の会堂移転については、拙稿「戦前、札幌におけるキリスト教会の変遷――その名称と会堂位置について」（新札幌市史編集室編『札幌の歴史』第一三号（札幌市教育委員会文化資料室、一九八七年）で明らかにしたことがあるほか、さらに補足し、拙著『札幌キリスト教史の研究――通史のための試み』、五二頁で明らかにした。
(五三) 『正教新報』第二〇九号、一八八九（明治二十二）年八月十五日付、所収、「札幌監獄署説教」。
(五四) 山鹿旗之進「落葉のかきよせ」㈤ハリス監督の逸事（『教会時報』一五六〇号、一九二一［大正十］年七月。註（九）、『北海道キリスト教史』、二〇三頁より再引。青山学院資料センター所蔵原本により補正）。
(五五) 「農学校一件新聞紙掲載」について、開拓使東京出張所は、開拓長官黒田清隆からの内達によるとして、開拓使札幌本庁に回答を求めている。札幌本庁からは、「公然授業は致さず」と回答しているが、ホイーラー教頭へは、「生徒間の宗旨問題」の「葛藤」を「本校の廃置」に関わるとして取り調べを申し入れている（北海道大学編『北大百年史』

札幌農学校史料㈠、同大学、一九八一年、三三一～三四三頁）。佐藤昌彦・大西直樹・関秀志編訳『クラークの手紙――札幌農学校生徒との往復書簡』北海道出版企画センター、一九八六年、三八～四一頁。

（五六）註（三五）、「余はいかにしてキリスト信徒となりしか――わが日記より――」、一一三～一二六頁。註（二〇）、『札幌独立キリスト教会百年の歩み』、上巻、二九～三四頁。

（五七）註（五五）、『クラークの手紙――札幌農学校生徒との往復書簡』、一〇九頁。

（五八）白官邸の教会堂の図面については、開拓使残務取扱所旧札幌本庁工業課営繕係『庁下官宅一件　明治十二年一月ヨリ同拾五年至ル』北海道立文書館所蔵簿書五二六八号、No.三三二。

（五九）註（二八）、「札幌独立基督教会創立当時の状況」、九三頁。註（一九）、『札幌基督教会歴史』、一三頁では、この独立を宣言する理由を次の四か条として記している。

第一　全《(同)》窓の学友その宗教上の意見殆ど相仝《おな》じきに関らず分離するの不可なる事

第二　札幌の如き狭隘なる市中に二派の集会所を設けて競争するの愚策なる事

第三　厳酷なる信仰箇条と煩雑なる礼拝儀式の束縛を厭ひたる事

第四　外国人の扶助を借らずして我国に福音を伝播するのは我国人の義務なりと知りたる事

（六〇）註（三五）、「余はいかにしてキリスト信徒となりしか――わが日記より――」、一二五頁。註（二〇）、『札幌独立キリスト教会百年の歩み』、下巻、所収、年表には、註（一九）、『札幌基督教会歴史』に依拠して、十月十二日に組織、十一月十二日に第一回開催とあるが、本書では、組織の日を内村の回想の日付に拠った。

（六一）佐波亘編『植村正久と其の時代』第一巻、教文館、一九六六年（復刻版）、五七〇、五七一頁。

（六二）註（五五）、『クラークの手紙――札幌農学校生徒との往復書簡』、一一七頁。註（三五）、「余はいかにしてキリスト信徒となりしか――わが日記より――」、一二五～一二七頁。註（二〇）、『札幌独立キリスト教会百年の歩み』、上巻、三五頁。クラークからの銀行為替手形受領の日付および金額は、内田瀞（農学校一期生）が十二月二十五日としているのに対し、内村は十一月十五日としている。またこの金額が一〇〇ドルと言われてきたが、『独立教会百年の歩み』は、この金額を新たに発見された渡瀬寅次郎の文書に拠って訂正している。

註

〔六三〕一八八二年一月二十日付。原文は英文。山本泰次郎訳編『宮部博士あての書簡による内村鑑三』東海大学出版部、一九五〇年、五五、五六頁。『内村鑑三日記書簡全集』五、書簡一、教文館、一九六四年に再録。

〔六四〕註〔二〇〕、『札幌独立キリスト教会百年の歩み』、上巻、三七頁。同書では、メソヂスト教会宣教団への謝意を表して、「その独立宣言への報復手段として、貧しい信徒らを威嚇したものとのみ解するのはいさゝか行き過ぎであろう」と述べる。宣教団の側に立つデヴィソンは、教派を離脱した集団に提供した資金の返済を求める立場であった。

〔六五〕註〔一七〕、『クラーク先生とその弟子たち』、二二九頁。註〔二〇〕、『札幌独立キリスト教会百年の歩み』上巻、三七、三八頁。

〔六六〕註〔一九〕、『札幌基督教会歴史』、一七、一八頁。註〔二〇〕、『札幌独立キリスト教会百年の歩み』上巻、三八頁。

〔六七〕註〔二〇〕、『札幌独立キリスト教会百年の歩み』上巻、三八～四一頁。大島正健の按手礼は、東京の一番町一致教会（現、日本基督教団富士見町教会）で、在京各派の牧師によって執行された。その際、大島が異端説を唱えた場合どこが責任を負うのかとの動議が出され、それは組合教会が負う事で、了解が取られた。このことが、大島は組合教会に取り込まれたとの誤解が生じ、大島の帰札にも駅頭に出迎える者が皆無であったという。有島武郎は、この按手礼の経過について否定的な見解を残している。有島は、按手礼を「我等はパン得んとして石を得たるなり、我等の中に組合教会の牧師なる大島先生あらんよりは、独立教会の平民なる正健君あらんことの如何に宜き事なりしぞ、我等は此時確かに主の我等に求め給ひし者を行ふを忘れたり」とし、欺かれて「我が教会立脚の地歩までも傷けられんとせり」と述べている（有島武郎「札幌独立教会」（有島武郎著『有島武郎全集』第一巻、筑摩書房、一九八〇年、所収）三〇七頁。有島は、同様の趣旨で幾分調子を抑えた口語体で記した「札幌独立基督教会沿革」を同教会創立二十五周年記念式の文章として記している。同全集、四〇九頁以下）。この文章が書かれた一九〇一年に同教会は、教会規則を修正して洗礼式・晩餐式の停止を決議する。有島はこの決議によって同教会への入会を果たす。上記の文章も二礼典否定の立場から、いっそう激越な強調がされているのではないか。大島はこの記事を挿入したことについて、註〔一七〕、『クラーク先生とその弟子たち』において、創立二十五年記念式の教会史にこれを「発表して新島先生と私とに大いなる恥辱を与えた編纂委員竹崎八十雄、有島武郎の不徳は言語同断である」と反論している（二三八頁）。独立教会も按手礼当時、教会から新島へ丁寧なる感謝状を贈ったことを挙げ、大島の立場を支持し（註〔二〇〕、『札幌独立キリスト教会百年の歩み』、上巻、四一頁）、さらに、大友浩「札幌独立キリスト教会における大島正健と有島武郎」（註〔二〇〕、四六頁以下）を掲載し、有島の信仰のありかに踏み込んで論じている。

〔六八〕註〔八〕、『札幌基督教会歴史』、二七、二八頁。

〔六九〕『七一雑報』七―四〇、一八八二年十月六日付、所収、「札幌報知」（大濱徹也著『明治キリスト教会史の研究』吉川弘文館、一九七九年、二一七頁再引）。

〔七〇〕『北海道毎日新聞』一八八九（明治二十二）年九月三十日付。

〔七一〕阿部敏夫「禁酒会」（註〔四〇〕、『札幌とキリスト教（さっぽろ文庫、四一）』、所収）、一九五、一九六頁。

〔七二〕『禁酒之日本』第二五七号（前註、一九五頁再引）。

〔七三〕前註、一九六頁再引。

〔七四〕前註、一九六頁。

〔七五〕前註、『北海道毎日新聞』一八八八（明治二十一）年八月十五日付、所収、「札幌基督教徒婦人会」。

〔七六〕前註、一八八九年六月十八、十九、二十九日付（註〔四〕、『新札幌市史』第八巻Ⅱ、八九頁再引）。日本婦人矯風会の「一夫一婦に関する建白」については、日本キリスト教婦人矯風会編『日本キリスト教婦人矯風会百年史』ドメス出版、一九八六年十二月、六二～六五頁参照。

〔七七〕内村鑑三「黒田清隆伯逝く」（『福音新報』二七二号、一九〇〇年、所収。内村鑑三著『内村鑑三著作集』第一七巻、小篇（岩波書店、一九五四年）に再録。一二八頁。

〔七八〕註〔一九〕、「基督教の伝道師として見たるウィリアム・S・クラーク先生」、一二〇、一二一頁。内村は、クラークの臨終の言葉を彼に伝えた牧師をヂッキンソンとしているが、ここでは、逢坂信忢の調査によってジッカーマンとした（註〔一七〕、『クラーク先生詳伝』、三五九頁）。

〔七九〕註〔六七〕、「札幌独立教会」三〇三頁。筆者は、『新札幌市史』第二巻八八九頁で、「（明治）三十年頃」（一八九七年）のこととして、青年・学生よりも婦人と「質実勤勉な商人」が教会を支えていた記述したが、「札幌独立教会」は、「明治二十年の末までに、受洗入会せし者」の分析の中で記していることなので、本書では、第一章の中に位置づけた。また同書では、製麻会社伝道の記事に続けて、同じく『札幌基督教会歴史』には記述がなかった、「娼妓は来たりて日曜日の礼拝に列するに至り、洵《まこと》に救は税吏と娼婦とより始るべく見えたりき」（三〇八頁）と、マタイによる福音書二一章三一節を引きつつ付加している。

〔八〇〕註〔五五〕、『クラークの手紙――札幌農学校生徒との往復書簡』、三三三頁。

第二章　諸教派の進出と教会設立（一八九〇―一九〇〇年）

第一節　キリスト教をめぐる環境

欧化主義の後退とキリスト教攻撃

一八八三（明治十六）年頃、リバイバル（信仰復興運動）が全国の諸教会を席巻した。その高揚のなかで、十年のうちには日本がキリスト教国化するであろうと考えた宣教師や信徒もいた。プロテスタントの信徒数が一八八二年中には五、〇〇〇人を超え、このうち三、〇〇〇人は同年中の受洗者であった。信徒数が倍増したのである。教会数も一八八七（明治二十）年には二〇〇を超えた。八〇年代には神学校を出た日本人牧師や司祭が生まれた。日本人の手による日本人への伝道が緒についていた。また、旧新約聖書も翻訳が完成し、楽譜付の讃美歌も公刊された。プロテスタントの教会では、日本人信徒が日本語で聖書を読み、自国語の讃美歌を唱うようになった。すべてが順調のようであった。しかし、一八九一（明治二十四）年は受洗者が前年の約五分の二に減少し、その年を境に約十年間は教勢（教会員数・受洗者数・礼拝出席者数など）が著しく停滞した。

この十年間の不振の原因は、キリスト教界の内外にあった。政府の欧化政策の放棄もその一つであった。欧米文化の流入のなかで教会が果たしてきた啓蒙的な役割が失われ、文明の窓口としてキリスト教を求めた人びとは教会を去った。自由民権運動の攻勢を克服した政府は、一八八九（明治二十二）年の大日本帝国憲法の公布、一八九〇年の教育勅語の制定、帝国議会の開設など国民を支配・統合する体制を確立していった。そのなかには、キリスト教の説く信仰や倫理と対立するところがあった。キリスト教会はときにはこれに反発し、あるいは国家体制への順応の道を選択した。一八九〇年代、キリスト教界は、国民のなかに台頭する国家主義の攻勢にさらされる時期を迎えることとなった[一]。

一八九一年に起こった「内村鑑三教育勅語拝礼躊躇事件」（不敬事件）は、国家主義とキリスト教徒との対立を象徴するものであった[二]。この事件は内村個人の問題にとどまらず、キリスト教信仰がわが国の「国体」（天皇を中心とした国家体制）に合わないとの論議をひき起こすこととなった。札幌でも同年八月には、「尊皇奉仏」を掲げた「耶蘇《やそ》排撃演説」会が計画された[三]。

教会合同の挫折と神学論争

問題はキリスト教界内部にもあった。一八八六（明治十九）年から始まった一致教会と組合教会との教会合同協議は、一八九〇年、不成立に終わった。長老制による教会政治を重んじる一致教会と、会衆主義で各教会の独立・自治を尊重する組合教会とは、協議の最後の段階で相容れなかった。このため、プロテスタント諸教派の幅広い合同はいっそう困難に思われた。以後、各教会は外国のミッションの系列に基づいて、教派であることを自覚した教会形成の道を歩むことになった。一致教会も一八九一年から日本基督《キリスト》教会と改称した。札幌においても一八九〇年代に教派の活動が強化され、教派教会がつぎつぎと設立されるようになった。

また、一八九〇年代に流入した新神学（ユニテリアン協会などの自由キリスト教）の影響もあった。新神学は三位一体論の教理や聖書の無謬性などを批判し、教理の絶対性を退けるなど、正統派の神学に対抗する主張を行った。神学的にも草創期であった日本のキリスト教界は、宣教師によって伝えられた信仰の根幹を動揺させられるところが少なくなかった。しかし、新神学論争は、信仰の内実を検証することによってキリスト教を思想的に強め、わが国の神学を進歩させることになった。このほか、一八七七（明治十）年以降流入した進化論も信仰と科学の関係について、神学の再構築を迫るものとなった。草創期のキリスト教界は、欧化主義を日本に導入するにあたっての開明的な担い手と目されていたが、はやくも国家や欧米からの新しい思想との対抗のなかで自己形成を迫られていった。

十九世紀最後の十年間は、全体的には、不振の時代と言われた。しかし、二十世紀を迎える最後には、不振を払拭する動きを見せている。札幌のキリスト教界においても、多少の時間差をともないながら不振の状況となる。とはいえこの時期、一八九一年以降、プロテスタントの主要な教派が札幌に教会の設立を果たす。そこには新開地札幌の成長とともにキリスト教界が、札幌農学校の枠を超えて広がり、市民各層が教会の担

い手になっていく様子が伺える。〔四〕

拓殖政策のなかの北海道と札幌

前章の時期には、一八八二（明治十五）年に開拓使が廃止となり、北海道は函館、札幌、根室の三県に分割されていた。その後、一八八六年には、北海道庁の設置によって全道はふたたび一元的に管轄される。開拓使の官営事業は札幌農学校も含めて、開拓使廃止の翌年設置された農商務省北海道事業管理局に一元的に引き継がれていたが、これもほぼ北海道庁へ引き継がれた。札幌は、ふたたび全道の政治、行政の中心地となった。

この時期、北海道庁は自治体ではなく、国家の政策として推進される拓殖（拓地殖民）事業の実施官庁であった。拓殖政策は、国家が資源を一端独占しこれを分配する性格をもち、拓殖事業に国家財政を投入し内地（道外）資本を誘引して、官営事業を民間に払い下げるものであった。政府は道内の大半の土地を、アイヌ民族の生活圏を含め特定の所有者が居ない未開地とみなして国有化し、農場や自作農地として売り下げ、払い下げを行った。これにより開拓（拓殖・開発）地は、石狩原野から上川・十勝の深部に向かって拡張される。

このようななかで札幌は、拓殖政策の拠点となる都市として成長を遂げていく。この時期の始まる前年一八八九（明治二十二）年末、札幌の人口は一六、八七六人であったものが一九〇〇年末（明治三十三）末には四六、一〇三人と、二・七倍になっていた。都市の規模が拡大すると同時に、札幌は、未開地に移動する人びとにとって中継地となった。かつて函館が担っていた〝奥地〟への起点に札幌がなっていく。キリスト教の諸教派にとっても札幌は、奥地へ進出する伝道の拠点となった。

札幌はまた、前章で見たような開拓草創期の気風を継承しつつも、近代に踏み込んだ都市の姿を呈しつつあった。碁盤の目状の街区はさらに広がり、大通以北には宏壮な赤れんがの北海道庁はじめ官庁が建ち並び、東方向には、れんが造りの麦酒、製麻、製糖などの大工場が出現した。大通以南では、南一条通など二階建てや西洋風の商店街が軒を連ねていた。道路や下水道など生活基盤の整備が進み、都市らしい外形が整えられた。一八九六（明治二十九）年に第七師団が近郊月寒《つきさっぷ》に設置され、人口の増加をもたらした。室蘭線の鉄道工事が起工され、鉄道網は小樽－札幌－岩見沢から室蘭、旭川へと伸びていった。もっとも一八九二（明治二十五）年五月四日の札幌大火は市街地の五分の一にあたる八八七戸を焼失させた。鉄道工事の一段落、北海道西海岸の漁場の不漁があって、札幌は不景気に陥った。

この時期、札幌ではかつての官を背景として起こされた工場などの経営が行き詰まり、代わって新たな民営事業が起業する。民業の成長がやがて札幌に経済基盤をもたらすことになる。

都市として急成長を遂げた札幌ではあったが、道内の他町村と同じく一八八八（明治二十一）年制定の自治制度（「市制町村制」）の適用から除外されていた。十年を経た一八九九（明治三十二）年になって、市制を準用した「北海道区制」が札幌市街の各町域に施行され、札幌区という自治体となった。札幌でも市民意識がかたちづくられていく。

この時期札幌では、結社・団体の勃興期ともいわれた。結社・団体は、自らの目的をうたい、料亭、遊技施設を会場とする集会が重ねられた。そのような主要会場の一つとして教会も数えられている。この時期また、キリスト教界は、個々の教会にとっては不振の時代であったが、前章でふれたように一八八七年にはじまり、本章の時代にさらに活発となった禁酒会に代表されるような市民運動というべきものがキリスト教界

から起こされる。キリスト教は市民に浸透し、札幌における文化形成の一端を担うものとなっていく。〔五〕

札幌市民の宗教的関心

一方、札幌にはまた、キリスト教の宣教にとって独自の困難さがあった。一八九一（明治二十四）年の『札幌繁昌記』には、

> 宗教は仏法四宗あり耶蘇教《やそけふ》四種あり、互に鎬《しのぎ》を削《けづ》って普教《ふけふ》を謀《はか》るもの、如く移民の増加《ぞうか》するに従ひ双方《そうほう》とも漸次隆盛《りうせい》に趣くの傾向《けいかう》あれとも浮屠《ふと》其住職《ちうしょく》未た人を得す婬聞醜行《いんぶんしうかう》道路に普《あま》ねく識者《しきしや》尤も之れを厭ふ、耶蘇また孜々《しゝ》として善《ぜん》をなし而して微瑕《びか》なきを保せす、蓋し当代の仏耶《ふつや》ともに未だ社会の道徳《だうとく》を維持し人間の心事を涵《かん》養《やう》するに足らざるものなり、別に神教《しんけふ》数派あれとも勢微弱《びじやく》にして振《ふる》はす徒《いたづ》らに布施米《ふせまい》に帰依《きえ》するのみ〔六〕

と、新開地の宗教事情を伝えている。ここでは、仏教もキリスト教も市民の気風を変えて、人心を育てるところまでの力はもっていないと分析され、新開地の活気と宗教心とは両立し難いものとして観察されている。一八九七（明治三十）年刊行の『札幌沿革史』でも、「新開地は徳義の念薄く、宗教に冷淡なり〔七〕」として、目先の利益を追い求める風潮が強いと札幌の気風を批評している。ちなみに一八八九、九〇年頃、札幌基督教会、ローマ・カトリック、正教会の三教会の日曜礼拝に集う人数は、おおよそ二〇〇人前後と推定される。これは当時、札幌区内人口の〇・八％程度にあたっている。全国的な信徒数の割合（プロテスタントだけの教会員数では全国人口の〇・一％未満）よりははるかに高いとはいえ、まだ微々たる人数であった。〔八〕

ただ、キリスト教徒は禁酒会運動、青年・婦人運動また災害救済運動などを通じて社会的な影響力をもちつつあった。札幌ではキリスト教徒に対する組織的な迫害は少なかったといってよい。教会は小さな団体であったとはいえ、建設草創期の札幌の中では早くから市民に根を下ろした団体の一つとして存在していた。他都市のように、社寺と比較して教会が格別後発の宗教というわけではなかった。さらには北星女学校と名称を変えたS・C・スミスの女学校も、北海道庁幹部や市内の有力者の支持を受けていたことからキリスト教、なかでもプロテスタントの札幌宣教を有利にしていた。

第二節　札幌基督教会の消長と諸教派の進出

札幌基督教会の発展

大島正健《まさたけ》が牧師按手礼を受けた前年の一八八七（明治二十）年から一八九二（明治二十五）年まで、札幌基督教会は、毎年二十人から四十人以上の受洗者があり、なかでも一八八九年は受洗者が四十二人を数えた。札幌唯一のプロテスタント教会であったから、諸教派の教会員の転入会も多くみられた[九]。一八八八（明治二十一）年から一八八九、九〇（明治二十三、二十四）年にかけて、同教会は牧師に大島正健、伝道師に竹内（馬場）種太郎を得て、最も活発な時期を迎えた。この時期にはまた、宮部金吾、広井勇、新渡戸稲造らがアメリカやドイツ留学から戻り、札幌農学校の教授となり、同教会の在住会員・客員となった。美以《みい》教会に残った佐藤昌介（札幌農学校教授）、長老派のS・C・スミスも客員として札幌基督教会の活動に参加していた。農学校・師範学校・スミス女学校の生徒が集会に出席するようになって、婦人会とともに青年会の活動も盛んになった〔一〇〕。

一八九〇年には、一月に連夜四回基督教演説会を催した。来聴者が二二〇～二三〇人から二五〇～二六〇人に及び、二月の青年会奨励演説会には来会者が三〇〇余人に達した。九〇年二月現在の教会員は総計二〇九人、うち札幌在住会員一五九人で、ほかに客員（他教派の教会員）六九人を数えた。在札会員と客員を合わせた二二八人が同教会の実勢力であった。この年は南三条西一丁目に講義所を設け、市中伝道を再開し、また日曜学校の分校として豊平日曜学校を設けた。さらに会員中の老婦人たちも会を組織した〔一一〕。

札幌基督教会の沈滞

ところが、札幌基督教会の教勢はそのまま持続しなかった。一八九〇年十二月の演説会は来聴者が一〇〇人に満たず、翌一八九一年になるとさらに活動にかげりがみえてきた。この年、製麻会社の職工や職員に熱心な求道者があって、伝道集会が一時盛んであったが、持続せず廃止した。苗穂《なえぼ》村の集会も五、六月頃は有望であったが衰退した。ただ当別地方に求道者があらわれ、月一回の集会をもつようになった〔一二〕。

さらに一八九二年になると、教会の体制にも難問が生じた。空知教会の伝道にあたっていた中江汪《おう》が当別《とうべつ》への自給伝道を志して転じ、大島正健は札幌農学校教授の公務が多忙であるとの理由で牧師を辞職した。そのうえ竹内伝道師も同志社への再度の勉学を志して辞任した。このため、一時、中江汪が牧師不在期間、教務の責任を負った。この年は五月に札幌の大火があって、同教会の牧会・伝道ともに困難が募った。すでに苗穂村の伝道を廃止し、市内講義所も閉鎖した。日曜の朝夕の礼拝出席者も七十人前後となった。老婦人会以外の婦人会も休会した。市来知《いちきしり》・岩見沢への伝道も手が回らなくなり、それらを組合教会の牧師に委ねることになった。一八九三（明治二十六）年一月に同教会十年期祝会を催し、牧師に同志社出身の四方素《しかたすなお》を招くことができたが、この年大島正健は同志社に招かれ京都に去った。[一三]

十年期祝賀にあたって刊行した同教会史では次のことが、札幌基督教会の沈滞の原因であるとしている。

此頃より札幌を中心とし北海道全体に保守的反動の勢漸く起り、廿五年に入りて益々熾《さかん》にして、国家主義の論者若くは辞を国家主者（義欠）に藉《か》る論者の、基督教を攻撃する声甚だ高くなりしかが、多少道を求めんと志すものも逡巡して敢て基督教の門に入らず、況んや全く志なきもに於てをや[一四]

さらに同書では、一八九〇年段階でまだみられなかった国家主義の影響が、ここへきて札幌でも顕著となった。加えて諸教派（一致教会、美以《みい》教会、聖公会）の教会設立が札幌基督教会の教勢の減退に拍車をかけたという。[一五]

日本基督教会の教会建設

この時期、札幌に進出したプロテスタント諸教派のうち最初の教会は、一八九〇年に開設した長老派の日本基督一致教会（一八九一年からは日本基督教会と改称）の講義所であった。それまで一致教会の信徒の多くは、札幌基督教会の客員となっていた。その主な顔ぶれは、靴・木材商などを営む松田利三郎、監獄医の島田操、開業医の赤城信一、靴商の林仁太郎、パン販売の永島信太郎、写真店の青山正光、札幌村外四か村の戸長三浦林三郎、洋品店の田母神《たもがみ》幸三郎らであった。また前出S・C・スミスはアメリカ長老教会伝道協会派遣の婦人宣教師だったが、スミス女学校の教師や生徒とともに客員として札幌基督教会の活動に加わっていた。それらの人びとの数は、一八九〇年頃、優に三十人を超えていた。[一六]

講義所開設の契機となったのは、一八八九（明治二十二）年頃、日本橋教会（東京）の長老で海産物問屋を営む本多嘉右衛門の来札であった。このとき、本多を囲み松田らが一夜の歓談を交わすうち、信仰談義から札幌でも一致教会の設立が必要であるとの意見にまとまった。本多は在札信徒の意見を取りまとめ、当時同派の函館教会が所属していた一致教会宮城中会に札幌講義所設立を提議した。[一七]一方、S・C・スミスも札幌基督教会の活動に積極的に参加していたが、胸中はスミス女学校の受洗志願者を長老派の教会に託したいと考えていた。彼女は宣教師の派遣を在京同派の宣教師W・インブリーに要請していた。[一八]

札幌日本基督教会（鶏教会）
1894 年建築

こうして宮城中会は一八九〇（明治二十三）年、牧師菅田《かんだ》勇太郎を札幌に派遣した。菅田は同年四月十九日、日本基督一致教会札幌講義所を南一条西一丁目十番地（中通）に開設した。同月二十七日には最初の礼拝が行われ、スミス女学校生徒によって日曜学校も開設された。一八九一年には教会員七、八十人、日曜礼拝出席五、六十人を数えるようになり、急速に成長した。篠路兵村伝道のため集会所も開かれた。[一九]一八九四年、大通西三丁目に敷地を得て新会堂を建築し、翌一八九五（明治二十八）年十月二十三日、宮城中会所属の自給独立の教会として、札幌日本基督教会の教会建設式（設立式）と献堂式を行った。教会建設時の教会員は一二九人、日曜日朝の礼拝出席は平均五十五人、夕礼拝は四十人であった。この会堂は、尖塔に風見鶏の飾りを取り付けたので、「鶏《にわとり》教会」と愛称された。〔二〇〕

メソヂストと聖公会

日本基督教会に次いで教会を設立したのは、美以教会（メソヂスト監督教会）であった。札幌基督教会設立後、メソヂスト監督教会の宣教は途絶えたが、佐藤昌介は教会員籍を美以教会から移さず、札幌基督教会の客員となっていた。また、代言人（弁護士）仁平《にひら》豊次は札幌基督教会の会員であったが、もとは美以教会の会員であった。美以教会の信徒は一八九〇（明治二十三）年頃から相互に連絡をとりあい、同年五月には偕楽園で親睦会を開催し十一人が参加した。その結果毎日曜日、メソヂスト派の特色である最小単位の地域組織、組会を結成し、同派会員の親睦や修養・伝道にあたることになった。第一回の組会の会合は六月七日仁平豊次宅で行われ、将来の教会設立へ向け、第一歩が踏み出された。札幌の組会が属する函館連回の長老司J・ワィアーは、一八九一年の美以教会日本年会に、札幌では美以教会員の増加にともない教会設立の必要性が起こったと早くも報告しており、〔二一〕さらに翌一九九二年には次のように報告した。

> 札幌は北海道教育殖産の中心、政治上の帝京、官立農学校試験所等の処在地にして、茲《ここ》に新聞記者公証人財産家等より組織せる強固なる我組会あり、此団隊（ママ）は我教会の当地に確立せんことを催《うながさ》んため、厳格なる代表者を我連回に派し言はしめて曰く、彼らに有力の伝道者を遣はせ、然らバ直ちに会堂を建立し、翌年より牧師を自給すべしと、連回総員右請求を受入れ年会へ保挙すべきに決す、札幌は殷賑《いんしん》頓《とみ》に進み其住民ハ我教会員を増

加すべし、若し吾ら彼らを抱込ざれば彼ら他教会に往くは必然なり、此頃英国の教会派遣会社の監督は当地を巡廻して其暫時も忽諸《こつしょ》〔なおざりにする意――鈴江註〕に附すべからざるを察し即坐に会堂設立のため充分の資金を自分の金着より義捐せり　（函館長老司連回報告〔二二〕）

こうして美以教会札幌組会員らは一八九二年十一月十九日、南一条西二丁目に建築した会堂の献堂式を挙げ、三連夜演説会を開催した。札幌美以教会を組織した最初の会員は二十余人、初代牧師は松浦松胤であった。この教会も順調に教勢をのばした。〔二三〕

日本聖公会は、J・バチェラーによって札幌の宣教を再開した。バチェラーは北海禁酒会の講師としてアイヌ民族への禁酒を奨めるため、政府から臨時の巡回旅行と札幌への転住を許されていたが、一八九二年、転居して北海禁酒会アイヌ矯風部によるアイヌ施療病室の経営にあたることになった。〔二四〕聖公会の集会所は前年の一八九一年、北四条東一丁目吉田藤八方に置かれていたが、バチェラー転居のこの年集会所は札幌聖公会となって南二条西二丁目に設立された。このときの信徒は十七人であった。さらに翌一八九四年には大通西四丁目に新会堂を建築した。バチェラー自身はアイヌ施療病室の隣、北三条西七丁目に住み、全道的に巡回しており、山田致人《むねと》が定住の伝道師となっていた。〔二五〕

組合教会の進出

札幌基督教会の教勢に最も影響を与えたのは、日本組合基督教会の札幌進出であったといわれる。札幌基督教会と組合教会とは、大島正健の牧師按手礼問題における新島襄の関与、その後、牧師を同志社卒業生から迎えるなどにより、関係を深くした。一八九二年、組合教会の指導者の一人、海老名弾正《えびなだんじょう》が来道した際、札幌基督教会は北海道の伝道は超教派によってなされるべきだとの提案を海老名に行った。海老名はこれに賛成し、帰路仙台で東北学院長の押川方義《まさよし》（日本基督教会）と協議した。しかし押川の賛成は得られず、返って海老名は札幌基督教会と組合教会が一致して伝道にあたることを提案し、札幌基督教会がこれを拒否するということがあった。[二六]

海老名弾正の来札の折、彼は札幌の組合教会員に対し、札幌での組合教会の伝道着手の予定がないので、なるべく札幌基督教会へ転会することを勧めた。ただ、組合教会員らは、札幌基督教会に聖書研究会がないことから、日曜日の午後、独自の聖書研究会を開くことにした。このとき参加者は、すでに二十余人を数えていた。[二七]

ところがアメリカン・ボード――当時はほぼ会衆派、組合教会系の宣教団体（ミッション）となっていた――は一八九五（明治二十八）年、北海道伝道局を開設するため、宣教師ウィリアム・W・コルテス（カーチス）と田中兎毛《とも》を派遣した。[二八] 札幌基督教会は、組合教会の教会設立について、「（組合教会系の会員が）、遠慮ナク其望ム所ノ教会ニ籍《ウツカ》ラル、モ我教会ハ決シテ之レヲ拒マズ、喜ンデ応スベシ」[二九] との態度を表明した。このため、札幌基督教会から数人が転籍し、これを含めて十七人の教会員によって、九月二十二日、日本組合基督教会札幌講義所設立式を南一条西三丁目八番地裏通で挙げた。当初この講義所は小さな集団であったが、翌一八九六年、札幌組合基督教会を設立した。牧師は田中兎毛で、信徒には紙商の藤井太三郎・専蔵父子、印刷業の野澤小三郎、砂糖商の石田幸八、菓子商などを手がけた村田正一良、後に

ジョン・バチェラー

は書店の中村信以《のぶしげ》、紙函業の竹原八兵衛などが加わって、商人の多い教会という特色をもった。〔三〇〕
こうして札幌基督教会から教派の教会へ転会する人が多くなった。また、新しい求道者が教派の教会に移ったことも少なくなかった。札幌基督教会が札幌唯一のプロテスタント教会として保持していた合同教会としての特色が失われ、急速に教勢を低下させていった。一八九五年から一八九六年の同教会の状況を、同教会の教会報告は「要するに教勢不振の潮流は、昨年より本年に掛けて南方より流れ来れり、漸やく極まらんとするが如く、教会に於て最も之れを感ずるものは、礼拝出席者の減少と伝道心の衰弱なり」〔三一〕と述べ、日曜日の朝礼拝出席者が二十～六十人ほどになった様相を振り返っている。〔三二〕
このように、札幌基督教会は他教派の進出に大いに影響を受けた。一方前述のように、日本の国家主義的風潮や建設草創期の札幌市民が宗教に無関心であるなかで、キリスト教関係の諸活動がなされていった。いま一度その全容を概観しつつ、「沈静」から活発な伝道に転ずる一九〇〇（明治三十三）年頃までの様相を見ることとしたい。

第三節　伝道の「沈静」と活発な社会活動

「沈静」の到来

道外ではすでに不振の状態にあったキリスト教伝道は、一八九二（明治二十五）年八月頃、まだ札幌に及んでいなかったと思われる。『福音新報』の記者（北海樵夫）が、札幌ないし北海道の状況について、「我北海道にありては、基督教至る所に大門を開ひて歓迎せられ、其の受くる所の信用と尊敬とは、思ふに内地に於ては之を見ること得ざるべし[三三]」と述べた。ところがそれ以降状況が一変し、翌一八九三年四月に同じ記者が次のように報ずるに至った。

当地の教勢は昨年以来沈静にて、有力者を以て目せらるゝ人々も、兎角保守に傾むき、着実老成説一般に勝を得たるものゝ如く、演説会の如きも禁酒会、衛生会などの催ふしにかゝるものはあれども、純粋なる基督教的の演説会といふは、日曜日の礼拝説教を除けば、絶へて之を見るべからず。[三四]

この両文はともに伝道に関連した文章で、前者は「兄姉来たりて饑渇《きかつ》の道民に水と餅《ぱん》とを与へよ」と、信仰の糧《かて》を伝えるためのアピール、後者は不振の伝道状況を打開するため、「北海道基督教伝道義会[三五]」設立を呼びかけるものであった。全国的な教勢の不振は、北海道をも包み込んでいった。

事実、札幌のキリスト教会（とくにプロテスタント）全体が「沈静」となったことは、諸教派の教会が、札幌基督教会の「沈静」を補って教勢の上昇を保持し続けたわけではなかったことを意味した。たとえば、札幌日本基督教会は「鶏教会」で教会建設（設立）した翌一八九六年には、牧師信太寿之《しのだひさゆき》と教師試補（伝道師）外村《とのむら》義郎が他に転じ、講義所設立以来、教会員の中心となって活動した島田操をはじめ、長老、執事の辞任があいつぎ、役員には執事小川二郎が残るのみとなった。体制が整わない窮状は、一八九七年に清水久次郎を牧師に迎えるまで続いた[三六]。また、札幌美以教会も会堂新築の翌一八九八年に、新任の三谷雅之助牧師を迎えたときは、彼の回想によれば、「いよいよ講壇に立ち第一回の礼拝の模様を今も鮮かに記憶しておりますが、百余人の座席を有する木造の大会堂に、集まる男女合せて僅かに二十五人でしたのはいささか意外の感じでした」〔三七〕という状態であった。

それらを札幌のキリスト教界全体としてみると、一八九七年の「札幌青年会」書記が『福音新報』に報じた次のような状況に出合う。

（日清戦争終戦）爾来平和に帰し国民戦後の経営に忙《せ》はしく、事業の建設に力を致せる為め、又一種唯物的暗潮の横溢し来るより、青年会も教会も共に少なからぬ影響を蒙り毎会出席者を減し、随て不平小理屈も唱へられ、札幌三万の小都会中五教会（新教のみにて）に割拠して其極瓦解せんとする有様に立ち至れり。〔三八〕

教会の増加は全体的な教勢の進展を意味せず、小都市の中ではかえって共倒れの危機をさえ抱かせた。また、日清戦争後の経済活動の活発化が、宗教的無関心を助長し、伝道の阻害要因になったとして記者の目に映じた。

超教派の社会活動

伝道そのものは沈静であったが、禁酒会のような社会活動などは前述のように必ずしも低調ではなかった。一八九〇年代を通じて、キリスト教徒の活動はさまざまに展開された。

禁酒会の発足については、すでに前章でみたが、北海禁酒会は禁酒矯風ばかりでなく、アイヌ民族施療やその他の社会改良運動を伴う幅広い活動を展開した。一八九四（明治二十七）年には南二条西一丁目に禁酒会館（倶楽部）を開設し、同年の第七年（回）総会では本来の禁酒のほか、政治・教育・慈善・労働などの各部門の設置が論議されるなど、キリスト教の枠にとどまらない文化活動となった。総会での余興の演目は、邦語唱歌、縦笛と箏の合奏、落語、独逸語唱歌、蝶の一曲、盆の舞、英語唱歌、清楽《しんがく》、朗吟、滑稽影法師、バイオリンと箏と縦笛、オルガンの合奏と多彩に繰り広げられ、酒にたよらなくても男女世代を超えて、ともに楽しむことのできる機会を提供していた。『北海道毎日新聞』は、「何時も面白き所作事《しょさごと》清雅なる音楽を以て満たす」と評価していた。[三九]

また、婦人矯風会員によって起こされたキリスト教婦人運動は、一八九八（明治三十一）年十二月、札幌婦人矯風会（現、日本キリスト教婦人矯風会札幌支部）を正式に発足させるまでになり、廃娼問題にも関心を向けていった。[四〇]一方、青年運動では、前章第四節でふれたように、札幌基督教青年会（ＹＭＣＡ）が札幌バンドの青年によって結成され、演説会を開催するなどの活動を続けていた。しかし、日清戦争後は、各教会同様、青年活動も停滞した。超教派の青年会活動を支えていた札幌基督教会の青年たちは、一八九六年二月、同教会の青年会活動を確立するため、名称を「札幌基督教会青年会」として発足した。札幌（独立）基督教会の青年が分離したことによって、これまでの札幌基督（信徒）青年会は解散に追い込まれた。[四一]これに対し超教派の新たな「合同協力」運動が起こされ、一八九七（明治三十）年一月、札幌基督教青年会を再建した。めざすところは、「内は以て各自の信仰及品性を練磨し外は本道青年の風紀を振粛せん」[四二]という。現、北海道ＹＭＣＡ

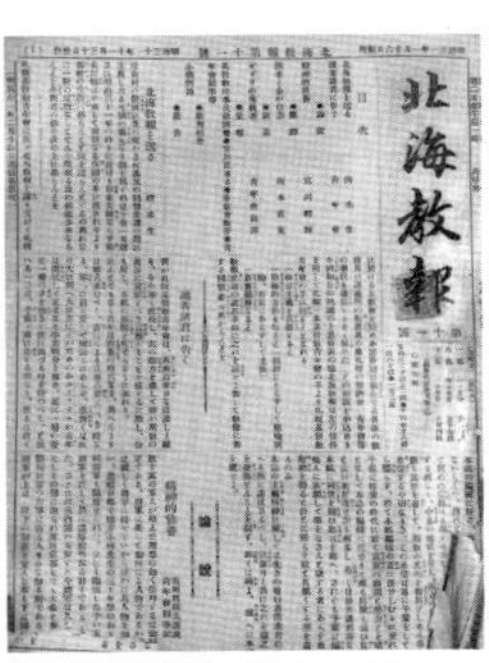
北海教報

『北海教報』第十一号

の創立である。一八九八年からは、札幌日本基督教会青年会が発行していた月刊紙『北海教報』を引き受けて発行することになった。[四三] 同紙は、論説、各教派・教会の活動を掲載し、道内プロテスタント諸派の意見、情報の交換の場を提供した。

新渡戸稲造（1896年）

一八九四年には、札幌農学校教授新渡戸稲造が主唱して遠友会を組織し、南四条東四丁目に夜学校を開設した。就学の機会を得られなかった勤労少年少女のための、学費無償の学校は、札幌農学校の教師や学生を中心とした人びとの奉仕によって運営と授業がなされた。[四四] この年はまた、スミス女学校が道庁から貸与されてきた北一条西六丁目の校舎から北四条西一丁目に移転、北星女学校と改称した。また、全国的な欧米文化に反発する風潮に対し、同校は、学則を改訂して英語の比率を少なくし、国語・古文・漢文・地理・歴史などの「日本学科」の比重を高めた。[四五]

一八九四、五（明治二十七、八）年の日清戦争には、札幌基督教青年会は、出征軍人家族のための募金活動を行った。これは、幻燈会やバザーまた義捐金を募って行われたものである。[四六] 北星女学校も開戦以来、生徒が兵士のために足袋を製作して贈り、傷痍軍人を慰問する音楽会を開催するなど、戦争に対して側面から支援・協力した。[四七] 同校創立者のS・C・スミスは、傷病者たちへの救援活動が、市民に対し好意をもって迎えられ、同校に対する好印象につながったと受けとめた。[四八] 一方、日清戦争に反対した札幌の教会や個人は未見である。

社会活動でキリスト教会が最も市民に注目されたのは、一八九八（明治三十一）年九月に起こった全道的な大洪水の災害救援のための活動であった。これは同年九月、札幌と小樽のキリスト教徒によって組織された「基督教徒聯合水災救済会」によるもので、札幌組合基督教会牧師の田中兎毛が委員長となり、同教会員の石田幸八方に事務所を置いた。[四九] この活動は演説会や慈善音楽会などと異なり、街頭に出て、食糧・衣類の寄付を訴えるものであった。『北海道毎日新聞』は、これを次のように報じた。

○基督教徒聯合水災救済会　当区内各基督教徒諸氏は一致標頭の如き会を設け、水害罹災民刻下の急は食糧にあり、次に衣類を以てすと云ふ所から、来る十七、八、九の三日間、毎夕刻より一つの隊列を組み、鳴り物入れにて荷馬車を牽き、区内各町を練り廻り慈善家より古着類を集め、开《そ》を悉く水災地に送りて窮民一般に分配すると云ふが、其受くべき古着類、単物《ひとへもの》、袷《あはせ》、綿入《わたいり》、羽織、襦袢《じゅばん》、シャツ、古帯、古足袋及び古切れ等なりと[五〇]

右は、予告記事であって実際は二十日まで行われた。内容は、ほぼこのように行われたようで、食糧、衣類のほか寄せられた義捐金は二、〇〇〇円に達したという。[五一]

このほか社会主義については一八九三（明治二十六）年、北海禁酒会の演説会で新渡戸稲造が「社会党緒言」と題し、〝社会主義の起因〟を講演している。[五二] 一八九九（明治三十二）年には社会主義運動の指導者片山潜が来札し、札幌基督教青年会主催の社会問題演説会が開催された。演題は蠣崎知《とも》二郎「革新の機運」、片山潜「欧米に於ける近世社会問題」[五三]であった。キリスト教が関わる社会問題は、災害救助にとどまらず、労働問題に及ぶようになった。社会主義とキリスト教徒との接触が札幌でも始まっていた。

第四節　教勢回復への胎動

正教会と掌院セルギイの来札

「沈静」「不振」といわれた各教会の教勢は、二十世紀の到来に向けてどうであったろうか。まず、正教会からみてゆくこととしよう。一八九〇年代、札幌の正教会は、ようやくその基盤を固めつつあった。札幌最初の定住伝教者となったパワェル松本安正とペトル小田島の布教によって教会が成立し、札幌顕栄会堂が完成したことは前章で述べた。しかし、教会といっても二間間口の長屋の説教所であったので、三十人ほども集まると立錐の余地がない有様であった。このため同年、正教会の公会議場でペトル小田島が会堂建設の必要を訴えた。たしかに会堂の狭さは深刻で、とくに教役者に罪を告白し赦しを得る定例の痛悔（告解）の際には戸外で待ち受ける場合もあり、冬期間などこの機密（秘跡）を受けようとする人たちの列が寒風にさらされた。このため、すでに有力となっていたプロテスタント教会に移る信徒もいた。しかし一方では、信徒や正教会の理解者のなかに会堂建築の気運が高まっているという様子をも小田島は述べている。[五四]函館在住の司祭ティト小松韜蔵《とうぞう》もまた、札幌の伝教の急務を説き、常住司祭派遣の必要性を強調した。[五五]

一八九一年、札幌在住の教役者は松本安正から伝教者野々村良延に替わった。このころ、札幌在住の信徒は札幌から道内各地へ再移住することも多く、教勢が不安定であった。野々村は伝教に励み、主日（日曜）などの集会への出席を促し、議友（教役者の補助者・執事）の議会を定期に開催し、教会の活動を盛んにした結果、同年の降誕祭（クリスマス）は創立以来の盛会となった。[五六] 一八九三年には、やがて会堂を建てるべき敷地を得、一方青年会も「教理研究と布教拡張及び徳行の精励」を趣旨として誕生した。[五七]

一八九四（明治二十七）年四月には、前述の札幌顕栄会堂が成聖（献堂）したが、ここは屋根に十字架をいただく洋風の木造建築で、至聖所、祈禱所、信徒控室を備えていた。後述する掌院セルギイが四年後に訪れたときには、ここに優雅な聖障（聖所と至聖所を仕切るイコンで覆われた壁）とともに山下りんが描いた聖画像が掲げられていた。成聖式の翌日は復活祭にあたり、八十余人が参禱し、聖体（聖晩餐礼）を受領した。このころ教会名は札幌顕栄正教会と称していた。[五八] 一八九七年には、ニコライ桜井宣次郎が待望の札幌定住司祭に任じられた。プロテスタントの諸教会が、「以前の活気を失し不景況の様に見受れ《（け）》らる」のに対し、「吾正教会は彼等と比較して論ずべき者にあらざれども、比較的に評する時は勝を奏しつ丶在るの勢なり」と自ら評価した。[五九]

　このように進展する教勢のなかで、一八九八（明治三十一）年、主教ニコライは掌院（修道院長）セルギイを伴って道内を巡回し、途中札幌をも訪れた。掌院セルギイは、このとき正教会はじめ他教会の状況とも詳細に手記にとどめている。セルギイは、このころの札幌顕栄正教会の信徒数を一二〇人程とみていたが、すでに会堂は狭隘となっていると観察した。しかし活動は熱心で、主日の礼儀（礼拝）のほか、研究サークルがあった。毎年、親睦会も開催されていた。ただ、新しい会員の増加に力がそそがれ、信仰を継承するための子どもたちへの宗教教育が十分でないことをセルギイは指摘し、日曜学校の必要性を強調した。[六〇]

パワェル松本安正

ローマ・カトリック教会の動向

正教会の掌院セルギイは、他教派の活動状況をも同書に記しているが、ローマ・カトリック教会の動向については、「町を通ったとき他の宣教師団の聖堂を見た。カトリックは今のところとても質素な小さな家に住んでいる。二人のフランス人司祭は常にこの町に住み、他の二人が付近を歩き回っている。しかし帰依する人はそれほど多くない。いずれにしても私たちのところより多くはない」[六一]と記した。

札幌のカトリック教会を担当したJ・U・フォリー司祭は、一八九一（明治二十四）年、現在カトリック北一条教会のある北一条東六丁目一帯（当時北二条東三丁目）の土地を購入し、仮聖堂と司祭館を建て、翌年献堂した。当時の信徒数は四、五十人であったという。[六二]しかし、この頃さしもの頑健なフォリーも健康を害するようになったので、一八九三年、ヘンリー・ラフォンヌが札幌に定住することとなった。[六三]ラフォンヌと助任司祭のJ・E・ビリエ、F・エルヴェは、手狭になった仮聖堂の新築を計画した。建築技術の才能に恵まれたラフォンヌの指揮で、彼らは一八九八（明治三十一。一説では一八九七）年、自力で石造の聖堂兼司祭館を完成させた。[六四]セルギイが見たという聖堂とはこの石造建築で、フランス人司祭とはラフォンヌらのことであろうか。

ラフォンヌは、一八九四年にパリ外国宣教会に対し、北海道の状況をすばらしい将来を有する土地であると報告した。そして増加する移民への布教のため、人と資金が必要であると訴えた。そのなかで、プロテスタントの伝道がカトリックの布教を阻害していると述べ、またカトリック教徒の子どもたちに対する宗教教育が手薄なため、彼らがプロテスタントの日曜学校の影響を受けていると憂えている。[六五]この頃、カトリック教会や正教会とプロテスタント諸教会とは交渉がなく、相互に宣教を阻害する存在とみて共同して活動することがなかった。

プロテスタント諸教会の教勢回復

セルギイはまた、プロテスタントの諸会堂を目撃している。そのなかで最も印象が強かったのは、「雄鶏教会」（鶏教会）を建てた札幌日本基督教会であったようである。また聖公会がいまだ小さな規模であること、札幌基督教会がかつての盛況からいまは衰微していることにふれている。[六六]もっともこのころプロテスタント諸教会は不振からようやく脱し、教勢を回復上昇に向けつつあった。

札幌日本基督教会は、前述のとおり一八九七（明治三十）年に清水久次郎を牧師に迎え教勢を上げつつあった。一八九九年には、『福音新報』に「春以来日曜日礼拝の集会者は余程増加せり。殊に未信者の来る者常に三分の一、若くは半数を占む。何等の原由あるか近頃の新現象なり」と報じられた。そして、「社会が無意識の中に霊的饑渇を感し来ることは歴々として看るべし[六七]」と、市民のキリスト教に対する関心の回復を予感している。

セルギイがほとんど定期集会はもたれていないとみた札幌聖公会も、一八九七年ころ、日本人教役者や婦人宣教師A・M・ヒウスが定住し、主日の朝礼拝は平均十五人ほど、たまに三十人ほどが出席していた。[六八]一八九九年には、『福音新報』に、

教況日にまし宜しき方《かた》にて毎日曜の集り四五十名乃至七十名とす。日曜の集会は午

ヘンリー・ラフォンヌ

前午後及び夜の三回にして、夜は未信者のためにす。近来青年間に求道者多く、商人も多く集まる。日曜学校も好況の方《かた》にて生徒大概三十名内外なり。福音の門戸は到る所に開けし如くなるも役者の不足なるは遺憾なり[六九]

と、教勢は徐々に上昇し、集会出席者の幅も広がりつつあった。

札幌基督教会は、一八九八年に牧師四方素が辞任した。また、山北孜が伝道師として一年間在任し、同年九月から中江汪が再び教務主任として教会の責任を担った。[七〇]セルギイの眼には「真の指導者を持たず、何か不安定な存在である」[七一]と映ったのは、一連の教役者の交替をさしているのかもしれない。しかし、中江の就任によって翌年には、「次第に教勢を挽回し今や再び昔日の盛況を呈せんとしつ、ありて毎回の礼拝には四十名近くの出席者あり、殊に青年の求道者多きは甚だ喜ぶべき事なり」[七二]とし、また婦人会も活動が盛んになっていると報じられた。同教会は一九〇〇年二月の臨時総会で、規則を改正し名称を従来も非公式に使用していた「札幌独立基督教会」に改称することを議決した。[七三]この年四月、W・S・クラークを記念する集会が、同教会を会場に開催され三〇〇人余が参加した。会場には、"Boys, be ambitious" と黒布に記されており、これを報じた『北海道毎日新聞』の記者は、「青年の志望は遠大なるへしの英文字」と書き留めた。[七四]

札幌美以教会は、一八九八年に三谷雅之助を牧師に迎えてから体制を整え、翌一八九九年には札幌農学校の教師高杉栄次郎が定住伝道師となり、またこのころ、山鼻にも講義所を開設した。[七五]札幌組合基督教会も一八九七年、アメリカン・ボード派遣の婦人宣教師A・ドーデーを迎え婦人・青年活動を盛んにした。一八九九年、二度めの会堂移転を行い、北一条西三丁目に新会堂を建てた。しかし、これを仮会堂として本格的な会堂の建築を将来に期した。[七六]

カトリック教会や正教会との交流はなかったが、プロテスタント諸教会間では各教会を会場とした聯合祈禱会を開催するなど、五教会はたびたび協同して集会を計画した。とくに一八九八年、福音同盟会が派遣した宮川経輝《つねてる》（大阪基督教会牧師）による伝道は、札幌ではプロテスタント五教会や札幌基督教青年会が推進した。同年十一月十三日の日曜礼拝は、札幌基督教会堂において五教会合同で行い、三〇〇余人の出席があった。また、三日間五回の公開集会では、のべ一、三〇〇〜一、四〇〇人の聴衆を集めた。最後の晩餐会で宮川は、「今回の盛況は二十三年以来始めて見る所なり」〔七七〕と述べた。

宮川が述べた「明治二十三年以来」というのは、十年にわたるキリスト教の不振の時代をさしている。彼はいま不振の時代が払拭されつつあると見た。全国的な教勢の回復に札幌の教勢も同調していた。その気運を最大に盛り上げたのは、全国的に展開した「二十世紀大挙伝道」であった。札幌でも一九〇〇（明治三十三）年十二月十四日、各教会が連合して「十九世紀感謝演説会」を開催し、続いて大挙伝道のための聯合祈禱会を開催して準備を進めた。〔七八〕

キリスト教の定着と国家

札幌のプロテスタント教会は、この大挙伝道などの結果、次の時期に教勢をおおいに伸ばすことになる。カトリック教会・正教会も一九〇〇年代には教会活動を充実させる段階に入った。この十余年間は、キリスト教界全体の不振とともに、札幌の各教会にとっても草創期であったため、二重の苦闘を経験した。しかしその結果、札幌においてもキリスト教は市民のなかに浸透し、一定の定着をみることができたといえよう。

道内巡回中のローマ・カトリックの宣教師M・リポーは、札幌駅の待合室のテーブルに新聞や雑誌とともに、プロテスタントの大きな聖書が置かれていたと、伝えている。(七九) もっとも、宮川経輝が前述の伝道集会（講演会）で、「神に事《つか》ふると君を敬すると衝突せさるを諭し、信を基とせされは忠孝を完《まっと》うする能《あた》はさる」(八〇) と説いたように、市民への定着はキリスト教が国家の枠組みの中に自らを位置づけることによって可能となったものでもあった。

宗教に関わる国家の施策では、まず一八九九（明治三十二）年七月に欧米列強との条約改定によって、内地雑居（開放）が行われ、外国人宣教師の札幌定住が容認されるようになった。(八一) 反面、八月、内務省令第四一号の施行で、地方長官に対する宗教宣布に従事する者の届出提出が義務付けられ、宗教上の会堂・説教所・講義所の設立には許可が必要となり、宗教活動を政府が掌握することになった。(八二) また、八月二日、「私立学校令」（勅令第三五九号）が公布された。当初、この勅令案には、宗教教育禁止条項が規定されていたが、削除された。しかし同勅令の実施にあたって文部省は翌三日、なおも次の訓令第一二号を発し、私立中学校、高等女学校においても宗教教育、宗教儀式を行うことを禁止した。

> 一般ノ教育ヲシテ宗教ノ外ニ特立セシムルハ学政上最必要トス依テ官立公立学校及学科課程ニ関シ法令ノ規定アル学校ニ於テハ課程外タルトモ宗教上ノ教育ヲ施シ又ハ宗教上ノ儀式ヲ行フコトヲ許ササルヘシ

これに従わない方法としては、各種学校にとどまり上級校への進学資格や徴兵猶予を放棄し宗教教育禁止命令を免れるか、ローマ・カトリックや聖公会が運営する学校が採ったように学校とは別の場所、たとえば寄宿舎において宗教教育を行うか、キリスト教主義であることから離れるかの選択を迫られた。北星女学校

は、この時点では各種学校にとどまったが、初等部（小学校課程）を廃止することになった。[八三]

これら一連の法令によって、キリスト教主義学校（いわゆるミッションスクール）は、教育内容（とくにキリスト教教育）の制約が加えられ、一部には廃校の危機にさらされることが生じた。

同年十二月には、のちに宗教団体法の成立（一九三九年）につながる「宗教法案」が帝国議会に提出された（貴族院で否決）。[八四]翌一九〇〇年三月の「治安警察法」によって政治結社への「宗教師」の加入が禁じられた。[八五]

これら国家からの制約は全国的な趨勢で、札幌に限られるものではなかった。ただ、市民の有力者層にキリスト教が広く支持されていった札幌では、国家の体制や政府の施策（とくに戦争遂行政策）に対し、教会がそれを批判する立場をとることが難しくなった。このような国家の枠組みのなかで、二十世紀には札幌のキリスト教は、札幌の教育や文化を担う存在として多彩な活動を展開することになる。

註

〔一〕この項の執筆にあたっては、次の文献を参照した。

土肥昭夫著『日本プロテスタント・キリスト教史』新教出版社、一九八〇年。日本キリスト教歴史大事典編集委員会編『日本キリスト教歴史大事典』教文館、一九八八年。海老沢亮《あきら》著（遺著）『日本キリスト教百年史』（日本基督教団出版部、一九六五年）。

なお、教勢については、上良康・加藤邦雄執筆、日本基督教団宣教研究所編『プロテスタント百年史研究』日本基督教団出版部、一九六一年、三四、一〇六、一〇七、一三〇頁による。

〔二〕「内村鑑三教育勅語拝礼躊躇事件」、いわゆる「不敬事件」については、小沢三郎著『内村鑑三不敬事件』新教出版社、一九六一年、参照。本書で「不敬事件」を「拝礼躊躇事件」としたのは、内村の側からすると不敬事件とは考えてはいないことおよび内村自身、これを「躊躇」と考えていたとみられることによる（同書、五二、六三頁）。

〔三〕『北海道毎日新聞』、一八九一（明治二十四）年八月十二日付。

〔四〕この項の執筆にあたっては、前註〔二〕のほか、次の文献を参照した。

海老沢有道・大内三郎共著『日本キリスト教史』日本基督教団出版局、一九七〇年。高木一雄著『明治カトリック教会史研究（キリシタン文化研究会シリーズ、二〇）』下、キリシタン文化研究会、一九八〇年。

〔五〕この項の執筆にあたっては、次の文献を参照した。

北海道編『新北海道史年表』北海道出版企画センター、一九八九年。札幌市教育委員会編『新札幌市史』第二巻通史二、札幌市、一九九一年、第六編第一、二、七章。関秀志・桑原真人・大庭幸生・高橋昭夫共著『新版北海道の歴史』下、近代・現代編、北海道新聞社、二〇〇六年。

開拓使、北海道庁の開拓・拓殖政策の性格についての筆者の見解は、「辺境に蓄積するアーカイブズ――内国殖民地北海道の文書における国家と地方――」（日本アーカイブズ学会編『アーカイブズ研究』第二〇号、二〇一四年、所収）七八頁以下。

〔六〕木村曲水著『札幌繁昌記』前野玉振堂・石塚書房、一八九一年（みやま書房、一九七五年、複刻）、一八、一九頁。

〔七〕札幌史学会編『札幌沿革史』同会、一八九七年、二〇九頁。

〔八〕一八八九年、一八九〇年頃の札幌の礼拝出席者数の推定値および対人口比については、次の算定による。札幌（独立）基督教会一四〇〜一五〇人（須々木邦造編『札幌基督教会歴史』喜多島慶次郎、一八九四年、二七頁）、カトリック二十人ほど（『北海道毎日新聞』一八八九年十二月十日付）、ハリストス正教会最多三十人（札幌正教会百年史委員会編『札幌正教会百年史』札幌ハリストス正教会、一九八七年、三九頁）、計約二〇〇人で、これを一八九〇年の札幌区の人口二万四、三二七人で除したもの。日本におけるプロテスタント信徒数の対全国人口比については、註〔二〕『プロテスタント百年史研究』、一〇六頁による。

〔九〕註〔八〕、『札幌基督教会歴史』、二七頁、同書巻末所収、「札幌基督教会々員増減統計」。

〔一〇〕札幌独立キリスト教会教会史編纂委員会編『札幌独立キリスト教会百年の歩み』上巻、同委員会、一九八二年、四一頁。『札幌基督教会々員姓名録　明治廿三年二月調』。

〔一一〕註〔八〕、『札幌基督教会歴史』、二八〜三〇頁。註〔一〇〕、『札幌基督教会々員姓名録　明治廿三年二月調』。

〔一二〕註〔八〕、『札幌基督教会歴史』、三一、三二頁。

〔一三〕札幌基督教会の教勢の推移、人事については、註〔八〕、『札幌基督教会歴史』、三二〜三四頁に拠り、註〔一〇〕、『札幌独立キリスト教会百年の歩み』上巻および下巻の年表によって補った。ただ、両書には、苗穂伝道の廃止、「市中講義所」の閉鎖の年次、大島正健の辞任の月日などで、一致しない点がある。たとえば苗穂伝道の廃止は、『札幌基督教会歴史』によると、札幌大火の年一八九二年と読み取れるのだが、『札幌独立キリスト教会百年の歩み』では前年一八九一年のこととしている。本書では前書の記述を含意しつつ年次の特定はしないように記したが、後書では、あるいは教会の内部資料に拠って補正したのかもしれない。いずれにしても個々の事実が札幌大火の前か後かによって、その年次の位置づけが変わってくるようである。

なお、大島正健の牧師辞職には、当時、札幌農学校の存続に腐心していた校長心得佐藤昌介の「忠告」（圧力）によるものと指摘されている（『札幌独立キリスト教会百年の歩み』上巻、四二頁および下巻、四六頁（宮部金吾「大島按手礼に関する資料」）。

〔一四〕註〔八〕、『札幌基督教会歴史』、三二頁。ほかに一八九二年十一月、北海道庁長官北垣国道が札幌農学校を参観し、農学校生徒に「世上に流布するの訛《か》言」三つをあげて演説し、これに反論している。その三つめが農学校は「基督教的の学校」であるがため、「国家的観念の薄弱」と言われているとする「風説」であった。北垣は、これを根拠がないと言いつつ、帝国憲法が信教の自由を保障していることを述べ、「至尊陛下に忠に国家を愛する事を忘る、事なく而して後自ら好む所の宗教を信奉せん事を希望す」と、臣民の義務を強調する一方、農学校の存立に影響を及ぼしかねない風評に対する答としている（札幌農学校学芸会編『蕙林』第四号、一八九二年十一月、七八頁以下）。

〔一五〕前註、『札幌基督教会歴史』、三三頁。
なお、諸教派の流入、教会設立を有島武郎「札幌独立教会」（『有島武郎全集』第一巻、筑摩書房、一九八〇年、所収）では、同教会の「瓦解の悲運」として否定的に捉えている（三〇九頁）。

〔一六〕日本基督教会札幌北一条教会創立六十年史編纂委員会編『日本基督教会札幌北一条教会創立六十年史』同委員会、一九五六年、一、二頁。日本キリスト教会札幌北一条教会歴史編纂委員会編『日本キリスト教会札幌北一条教会一〇〇年史』同教会（市販版、一麦出版社）、二〇〇〇年、一七～四二頁。後者には、創立時の会員について詳述している。
なお、註〔一〇〕、『札幌基督教会々員姓名録　明治廿三年二月調』には、「客員姓名録」の欄を設け、「札幌に住する基督信徒にして其籍の他教会にあるものを客員と称す」とし、六十九人を掲載している。そこには、三十人を超える日本基督一致教会の信徒を見出すことができる。

〔一七〕前註、『日本キリスト教会札幌北一条教会一〇〇年史』、一六、一七頁。同書では、本多嘉右衛門の来札、松田利三郎宅への宿泊、講義所開設のための懇談を一八八九（明治二十二）年の秋以降と推定し、『日本基督教会札幌北一条教会創立六十年史』の「明治廿年」を修正している。本書ではこの修正に拠った。

〔一八〕北星学園百年史刊行委員会編『北星学園百年史』通史篇、北星学園、一九九〇年、九一、九二頁。

〔一九〕註〔一六〕、『日本キリスト教会札幌北一条教会一〇〇年史』、一八～二〇、二六頁、『福音新報』第八二号、一八九二年十月七日付、「北海道札幌近況」。『日本基督教会札幌北一条教会創立六十年史』、二頁。

〔三〇〕註〔二六〕、『日本キリスト教会札幌北一条教会一〇〇年史』、二一、二二、三一頁。

〔三一〕「札幌教会百年の歩み」編集委員会編『札幌教会百年の歩み』日本基督教団札幌教会、一九九二年、七六、七七頁。『美以教会第八回日本年会記録』、六四頁（青山学院資料センター所蔵）。

〔三二〕『美以教会第九回日本年会記録』、七八、七九頁（同前資料センター所蔵）。

〔三三〕註〔三二〕、『札幌教会百年の歩み』、八一、八二頁。

なお、札幌教会は、同教会の「週報」（一九九一年七月十四日付）に、以下のとおり教会創立年次を確定した決議結果を「公告」した。

「日本キリスト教団札幌教会の歴史的起源について

伝道開始　一八七八年十一月二十五日　教会設立一八八九年九月七日と確認する

上記の通り決議する。なお「川畔の尖塔」「続川畔の尖塔」「札幌教会年表」の記述のうち、上記決議にそぐわない部分は、今後本教会において援用しない。

一九九一年七月七日　日本キリスト教団札幌教会」

公告のなかの「川畔の尖塔」とは、同教会教会史編纂委員会編『川畔の尖塔――札幌教会七五周年――』（同教会、一九六四年九月）のことで、同書では、松浦松胤牧師が就任し、献堂式を挙げた一八九二（明治二十五）年を創立とした。「公告」が示す、教会設立一八八九（明治二十二）年というのは、この年に伝道所を設立したという同教会に伝わる由緒によるものである。教会の創立をどこに置くかは、「教会」の定義と同様、その教派、教会の自己規定によるので、右の「公告」によって教会内では議論が完結している。ただ本書のように教派、教会横断的に歴史として把握しようとする場合、一定の規定と諸記録の整合性が必要となる。札幌教会の創立年次について諸記録が示すところは、一八九二年十一月以前に美以（メソヂスト）教会の存在に対し否定的である。一八八九年説を広く確立するためには、教団総会にあたる美以教会日本年会の記録、同派の機関紙である『護教』第四五号の記事、道内在住の記者による『福音新報』第七七号の記事、メソヂスト派の組会の中心的な存在であった仁平豊次が、札幌（独立）基督教会員へ入会、札幌美以教会へ転出した日付などが示している、メソヂスト派の教会がいまだ札幌には存在していないという記事または事実との整合性を図る必要があろう。

〔二四〕仁多見巌訳編『ジョン・バチェラーの手紙』山本書店、一九六五年、一二二、一二八頁。仁多見巌著『異教の使徒――英人ジョン・バチェラー伝』北海道新聞社、一九九一年、八三、一六二頁。

〔二五〕前註『ジョン・バチェラーの手紙』、一三六頁。札幌キリスト教会歴史編集委員会編『日本聖公会札幌キリスト教会百年の歩み』同教会、一九九三年、一〇～一二頁。同教会の創立は、資料に拠って年月日を異にしているが、同教会月報『天路』二〇一〇年六月号は、創立記念日を一八九二（明治二十五）年七月十七日としている。またこれまで一八九二年に講義所が南二条西五丁目に開設、翌年に札幌聖公会として設立とする見解もあったが、本書では、講義所の確認は難しかったので、これを除外した。

〔二六〕『福音新報』第八四号、一八九二年十月二十一日付、所収、「北海道教况一斑」。註〔一〇〕、『札幌独立キリスト教会百年の歩み』上巻、四二頁。

〔二七〕『福音新報』第八一号、一八九二年九月三十日付、所収、「札幌通信」。

〔二八〕［札幌組合基督教会］編『札幌組合基督教会略史』同教会、一九〇六年九月、一頁。日本基督教団札幌北光教会教会七十周年記念誌編集委員会編『札幌北光教会七十年の歩み』同教会、一九六六年、一〇、一一頁。

〔二九〕札幌基督教会編『［札幌基督］教会日誌（書記）第二巻　明治廿八年四月ヨリ三十年二月マテ』五月十九日条（札幌独立キリスト教会原蔵。札幌市文化資料室複写）。

〔三〇〕註〔二八〕、『札幌組合基督教会略史』、一～四頁。『札幌北光教会七十年の歩み』、一〇～一三頁。札幌組合基督教会（札幌北光教会）の設立時に商人の多い教会であったことは、その後も同教会の性格となり、〝商人の教会〟と自ら規定することになる（『札幌北光教会七十年の歩み』、一二、一三頁）。また市民の中には、商人が身につける前垂れに教会を象徴させて、「前だれ教会」と呼んでいた（札幌市教育委員会文化資料室編『札幌とキリスト教（さっぽろ文庫、四一）』札幌市・札幌市教育委員会、一九八七年、九六頁）。

〔三一〕『札幌基督教会報告』第九号、一八九七（明治三十）年一月二十二日付、一頁。

〔三二〕前註、第一〇号、一八九七年三月三十一日付、一頁。

〔三三〕『福音新報』第七七号、一八九二（明治二十五）年九月二日付、所収、「北海道札幌通信」。

〔三四〕前註、第一一〇号、一八九三年四月二十一日付、所収、「札幌通信」。

〔三五〕「北海道基督教伝道義会」は、一八九三年七月二十五日、札幌基督教会堂で発会式を挙げた伝道団体で、奥地の旭川伝道を志し同教会と札幌日本基督教会の信徒で結成されたもの。旭川における日本基督教会と組合基督教会の教会を生み出すことにつながっていった（『札幌基督教会報告』第一号、一八九三年十一月十五日付、四頁。註〔一〕、『日本キリスト教歴史大事典』、一一八九頁。ここでは、「北海道伝道義会」としているが、『福音新報』第一〇五号、一八九三（明治二十六）年三月十七日付は、この時点で「北海道基督教伝道義会設立」と記しており、同年二月付の設立趣意書、規約を付している）。

〔三六〕註〔一六〕、『日本キリスト教会札幌北一条教会一〇〇年史』、三三頁、六五、六六、一〇八頁。

〔三七〕註〔二三〕、『川畔の尖塔——札幌教会七五周年——』、二四、二五頁、註〔二〕、『札幌教会百年の歩み』、九五、九六頁。この出典は、ともに未刊の『札幌教会五十年誌』としている。

〔三八〕『福音新報』第八七号、一八九七（明治三十）年二月二十六日付、所収、「札幌青年会」。

〔三九〕『北海道毎日新聞』一八九四（明治二十七）年二月十一日付、所収、「北海禁酒会の総会」。北海禁酒会が開設した禁酒倶楽部（禁酒会館《テンペランステンプル》とも呼ばれていたらしい）は、一八九三年末には完成し、一八九四年一月一日には、「開部式及び新年賀会」を開催している（『福音新報』第一四九号、同年一月十九日付、所収、「禁酒倶楽部」）。

〔四〇〕日本キリスト教婦人矯風会編『日本キリスト教婦人矯風会百年史』ドメス出版、一九八六年、一七一頁。

〔四一〕『福音新報』第五六号、一八九六年、七月二十四日付、所収、「北海道通信」。北海道ＹＭＣＡ百年史編纂委員会編『すべてのわざには時がある——北海道ＹＭＣＡ百年史——』北海道ＹＭＣＡ、一九九七年、五四〜五六頁。

〔四二〕『福音新報』第八七号、一八九七年二月二十六日付、所収、「札幌青年会」。前註『すべてのわざには時がある——北海道ＹＭＣＡ百年史』、五八頁。

〔四三〕『北海教報』第一一号、一八九八年十一月三十日付、所収、清水久次郎「北海教報を送る」。前註、『すべてのわざには時がある――北海道YMCA百年史』、五九～六一頁。

（四四）札幌市教育委員会文化資料室編『遠友夜学校（さっぽろ文庫、一八）』札幌市・札幌市教育委員会、一九八一年、三三頁。

（四五）註（一八）、『北星学園百年史』通史篇、一一四～一一九頁。

（四六）『福音新報』第一九二号、一八九四年十一月十六日付、所収、「北海道札幌通信」。『北海道毎日新聞』一八九五年三月十三日付、所収、「軍人家族賑恤《しんじゅつ》広告」。

（四七）『福音新報』第二一三号、一八九五年四月十二日付、所収、「北海道札幌通信」。

（四八）註（一八）、『北星学園百年史』通史篇、一二二頁。アメリカでも南北戦争で、傷病兵の看護、医療物資供給という「戦闘補助」は、「キリスト教的博愛精神に基づく無償の公的活動が大規模化」する機会となった。このような女性の社会的進出の気運は、禁酒運動とともにS・C・スミスのような婦人宣教師を海外に送り出す運動ともなった。南北戦争と婦人海外伝道の関係については、小檜山ルイ著『アメリカ婦人宣教師――来日の背景とその影響――』東京大学出版会、一九九二年、三九～四四頁、参照。

（四九）註（三八）、『札幌組合基督教会略史』、七頁。

（五〇）『北海道毎日新聞』一八九八（明治三十一）年十月十五日付、所収。

（五一）『北海教報』第一一号、同年十一月三十日付、所収、「基督教徒聯合水災救済会」。

（五二）札幌市教育委員会文化資料室編『新渡戸稲造（さっぽろ文庫、三四）』札幌市・札幌市教育委員会、一九八五年九月、三一五頁。『北海道毎日新聞』一八九三年十一月二十八日付、所収、「禁酒会臨時演説会」。

（五三）『北海教報』第二〇号、一八九九（明治三十二）年八月二十日付、所収、「社会問題演説会の概況」。『北海道毎日新聞』一八九九年七月二十二日付、所収、「社会問題演説会」。

（五四）『正教新報』第二〇八号、一八八九年八月一日付、所収、「札幌会堂建立の急務」。

（五五）『明治二十二年大日本正教会公会議事録』正教会本会、一八八九年。

（五六）『正教新報』第二五九号、一八九一（明治二十四）年九月十五日付、所収、「石狩国札幌及小樽景況」。同、第二六八号、一八九二年二月一日付、所収、「札幌教会景況」。

（五七）註（八）、『札幌正教会百年史』、四二、六八頁。
（五八）前註、四五、五八頁。
（五九）『正教新報』三九〇号、一八九七（明治三十）年三月一日付、所収、「桜井神父管轄教会景況」。第四〇五号、十月十五日付、所収、「北海道札幌教会近況」。
（六〇）宮田洋子訳『掌院セルギイ北海道巡回記（キリシタン文化研究会シリーズ、六）』キリシタン文化研究会、一九七二年、九二〜一〇五頁。
（六一）前註、『掌院セルギイ北海道巡回記（キリシタン文化研究会シリーズ、六）』、一〇四頁。
なお、本書には、以下の別訳がある。セルギー著、佐藤靖彦訳『ロシア人宣教師の「蝦夷旅行記」』新読書社、一九九九年七月。
（六二）小野忠亮著『宣教師・植物学者フォリー神父（キリシタン文化研究会シリーズ、一五）』キリシタン文化研究会、一九七七年、一四七頁。
（六三）前註、一五二頁。
（六四）前註、二〇八頁。
（六五）松村菅和・女子カルメル修道会共訳『パリ外国宣教会年次報告』Ⅱ（一八九四〜一九〇一）、聖母の騎士社、一九九七年八月、四六頁。
（六六）註（六〇）、『掌院セルギイ北海道巡回記』、一〇四、一〇五頁。
（六七）『福音新報』第一九五号、一八九九年三月二十四日付、「札幌日本基督教会」。
（六八）註（二四）、『ジョン・バチェラーの手紙』、二〇〇頁。
（六九）『福音新報』第一九八号、一八九九年四月十四日付、所収、「札幌聖公会」。
（七〇）註（一〇）、『札幌独立キリスト教会百年の歩み』下巻、三〇七、三〇八頁（年表）。
（七一）註（六〇）、『掌院セルギイ北海道巡回記』、一〇五頁。
（七二）『北海教報』第一七号、一八九九（明治三十二）年五月十五日付、所収、「札幌教会の近況」。
（七三）註（一〇）、『札幌独立キリスト教会百年の歩み』下巻、三〇八頁（年表）。ただし、同書では、名称変更などにかかる規則改正が中江汪の辞任を決めた三月七日の臨時総会と読み取れるが、規則改正は二月十八日の臨時総会と考えられる（同教会所蔵の『日誌　〔第五巻〕明治三十三年ヨリ三十四年二月マテ』も同様である）。

（七四）『北海道毎日新聞』一八九九年四月一日付、所収、「クラーク先生紀念会」、同年四月五日付、所収、「クラーク氏紀念会」。この紀念会は四月三日に開催された。何年めの「紀念」かは、これらの記事からは明らかではない。

（七五）註（三二）、『札幌教会百年の歩み』、九五～九八頁。

（七六）〔札幌組合基督教会編〕『ドーデー女史』〔同教会、一九一九年か〕、三頁。註（二八）、『札幌組合基督教会略史』、八、九頁。『札幌北光教会七十年の歩み』、一六、一七頁。

（七七）『福音新報』第一八〇号、一八九八年十二月九日付、所収、「札幌に於る福音同盟会の運動」。

（七八）『北海教報』第三五号、一九〇一（明治三十四）年一月五日付、所収、「札幌教役者会」「十九世紀紀念感謝演説会」「大挙伝道準備祈祷会」。

（七九）H・チースリク訳『宣教師の見た明治の頃（キリシタン文化研究シリーズ、一二）』キリシタン文化研究会、一九六八年、二五六頁。

（八〇）註（七七）、『福音新報』第一八〇号、所収、「札幌に於る福音同盟会の運動」。

（八一）外国人の内地雑居を含む各「通商航海条約」「修好居住通商条約」等は、一八九九（明治三十二）年六月十四日付（官報登載、六月十五日）、勅令第二五一号によって、同年七月十七日から実施することになった。以下法令は、『法令全書』による。

（八二）内務省令第四一号は、七月二十七日付で公布され、八月四日に施行された。

（八三）文部省訓令第一二号は、国の側からの〝政教分離〟の貫徹であった。私立学校においても宗教、なかでもキリスト教の影響を排して、〝神社非宗教〟論に立って神道を公教育に位置づけることになる。同訓令によるキリスト教主義学校への影響については、註（四）、高木一雄著『明治カトリック教会史研究（キリシタン文化研究会シリーズ、一九）』中、一九七九年、三二六、三二七頁。また近年では、キリスト教史学会編『宣教師と日本人――明治キリスト教史における受容と変容――』（教文館、二〇一二年）が、ほぼ各教派にわたって同訓令の影響を取り上げている。

北星女学校については、註〈一八〉、『北星学園百年史』通史篇、一三二、一三三頁。

〈八四〉「宗教法案」の帝国議会提出については、註〈四〉、『明治カトリック教会史研究（キリシタン文化研究会シリーズ、二〇）』下、一七三頁以下に拠った。このほか、同書、一三五頁以下では、通商航海条約改正による内地雑居に関連する法令について、一五七頁以下では、宣教届関係法令について詳述している。

〈八五〉「治安警察法」（法律第三六号一九〇〇〔明治三十三〕年三月十日公布）第五条では、現役・招集中の陸海軍軍人、警察官、学校教員・生徒、女性とともに、神官・神職、僧侶、その他の宗教師の政治結社加入が禁止された。

第三章　教勢の伸展と市民への浸透（一九〇一―一九三二年）

第一節　二十世紀初頭のキリスト教

キリスト教の全国的趨勢

二十世紀に入り、初頭の三十年ほどの間、札幌のキリスト教会は活発な伝道とめざましい社会活動によって教勢を拡大し、市民の中に地歩をきずいた。それは、全国的な趨勢と軌を一にした動きであった。この期間を札幌における「神の国運動」（後述）の終息と見られる一九三二年までと捉え、戦前の札幌における主要な時期として設定した。(一)

この時期の始点、一九〇一（明治三十四）年、プロテスタント諸教派は、結束して二十世紀大挙伝道を全国的に展開し、一八九〇年代の不振（前章第一節）を脱し、国民に再度浸透していった。一九〇一年でプロテスタント諸教派の信徒数は約五万人、日本の対人口比〇・一一％強（ほかにローマ・カトリックが五六、〇〇〇人、ハリストス正教会が二六、〇〇〇人とされている）であったものが、一九二一（大正十）年には約十四万人、対人口比〇・二五％強（ほかにカトリック七七、〇〇〇人、ハリストス正教会約三万人）となり、さらに十年後の一九三〇（昭和五）年には、三十二万人、対人口比〇・三％に達していると推定される。日本の総人口に対して信徒数は一％に満たなかったが、伸展というにたりる成果であったし、キリスト教の社会的・文化的影響力は対人口比以上のものがあったといえよう。〔二〕

二十世紀初頭の三十年間は、世界的な時代の転換期であったが、わが国のキリスト教界の趨勢は次のようなものであった。まずこの時期、キリスト教界は欧米の教会の大きな影響の下にありつつも、宣教半世紀を経て、わが国に根ざした教会の確立を遂げようとしていた。信徒数の増加は前に見たとおりであるが、この時期にプロテスタント諸教派は外国の宣教団（ミッション）から一定の自立を果たし、一部、合同しつつ日本の教団として成立を遂げていた。たとえば一九〇五（明治三十八）年の日本基督教会大会、日本組合基督教会総会における自給決議、一九〇七（明治四十）年のメソヂスト三派合同による日本メソヂスト教会の成立などである。〔三〕プロテスタント諸教派が協力して行った全国的な伝道活動の展開は、一方では世界宣教会議などの国際的な連帯を契機としていたが、他方、自立した国内の諸教団・教会が生みだした協同精神の高揚の所産でもあった。〔四〕

教理面でも、宣教初期の外国人宣教師が伝統的な正統主義の神学に拠って信徒を指導していたのに対し、この時期の牧師・神学者は近代の科学的知識に対応しつつキリスト教の真理性を主張し、日本人自らがキリスト教神学を築く営みを始めた。さらに聖書の翻訳もハリストス正教会の『我主イイススハリストスノ新約』（一九〇一［明治三十四］年）をはじめ、ローマ・カトリックの『我主イエズスキリストの新約聖書』（一九一〇［明治四十三］年）、プロテスタントの『改訳新約聖書』（一九一七［大正六］年）など、新たに行われた。(五)

この時期の初頭、一九〇九（明治四十二）年は、プロテスタントは、開教五十年記念会を開催し、これを契機に、一九一一年には八教派によって日本基督教会同盟を結成した（翌年、発表式）。この同盟はさらに一九二三年、九教派八団体により日本基督教聯盟として創立総会を開催した。(六)この期の末期には日本基督教聯盟を母体として、協同伝道（超教派の伝道運動）である「全国基督教教化運動」や「神の国運動」を起こしている。

動揺する社会の中のキリスト教

キリスト教が向き合った二十世紀初頭三十年の政治と社会の動向を概観しておこう。この時期は、日露戦争（一九〇四年から一九〇五年［明治三十七～三十八］）、第一次世界大戦（一九一四年から一九一八年［大正三～七］）をはさみ、一九二三（大正十二）年の関東大震災を経て、一九三一（昭和六）年の満州事変に及んでいる。一九一〇（明治四十三）年の朝鮮（大韓帝国）併合のごとく日本は植民地を有する国家として支配領域を膨張させ、その裏付けとなる軍事力を強化していった。日露戦争後、第一次世界大戦にかけては世界的にそうであったが、日本においても資本主義社会の発達とその矛盾をあらわにしてくる。この時期にはまた、国家統合が揺らいでいると意識された。その危機に触発され、国家や社会を再構築する思想としてデモクラシーが、「衆民政」（小野喜平次、矢部貞治）、「民本主義」（吉野作造）、民衆主義（石橋湛山）と訳され、また言い換えられて論壇をリードした。これらは「万世一系」の天皇が統治する大日本帝国憲法の下で、国民の政治的権利をどう実現するかという課題に向き合うものであった。デモクラシーの気運は政治思潮にとどまらず、護憲運動として、また普通選挙を実現する運動、労働運動として拡大した〔七〕。

デモクラシーの担い手は、資本主義社会が生みだした都市の市民層、なかでも知識人・俸給生活者とその家族、学生たちであった。これらの人びとが、日本でも一定の社会層を形成するようになる。大規模な伝道集会の成功は、これらの社会層の思想的・宗教的関心に対応したことによるといわれている。一般的にこの市民層の関心は、一時代前の「天下国家」にではなく、個人の内面の救済に向かったとされている。キリスト教についていえば、一八九〇年代以前の入信者の多くは、明治維新後、禄を離れた士族や発展する農村の指導的農民層であったが、その人びととの関心とは対照的に、この時期の入信の契機は国家への貢献、新たな真の神の発見よりも、近代社会の発展のなかで自覚された自我との葛藤からの解放を、キリスト教信仰に求めたものであった。したがって国家とは対決的に対峙するよりも、国家体制を認めつつその枠内で自己の内面と向きあうものであった。信仰生活では、いきおい個人の倫理性・主体性が強調され、教会の内側を固めるという教会形成に力点が置かれた。クリスチャン（この言葉が自覚的に用いられたのもこの時代からである）も、いまや二代めそして三代めの時代になりつつあった〔八〕。

国家との関係では、日露戦争への協力、内務省主催の神道（教派神道）・仏教に加えてキリスト教が招集された「三教会同」（一九一二［明治四十五］年）への参加があった。キリスト教界の大勢は、キリスト教が公の存在として認められ他宗教と同列のようになったと歓迎した。同時にそれは、キリスト教を国家の中に強く位置づけられることにもなる。一方、一九二〇年代の半ば以降、神社参拝問題が起こりキリスト教界に神社参拝容認を迫ることになる。関東大震災以後の状況は後述する。

他方、資本主義社会が生みだした諸矛盾を、キリスト教界は労働問題、社会問題として把えた。社会問題への取り組みは、すでに禁酒会運動、廃娼運動として行われていたが、都市の零細な市民層の生活支援が新たな課題となった。社会主義政党・団体・労働組合、さらには吉野作造らデモクラシー（民本主義）運動の先駆的指導者がクリスチャンであったり、また救世軍が新たに参入して禁酒・廃娼・生活支援活動に加わったのも一九〇〇年代のこの時期の特色であった。

都市零細層への伝道は、カトリック教会が早くから手掛けていたが、プロテスタントでは、「四重の福音」を掲げた東洋宣教会など「純福音」を称する教派もこれに関心を向け、クリスチャンの幅を拡げていった。ハリストス正教会は、この時期、大主教ニコライの死去があり、さらにロシア革命によりこれまでのロシア正教会の経済的・人的支援が中絶し、自立を余儀なくされ、体制の立て直しに逐われることとなった。〔九〕

北海道の諸相

キリスト教史では、教勢の伸張、教会の発展、また協力伝道期として把握されるこの時期、北海道そして札幌はどのようであったろうか。〔一〇〕資本主義の発達とその矛盾は、北海道も札幌も同じである。ただ、内国植民地として開拓（拓殖・開発）が進行する一九〇〇年から一九一〇年代と第一次世界大戦後「内地化」に到達する一九二〇年代とは様相を異にする。〔一一〕一九一八（大正七）年の「開道五十年」——一八六九（明治二）年に「北海道」との命名がされたことから起算——を記念する式典・行事は、内地化へと進む北海道を表徴するものとなった。

一九〇〇年から一九一〇年代の北海道は、国有未開地の大規模な払い下げが進行し、移民が急増した。

一九〇一（明治三十四）年の道内人口は一〇〇万人を超え、一九一七（大正六）年には、二〇〇万人に達した。これを推進した拓殖計画が一九〇一年（十年計画）、一九一〇年（第一期拓殖十五箇年計画）、一九二七年（第二期拓殖二十箇年計画）として策定された。一九〇一年には、地方議会である北海道会がようやく開設され、その前後には特別自治制である北海道区制および北海道一級・二級町村制が施行された。一九〇二年には、他府県に十二年遅れて北海道からも札幌区などで衆議院議員の選出がされるようになった。

一九〇四年の日露戦争勃発後は、屯田兵制度が廃止となり、軍事的要請もあって鉄道が函館から小樽・札幌・旭川を越え、道北の名寄まで到達した。一九一六年には「北海道鉄道一千哩《マイル》（一六〇〇キロメートル）祝賀会」が開催されている。

人口の増加、鉄道の延伸とともに米の収穫高が、拓殖・開拓（開発）の指標とされた。一九二〇（大正九）年には「北海道産米百万石（十五万トン）祝賀会」が挙行された（三〇〇万石記念会は一九三〇［昭和五］年）。一九一八年の「開道五十年」で開催された北海道博覧会は、拓殖の成果を道民に確認させ、植民地を脱して内地化した北海道の姿を誇示するものとなった。

第一次世界大戦前、また戦中は、鉱業も飛躍的に発展させたが、炭砿のガス爆発で一度に二〇〇人の死亡者を出すなど、大規模な鉱山災害を生じさせた。また大戦後の不況は、物価高に加え賃下げや解雇などが起こり、労働争議が頻発した。農業も産米が拡大する一方で、一九一三（大正二）年、一九二六（同十五）年、一九三一（昭和六）年、一九三二（同七）年と冷害凶作また水害に見舞われた。小作争議も一九二〇年以降毎年発生し、農民運動、労働運動が全道的、全国的な連携の中で起こった。この頃からアイヌ民族の復権、自立をめざす活動も提起されてくる[一二]。

札幌の成長

こうした中で札幌には、この期の直前、一八九九（明治三十二）年、函館、小樽とともに区制が施行された。区制は府県の市制に相当するもので、北海道全体が植民地であるとの理由で特設された自治制度である。市制と比較して区民の権利はやや制限的であったが、ともかくも札幌は自治体として存立することとなった。これが一九二二（大正十一）年には、函館、小樽、室蘭、旭川、釧路の五区とともに市制が施行される。区制・市制の施行は、いずれも札幌市史の重要な画期となっている。

札幌区（市）の人口は、一九〇一年に四八、七二〇人であったものが、一九一〇（明治四十三）年に豊平町、篠路村、札幌村、白石村の一部を編入して、区域が二倍になり、一九一八年では、九四、五六八人、翌々二〇年の第一回国勢調査では十万人を越えた。この頃には、人口では小樽を抜き、函館に迫る道内第二の都市となっていた。この期の終期、一九三二年には、一七六、〇〇〇人となり、この三十年間で三・六倍に増加している。

札幌は、北海道庁の所在地として定着し、創建五、六十年にして、全道の首府としての地位を確保し、また石狩地方の中心都市となっていた。札幌はまた、北海道拓殖の中心的な拠点であり、「開道五十年」にあっては、拓殖の成果を具現する都市となった。最大の行事であった「北海道博覧会」の主会場は、市街南端の中島公園で八月から五十日間にわたって開催された。博覧会に合わせて札幌停車場（駅）から博覧会場の中島公園に至る路面電車が、初めて走行した。

札幌は、製麻や麦酒などの工業が盛んになる一方、ここには高等教育機関が設立されていく。一九一八年は、北海道帝国大学が設立した年でもある。一九〇七（明治四十）年、札幌農学校は東北帝国大学農科大学に昇格していたが、「開道五十年」の年、独立した大学に移行した。一九〇三年、すでに札幌農学校は、市街中心部から現在の北海道大学の位置に移転していた。

博覧会は、商業界に活気をもたらした。会場の中島公園に隣接した、かつての屯田兵村であった山鼻地区は住宅街に変貌した。しかし、世界大戦後の不況は、道内にも及び農産物価格の暴落をはじめ不況に見舞われた。市内でも失業者が多出した。社会問題が札幌でも生じ、学生運動、労働運動が登場する。

一九〇七年秋に半月ばかり札幌に身を置いた石川啄木は、木立《こだち》が香る「大いなる田舎町」との印象を残し、内地（道外）と違った、雑然として調和のない中にも、特有の植民地的な自由の精神と新開地的趣味があると評した（「秋風記」「北海の三都」）のであったが、第一次世界大戦後、札幌は近代都市としての装いをもつ街となっていった。この期のはじめ頃、札幌農学校に在学し、一九〇七年に帰国してから農科大学の教官となった有島武郎は、アメリカにも似た幅広い道路に添ってここかしこにりんご園があった中で過ごし、「何処《どこ》となく荒涼とした粗野な自由」を感じとっていたものだが、それらを追憶した一九二一（大正十）年では、中央に倣うような「施設にまったくふみにじられてしまった」（「北海道についての印象」）と、札幌が内地（道外）と均質化した街になったことを惜しんでいる。[一三]

こうして札幌は都市として拡充し成長を遂げるなかで、キリスト教界もまた都市が抱える問題を意識せざるをえない時代に入る。そのような中で札幌の教会は成長し、全道の諸教会の中心的な役割を担うようになる。[一四]

道内における札幌の教会の位置

二十世紀に入る前年、一九〇〇（明治三十三）年十月に、札幌在住のアメリカンボードの宣教師ジョージ・M・ローランドは、区内のプロテスタントの教役者会で、当時の道内プロテスタント教会信徒数を報告した。それによると、全国では総人口に対する信徒の割合が前述のとおり〇・一％弱であるが、北海道では人口一、〇〇〇人に対し二・六人（〇・二六％）と数えられた。これは、聖公会・美以《みい》教会・日本基督教会・組合教会・浸礼《しんれい》教会（北部バプテスト派）、それに札幌独立基督教会を加えた現住陪餐会員（現員会員）を二、一四七人と数え、年間の受洗者数を三三一人と数えたものである。[一五] ローランドが道内の信徒数を掲げた理由は伝えられていないが、道内の対人口比の多さを示すとともに、今後の宣教の方向を考えるための素材を提供したものと思われる。

この年、右の五教派一教会に対応する札幌の現住陪餐会員は、五教会（浸礼教会を除く）で約五六〇人、区の対人口比では一・三％であった。これにカトリックとハリストス正教会を加えると信徒数は七〇〇人以上になろう。函館・小樽など他の都市との対比ができないが、道内キリスト教界での札幌の比重の大きさを思わせる。これ以降、一九二二（大正十一）年まで、札幌区・市内のキリスト教信徒の対人口比は、一・八％から二・五％の間を終始していた。おそらく全道・全国の対人口比を大きく上回ったことと思われる。

札幌は信徒数ばかりではなく、さまざまな面で道内のキリスト教界の中心地になりつつあった。道内で伝道地が拡大し、いくつかの教会が設立されていくと、各教団は教区・連回・部会・中会・地方部・司教区あるいは知牧区という教団それぞれの地方組織を設け、中枢管理機構を持つようになるが、これらを函館などから漸次札幌に移転させるようになり、教団の地方拠点が札幌に集中していった。地方組織の管理を教会もち回りにしていた教団でも、札幌の教会はおのずとその中心的存在となった。さらにこの時期、発行されるようになる各教団の道内向け機関紙、たとえばカトリックの『光明』、メソヂスト教会の『北海メソヂスト』、ハリストス正教会の『北海之正教』、組合教会の『北海光《ほっかいのひかり》』『北光』などは、札幌の教会が主体となって編集・頒布が行われ、あるいは札幌の教会の機関紙であったものが、部会などの機関紙として活用された。それぞれの紙面からは、札幌の諸教会が道内の自派教会の中核として、伝道・教育・交流・情報交換の要の役割を担おうとしている様子を窺うことができる。

このようにして、各教団は宣教着手の地であった函館から、内陸の札幌に拠点を移していった。諸教派の全道的な協同行動が、札幌から起こされることも頻繁となった。奥地の都市や開拓地をめざす人びとが、札幌を中継地とすることが多くなったように、札幌の教会もまた、新しい地域での伝道の策定地、情報の発信地となった。

札幌が道内宣教の中心地となったこの時期、教会の数も増加し、当初の七教会は、この期の前半の二十年間、一九二〇（大正九）年頃までに倍増した。これは、当初の七教会の所属教団（独立教会は単立）以外にも多数の教派の進出があったからである。浸礼教会、東洋宣教会、福音ルーテル教会、救世軍、第七日安息日基督再臨教会（セブンスデー・アドベンチスト教会）などのプロテスタント諸教派と末日聖徒耶蘇《イエス》基督教会（モルモン教）がそれである。戦前の教派は、ほぼその頃までに札幌に姿をあらわした。

第二節　二十世紀大挙伝道と教会の成長

大挙伝道の展開

二十世紀初頭の三十年のうち最初の十年、すなわち三教会同の前年の一九一一（明治四十四）年まで、しばらくはプロテスタントの活動を中心にみていこう。

二十世紀の直前、一八九八（明治三十一）年に行われた伝道集会は、その盛況によって過去十年にわたる不振と沈静の時代がようやく克服されたとの実感を札幌の諸教会に抱かせた。そして三年後、「二十世紀大挙伝道」はさらに多くの求道者を教会に結びつけた。

二十世紀大挙伝道とは、二十世紀初頭の数年間にわが国のプロテスタント諸教派が協同して行った一大伝道キャンペーンであった。諸教派は「我が国を基督に献げよ」を標語とした大挙伝道によってそれまでの不振を脱し、全国的に教勢を伸展させる機会を得た。とくに都市の教会は大挙伝道の成果によって存立の基盤を確立し、これによって太平洋戦争前における教会の性格がかたちづくられたともいわれる。[一六]

大挙伝道の発端は、一九〇〇（明治三十三）年四月の第十回福音同盟会大会における決議であった。札幌でも福音同盟会に呼応して運動が起こされ、同年の年末には十九世紀紀念感謝演説会で運動のスタートが切られた。翌一九〇一（明治三十四）年一月には実行委員会が組織された。第一次の集会（演説会）は六月二十四日から七

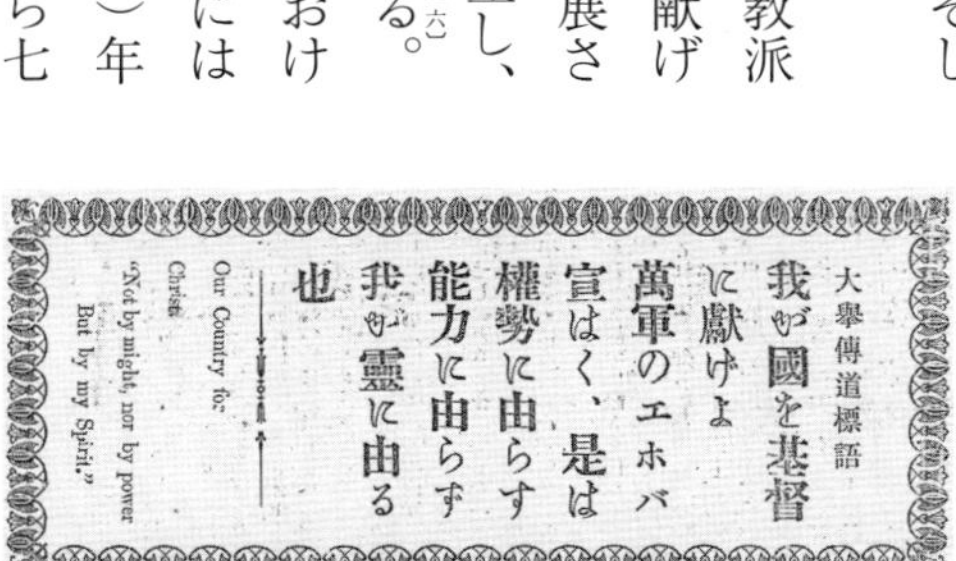

大挙伝道標語

月四日までのうちの十日間に行われた。[一七]各集会に先立って早朝と午後に祈禱会をもってその日の準備を始め、さらに「基督教大挙伝道」と大書した大旗や高張提灯を掲げた広告隊をくりだしたことが書き留められている。

（七月）二日（中略）六時半より中嶋遊園地より広告隊ハ出発して組合教会附近を広告す廻歩者四十一名（男二十一名女二十名）ハ実ニ勇ましく大旗高張を立て風琴ニ和して讃美の音声ハ市中ニ轟き人々をして異様の感を引き起さしめし者の如し[一八]

集会は区内五教会の会堂が交互に使用され、講師もほとんど各教会の教役者が交替で務めた。十日間の集会の中には、約七〇〇人の聴衆を集めたこともあり、延べ三、七〇〇人が参集し、新たに信仰を表明した人が一五〇人に達した。第二次としては、十一月に秋期大挙伝道集会を開いた。秋期伝道は信徒の信仰生活の充実を主眼に置き、六、七月の集会によって得た求道者のフォローを目標に据えていたようで、「今回は特に信徒求道者の信仰を一層鞏固《きょうこ》にし尚基督教徒として円満ならしめんとの目的にて運動する事[一九]」とした。この間、大挙伝道の一環としては、M・C・ハリス、奥野昌綱の来援、さらには内村鑑三の第一回札幌伝道のような各教会独自の伝道集会が行われ、二十世紀第一年は札幌においても伝道集会ラッシュの年であった。[二〇]

十二月十四日には大挙伝道感謝会が開かれ、札幌を中心とした一年間の運動が報告され、札幌の教役者が各地に派遣されて弁士を務め、集会を支援したことも明らかにされた。大挙伝道北海道第一区支部長の田中兎毛《とも》は、運動の成果を「第一諸教会及教役者間の一致結合の精神増加せし事、第二新に信者求道者を得たる外従来の信者の信仰復起せし事、第三社会一般の基督教に対する態度一変せし事等は著しき事にして明年又明後年益々進歩発達せしむべき事なり」[二一]と総括した。大挙伝道によって、市民が再びキリスト教への関心をもち始め、札幌の諸教会は今後の伝道活動に展望を持ちえたというのである。

大挙伝道と教勢の伸張

大挙伝道としての集会は一九〇二（明治三十五）年にも行われた。そのときは北海（道）聯合伝道会が組織され、大挙伝道の「旗を押立て」ての集会が六月に五日間、「神」「罪」「救」「基督」「永生《かぎりなきいのち》」をテーマに、毎日約三〇〇人の聴衆を集めて行われた。[二二]この聯合伝道集会は、この後も聖書の友大演説会や青山学院総理本多庸一《よういち》などを講師としてたびたび開かれた。[二三]

協同して大挙伝道を成功させた各教会は、いずれも教勢を伸ばした。まず、札幌独立基督教会（一九〇〇〔明治三十三〕年二月に札幌基督教会を改称）は、一九〇〇（明治三十三）年に入ってから「頓に沈滞の気を一掃して青年から老人に至るまで一様に活動の気に満ち」[二四]たという。翌一九〇一（明治三十四）年には、入会者が二十四人を数え、在札会員は一〇三人となり、日曜日の朝礼拝の出席者平均は四十六人に回復した。[二五]

独立教会は一九〇〇（明治三十三）年の総会の決議で、牧師に関わる規則を改正した。これは、按手礼を受けていなくとも、独立教会が認めた人であれば牧師として任命され、洗礼式と晩餐式（聖餐式）の二大典礼を掌ることができるとしたものである。もっとも翌一九〇一（明治三十四）年三月、さらに規則を改正して洗礼と晩餐式を停止し、入会者が信仰告白を行う入会式をもって洗礼式に代えることとした。この改正は、内村鑑三の「洗礼・晩餐廃止論」の影響を受けたものであった。[二六]独立教会の主張は「二大典礼が其精神を失ひ形式的に行はれつゝある」との現状認識を根拠としたものであった。同教会は、水による洗礼がなくとも「全能なる唯一の神を信じ、神の子イエスキリストを救主と信じ全身全力を捧げて生涯せんとする者」〔二七〕は、神学・信仰箇条の如何を問わず入会を認めることとしたのである。

独立教会の両三年にわたる改革、特に二大典礼の廃止は、他の教会・教役者からの論評を喚び起こした。プロテスタントの超教派の新聞『北海教報』では、右の独立教会の主張を受けて、近隣教会牧師の論説を掲げた。それらは「一《ひとつ》の麵包《ぱん》を裂《さ》きて食《くら》ひ一《ひとつ》の杯より飲み主と共に坐するを思へば（中略）一片の儀式一場《いちじょう》の礼式に止《とど》まらんや」（札幌組合基督教会牧師田中兎毛）、「洗礼と云ひ晩餐と云ひキリスト先づ之れを身に行ひ給ひて吾等《われら》に模範を示し而《しこう》して之を守れと命《めい》を遺し給ひしところの者なり（中略）晩餐の式に預かる毎に言外に不思議なる意味を感じ而してその度に新しきを感じて止まざるなり（中略）無造作に論評するが如きことを敢えて好まざるなり」（札幌日本基督教会牧師清水久次郎）というもので、一般的な洗礼・聖餐不要論には批判的であった。ただとくに独立教会の決定は、教派に属さない単立教会であるがため牧師資格者を得ることの困難な特殊な事情によるものとして理解を示し、独立教会を異端視する議論には発展しなかった。〔二八〕

札幌日本基督教会はこの時期、一九一三（大正二）年まで清水久次郎が牧師の任にあったが、この間、一九〇七（明治四十）年五月の大火で会堂を焼失し、北一条西六丁目に移り会堂を建築して教会の名称を日本基督北辰教会と改めた。しかし、ここは仮会堂として本格的な会堂建築を後日に期した。〔二九〕一九一二（大正元）年には、教会の実人員である現住陪餐会員が一七六人、年間の受洗者四〇人、日曜日朝の礼拝出席者一二八人を数えるまでに成長した。〔三〇〕

札幌美以教会は一九〇二（明治三十五）年四月、総会にあたる日本年会で「札幌教会の本年は其歴史中特筆すべき時にして洗受者〔ママ〕の数は五十五人なり教会の各事業は何れも是までより一層好景況なり（中略）明年全く自給するに至らん」〔三一〕と報告された。ところが翌一九〇三（明治三十六）年四月、近隣からの延焼で会堂が焼失した。このために新会堂は、札幌軟石による本骨石造建築とすることとなり、翌年「川畔の尖塔」と愛称されたロマネスク調の会堂を創成川沿いに完成させ、一九〇五（明治三十八）年一月献堂式を挙げた。〔三二〕美以教会は、ほかに一九〇〇（明治三十三）年から山鼻で集会を開いていたが、やがてこれが講義所と呼ばれるようになり、一九一一（明治四十四）年、正式に山鼻講義所として開所式を挙げた。〔三三〕なお、札幌美以教会は一九〇七（明治四十）年にメソヂスト教会三派が合同してからは、日本メソヂスト札幌教会と称することになった。〔三四〕

札幌聖公会は一九〇一（明治三十四）年五月、「当教会は目下増々好都合にして安息日朝の礼拝式集会は凡そ六十名内外あり」〔三五〕となっており、この年「本年のクリスマスは聖公会設立以来未だ曽てなき大盛会なりしと云」〔三六〕う盛会であった。翌一九〇二（明治三十五）年十月には会堂の建増しを完成させた。〔三七〕

札幌組合基督教会は大挙伝道の年、「七月の頃より諸集会頓《とみ》に増加せり蓋《けだ》し大挙伝道の結果ならむ」〔三八〕と観測されているが、事実、前年度八七人の会員は一九〇一（明治三十四）年度一〇六人、翌一九〇二年度は一三六人に増加した。〔三九〕創立十周年を迎えた一九〇六（明治三十九）年、紀念会の来賓海老名弾正は、同教会成長の理由を、札幌の風土、一人の牧師（田中兎毛）の長期間の牧会、宣教師の協力、会員が「勉め」たことにあったと指摘した。〔四〇〕

札幌美以教会（1934 年）

自給と協同

大挙伝道による量的な拡大は、各教会にとって質的な充実をもたらした。大挙伝道の前後、これに参加した各教会は、自給教会となり、あるいはなりつつあった。もとより独立教会は、当初から他からの援助を受けない自給教会であり、また日本基督教会は前章第二節に見るように、すでに自給を達成して、一八九五（明治二十八）年に自治独立の教会として教会建設式を行っていたが、組合・美以・聖公会の三教会はこの時期の当初から、自給達成を課題としていた。

まず組合教会では、一九〇一（明治三十四）年一月の第六回総会で最重要の議題として自給問題が議せられ、「遂ひに断然本月より自給独立たることを決議しミッション併に宣教師に従来の厚誼を謝すること」〔四一〕とした。美以教会は一九〇二（明治三十五）年四月、第十九回日本年会で自給を試用として承認された。同年は前述のとおり「明年全く自給するに至らん」との見通しであったが、はたして翌一九〇三年の第二十回年会では「一年前に於ては試験的のものなりし自給問題は今や其成功を証するに至れり」〔四二〕と報告された。札幌聖公会は、一九〇一（明治三十四）年に自給を決議した。「当教会は五月より自給する事に決し目下働きつゝある主任伝道師本田憲之氏を仮牧師とする事を牧師俸給会社へ出願したり」〔四三〕と伝えられた。ただ聖公会北海道地方部（現在の教区に相当する組織）では、自給が教会の自立性をもたらし、聖公会の教職制度の特色である牧師任命制に影響を及ぼさないかと慎重な態度を取り、自給は一九二〇（大正九）年までもち越された。〔四四〕

教会の自給、すなわち牧師の謝儀（俸給）、伝道費など経常の経費を自賄いして、教団や外国の宣教団体（ミッション）からの補助を受けず、経済的自立を達成することは、わが国では教会としての重要な目標の一つであった。そして札幌の教会は、道内でもいち早く自給を達成し得る条件をもっていた。

ともあれ、この五教会は着実に教勢を拡大しつつあるように見えた。一八九七（明治三十）年に五教会が割拠して瓦解の危機さえ抱かれたのが（第二章三節参照）、ここへきて五教会が協同しつつ、それぞれ自立して成長する教会となった。一九〇六（明治三十九）年の『福音新報』の一文、小松武治「札幌の諸教会に学べ」は、各教会の独立（自給）の達成と協同性の発揮の関係を、道外からの眼として次のように評価した（傍点は原文のまま）。

（札幌の教会の「美点」として）札幌の諸教会は独立である。同地にて重（マヽ）もなる教会は組合、日基、美以、独立の四教会であるが、此等は悉く独立の経営を続けて今日に至り、会堂の建築より牧師の俸給及び月々の支出等一切会員各自の負担となって居る、既に維持上独立の基礎を据ゑたる結果は如何と云ふに、何れも自由にして寛容の精神を有し、宗派的の感情に駆られて反目衝突等の事毫末《ごうまつ》もなく、能く協同一致して基督の栄光の為めに働く事を主眼として居る。（四五）

さらに同年五月、第十二回福音同盟会大会が教派合同促進案を議決したことについて、（四六）この記者は、この議決が札幌の各教会では歓迎されているのみならず、「之が実行を謀らんと内々相談を持掛けて居る有様である」という。聖公会は別として、他の札幌の主要教会が教派合同への積極的な態度をとっていたのは、翌一九〇七年一月独立教会の総会が「現今日本ニアル最モ大ナル数教派合同シテ外国人ニ関係ナキ一大団体ヲ組織スル時機ノ到来ヲ待テ合同スル事」（四七）と決議していることからも裏付けられよう。単立の独立教会でも教派合同に参加する用意がされていた。

第三節　新しい伝道の勢力

浸礼、末日聖徒、東洋宣教会の進出

プロテスタント教会でも、既存の五教会のほかに二十世紀初頭には北部バプテスト派など新しい教派の札幌進出がみられた。まず、北部バプテスト派の日本浸礼教会は、根室に拠点をもっていたが、小樽・札幌へも伝道地を拡げた。札幌では一九〇四（明治三十七）年八月、札幌浸礼教会講義所（南二条西一丁目）として北海道庁から会堂・説教所設立の許可を得ている。「布教者」は石川保五郎であった。その後、一九〇七（明治四十）年五月十日の札幌の大火で会堂が類焼し、大通周辺を転々とした。一九一〇（明治四十三）年には会員が二十人程となった。〔四八〕しかし、先発の五教会のように自給に結びつく教勢の伸展が得られなかったようで、一九一四（大正三）年八月、閉鎖した。〔四九〕

「浸礼教会の閉鎖」を伝えた『北海タイムス』の記者は、最終閉鎖の前年一九一三年四月の記事で、他のキリスト教各派が「国体論」や「儒教論」の攻勢に妥協して「基教《きりすと》本来の立場を忘れ経済の独立を希《こひねが》ふに急なる結果は信徒の数《すう》を殖《ふや》す末節に計り拘泥して形骸の厖大となる」状況にあると批判し、浸礼教会は「頑固な態度を持してるのと伝道の着手が遅かったので他の教会派に比して振はない状況にあるのは是非もなき次第〔五〇〕」として、札幌においても保守的な神学に立つ伝道が区民に浸透しなかったと指摘した。

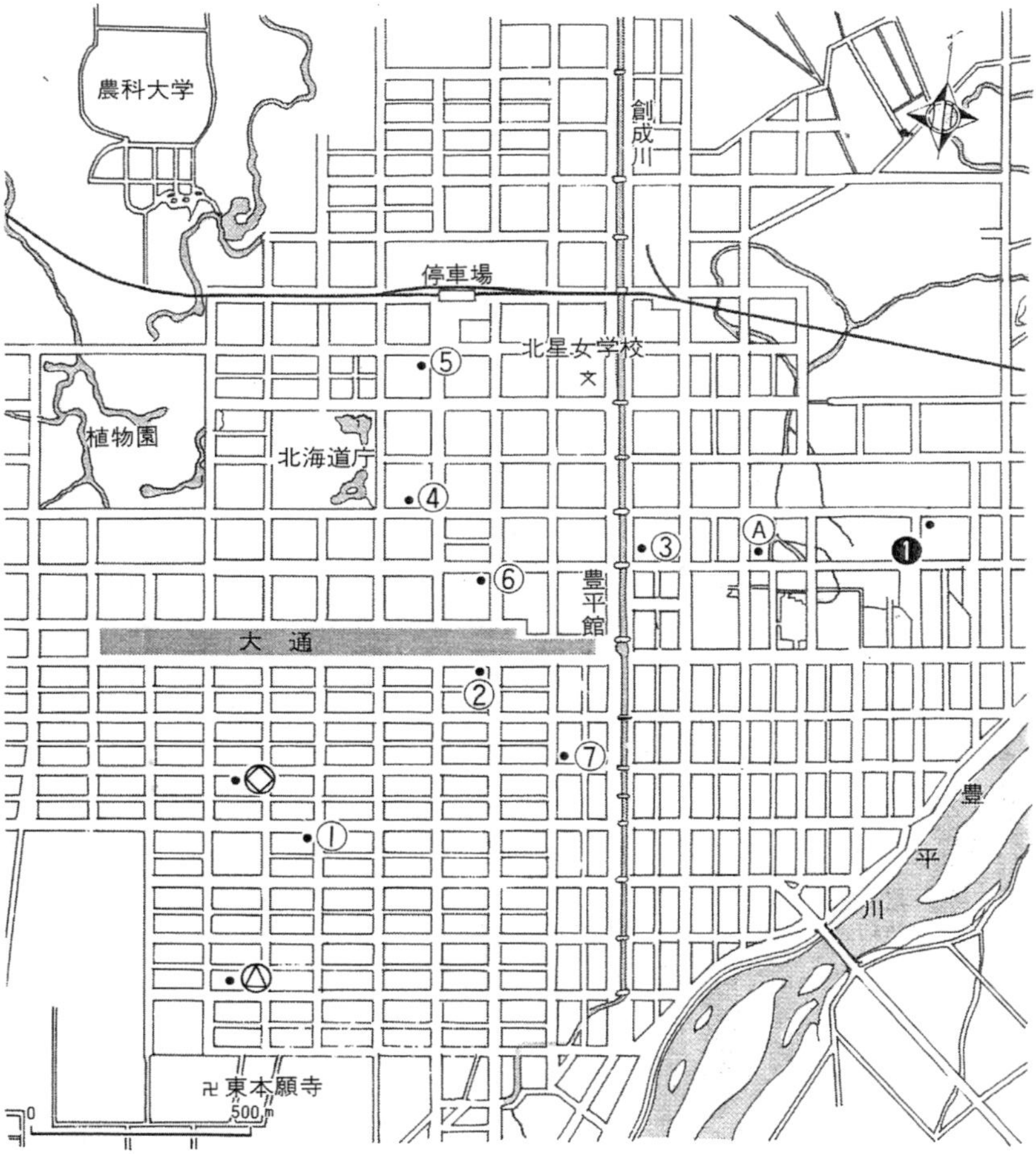

①札幌独立基督教会
②札幌日本基督教会
③札幌美以教会
④札幌聖公会
⑤札幌聖公会附属説教所
⑥札幌組合基督教会
⑦札幌浸礼教会講義所
❶札幌天主公教会
Ⓐ聖フランシスコ会修道院
◎日本ハリストス正教会札幌顕栄教会
△末日聖徒耶蘇基督教会

図１　1907（明治40）年の教会分布図　── 大火以前 ──

末日聖徒耶蘇基督教会（モルモン教）は、一九〇五（明治三十八）年に東京から三人のアメリカ人宣教師が来任し、南六条西七丁目を拠点として伝道を始めた。当時の宣教師としては、ジョン・ストケルなどの名が記録されている。[五一] 一九〇八（明治四十一）年までに十人が受洗したといわれ、一九二一（大正十）年に信徒数二十八人との記録はあるが、一九一九（大正八）年以降、札幌区の統計からは姿を消した。[五二] ほかのキリスト教会からは、経典が異なる特異な教義をもつ宗派として見られ、教会相互の交流はなかった。同教会の日本伝道部は、一九二四（大正十三）年に閉鎖となり、日本における活動をすべて停止した。閉鎖後、遺された信徒は、日本相互発達協会を組織した。各地区の教会は支教部と呼ばれていたが、札幌でも札幌相互発達協会を発足させ、毎月集会を続け戦後の再開を待つことになる。[五三]

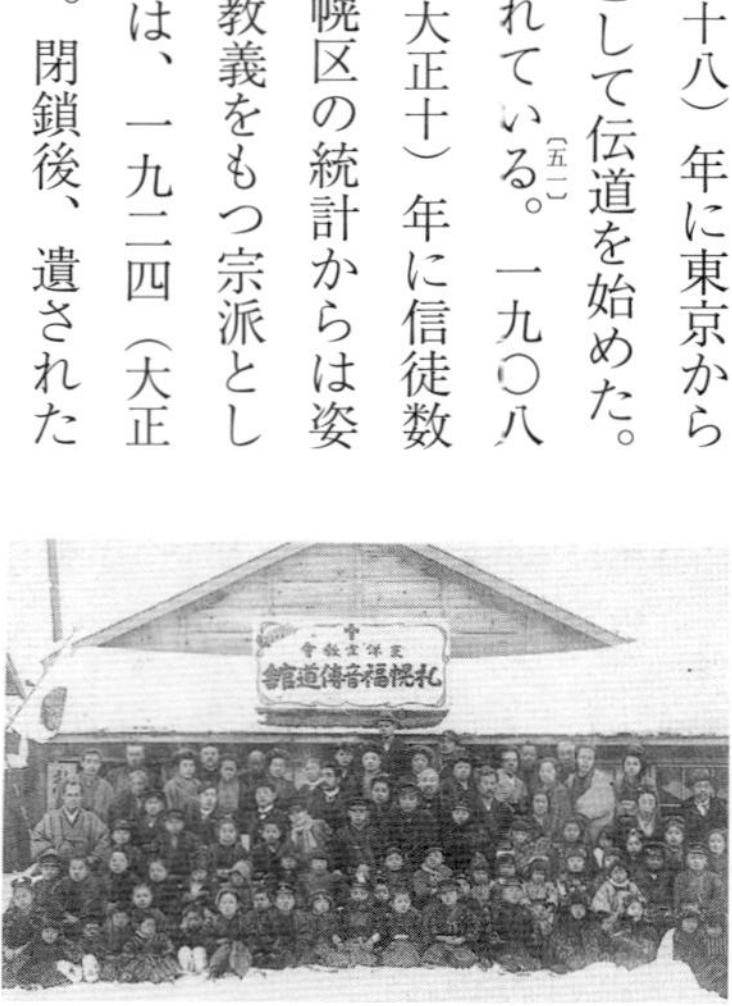
札幌福音伝道館（1910年頃）

次に札幌への進出をみるのは東洋宣教会である。同会は、中田重治らによって一九〇一（明治三十四）年に設立された超教派の伝道団体であったが、次第に教派の性格を強めて、のち一九一七（大正六）年、東洋宣教会ホーリネス教会となった。[五四] 各地に設けられた福音伝道館は教会に相当し、教役者として「福音使」が派遣されて活動にあたった。札幌へは小樽福音伝道館の金田信一福音使が巡回していたが、一九一〇（明治四十三）年、札幌福音伝道館が苗穂東五丁目（北三条東五丁目）に開設され、森五郎福音使が着任した。[五五] 同派は十字架の救いによる新生、聖霊による全き潔め、信仰による神癒、キリスト千年期前の再臨という「四重の福音」（新生、聖化、神癒、再臨）を標榜し、聖書や伝道用トラクト（パンフレット）の配布をした。旺盛な伝道を特色とし、心情に訴える平易な教理、聖霊による救済体験の強調によって大衆への浸透をはかった。[五六] 札幌の福音伝道館は、のちに札幌ホーリネス教会として定着した。会堂はさらに移って、一九一三（大正二）年、北一条西三丁目、すなわち組合教会の旧会堂を使用することとなった。[五七]

このように、新しい教派の進出は、札幌の教会の幅を拡げることになった。同時に幅の拡大は、前に述べたプロテスタント全教会の合同が、札幌においても主要教会の結集だけでは困難となったことをも示していた。この期の次の十年、一九一二（大正元）年以降にはその多様化が一層促進されることとなる。

フランシスコ会の参入

二十世紀初頭、ローマ・カトリック教会の札幌宣教はパリ外国宣教会が担当し、H・ラフォンヌとJ・E・ビリエ両神父がその任にあたっていた。当時、札幌天主公教会は子どもを含めて毎年十人前後が洗礼を受け、徐々に増加していったが、一面、信徒の教理的訓練の不足が感じられていた。ラフォンヌとビリエは、カトリック教徒としての基礎的な教理を注入するため、「信者に向って病人を除く一般信者老幼共公教要理の暗記と意味を心得る事を強制的に《ママ》強いらるゝ事を努めらる」[五八]というように『公教要理』教育を精力的に行った。このようにして教会の内実が整えられ、日露戦争後の一九〇七（明治四十）年以降は毎年二十人の受洗者があり、一九〇九（明治四十二）年には郊外の広島村（現、北広島市）を含む札幌の信徒が二三一人となった。[五九]

札幌の発展に伴って、ローマ・カトリック教会も宣教体制の新たな強化をめざすことになり、函館教区のベルリオーズ司教は、宣教師と活動資金を新たにヨーロッパに求めた。その結果、「マリアの宣教者フランシスコ修道会」の修道女や「フランシスコ修道会」の宣教師が派遣されることになった。[六〇]

マリー・ド・ラ・グァダルーぺら七人の修道女たちは、一九〇八（明治四十一）年来札したが、当初北三条東四丁目に借家を求め、やがて当時札幌村であった北十五条東一丁目に移った（初期の所在地には多数の説がある）。これが通称「天使院」とよばれたマリアの宣教者フランシスコ修道院の開設であった。一方ヴェンセスラウス・キノルド等のフランシスコ修道会は、一九〇七（明治四十）年六月、札幌での同会最初のミサを仮住まいで行い、やがて聖フランシスコ修道院を北十五条東一丁目に建築した。修道院附属の聖堂は鉄道以北の信徒がミサにあずかる聖堂を兼ね、札幌村天主公教会と称した。当初はわずか五、六人の信徒であったが、修道女会が札幌村に天使病院を開院した頃から受洗者を増し、一九一四（大正三）年には三十二人の受洗者があった。〔六一〕

修道女会は一九一一（明治四十四）年九月、天使病院を開院した。ベッド数二十五床の小さな病院であった。開院の頃は周囲の住民から、誰も来ない野原に建てた病院、と揶揄された。しかし、札幌の病院の多くが畳敷きであった中で、ベッドを設備したことから多数の見学者を呼び、修道女の献身的な施療により、同病院はやがて地域に不可欠な医療機関として信頼を得るようになった。異様に思われた修道女姿も札幌の町に馴染んでいった。〔六二〕創成川を挟んだ鉄道以北の地域は、後述するマリア院の開設も加わり、カトリックの教会、修道院、学校、病院など諸施設が地歩を占め、その後のカトリック発展の基礎を築くことになる。

日露戦争前後のハリストス正教会

日本におけるハリストス正教会は二十世紀初頭前後、教勢を順調に伸展させていったといわれている。一八九一（明治二十四）年に東京神田駿河台に建てられた東京復活大聖堂（通称ニコライ堂）は、正教会の発展を目に見える形によって示そうとするものであった。一九〇一（明治三十四）年当時、札幌の正教会もニコライ桜井宣次郎司祭の管轄、モイセイ下斗米《しもとまい》貞五郎伝教者の指導で着実な歩みを続けていたという。同年の復活大祭は「例年に劣らざる盛会にて回家祈禱墓参等漸次ハリステアニン風の進歩を現せり、急激なる進歩は期せられざるも着実なる教役者の尽力によりて断えず新聴者あり」〔六三〕と報じられた。

しかしこの時期、日露戦争の勃発で、ハリストス正教会はロシアとの関係が深かったため、官憲の監視下に置かれることが多かった。特に主教ニコライの去就が注目されたが、開戦直前、ニコライは日本人教役者・信徒に対して、「諸氏は日本の勝利のために祈らなければならない。日本軍がロシア軍を破った時には、諸氏は神に心よりの感謝の祈りを捧げねばならない。これは、その国における正教徒信者のもつ義務である。我等の主イイエス・ハリストスは我々に愛国心と忠誠とを教えられ」たと、日本にいる正教徒の義務として日本の勝利のために祈ることを勧め、自らは「諸氏と同様に私の国に対する義務をもっている」〔六四〕とし、この間、ロシア人としてしばらくは日本の教会の公祈禱の奉仕に加わらないことを表明した。函館山が要塞地帯であった函館では、司祭等教役者が退去を命ぜられ、近傍の有川教会に移らざるをえなくなり、札幌の桜井司祭が函館を事実上管轄したこともあった〔六五〕。札幌での具体的な迫害の事実は記録として伝えられていないが、後述する区内キリスト教関係者を中心に組織して開催された日露戦争支援の音楽会などには、カトリックと同様に正教会は参加しなかった。

戦後は再び教勢を回復した模様で、札幌でも一九一〇（明治四十三）年度、桜井司祭管轄、伝教者セルギイ塩谷《しおのや》茂の担当の下で、現員二五〇人、受洗者四十一人（小児二十人を含む）を数える教会となっていた〔六六〕。この間、正教会全体では、一九〇六（明治三十九）年ニコライが大主教に任ぜられたが、一九一二（明治四十五）年、東京で没した。正教会はまた新たな困難に直面することになる〔六七〕。

第四節　市民への浸透

教勢の推移と「クリスチャン」層

これまで大挙伝道を契機とした各教会の教勢の伸展をみてきたが、この時期のほぼ前半、二十年ばかりの受洗者数、礼拝出席者数の推移を概観すると次図（2、3）のようになる。各数値の意味は各教会によって異なり、各教会の個別の事情、たとえば現住陪餐会員から別帳会員に移す・あるいは除名処分などに基づき、数値が大きく変動するが、大勢はこの表の終端に向けて全般的に増加する傾向を示している。とくに一九一五年から一九一七（大正四〜六）年には受洗者数が突出しているのを読み取ることができる。ただし突出した部分がそのまま礼拝出席者数には反映しておらず、信徒の教会定着にはなお課題があったことが窺える。

この頃、札幌でもキリスト教徒が「クリスチャン」と呼ばれるようになり、自らもその呼称に積極的な意義付けを行っている。それは一九一一年の論説であるが、「数年前までは我々仲間をして他から（我々仲間の者も）我々を指して（一）基督教信徒（二）基督信者と云ふて居った」。それが近頃「基督者《クリスチャン》」[六八]という文字で現すようになったという。このクリスチャンがどのような社会層であったのか、またキリスト教がどのような人びとに受容されていったのかを以下にみていくこととしよう。

一九一〇（明治四十三）年にプロテスタント六教会（独立・浸礼・組合・北辰・聖公会・メソヂスト）は共同で『札幌基督教信徒名簿』[六九]を作成した。これに収録された八五三人（教役者を含む）のうち職業の記載が

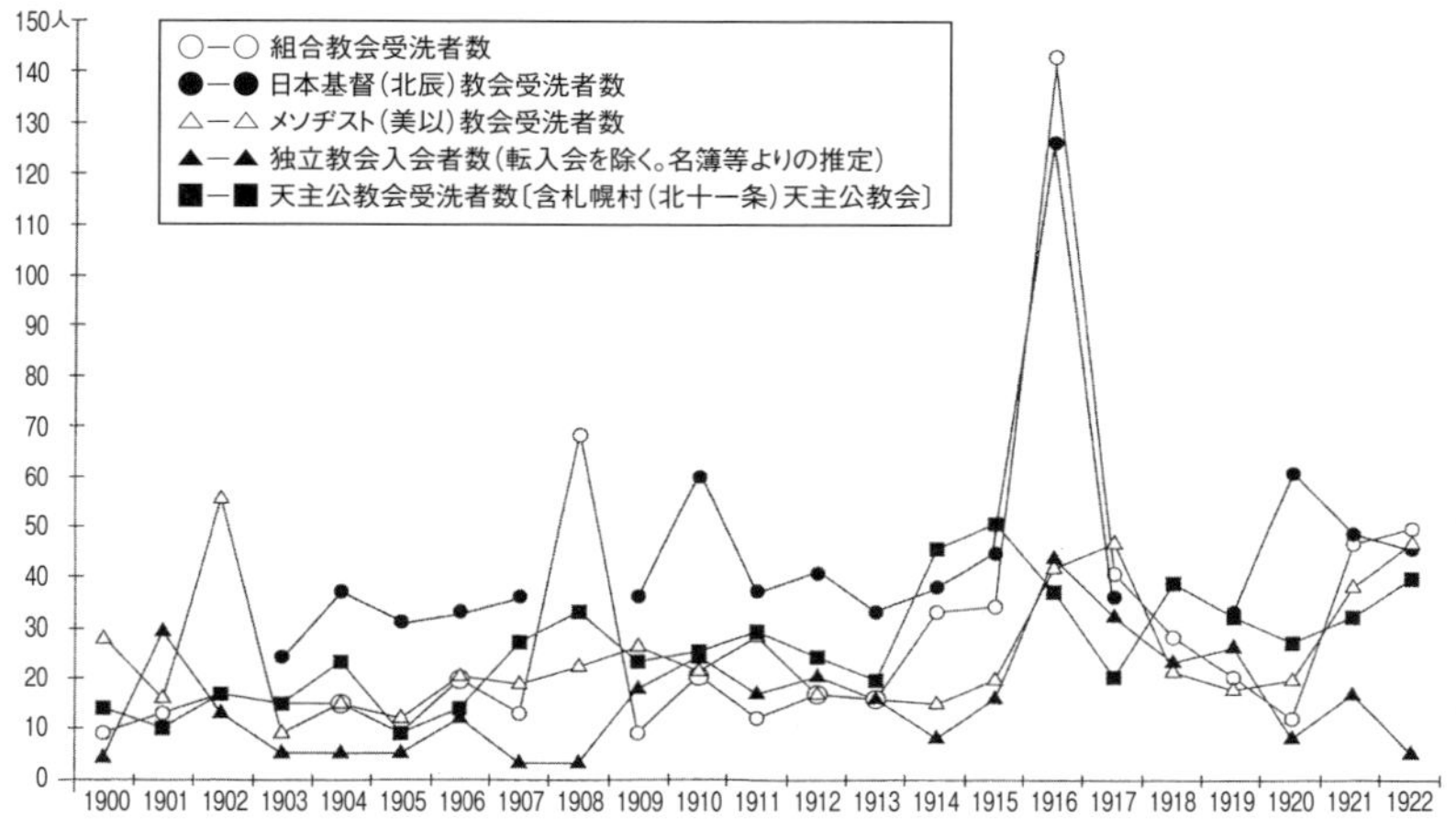

図２　札幌における受洗者数等の推移(1900 ～ 1922 年、判明分)

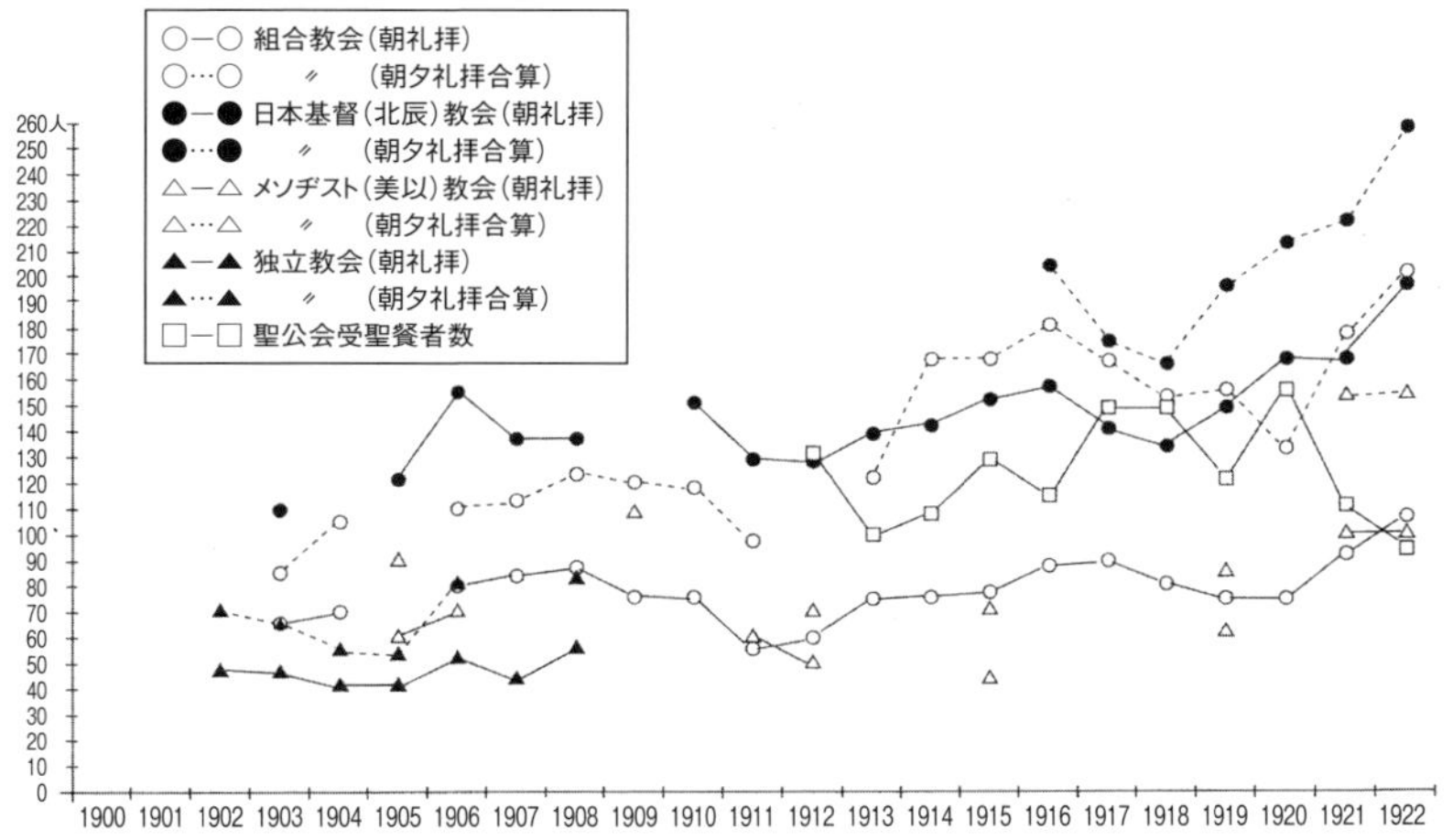

図３　札幌における礼拝出席者数の推移(1900 ～ 1922 年、判明分)

ある四五〇人について見ると、内訳は、官吏または官吏家族が九十八人、なかでも北海道庁・鉄道・郵便局・電話局の職員が多く、次いで農科大学その他の学校関係者（大部分が教員）が五十四人、農科大学生が五十六人、中学生・女学生・師範学校生徒などが四十一人で、これに牧師・宣教師など教役者とその家族、医療関係・弁護士・新聞記者など知識人の自由業の職種を含めると、都市の中産階層（ホワイトカラー）が職業記載者の六六％に達していた。初期の頃、教会を担っていたという自営の商人や製造業者は、数からすると一五％にとどまっており、店員・会社員を加えても四分の一弱であった。都市の中産階層の割合が札幌でも大きくなっていた〔七〇〕。

しかしこの時期であっても、札幌の中心的商業地であった創成川の西、南一条から三条通りのうち、特に「巨商街」とよばれていた目抜き通り、南一条通りの西一丁目から西四丁目の商店街に占めるクリスチャンの割合は、図4のとおり低いものではなかった。なかでも紙店の藤井太三郎・専蔵父子、同じく紙店の長野命作、靴店の岩井信六、書店の中村信以《のぶしげ》、砂糖商の石田幸八などは、それぞれの教会でも活動の中心となった信徒であった。また北海道製酪販売組合聯合会（酪聯。雪印メグミルクの前身）を創立した宇都宮仙太郎・佐藤善七・黒沢酉蔵など一群の酪農家の存在も札幌のクリスチャン像を特色づけた。都市の中産階層の比重が増大するなかにあっても、各教会それぞれの特色は存在し、独立教会（のちには北辰教会も）は農科大学関係者が多く、北辰教会は北星女学校と固い連携があり、組合教会には商人がよく集まった〔七一〕。

時期はやや下るが、ハリストス正教会の一九二七（昭和二）年の『信徒名簿』〔七二〕によると、職業記載者六十五人中、司祭・官吏・教員・医療関係者がほぼ半数を占め、製造業・商業（会社員・事務員を除く）が四分の一であった。製造業・商業の割合が先のプロテスタント諸教会の数値よりもいくぶん高いという程度で、ほぼ似た傾向であった。[七三] カトリックの場合は、信徒の社会層を示す数値がこの時期には得られないが、伝道の対象は知識人階層や都市中産階層よりも広い範囲に及び、低所得者層にも接近していたといわれる。

プロテスタントでは一九〇六（明治三十九）年頃、北星女学校のサラ・C・スミスが、豊平の北辰教会員南里猪三郎宅で日曜学校を開校した。これはそれまで伝道の手を伸ばせなかった低所得者層への足掛かりを得ようとするものであったといわれる。[七四] また、一九一三（大正二）年に日本基督教会は南四条西一丁目に札幌福音館を設け、一九一九（大正八）年あるいは一九二一（大正十）年頃まで同地で活動した。札幌福音館の位置は月寒の歩兵第二十五聯隊への往復路にあたり、同館の開

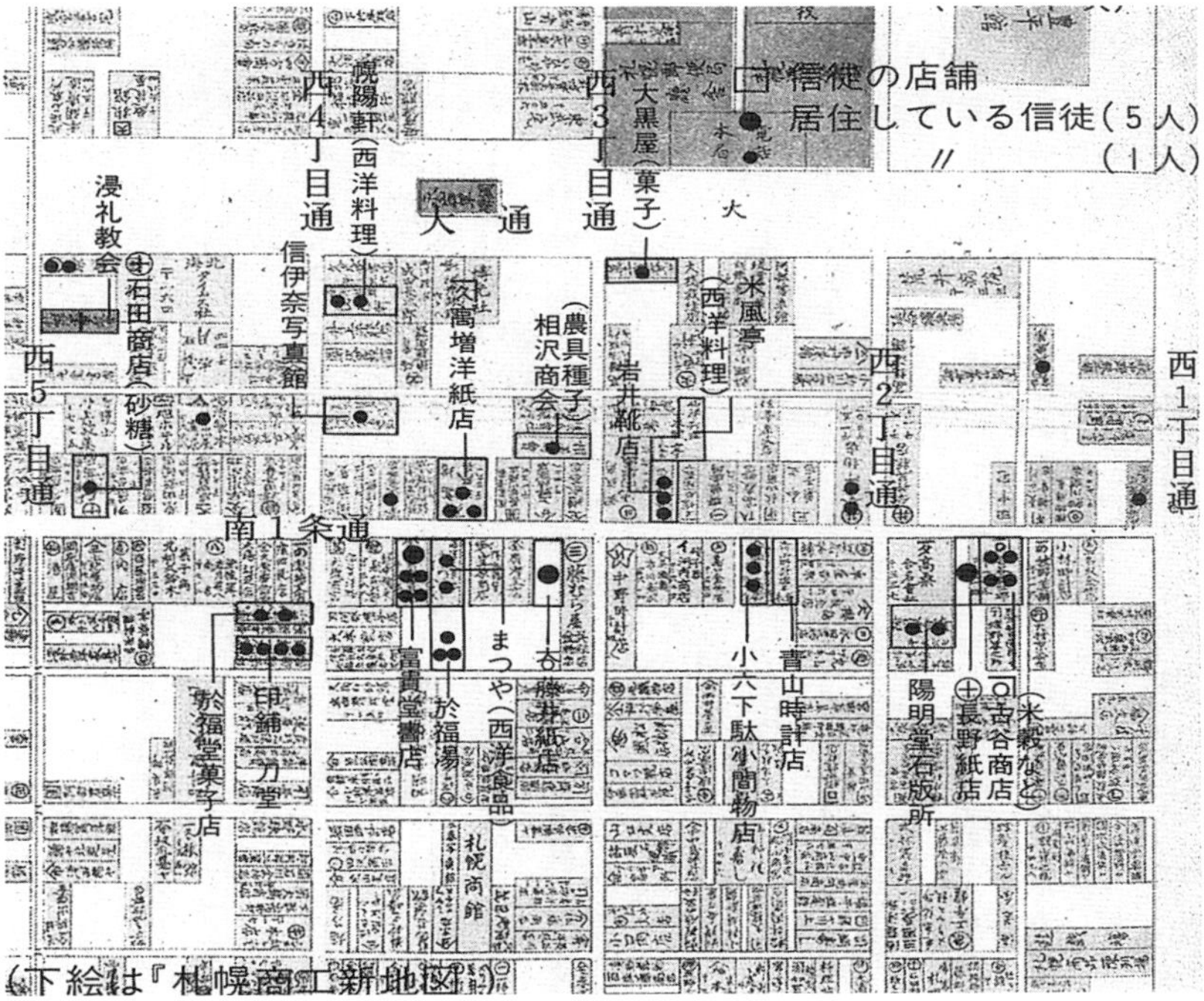

図4　南1条通り（西1～西4丁目）のキリスト教信徒の商店（1910年頃）

設は「軍人に伝道する目的」〔七五〕と「重《ママ》に区内東部の下級〔註　下層の意〕の子弟を集める為に出来たもの」〔七六〕とされ、これまでの教会に少なかった市民層への新たな浸透をめざすものであった。しかしここは一九二一（大正十）年頃豊平に移り、おそらく先の日曜学校の活動を継承したのであろう、豊平伝道所あるいは豊平講義所として存続した。〔七七〕ただ、このような動きも、低所得者層への「クリスチャン」の拡大と、この市民層に根を下ろした教会を形成することには結びつかなかった。

日露戦争と協同伝道

札幌においても、キリスト教界、特にプロテスタント諸教派の、主流は社会の有力者層と結びつく傾向があり、国家の統治体制の一環にも容易に位置づけられることになった。その動きを、一九〇四年から一九〇五（明治三十七～三十八）年の日露戦争への対応と、前述の一九一五（大正四）年以降の協同伝道の展開のなかに読み取ることができよう。

日露戦争では、全国的にキリスト教界の大勢は、東洋の平和と国益のためとの理由を掲げ、挙げてこの戦争を支持し協力体制を敷いた。一方、内村鑑三・安部磯雄らが非戦論を唱えたが、一部の勢力に留まった。〔七八〕札幌でも戦争支持の活動がキリスト教界で起こり、その中心的な行事として、一九〇四（明治三十七）年三月十二日と五月七日の両日に日英米人聯《れん》合音楽会が開催された。これは、宣教師ジョン・バチェラーが総代となって、在札のキリスト教関係者と在札英米人が共同して開催したもので、合唱・琴・ハーモニカ演奏・英語唱歌、さらにはバチェラーのバイオリン独奏、謡曲、篠《しの》笛、能管、狂言などの邦楽系も含んでいた。二回の集会で入場者は一、七〇〇人を超え、益金三六五円が軍人遺族救護などのために赤十字社その他へ贈られた。バチェラーは熊送りを例に、ロシアの大熊が満州に爪をかけ、それを仁侠なる猟夫の日本が征伐する、これは誠に当然だと演説した。〔七九〕また同年七月十六日に開催された北海道宗教家大会は、一、〇〇〇人以上を集めたという。大会は一連のキリスト教界の動きに刺激されたものか仏教、教派神道にキリスト教界をも加えて開催された。北海道の宗教界が園田安賢《やすかた》北海道庁長官をはじめ道内の官界・財界・教育界指導者の支援の下、国家の施策のためにはじめて組織されたことになる。〔八〇〕キリスト教関係ではバチェラーその他聖公会・組合・日基・美以教会の牧師・宣教師が発起人となった。この大会で、札幌日本基督教会の清水久次郎牧師は「露国は建国以来侵略主義を以て国是とす是れ天地の公道宇宙の大則と相容れざる所也」とし、「我国が露と戦ふ人道の為めのみ平和のためのみ固《もと》より暴露侵略主義と其の道を異にす」〔八一〕と、日本の正当性を演説している。

清水の主張は札幌のキリスト教界をほぼ代表していたとみられ、英米出身の外国人宣教師も、日本の開戦趣旨や戦争そのものに疑義をもつことはなかったようである。十月にはさらに教会の合同主催で後備大隊犒《こう》軍音楽会が、また十二月には北星女学校が同じ趣旨の音楽会を開催した。ミッションスクールの同校は音楽会のほか、慰問袋の発送などで「銃後」を支える姿勢をとった。〔八二〕翌年一月、札幌美以教会会堂の献堂式のために来札した同派の監督M・C・ハリスも、「露国は満州を呑併して、これを独り占めしやうとしましたが、御国では之を開放しやうとする主義を飽くまでも固執いたされました。此の主義は我が米国の主義とよく合ふて居るものであります」と、アメリカの立場が

図５　北星女学校音楽会の絵

日本の対外政策と一致していることを示し、この戦争に支持を表明している。[八三]

一方、札幌でも非戦論を主張した内村鑑三、また新渡戸稲造の影響もあって、僅かながら戦争を不正とする非戦の立場を表明する人がいた。札幌独立基督教会の牧師宮川巳作《みさく》は、開戦の前年末、『平民新聞』に寄稿し、「正義、人道、心理の敵として戦争の如きは無きが故に、我等は如何なる場合にでも極力戦争に反対し、之を排斥する事に努めなければならぬ」[八四]と主張した。開戦後もその言説は一貫していたようで、「恐れ憚る所なく平和の福音を説かれたのは目覚ましい事でありました」[八五]と同教会史は記している。また札幌美以教会の石沢達夫《みちを》が教会の青年会で「右のほほを打たれたら左のほほを向けよ」と非戦論の立場から戦争論についての議論をたたかわせ、同教会の飯田雄太郎（札幌農学校・画学講師）は開戦後も非戦論を主張し続けた。飯田の言論に対して、『北鳴新報』は天皇に対し「不敬」「不忠」であるとし、「露探」（ロシア国のスパイ）と非難したようで、警察の取り調べが及んだ。このことから飯田は、札幌農学校の教師を解職された。また札幌組合基督教会の桟敷《さんじき》新松は北海英語学校の教師であったが、戦争に対する態度をめぐって校主兼校長の浅羽靖と対立、戦後、職を辞めた。このほか『平民新聞』の読者のグループなどが読書会を開いていた。しかし、これらの運動は札幌のキリスト教界の大勢とはならなかった。[八六]

札幌の教会は戦争協力の姿勢を示したにもかかわらず、この間教勢が一時停滞した。札幌での伝道が再び目覚ましい前進を見せたのは、一九一五（大正四）年初夏の協同伝道の展開であった。

全国協同伝道は、前述のとおり世界教会一致運動の一環という国際的契機をもち、一九一四（大正三）年から一九一七（大正六）年にかけて取り組まれたものであった。全国的には、一九一〇（明治四十三）年、イギリス・スコットランドのエディンバラで開催された世界宣教会議の意を受けて、J・R・モットが一九一三年に来日、これを契機に全国協同伝道が起こされた。札幌では第一次世界大戦の勃発や準備不足も感じられて、翌一九一五（大正四）年六月二十六日から三十日に実施された。大挙伝道のときとは異なり、『北海タイムス』が「名士集る基督教協同大伝道」と報じたように、道外から多数のクリスチャンの「名士」が来札し講演会の主役となった。来札した講師は、井深《いぶか》梶之助（明治学院総理）・植村正久（東京・富士見町教会牧師）・江原《えばら》素六《そろく》（貴族院議員）・森村市右衛門（実業家）・広岡浅子（銀行家）等であった。〔八七〕札幌では前年一九一四（大正三）年七月に準備委員会を結成し、農科大学長佐藤昌介を総委員長とし、各専門委員を設け、札幌のプロテスタント諸教派が挙げて一行を迎える体制をとった。〔八八〕

　協同伝道の対外的な主張は、井深梶之助が新聞記者に対して表明したように、「現今我国の道徳に至大の缺陥あるを感じ此缺陥に対して基督教徒は一大使命を帯び斯かる缺陥を救済せん」というところにあった。井深は、わが国の人心が利害損失、自己中心的、逃避的刹那的快楽主義に傾いており、これに対し「天地の生ける神」「正義の神」を知らしめなければならない、「神を畏るゝは智恵の創《はじ》めなり」と語った。〔八九〕

　集会の中には逓信局や鉄道管理局、製麻会社、今井呉服店、区教育会などの主催もあり、有志招待会では西久保弘道北海道庁長官が挨拶するなど、協同伝道は区内の官・財・教育界の支持を得て行われた。集会の日数は五日間であったが、前後二十五回の集会を精力的に開催し、聴衆の延べ人数は八、七五〇人、自発的な求道申込者は一七七人（ほかに北星女学校生徒など五十余人）と数えられた。このほか狸小路などでは路傍伝道も実施された。その成果は「各方面に大なる感化を及ぼし、札幌紳士淑女の生活は将《まさ》に一変せんとするが如し、或は申合せて禁烟《きんえん》断行を決せし者あり、或は涙を以て傾聴せし婦人あり、信仰生活に最後の希望と慰安とを求むるの精神は今や北の都に漲《みなぎ》りつゝ、伝道の門戸は広く各方面に開放せられたり」〔九〇〕と総括された。

日露戦争から協同伝道の頃にかけて、教会は区民の各層に信徒を増やし浸透していった。三教会同によって全国的にもキリスト教が国家から有用な存在として認められるようになった時期でもあり、札幌区内の指導者層・有力者層との結びつきを一層強めることとなった。

社会活動の諸相

クリスチャンが伝道以上に市民に対して幅広く行った活動としては、義捐活動や社会改良運動などの社会活動と、女子教育・幼児教育・日曜学校などの教育事業があった。この時期の義捐活動の例として挙げられるのは、一九一四（大正三）年の凶作農民救済運動であろう。米の収穫などが三九、〇〇〇石弱、前年の一五分の一にとどまった一九一三（大正二）年の大凶作に対しては、全道的に救済活動が起こったが、『北海タイムス』ではクリスマスイブに、「宗教家を促す」との一文を掲げ、「彼等にパンを与へ然して彼等の精神を健全ならしめざる可からざる」〔九一〕と宗教界の奮起を促した。区内の諸教会は、すでにこの年のクリスマス行事の費用を節約して質素にし、凶作農民の救済に醵金しようとしていた。また年末には酪農家牧長三郎・黒沢酉蔵等の奔走で、札幌基督教徒凶作救済会を結成し、凶作地の視察など救済活動を起こそうと準備をしていた〔九二〕。

救済会の義捐活動は一九一四（大正三）年一月から始められた。札幌では市街を数区に分け、音楽隊を先頭に各教会の信徒が白袋を持ち、辻々で実情報告を演説し、軒並み戸別訪問をして義捐金や米麦などの寄付を募った。一週間にわたる活動だけでも、義捐金・米麦など九四二円相当と多数の衣類が寄せられた。これを契機に、救済会は義捐活動を道外にも及ぼし、また農科大学基督教青年会も募金のために音楽会を開催した[九三]。この組織的な街頭活動は、市民にクリスチャンの存在を一層印象づけるものとなり、これに刺激されてか、仏教界・教派神道（神道分局）もまた救援活動を起こしたという[九四]。

社会改良運動では、最も精力的に展開されたのが禁酒運動であった。北海禁酒会の活動については前章でもふれたが、一九〇五（明治三十八）年以降一時停滞したあと、一九二〇（大正九）年一月に高杉栄次郎・宇都宮仙太郎らが主唱して札幌禁酒会を再建し、一月二十日に発会式を挙げた[九五]。札幌の再建に促されて、三月十二日には北海道聯合禁酒大会が開催され、活発な活動の時期に入った[九六]。

禁酒運動では、禁酒会のほかに札幌婦人矯風会の活動があった。同会は大きな団体ではなかったが、アデライド・ドーデー宣教師等によって集会を継続的に開いていた。一九〇三（明治三十六）年、世界キリスト教婦人矯風会の特派員カラ・G・スマートの遊説を札幌でも迎え、市民に禁酒を訴えた。同会は一九一三（大正二）年八月に日本基督教婦人矯風会札幌支部として発会式を挙げた[九七]。

なお北海禁酒会の事業として位置づけられていたJ・バチェラーによる施療施設アイヌレスツハウスは、資金難から一九〇四（明治三十七）年に事業を中断、一九〇七（明治四十）年に建物も取り壊された。札幌のアイヌ民族は離散し、聖公会においても札幌のアイヌ伝道は困難となった[九八]。

前章第三節の最後に社会主義とキリスト教徒との接触が札幌においても始まったと記した。新渡戸稲造は、北海禁酒会で一八九三（明治二十六）年に「社会党緒言」を講演した後でも、禁酒会の夏期講話会で「社会党の話」の題で講演することになっており、新渡戸自身の社会主義に対する関心を伺うことができる[九九]。新渡戸の思想的影響は一部の学生に及び、社会主義を標榜する者が現れた。キリスト者の中にも札幌基督教会（札幌独立基督教会）員の蠣崎知次（二）郎、森広、有島武郎、森本厚吉等に影響を与えたが、社会主義への関心を市民に拡げることにはならなかった。[一〇〇] むしろ禁酒会運動の中から社会改良運動へ進む人びとがあり、一九〇二（明治三十五）年に竹内余所次郎《たけのうちよそじろう》・前田英吉等によって社会問題研究会が組織された。同会は、翌一九〇三年八月には、『平民新聞』発刊を前にしていた幸徳秋水が来札したのを機に、初めて公開の「社会主義演説会」を禁酒倶楽部で開催した。[一〇一] この社会問題研究会は四十人ほどの会員があったようで、その中から前述の日露戦争に対する非戦論を主張する者が現れ、また『平民新聞』の読者が広がった。そのほか一九〇七（明治四十）年、「クリスト教社会主義」を標榜した独立教会の逢坂信忢《おおさかしんご》が大石泰蔵ら農科大学生と語らって社会主義研究会を発足させた。[一〇二]

クリスチャンの中から起こされた社会主義運動や労働運動は、キリスト教界内部にも社会問題の重要性を提起した。第一次世界大戦後は、社会問題が禁酒運動、廃娼運動という個々の問題としてだけではなく、また慈善事業としてではなく、社会全般の問題、労働の問題、また富の分配の問題として捉えられてきた。たとえば札幌組合基督教会の『北光』紙上で、牧師の海老沢亮《あきら》は、社会問題に対するキリスト教の視点を頻繁に論じ、「職業紹介」を教会の活動方針のひとつに挙げている。ただ、海老沢の視点は「労働神聖」の立場からのもので、ストライキには疑問を呈し、兄弟愛的デモクラシーの実現（神の国）による世界改造を行うという主張であった。[一〇三]

また一九一九（大正八）年に佐藤昌介が、「基督教の新使命」と題して述べた札幌基督教会同盟発会式の祝辞にも、社会問題がキリスト教界として避けることのできないものとして取り上げている。佐藤はここで「世界改造の問題」として「資本家と労働者の調和問題」を取り上げ、「基督は由来弱者の友であった」との前提で、「公平なる（富の）分配をなすべき機会の均等」を求めて「其解決を進めなければならない」[一〇四]と述べた。しかしおそらくいずれの教会でも、社会主義運動や労働運動がそのまま教会の活動に連動しなかったと思われる。

カトリックの『光明』でも、一九二〇年から一九二一（大正九～十）年に「労働問題」を十二回にわたって連載したが、ここでも労働の高貴が強調され、「最短時間に於ける最高の労金」との主張に対しては「公教の立場に於いては決して同意することは出来ぬ」[一〇五]と退けた。

各教会は、労働の問題を主要な社会問題の課題として受けとめつつも、これを現実に解決すべき活動の基盤をそのなかにもっていなかったので、教界外の運動と結びつくことはなかった。一九二三（大正十二）年のメソヂスト東部年会の北海道部会報告で、「工業方面は殆んど吾基督教に触れて居らぬ有様」[一〇六]というのは、メソヂスト教会の事情ばかりではなかったであろう。

北星女学校・幼稚園・日曜学校

全国的にも女子教育・幼児教育および教会内の日曜学校教育は、市民への影響を広くもち得たキリスト教界の一分野であった。この時期の札幌のキリスト教主義学校は、ミッションスクールといわれた北星女学校のみであった。ミッションスクールが市民へのキリスト教の浸透に果たした役割は、伝道の面でも大きなものがあった。北星女学校の場合、同校の一九二一（大正十）年の卒業生は二十一人で、一九二六（大正十五）年の卒業生は六十九人であった。一九二六年の卒業生中、クリスチャンの割合は四八％であったというから、毎年二、三十人程度の卒業生をクリスチャンとして世に送りだしたことになる。一九三〇年にいたっては九〇％に及んだという。[一〇七]この間、一九一五（大正四）年にＳ・Ｃ・スミスの後継者アリス・Ｍ・モンクが校長となり、「継承・発展の時代」[一〇八]を迎え、一九一九（大正八）年には各種学校ながら修業年限四か年の高等女学校以上の学力が有るものとして認定され、「文部省指定北星女学校」と改称して、上級校への進学資格などを得た。そのことのために認可の前年、学校規則を改定し、「目的」として掲げた「基督教ノ道徳ニ基キ」の前には、道庁立高等女学校のように「教育勅語ノ聖旨を遵奉シ」という文言を据えた。[一〇九]

この時期、教会の幼稚園は、札幌聖公会が一九〇九、一九一〇（明治四十二、四十三）年頃、北一条西四丁目に開設したが、一九一九（大正八）年頃には廃止されていたとみられる。[一一〇]　一九一九年六月、札幌組合基督教会が新築間もない会堂で教会学校（日曜学校）附属の幼稚科として開設して保育を始め、翌一九二〇（大正九）年四月、北海道庁の認可を得て附属幼稚園（のち北光幼稚園）として園児三十余人を集めて開園式を挙げた。前年一九一九年の開設式に際し、牧師の海老沢亮は式辞の中で「幼稚園の理想は徹頭徹尾感覚の円満なる発達を遂げしむるに在る。其円満なる発達は軈《やが》て知的発達の基礎で、人類生活の幸福を生む根本である。此理想に立てる幼稚園は是非無かるべからざるものである。而して更に宗教幼稚園は児童の自然的発達を助勢して其宗教生活の根底を造るべき特殊の使命がある」[一一一]と述べた。これは海老沢が主張する教会教育論の一端であった。[一一二]ほかに一九二〇年代の幼稚園としては、これも現存する桑園幼稚園が開設されている。同園は、札幌日本基督教会が日曜学校の桑園分校を北七条西十三丁目に開設したときに併設した幼稚園である。[一一三]

次に、この時期の日曜学校についていえば、一九一七（大正六）年にプロテスタントの日本日曜学校協会

北光幼稚園　第四回卒園式

札幌部会主催の「日曜学校生徒大会」が開かれた。六月十日の日曜日午後、農科大学の校庭に集まったのは、六教会（独立・北辰・メソヂスト・聖公会・組合・ルーテル）と宣教師が運営している日曜学校生徒合わせて一、二〇〇人、教師その他二〇〇人であった。この大会は、神戸で開かれた全国大会で優勝旗が札幌部会に授与されたことを祝って行われたものらしく、大会の最後には小旗を持った生徒たちが、音楽隊を先頭に駅前通を大通西六丁目まで行進（パレード）した。〔一一四〕

当時の札幌区内の日曜学校数は、正確にはわからないが、たとえば一九二〇（大正九）年度の札幌組合基督教会では三校で四五七人の生徒がおり、この頃、日曜学校に力を入れていたという日本メソヂスト札幌教会では、本校・分校を合わせて十四校であったという。〔一一五〕全国的に日曜学校が盛んになるのは、一九二〇（大正九）年十月に東京で開催された第八回世界日曜学校大会以降といわれるが、翌二一年の「札幌日曜学校部会統計表」では、六教会の在籍生徒数一、一〇九人、毎週の出席者数平均七四三人となっている。〔一一六〕この統計には部会に所属していない一部の日曜学校生徒数を別掲しているので、プロテスタント系の日曜学校生徒数全体はこれをはるかに上回っていたはずであり、カトリックとハリストス正教会を加えると相当な数にのぼったものと推測される。

教会における日曜学校の位置づけは、伝道の拠点形成とクリスチャン家庭の子どもたちの信仰継承という二つの役割を担うものとされていた。このうちプロテスタントではどちらかというと前者に重点が置かれ、やがて講義所開設に至ることも少なくなかった。カトリックの場合は後者に重点が置かれ、信徒の子弟を教

日曜学校生徒大会（1917 年）

育して信仰を継承させるところに主眼があった。〔一一七〕
ただ、教会の意図がいずれにあっても、子どもたちにとっては異国の文化にふれ、数少ない娯楽の一機会とも受けとめられていた。特に特別の行事には多数の参加者があり、一般新聞も各教会のクリスマス祝会やその他の行事を盛んに報道した。このような日曜学校の生徒が青年期を教会で過ごし、受洗してその教会員となるのはごく一部にすぎなかった。しかしながら、市民の中には幼い頃、一度は教会の門をくぐったという経験をもつ人びとが増え、これらが教会外の広汎な支持層を形成することになる。〔一一八〕

第五節　多様化する教会の諸相

札幌基督教会同盟の発足

協同伝道以降も、区内のプロテスタント諸教派は一致して伝道集会を計画し、教勢を拡大した。一九一六年（大正五）九月の金森通倫《みちとも》――熊本バンドの一人で、この時期は救世軍に所属――を講師とする「札幌諸教会聯合特別大伝道」では、八日間で信仰の決心者が一、二〇七人に達し、この年度、組合教会と北辰教会の受洗者数はそれぞれ一四四人と一二六人を数え、メソヂスト・独立両教会も四、五十人台の受洗者または入会者があった。〔一一九〕一九一八（大正七）年二月には再び植村正久と柏井園《えん》を講師とする札幌修養会が協同伝道の一環として開催され、北海道博覧会にあわせて同年八月、一週間連続して演説会を行ったほか、路傍伝

道隊をくりだした。これらはいずれも区内の教会が連合して行ったものである。[一二〇]

博覧会特別伝道の実施を決めた同年三月の会合では、あわせて教会同盟の発足が提起され、翌一九一九（大正八）年四月二十七日、札幌基督教会同盟として発会式を挙げた。すでに札幌のプロテスタント教会は、多数の協同行動の実績を挙げてきた。これをさらに一団体として組織する意義について、日本メソヂスト札幌教会牧師の白戸八郎は、「外部に対して各基督教会の一致せる意見を代表して是を社会に発表する」こと、結婚、葬儀、記念会（葬儀後の故人追悼会）その他日本在来の慣習や祭に対する信徒の態度についての検討が「現在及将来の為必要」であること、また「社会一般の悪風を矯正せんが為に改善運動を起したり、政治家や教育家等の道徳行為を監視し時に応して警告を与へたりする」[一二一]ことなどの必要性を説明している。発会直後の同盟理事会などでも、「民力涵養」について北海道庁長官と会見し意見の交換をすべきこと、神社問題（祭礼への参加、参拝強要問題についてのことと思われる）が議題となっていた。[一二二]

同盟に参加したのは、独立・北辰・メソヂスト・聖公会・組合・ルーテル・ホーリネスの七教会であった。しかし発足の翌々一九二一（大正十）年の理事会では、近年札幌伝道に参入した教派の中に、同盟の側からすると「或は聯盟の美風を破棄したり、或は聯盟加入を敢てせず」とする状況が生まれていると報告された。加盟教会間にも「近来、相互教会の徳を建つる上に於て稍《やや》理想的ならざる」ことがあり、特に「和親」を強調する必要が生じたり、区内を七区に分けて行ってきた聯合組会の再開に「懐疑説も多く」なったことなどが報告され、[一二三]連合活動への関心が拡散していることが窺える。加盟を勧められたが独自の立場から加入しなかったのは、後述するセブンスデー・アドベンチスト教会であるが、そのほかにもこの前後に新しく札幌宣教に加わった教派・教会が少なくなかった。札幌のキリスト教も拡大のなかに多様化していったのである。

札幌基督教会同盟を設立したのは七教会であったが、一九一八（大正七）年末、一九一九年の年初、すでに「当札幌には各派を通じて十一個の教会あり」[一二四]と数えられていた。左の図6は一九二〇（大正九）年時点の教会・修道院・関係学校等の分布図で、プロテスタントだけでも十二の教会を数え、ローマ・カトリック・ハリストス正教会その他を合わせると、十六の教会と三つの修道院が存在していたことがわかる。二十世紀に入っての二十年間で教会の数が倍増し、山鼻・豊平・札幌村など郊外にも教会の分布が広がっていた。新たに札幌へ進出した教派・教会について、その動向を次に見ていこう。

ルーテル、セブンスデー、救世軍の進出

まずルーテル教会について見ると、フィンランド・ルーテル福音協会（ＬＥＡＦ）派遣の宣教師ヨハンネス・ビクトリー・サオライネンが、日本人牧師溝口弾一とともに一九一六（大正五）年夏来札、北十四条西四丁目に居住、伝道を開始し、翌年十二月、札幌福音ルーテル教会を設立した。しかし一九二三（大正十二）年、教役者の離札によってルーテル派の伝道は中絶した。[一二五]

次いで第七日安息日基督再臨教会（セブンスデー・アドベンチスト教会）は、一九〇八（明治四十一）年に札幌で伝道文書を配布する活動を行ったが中絶し、一九一六（大正五）年八月、伝道師渡辺保之介が時計台近くに仮集会所を設けて活動を再開した。その後大通で天幕伝道集会を行った。この時期、Ｓ・Ｊ・ジェークス宣教師が赴任し、札幌伝道が本格化した。一九一九（大正八）年には、北海道伝道部会（千島・樺太を含む）を設け、Ｈ・Ｆ・ベンソン牧師を部長に選任した。一九二一（大正十）年には講義所を南七条西十一丁目に開設した。キリスト再臨の教理と第七日（土曜日）安息日礼拝を強調する同派は、「末世の福音」とも称し

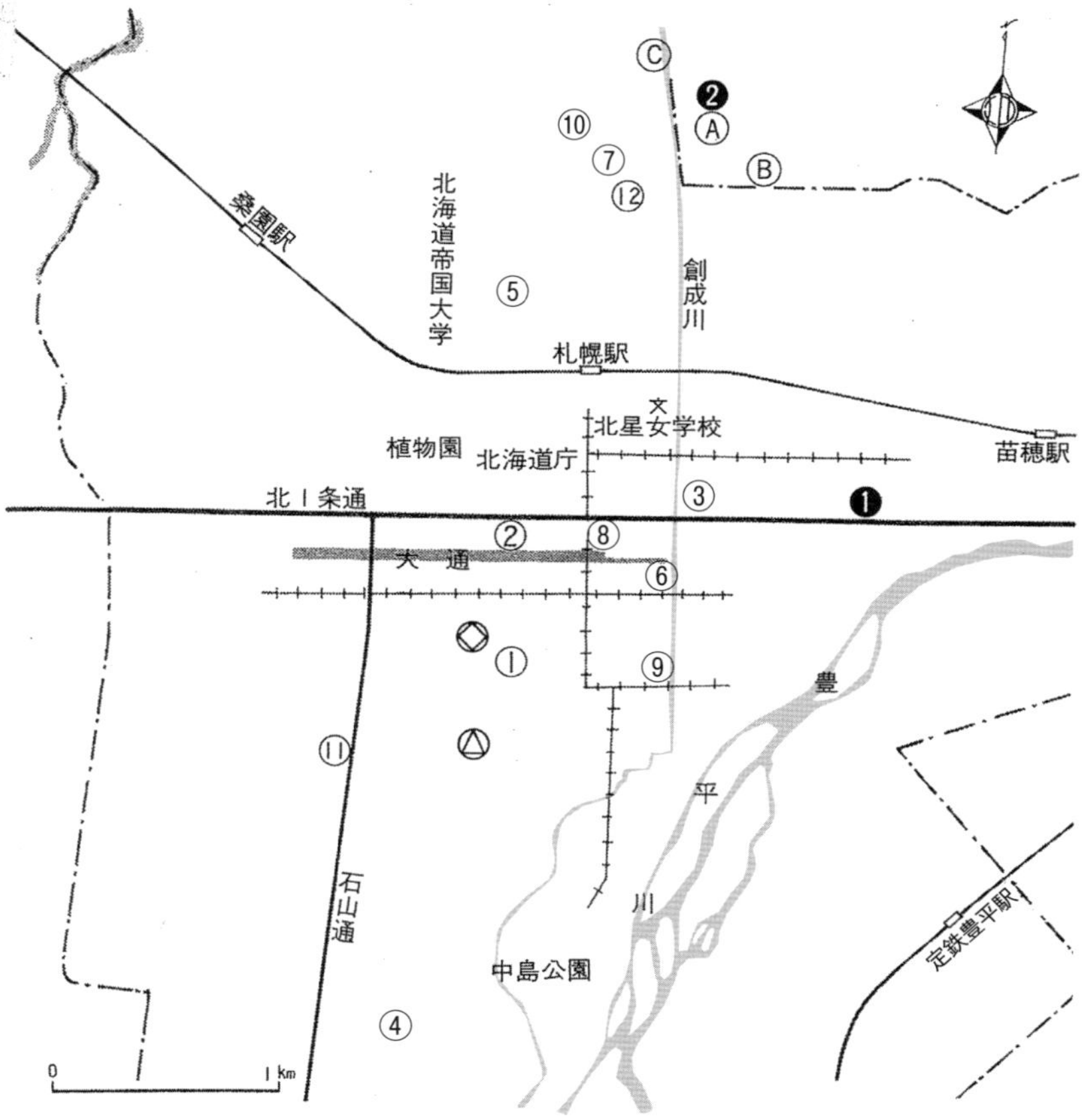

①札幌独立基督教会
②札幌日本基督教会
③日本メソヂスト札幌教会
④日本メソヂスト札幌教会山鼻講義所
⑤札幌聖公会
⑥札幌組合基督教会
⑦札幌組合基督教会北部講義所
⑧札幌ホーリネス教会
⑨救世軍札幌小隊
⑩札幌福音ルーテル教会
⑪セブンスデー・アドベンチスト札幌教会（牧師館）
⑫基督新教講義所
❶札幌天主公教会
❷札幌村天主公教会
Ⓐ聖フランシスコ会修道院
Ⓑマリアの宣教者フランシスコ修道会修道院（天使院）
Ⓒ札幌マリア院
◎日本ハリストス正教会札幌顕栄教会
△末日聖徒耶蘇基督教会

図６　1920（大正9）年のキリスト教会等分布図

ていた。[一二六] 伝道再開の翌一九一七（大正六）年、前述の札幌の教役者会からの提携申し出を拒絶し、さらに、教役者会側の牧師海老沢亮が一九二一（大正十）年の同盟の理事会で伝えるところによれば「吾等は特殊なる使命を帯べる者、現世の各教会は神に見放され、信者は其儘にて救はれざる者なれば」[一二七]と既存の教会を批判し、その教会員も同教会の伝道対象であると表明したことにより、他教会からは警戒された。

救世軍は一九〇二（明治三十五）年九月、「救世軍大演説会」を札幌日本基督教会で開催、救世軍士官の高城牛五郎が救世軍の由来、現況を語った。娼妓の救済も主張したようである。[一二八] ただ札幌での組織の設立にはいたらなかった。その後一九一九（大正八）年に北海道中隊本部を小樽から札幌に移し、同年七月に個別の教会に相当する札幌小隊を発足させた。小隊の位置は南四条西一丁目であるが、開設式にあたる開戦式は時計台で行われた。翌八月には救世軍大佐山室軍平が訪れ、時計台で「社会事業演説会」を開催した。「山室氏の人格と信仰に私淑せる聴衆満場に溢れて立錐の余地」[一二九]のないありさまだったという。

このほか、一九一六（大正五）年に組合教会が北部講義所（北十三条西二丁目）を開設した。教会員松原儀八が集会所向けに建築したものである。[一三〇] 一九二〇（大正九）年、日本メソヂスト小樽教会員土屋捨吉が琴似村の土屋鉄工場内に会堂を建て、伝道師を自費で招いて日曜日の集会と日曜学校を続けた。[一三一] また札幌日本基督教会も桑園に日曜学校の分校を開設し、これが一九二三（大正十二）年には前述の桑園幼稚園とともに桑園伝道所を生みだした。[一三二] なおこのほかに「基督新教講義所」として講義所の設立許可を受けているものがあるが、これは札幌農科大学基督教青年会寄宿舎で、のちに汝羊寮《じょよう》と命名される。[一三三]

第一次世界大戦後のローマ・カトリックの活動

ローマ・カトリック教会では前述（本章第三節）のとおり、北海道の布教を全面的にフランシスコ修道会に委ねる方針をとったことで、一九一四（大正三）年、パリ外国宣教会のラフォンヌらが札幌を引き揚げた。翌一九一五年、函館地方を除く全道と樺太を管轄する札幌知牧区が設置され、キノルドがローマ教皇庁から知牧区長に任命された。フランシスコ会は札幌の南北全域を一体として担当することとなり、札幌が名実ともに全道のローマ・カトリックの中心地となった。[一三四] 札幌知牧区は、樺太・千島を含む広大な地域に、信徒九三〇人が十の教会に散在し、各教会には司祭一人ずつの配置であった。[一三五] しかも第一次世界大戦の勃発で、宣教師の布教旅行が制限されたこともあり、信徒の宗教教育や未信者への布教で、宣教師の活動を補う別の手段が必要となった。このためフランシスコ修道会は、週刊誌『光明』の発行を企画し、一九一六（大正五）年一月に創刊号を刊行した。内容は福音書やキリスト伝の講義、『公教要理』の解説、聖人伝、教理や生活上の質問および回答などであった。やがて社会問題、家庭記事をも扱うようになる。[一三六]

第一次世界大戦は、札幌知牧区を担うフランシスコ会に大きな影響を与えた。同会はドイツのフルダ管区に属しており、新たな宣教師の派遣や資金の流入が困難となった。特にドイツ人宣教師は敵国人として外出や旅行に制限を受けた。文通や物品の売買も制限されあるいは禁止された。戦争中の五か年にわたる布教活動への影響は、受洗者数の推移にもその一端が見える。札幌（北一条）・札幌村両教会の受洗者数が一九一五（大正四）年には合わせて五十八人であったのが、一九一六（大正五）年には三十六人に、一九一七（大正六）

札幌天主公教会

クサベラ・レーメ

年には十九人に急落し、一九一七年以降になって三十人前後に回復した。そしてドイツ人への差別が撤廃された一九一九（大正八）年には、ようやく自由を回復したが、その時には活動資金が尽きていたという。[一三七]

しかしながらこの間、札幌では札幌天主公教会の会堂が完成し、一九一六（大正五）年十月八日に献堂祝別することができた。新会堂は、木造二階建切妻屋根の上に塔屋を載せたロマネスク風の三楼式の間取りであった。また翌一九一七年、神社参拝問題の解決のために来日した教皇特使ペトレリー大司教が、五月に札幌をも訪れ、道庁長官を公式訪問することがあった。[一三八]

大戦後、かねてから課題であった女子教育のため、キノルド知牧区長の要請でドイツの「殉教者聖ゲオルギオのフランシスコ修道会」の修道女三人が、一九二〇（大正九）年に札幌に派遣された。この修道会は、北十七条西一丁目にマリア院を開設した。この修道院は入会志願者が訓練を受ける修練院を設けていたが、一九二三（大正十二）年八月、最初の着衣式（公に修道服を授与する式）が行われた。一九二四年には、北十六条西二丁目に移転し新たな修道院の祝別式を挙げた。[一三九] この修道会によって、札幌藤高等女学校の設立準備が進められていた。すでに校舎の建築が修道院と同じ位置で行われ、一九二四年末には文部省の認可を得て、翌二五年四月に開校した。札幌で最初のカトリックのミッションスクールとしての関心からか、初年度の入学には三一八名の申し込みがあり、入学試験で一五〇名を選抜した。校訓として掲げた「謙遜、忠実、潔白」のうち、第一の謙遜を象徴する〝藤〟を校名とした。初代の校長は修道女のヨハ

藤高等女学校　完成当初の校舎（1924年頃）

ンナ・サロモンであったが、開校の翌月急逝し、クサベラ・レーメ修道女が二代めの校長となった。〔一四〇〕一九二二（大正十一）年には、札幌村天主公教会が北十一条東二丁目に仮聖堂を建築した。〔一四一〕一九二四（大正十三）年、札幌天主公教会（北一条教会）では初めての聖体行列（聖餐のパンを掲げて行う行進）が教会内で行われ、参集者に信仰の高揚を与えた。〔一四二〕

この頃、チモテオ・ルッペル司祭は信徒の再教育に力を注ぎ、教会から離れている信徒を次々と引き戻し、また『公教要理』による訓練を施していた。信徒の団体である同胞会も組織され、教会活動の充実が図られた。そのチモテオ司祭が一九二四年九月四日、山鼻の病気の信徒を訪ねる途中、落雷に打たれ三十九歳の若さで急死した。〔一四三〕チモテオ司祭の死は知牧区や教会の関係者に大きな衝撃を与えたが、札幌のカトリック教会の信徒数はこの頃からこの期の終わりに向けて急速な伸びを示し、教会は市民のなかに広く浸透していくことになる。

ロシア革命とハリストス正教会

日本のハリストス正教会は、ニコライ大主教の死後、主教セルギイの指導の下に歩むことになった。札幌では引き続きニコライ桜井宣次郎司祭の管轄の下、直接には伝教者イグナティ高久義夫、次いで伝教者イオアン大木竹次郎（一九一六年［大正五］に輔祭に昇叙）が信徒の指導にあたっていた。〔一四四〕この間一九一三（大正二）年には、家族の救霊のため五十歳以上の信徒による老年会が結成された。その頃また、青年会も礼拝堂における聖務の補助、聖歌隊の練習、聖書の研究などを活動の目的として結成された。さらに豊平に教会員の共葬墓地を購入するなど、教会の内部が整えられていった。〔一四五〕

このような宣教の進展に再び打撃を与えたのは、ロシア革命の勃発とソビエト政権の成立であった。ロシアの正教会が帝政ロシアの時代に与えられていた保護を失い、国家からまったく分離させられた。さらに革命の混乱のなかで、歴史の浅い日本の教会は、ロシアの母教会との関連を断たれたことから、精神的・経済的自立を迫られる結果となった。このためロシア正教会との関係が充分整理されないまま、一九一九（大正八）年の公会では、独自の「日本ハリストス正教会憲法」を採択した。なお、この公会で報告された札幌正教会の信徒数は九十九戸、三四四人であった。[一四六]また、札幌は教役者の生活を支え得る自給教会の一つに数えられていた。[一四七]

『北海の正教』第一巻第一号

正教会全体の再度の困難のなかで、札幌の正教会は前進をめざし、同教会が中心となって同年六月『北海の正教』を創刊した。同紙の契機となったのは正教会憲法制定のために開催された公会で、これに出席した北海道代議員の懇談の席であったという。[一四八]同紙はその創刊の趣旨を次のように述べている。

> 北海の正教を発行した目的は、北海道に於ける各正教会其月々にあった事の記事報告を掲載して連絡を慮《おもんぱか》って、相愛の実を現し、又教役者の不在な教会の信徒や、各地に散在して居る信徒教養に資すると共に、歩一歩づゝ醇正なる信仰に進む研究もし、或は教役者相互が提携して、教会の振起《しんこう》を計りそして教勢発展に一致の行動を取って以て堅実な有形無形の教会の基礎を置きたい為である。[一四九]

同紙は教役者不在の地での信仰の糧《かて》となり、あわせて各地の教会の連絡を行うことを発刊の趣旨として掲

げており、信徒の投書を積極的に掲載した。正教会が置かれていた困難な状況もあって、発刊当初の内容には「布教方法の改造」や統一教養法（宗教教育）の確立による「独立的信仰」の要請などが指摘された。[一五〇]なかには現代の宣教の難しさを、往時には宗教宣伝者は信仰も思想も単純で信徒も単純であった、しかしいまは聴く者の進歩が教役者の知識を上回っているところにあるとし、教役者もまた現代の思想的・科学的進歩を吸収する必要がある、との訴えもあった。[一五一]また正教会が「社会と懸隔しつつ何れの方面に於ても世間から崇敬せらるべき権威を失って」いるように見えるのは、財政問題以上に重大であるとの発言もあらわれた。[一五二]記事のなかには、プロテスタントとの交流のあったことが僅かながら窺える。[一五三]

　ロシア革命に端を発した正教会の財政独立問題は、「信徒の信仰上に動揺を来したる如く」と言われ、またこれを契機に財政、布教方法、教役者のあり方、教会生活のあり方などにさまざまな問題の提起があった。しかし一方では、数年にして「独立的信仰の立脚点を自覚したる地方信徒」によって、かえって「正教信徒の信念および正教会の信条又はその布教方法が、如何に堅実なりしかを証して余りある」ことを確信したとする評価もあった。[一五四]こうした気運のもと、一九二二（大正十一）年、大木輔祭が相当する札幌正教会の信徒は四二二人となっていた。[一五五]

「札幌の教会、教会の札幌」

札幌の教会は、この二十年程の間に各教派の全道的活動の拠点となり、また超教派による活動の発信地となった。この時期次々と精力的に開催された大規模伝道集会が、キリスト教信仰を多くの市民に伝える機会となり、教勢は目覚ましく伸展した。

そのような教会の伸展のなかで、日本基督北辰教会は、一九二〇（大正九）年に日本のキリスト教発祥の地の一つである、札幌という名を冠する意図で、教会名を以前の「札幌日本基督教会」と改称した。そして教会は「札幌の教会」として立ち、また「教会の札幌とせねばならぬ」〔一五六〕と強調した。「教会の札幌」にしようというのは日本基督教会ばかりでなく、各教会が共通して抱いていた志望であろう。「教会の札幌」と言われるためには、教会の宣教が、教会の量的な拡大だけではなく、個々の市民のなかに深く到達する必要があった。

社会的に大きな影響力をもったと思われる協同伝道にも一つの限界があった、と札幌組合基督教会の海老沢亮は指摘した。海老沢によると、協同伝道は社会問題、道徳問題、教育問題についてのキリスト教の見解を述べ得たが、「基督教の根本真理」にふれていない面があり、「而して世の要求は既に基督教に関連したる事柄を聴かんとするにあらず、宗教思想の深遠なるもの、或は教理の奥妙なるを味ひ、其《その》霊的生命を養ふものを見出さん」と求められている、という。しかもそれは、キリスト教の古い時代の衣裳を脱ぎ、「其根本的生命を把え其核心を以て現代基督者の生命を養はん」とするもので、聖書の記述や伝統的教理をそのまま受け容れること――「字義的解釈」、既成の権威の絶対化――の克服が必要である、という。〔一五七〕海老沢の主張は、聖書の理解と教理の解釈をしなおしつつ、社会の「進化」に対応する宣教の核心、信仰の根拠を確立しようとするものであった。

札幌日本基督教会はこの時期の後半二十年、一九一三（大正二）年に高倉徳太郎が牧師となり、次いで一九一八（大正七）年に小野村林蔵が就任した。共に説教者として教会内外に影響を与えた。このうち高倉は、のちに『福音的基督教』（一九二七〔昭和二〕年刊）などの著作でわが国の代表的神学者の一人となったが、札幌時代は高倉神学の揺籃期であったといわれている。札幌時代の高倉の説教は、キリストの十字架による贖罪――人間の罪のためキリストが十字架にかけられたこと――と活けるキリストの恩寵――復活したキリストが活きて人の内に働くこと――を説いて、会衆に深く訴えた。また、信仰生活の具体的な表現として聖日礼拝を守る意義を強調して、礼拝を中心とする教会形成を進めた。これらによって教会は学生をはじめ多くの青年たちをも加え、札幌で最有力の教会となった。教勢の伸展は後任の小野村林蔵の時代にも引き継がれた。〔一五八〕

小野村はこの時期の半ば、一九二二（大正十一）年に、松村松年《しょうねん》（北海道帝国大学教授、昆虫学）と「科学と宗教」について激しい論争を交わした。これは松村が『北海タイムス』『小樽新聞』――のちには『東京日日新聞』に論争の舞台を移した――に、前後三十三回にわたって「科学と宗教戦」「科学上より見たる宗教」「基督論」を掲載したことを契機として起こった論争である。かつて独立教会員でもあった松村が、一転して、進化論によって宗教、なかでもキリスト教の主張の根底は破壊されてしまった、人類は科学や知育によって文明を導くべきだと主張したのに対して、小野村は、科学と宗教は矛盾しないと反駁し、松村の典拠は不確かであると批判した。小野村のほかにも、知育より霊育をと主張する海老沢亮やカトリックの詩人三木露風の反論などが相次いだが、小野村はこの論争のキリスト教側の中心的な論客となった。論争は、キリスト教が今日信じ得るものか、また現代に意義あるものかという論点と同時に、松村には進化論を敷衍して社会の優勝劣敗論を展開するという論点もあり、二つの焦点をもつ内容であった。〔一五九〕この論争の決着はつかなかったが、キリスト教の教理への批判と反批判の論争が、一般の新聞紙上に長期にわたって連載されたところに、キリスト教に対する市民の関心の広がりを見ることができよう。

表1　主要七教会の会堂の位置と建築年代（1904 ～ 1936 年）

建築当時の教会名称	建築場所	建築年次	使用廃止年次	現在の教団・教会名称
札幌美以教会	北一条東一丁目	一九〇四(明治三十四)年	現存	日本基督教団札幌教会
札幌組合基督教会	南一条(大通)西一丁目	一九一三(大正二)年	一九六八(昭和四十三)年	日本基督教団札幌北光教会
札幌天主公教会	北一条東六丁目	一九一六(大正五)年	現存	カトリック北一条教会
札幌聖公会	北八条西六丁目	一九一七(大正六)年	一九六七(昭和四十二)年	日本聖公会札幌キリスト教会
札幌独立基督教会	大通(南一条)西七丁目	一九二二(大正十一)年	一九六二(昭和三十七)年	札幌独立キリスト教会(単立)
札幌日本基督教会	北一条西六丁目	一九二七(昭和二)年	一九七九(昭和五十四)年	日本キリスト教会札幌北一条教会
札幌ハリストス正教会	南七条東一丁目	一九三六(昭和十一)年	一九七〇(昭和四十五)年	日本ハリストス正教会教団札幌ハリストス正教会
(付)札幌ホーリネス教会	大通(南一条)西十一丁目	一九三二(昭和七)年	一九八六(昭和六十一)年	ウェスレアン・ホーリネス教団札幌新生教会

札幌日本基督教会（1907 年［明治 40］建築）の仮会堂は省略

またこの時期、市内の中心部を転々として会堂を移してきた当初からの七教会が、多人数を収容する恒久的な会堂を相次いで都心に建築し、比較的長期にわたって定着することになった。それらは表1のとおり、大通・北一条の東六丁目から西十一丁目とこれに交差する創成川河畔に集中し、札幌に一つの景観をかたち造った。教会の規模の拡大と安定は、それを支えた信徒の社会的成熟の反映とも見えた。[一六〇]このようにして、二十世紀初頭の二十年間に多くの教会が確立し、キリスト教界全体としても市民のなかで地歩を占め、一定の社会的位置付けを得たといえよう。

第六節　教勢の拡大と神社参拝問題の発生

矛盾を深める政治と社会

一九二三（大正十二）年九月一日の関東大震災は、関東、なかでも京浜地帯に甚大な被害をもたらした。この年から満州事変の翌年一九三二（昭和七）年までが、本章の終わりの十年間である。関東大震災後も、国民の政治活動はなお活発で、清浦奎吾《けいご》内閣に対して護憲運動（第二次）が起こり、護憲三派（憲政会、政友会、革新倶楽部）による、加藤高明内閣を成立させ、政党の力を示した。加藤内閣は、二十五歳以上の男子に選挙権を付与する衆議院議員選挙法の改正（普通選挙）を実現させるが、同時に国体の変革、私有財産制度の否定を処罰する治安維持法を成立させた。同法は、共産主義者の活動を抑え込むことを意図していたが、のちの改正では宗教者を取り締まる法律ともなった（第四章三節参照）。労働運動も引き続き活発で、道内でも一九二六（大正十五）年に北海道第一回メーデーのデモ行進が小樽・函館で行われ、札幌その他の都市で記念集会が開催された。普通選挙の実現により労働者・農民を支持基盤とする無産政党が衆議院、地方議会に進出した。

一方、この時期は、関東大震災後の経済の停滞、不況の中にあった。一九二七年には金融恐慌が始まり、翌々一九二九年には世界恐慌が起こった。北海道・東北は、前述（第一節）のとおり、凶作に見舞われ、経済的な不振は農村にも都市にも及んだ。

経済や社会の不安定は政治を揺るがし、一九三〇（昭和五）年には浜口雄幸《おさち》首相が狙撃され（翌年死去）、一九三二年には青年将校らが首相官邸に犬養毅《つよし》首相を襲って射殺する五・一五事件が起こった。このような不安定な政治や社会の状況のなか、南満州鉄道（満鉄）と遼東半島租借地（関東州）の守備隊として駐留していた関東軍が、一九三一年九月、自ら満鉄線路を爆破する柳条湖事件を引き起こした。事件は大陸への侵略の口実となり、翌一九三二年「満州国」の建国となった。政府は関東軍の独走を押さえ込めず、既成事実として追認した。国内では国粋主義が勢力を得、国際的には日本の孤立を深めた[一六]。

「昨今の如き教勢は」

満州事変のころまで、札幌市内のキリスト教会は順調な成長を遂げ市民へ浸透した。各教会とも活動の中心は、毎日曜日（セブンスデー・アドベンチスト教会では土曜日）の定例の礼拝・ミサ・奉神礼（ハリストス正教会）であったが、プロテスタント教会の水曜日の祈禱会など、週の間にも各種の集会を行っていた。これら日常の集会は、牧師・司祭などの教職者によって指導されていたが、壮年会・婦人会・青年会あるいは共励会など世代別の信徒の組織があり、教会の活動を担っていた。幼少の世代のためには、日曜学校が開設され教会教育にあたっていた。カトリックでは幼少時の洗礼受領者（受洗者）には、「公教要理」による訓練をほどこし、それを経て初聖体（聖餐のパンを初めて受けること）を許した。キリストの誕生を祝うクリスマス、また復活を祝うイースター（復活祭）はとくに重視され、市民の目にもふれる行事となっていた。

札幌天主公教会（現、カトリック北一条教会）が一九二七（昭和二）年に始めた同胞会の無料治療所などに見られる、医療・福祉事業や災害時の募金活動は、市民との接点を広げるものとなった。カトリックではまた、一九三二（昭和七）年の春と秋に札幌天主公教会などの青年たちによる、島原の乱の天草四郎を主人公とした戯曲「切支丹の最後」を、今井記念館（のちの名画座）や市公会堂で連続上演した。主催者は盛会を実感した（一六二）。

ミッションスクールとよばれたキリスト教主義学校（北星女学校、藤高等女学校など）も、若い世代がキリスト教にふれる機会を豊富にした。札幌ではキリスト教が市民にとって馴染みの深い存在となっていた。『北海タイムス』が一九二八（昭和三）年九月に十二回にわたって「教会巡り」を連載し、古くからの教会を紹介したのも、幅広い市民の関心を示すものであった。そこでは、半世紀にわたる独立の精神を具現した札幌独立基督教会、「異国の空に励む伝道」としてカトリックの札幌教区長館のある北十一条教会と三修道院、盛んな伝道で市民各層の人材が豊富となった日本メソヂスト札幌教会、大会堂を新築し幼稚園、日曜学校に力を注ぐ札幌日本基督教会、実業家が多く経済的にも堅固な力をもった札幌組合基督教会、ローマ・カトリックとプロテスタントの「中庸」をゆく札幌聖公会というふうに紹介された。古くからの教会では、札幌天主公教会と札幌ハリストス正教会は洩れているが、札幌に深く根ざした諸教会の活動がここに紹介されている。格別に目を惹く教会の社会活動や伝道集会、クリスマス行事ばかりでなく、個々の教会の事情が新聞の連載記事となっていた〔一六三〕。

もっとも、この時期、実際の教会はこの新聞記事以上に多様な広がり——新たな拠点の拡大が見られた。まず札幌日本基督教会は一九二三（大正十二）年、桑園に幼稚園と伝道所を、一九二六（大正十五）年には山鼻に南講義所を開設した〔一六四〕。同年、札幌組合基督教会は鉄北地区に日本組合北部講義所（札幌北部基督教会）を開設した〔一六五〕。一九二五（大正十四）年、無教会の浅見仙作は札幌に生活の拠点を移し、浴場経営のかたわら伝道に携わった〔一六六〕。この年日本メソヂスト札幌教会は山鼻講義所を新築し、琴似ではこの頃同派の小樽教会員土屋捨吉が経営する鉄工場内に自費で伝道所を設けていた〔一六七〕。翌一九二六（大正十五）年の日本メソヂスト教会の年会（総会）では、札幌教会の状況として、「昨今の如き教勢の振興せるを見たことはありません」〔一六八〕という、創立期からの信徒である佐藤昌介の言葉を引いて報告がなされている。しかしこの時期にみる札幌の諸教会の伸展は、ひとりメソヂスト教会だけのことではなかった。一九二七（昭和二）年、セブンスデー・アドベンチスト教会（第七日安息日基督再臨教会）は札幌に教会を組織設立し〔一六九〕、救世軍は北海道聯隊本部を開設した〔一七〇〕。札幌聖公会は、山鼻に拠点となるノートン記念館を持ち〔一七一〕、翌一九二八年には札幌ハリストス正教会が聖堂建築の計画を立て具体的な準備に入った〔一七二〕。一九二九年には朝鮮人牧師韓泰裕《ハンテュ》が札幌伝道を開始した。韓牧師は当時、朝鮮基督教会に属しており、札幌基督教会聯盟には加盟していなかったようであるが、日本基督教会北海道中会からは、中会の員外

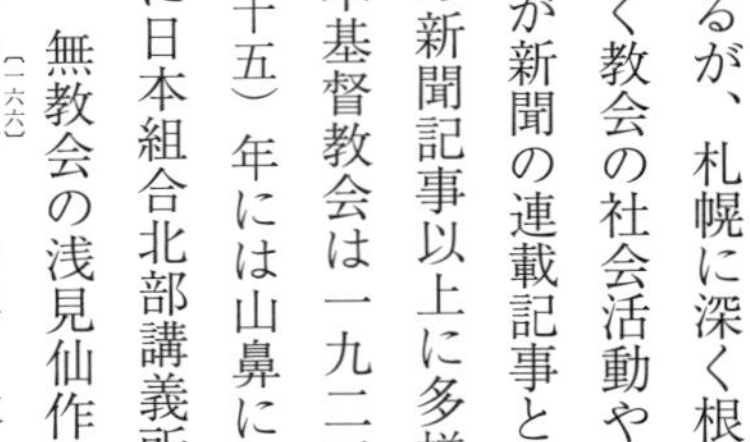
札幌組合基督教会（1913 年献堂式のとき）

議員に推薦されている。やがて在日朝鮮イエス会札幌教会を設立し、在日朝鮮人への伝道、牧会にあたり、一九三八（昭和十三）年まで活動が続いた。[一七三]

さらにカトリックは、一九三〇年、山鼻天主公教会を設立した。[一七四] この期の終年一九三二（昭和七）年には、プロテスタント諸教会の献堂が続く。札幌ホーリネス教会が大通西十一丁目に新会堂を竣工させた（同教会は所属教派の分裂から、のちに日本聖教会札幌教会と改称）。[一七五] 札幌日本基督教会は山鼻伝道所を献堂し、次いで伝道開始四年目の円山伝道所は新築の会堂を得た。[一七六] セブンスデー・アドベンチストの札幌教会も献堂した。[一七七]

札幌での「神の国運動」と満州事変

そのようななかで、プロテスタント諸教派の連合組織である日本基督教聯盟などの起こした「神の国運動」が、札幌にも及んだ。神の国運動は、「祈れよ、捧げよ、働けよ」を標語として一九三〇（昭和五）年から一九三四（昭和九）年にかけて行われた、戦前最大規模の組織的伝道活動であって、これまで教会の支持層であった都市中間層のみならず、労働者・農民への浸透をめざした。一九二〇年代に蓄積されたデモクラシーへの関心、クリスチャンによる社会運動が背景となって、個人の魂の救済を主眼としたこれまでの伝道から、社会解放による救済をめざしたところに時代の特色があった。運動を組織したのは日本基督教聯盟であるが、運動を主導したのはキリスト教社会運動家で牧師の賀川豊彦であった。[一七八]

札幌での神の国運動は、一九三一（昭和六）年五月に賀川豊彦を迎えて行われた。八日の婦人大会には四六〇余人を集め、八、九両日の札幌公会堂での集会は、二夜で合計四、六四〇人、前後五回にわたる集会での「志道者」四八九人を記録した。[一七九] この成果の後を受け、六月八日から十三日まで、今井記念館で市内の牧師を講師とした「基督教根本思想講演会」が開催され、平均三三〇人の出席があった。〔一八〇〕前後して各教会でも単独の伝道集会がもたれた。同月の組合教会の堀貞一・中村栄助による「札幌集中伝道」集会には五日間で延べ三、八〇二人の来会者があり、〔一八一〕九月の日本基督教会の外村義郎《とのむらよしろう》による特別伝道集会も三日間で来会者一、四八九人と記録された。〔一八二〕翌一九三二年、元同志社総長海老名弾正が来援したほか、神の国運動は、三四年四月の基督教連続講演会まで続いた。〔一八三〕このような活発な伝道活動の結果といえようか、一九三二年末、札幌市内の諸教会が北海道庁に届け出た信徒数は、札幌日本基督教会の一、一七五人を筆頭に、プロテスタントの十一教会で三、四七五人、カトリックの三教会が一、一八五人、札幌ハリストス正教会（札幌顕栄会堂）三五〇人、合計五、〇一〇人を数えており、十七万札幌市民の二・八％にあたっていた。〔一八四〕

満州事変の勃発は、札幌のキリスト教界としても「国家危急の際」と受けとめられた。札幌基督教会聯盟は、翌一九三二年六月十九日の礼拝を統一説教題「基督教徒愛国の叫び」で行うことを決め、さらに同二十四日から三日間、札幌基督教徒愛国運動集会を開催した。またこれに先立って札幌組合基督教会では、対時局信徒懇親祈禱会を開催している。〔一八五〕これらの集会は、たとえば同教会牧師の椿真六が言うように、クリスチャンが各分野で「社会生活合理化の為に己が芸能を捧げ、他の各部分と最善の協調をなして進むべきである」〔一八六〕という趣旨のものであった。教会員に社会問題を喚起しようとするのが目的で、愛国心の強調も戦争の鼓吹に結びつけたものではなかった。それだけに満州事変による危機感も一時の衝撃にとどまった。

国民精神作興運動のなかの「全国基督教教化運動」

しかし関東大震災後のこの時期、デモクラシーが盛んに主張された時期になっても、キリスト教界が対応を迫られる政府の思想統制施策、なかでも神社問題が起こっていて、それが札幌のキリスト教界に及んでくる。まず、関東大震災後の一九二三（大正十二）年十一月、政府は社会不安や国民の価値観の多様化、とくにデモクラシーへの傾斜に対して、「国民精神作興ニ関スル詔書」を発し、「国民精神」の引き締めを図った。キリスト教界でも大震災を天よりの警告と受けとめ、「精神作興」に呼応する決議などがなされた。翌一九二四年二月、清浦奎吾首相は神道（教派神道）・仏教・キリスト教の代表者を首相官邸に招き、精神作興と思想善導について懇談した。この「三教懇談」後、前年結成された日本基督教聯盟は同年十月、「全国基督教教化運動」を起こした。この運動は、政府の国民精神作興運動を先取りして取り組んだもので、政府の後援もあったといわれ、講演会・説教会が、教会はもとよりであるが、図書館、県・郡の議事堂、町役場、小学校、師範学校、郵便局などでも行われた。政府が宗教団体、教化団体に求めた思想善導、民心の作興を求めた意図と、国家と国民にキリスト教を拡張させようとするキリスト教界の意図が一致し、その意図を相互に浸透させたといえよう。〔一八七〕札幌でもプロテスタント諸教会が加盟する札幌基督教会聯盟——この頃、札幌基督教会同盟を改組したと考えられる——が主導して、一九二四年二月、精神作興詔書に呼応する特別伝道を行う「申合せ」を決議した。翌年四月には、「全国基督教教化運動」として中央から特派された講師を迎え、特別講演会を開催した。しかし、前年の「申合せ」に加わらなかった札幌独立基督教会は定期総会で教化運動への不参加を議決した。東京・市ヶ谷教会牧師金井為一郎を迎えた特別講演会は、市内教会挙げての運動にならなかったためか、札幌日本基督教会の日曜朝礼拝を除き参加者一〇〇人ほどの小規模の集会となった。〔一八八〕時代の思想となったデモクラシーが優勢な中で、キリスト教が比較的自由に活動の幅を拡げていったが、一方では政府の国民教化活動もまた関東大震災後、府県、市町村を通して強化された時期であった。

そのなかで強調されていることのひとつに、神社参拝と家庭への神棚設置があった。一九二四年三月、北海道庁は、国民精神作興詔書の趣旨を普及徹底するため北海道精神作興会を設立し、北海道庁長官を会長とし、札幌市内の官庁・学校の長、宗教家などをその役員とした。[一八九] 札幌日本基督教会牧師の小野村林蔵が出席したという「北海道庁の肝煎りで」開催された「全道の教化事業関係者の懇談会」は、北海道精神作興会の活動の一端と考えられる。この懇談会では、「国力振興上教化事業関係者の最も努力すべき事項」についての意見交換が行われ、そのなかで各戸に強制的に神棚を設置せよとの意見があったという。このようなことが動機となって小野村は、パンフレット『神社に対する疑義』を一九二五年に出版した。[一九〇] 同書は、「万世一系の天皇がしろしめす」、すなわち神聖な天皇が支配する〝国体〟を前提としつつも、国体の尊重と神社礼拝は不可分、切り離せないものではない、神社礼拝を拒否する根拠が帝国憲法第二十八条にはあると主張する。政府が奨励する祖先への尊崇と神社参拝に対し、「信仰上、思想上、幾多の疑義を伴う事件であって、時には真理が無視せられ、正義が蹂躙せられつゝある」「政府が命令を以て（中略）神社参拝を強ひる事断じて出来ない筈である」[一九一] と批判した。小野村は、クリスチャンに神社参拝が強要されてはならないと、慎重な言い回しながら明瞭に主張し得た。このパンフレットは、重版して六版にまで及んだ。[一九二]

一九二〇年代後半、国民教化にかかる政府の方針が、〝思想善導〟から〝国体明徴〟に移行する。一九二九（昭和四）年では、「教化総動員運動」となり、北海道庁もこのための告諭を発する。この全道教化団体有力者の打合会で、「各戸に神棚を設くる事」が問題となり、キリスト教側からは、「神棚を設くることの趣意即ち肇国《ちょうこく》の観念、国体の拠って来るところを明徴にし尊皇崇祖の精神を養ふといふことには異論はないが、神棚といふ形式に就ては心苦しく感ずる人があると思ふ　どうかその人々の良心を圧迫しないやうに当局の御配慮を願つておきたい」という発言があった。これに対して国体精神を貫徹する立場から「神棚に対して論議が出づるが如きは遺憾の極みである　吾々はかかる偏狭な考えを捨てゝ一致して之が運動に当たりたい」という神社側と〝論戦〟が生じたという。〔一九三〕「敬神崇祖」が国民教化の中枢に据えられるなかで、キリスト教側の主張の幅が狭まっていることが読み取れる。

神社参拝問題の発生

教育の現場では、神社参拝問題が札幌市会、北海道会での問題になってくる。一九二七（昭和二）年になると、明治天皇の誕生を記念する明治節が施行され、新年、紀元節、天長節とともに四大節とされ、学校での天皇関連の行事や神道行事の執行が強化された。翌一九二八年十二月の第二十八回通常会では、札幌市立高等女学校の女教師（カトリック教徒）が大嘗祭に神社の玉垣外で参拝したとして札幌市会での問題になっているとの論議がなされた。これは事実ではなかったようだが、このときの北海道会における質疑では関連することとして、キリスト教主義の北星・藤両女学校での「三大節奉拝」について質問が集中した。北海道庁（視学官加瀬藏太郎）は、両校とも普通の女学校の扱いと同じだが、高等女学校令に依拠しない北星女学校の場合は、「ミッションスクール」という「特殊学校」で、学課の中に聖書とか宗教的な「臭味ガ多分ニ他ノ学校ヨリハ含マレテ居ルコトハ已《ヤ》ムヲ得ナイ」が、何れにしても「三大節ニ於テ奉拝ヲシナイト云フガ如キ事柄ハ只今迄ノ所私ガ存ジマセヌシ、又アルベキ筈デハナイト考ヘテ居リマス」と答弁した。一方、藤女学校の場合、高等女学校令に拠って設置されているので、学校で宗教教育はできないが、いずれにしても「私立ノ斯《カ》ウシタ学校ニ就テハ視学官トシテ十分監督ヲスルヤウニト内命ヲ受ケテ居リマスガ（中略）十分監督ヲ加ヘタイ」と答弁した。ともあれ私立学校、とくにキリスト教主義学校の三大節における神社奉拝遵守が疑問視されたわけで、質問はこれらの学校への監視の強化を促すものであった。これに対し、キリスト教徒の冷遇や色眼鏡で見ることがないよう「希望」する意見もあった。[一九四]

やがて神社参拝強要は、一般のクリスチャンにとっても現実のものとなってくる。とくに一九二七（昭和二）年の宗教法案、一九二九（昭和四）年の宗教団体法案の審議の中で、諸宗教と神社との関係が問題となり、この質問に対して政府は改めて「神社カ宗教ニアラサル理由」として、現行の制度は国家が自ら神社を設営し、「国家ノ宗祀《そうし》」としてきたものである、したがって「憲法二十八条信教ノ自由ニ関スル条規ハ神社ト関係ナキモノ」と答弁した。[一九五]政府は、一九二九年末、内務省に神社制度調査会を設けたが、これに対し、翌一九三〇年、日本基督教聯盟が中心となって、「神社問題ニ関スル進言」を行い、札幌基督教会聯盟もこれに名を連ねた。この「進言」では、これまでの神社非宗教政策が憲法に抵触すると疑問を呈しつつ、「神社ハ宗教ナリヤ否ヤ」を明瞭にし、「宗教圏外ニ置クモノとセバ」、葬儀その他宗教的行為を廃止すること、生徒の参拝問題、神棚設置問題を惹起させないこと、憲法二十八条に基づいて問題を解決することを求めた。[一九六]「進言」は、神社非宗教論が国家の体制となっている中で、神社参拝などの強制、強要に対抗する論拠を憲法の信教の自由条項遵守に求めるものとなった。

一方、政府は法案審議の中で、神社参拝の拒否は国民の義務に反するものとして取り締りを表明した。事実一九三二（昭和七）年、上智大学生の靖国神社参拝欠席が問題となり、同校配属将校の引き揚げに発展するなど、神社参拝をめぐる問題がカトリックの経営する学校で頻発した。このためカトリック東京大司教は、文部省からの見解（文部次官回答）「学生生徒児童ヲ神社ニ参拝セシムルハ教育上ノ理由ニ基ツクモノニシテ此ノ場合ニ学生生徒児童ノ団体カ要求セラルル敬礼ハ愛国心ト忠誠トヲ現ハスモノニ外ナラス」を得て、関係学校の学生や児童の参拝を行わせた。[一九七]政府はキリスト教会へも神社参拝を強制し、多くの教会がこれに従ったが、同時に日本の教会は朝鮮などの教会に対し、神社参拝を強要する立場をとるにいたった。[一九八]

二十世紀初頭の三十年は、札幌においてもキリスト教が伸展し定着し、キリスト教界が札幌の文化の担い手として社会の中で一定の地位を占めるようになった。キリスト教界は文化的色彩をもって札幌の社会に接近し、札幌の社会はキリスト教を許容するほどに、文化的にも成熟したと言える。たとえば日露戦争協力の音楽会、「三教会同」の影響もあってか協同伝道などでは、北海道庁長官が挨拶をするなど札幌の指導者層・有力者層との結びつきを強めた。「三教懇談」による国民精神作興運動のひとつに加わったことは、札幌でも教会が有力な教化団体と目され、キリスト教界が国家と相互依存の関係になっていたことを示している。一方、大会堂の建築は、教会の存在を視覚的に印象づけるものとなった。こうしてキリスト教界は独自の〝社会〟を市民の中で形成しつつあった。しかし、国家や一般社会から自立しうる程の厚みをもつ前に、一九三〇年代後半から四〇年代前半には国家と戦争に向き合うことになる。その時期には、小野村が神社参拝問題に対する主張を変えていくように、キリスト教界の主張の幅は狭くなっていき、国家の政策に追随しそれに堅く位置づけられるようになる。

註

（一）キリスト教は十九世紀末の停滞から脱し、二十世紀に教勢を回復する。この状況をどのような時期区分とするか「はじめに」でも若干ふれたとおり諸説が多い。またこの時期を大正デモクラシーの時代と捉え、これをキリスト教史に重ね合わせる視点がある。たとえば、近年ではキリスト教史学会編『植民地化・大正デモクラシー・再臨運動――大正期キリスト教の諸相――』教文館、二〇一四年八月、では、「大正時代」を、日露戦争終了（一九〇五年［明治三十八］）後、満州事変が起こる一九三一（昭和六）年までと捉えてキリスト教史の時期区分としている（「はじめに」）。なお同書についての筆者の紹介は、『キリスト教史学』第六九集、二〇一五年、二七六頁以下）。しかし、そもそも一九一二年から一九二六年までという限定のある「大正時代」を、日露戦争から満州事変に拡張するのは、表現の矛盾と言わなければならない。この期間を「大正デモクラシー」期というとしても、それは「大正時代」とは別であろう。本書の場合、キリスト教の時期区分を元号に同期させることからくる曖昧さを避けるとともに、日本キリスト教史研究の成果を踏まえたうえで、二十世紀初頭の三十一年間を「教勢の伸展と市民への浸透」という一時期とした。ただ本章の下限を満州事変（一九三一年）とせず、一九三二年までとした。これは本章の本文で述べたように、プロテスタントにおける神の国運動第一期の活動が終了した年である。教勢の上でもこの年は、戦前の頂点とみられるからである。

なお、『新札幌市史』第三巻通史三では、この時期の前半二十年を「キリスト教の伸展と教会の確立」と捉えて記述している。これは同市史が、この巻の下限を一九二二（大正十一）年の区制廃止、市制施行に置き、これを第三巻の時期区分としたことに照応させたためであった。もとよりこの時期は、キリスト教史の時期区分と一致するものではない。本書の場合は、市史の時期区分の制約から免れているので、札幌のキリスト教の動向に即して、本章の時期区分を措定した。

（二）キリスト教徒の信徒数は、『国史大事典』第四巻、吉川弘文館、一九八四年、四四四、四四五頁、上良康・加藤邦雄執筆、日本基督教団宣教研究所編『プロテスタント百年史研究』日本基督教団出版部、一九六一年、一〇八〜一一四頁、『正教新報』第四八二号（一九〇一年一月一日付）、所収、「日本に於ける宗教の統計」、牛丸康夫著『日本正教史』日本ハリストス正教会教団府主教庁、一九七八年、一一七頁。宮崎小八郎著『日本基督教概観』東方書院、一九三五年、三八頁、など近似の数値に拠った。これらの数値もまたおおよその趨勢を示しているにとどまる。

〔三〕自給決議などについては、日本キリスト教歴史大事典編集委員会編『日本キリスト教史年表　改訂版』教文館、二〇〇六年などを参照。

〔四〕世界宣教会議が一九一〇年六月、イギリス（スコットランド）・エディンバラで開催され、この影響で全国協同伝道が一九一四年に開始された。協同伝道については本章第四節を参照。

〔五〕日本キリスト教歴史大事典編集委員会編『日本キリスト教歴史大事典』教文館、一九八八年、七五四、七五五頁。

〔六〕開教五十年記念会を日本基督教会同盟の前提に位置づけるのは、海老沢亮著『日本キリスト教百年史』日本基督教団出版部、一九六五年、一八五〜一八七頁。このほか註〔五〕、『日本キリスト教歴史大事典』、一〇四八、一〇四九、一二〇四頁。

〔七〕この時期のデモクラシー運動を「大正デモクラシー」として括ることがキリスト教史としてはたして有効なのか、筆者としては留保しておきたい。「大正デモクラシー」として取り上げられる内容、時期など、論者によって幅があって今後の検討がなお必要と思われるからある。このデモクラシー運動などの様相については、主として次の文献を参照した。鹿野政直「大正デモクラシーの思想と文化」（『岩波講座日本歴史』一八、近代五、岩波書店、一九七五年、所収）。松尾尊兊《たかよし》「大正デモクラシー」（『国史大辞典』第八巻、吉川弘文館、一九八七年、所収）。註〔二〕、『植民地、大正デモクラシー・再臨運動——大正期キリスト教の諸相——』序章（岡部一興執筆）。

〔八〕「クリスチャン」という呼称を日本でも自覚的に用いるようになることについては、本章第四節参照。キリスト者の世代交代については海老沢有道・大内三郎共著『日本キリスト教史』日本基督教団出版局、一九七〇年、四四三頁、古屋安雄ほか著『日本神学史』ヨルダン社、一九九二年、一七頁など。ただし何代めという数え方は、研究の視点の置き方に拠って異なる。

〔九〕この項のうち、キリスト教関係の執筆にあたっては、主として次の文献を参照した。
註〔六〕、『日本キリスト教百年史』。註〔三〕、『プロテスタント百年史研究』。註〔五〕、『日本キリスト教歴史大事典』。

〔一〇〕この期のキリスト教史の時期区分については、本書「はじめに」を参照。

〔一一〕第一次世界大戦を北海道史の時期区分とするのは、たとえば北海道編『新北海道史』第五巻通説四、北海道、一九七五年、「第七編拓殖の転換」、関秀志ほか共著『新版北海道の歴史』下、近代・現代編、北海道新聞社、二〇〇六年、「第三章成熟と戦争の時代」など。『新札幌市史』の場合は、一九二二（大正十一）年に区制から市制に移行するので、この時点を市史執筆の時期区分としている。札幌においてもキリスト教史は、第一次世界大戦または市制施行によって区分されるものではないが、都市としての成熟とまったく関係がないわけではない。主要な教会堂の大半が、札幌を南北に分ける大通ないしその一〇〇メートル北に並行する北一条通りに建築して定着したのが、一九一三年から一九二七年である。大会堂の建築は都市の成熟、その中で生活する教会員の社会的位置と関係があるからである。詳しくは、本章五節で述べる。

〔一二〕この項の執筆にあたっては、主として次の文献を参照した。
北海道編『新北海道史』第四巻通説三（北海道、一九七三年）および前註、『新北海道史』第五巻通説四。『新版北海道の歴史』下、近代・現代編。

〔一三〕石川啄木と有島武郎の回想については、札幌市教育委員会編『新札幌市史』第三巻通史三、札幌市、一九九四年、七、一〇、一一頁に拠った。

〔一四〕この項の執筆にあたっては、主として次の文献を参照した。
札幌市教育委員会文化資料室編『札幌とキリスト教（さっぽろ文庫、四一）』札幌市・札幌市教育委員会、一九八七年、四三、四四頁。前註、『新札幌市史』第三巻通史三、「第七編近代都市札幌の形成」。第四巻通史四、一九九七年、「第八編転換期の札幌」。

〔一五〕『北海教報』第三三号、札幌基督教青年会、一九〇〇年十月十五日付、所収、「北海道に於ける基督教徒人員」。ほかに『北海之光』北光社（聖公会）、第八七号、一九〇〇年十月、所収、「札幌通信」。

註

〔一六〕二十世紀大挙伝道については、註〔六〕、『日本キリスト教百年史』、一六八頁以下、工藤英一著『日本社会とプロテスタント伝道――明治期プロテスタント史の社会経済史的研究――』日本基督教団出版部、一九五九年、二二五頁以下、註〔五〕、『日本キリスト教歴史大事典』、一〇二三頁など。とくに工藤は、大挙伝道は大都市また地方の中心都市を主対象とし、計画的、組織的に進められたという特長があり、キリスト教が都市の中産階級に広く受け入れられることになり、マス・ミーティングによる決心者の募集など、その後の伝道集会の方法に影響を与えたこと、またそれとともに農村からの後退、労働者階級との関係が希薄となる傾向が見られたことを指摘している。

〔一七〕札幌における大挙伝道運動の始動については、『北海教報』第三五号、一九〇一年一月五日付、所収、「十九世紀紀念感謝演説会」、同、第三六号、同年二月五日付、所収、「大挙伝道彙報」、『福音新報』第二八九号、一九〇一年一月九日付、所収、「札幌日本基督教会」など。

〔一八〕『大挙伝道札幌五教会運動記録』一九〇一年、札幌北光教会所蔵（日本基督教団札幌北光教会教会七十周年記念誌編集委員会編『札幌北光教会七十年の歩み』同教会、一九六六年、所収、二七頁。原本との照合済み）。

〔一九〕『北海教報』第五四号、北海教報社、一九〇一年十一月二十付、所収、「札幌大挙伝道秋期運動」。

〔二〇〕前註、第四二号、一九〇一年五月二十日付、所収、「大挙伝道彙報」、第四四号、一九〇一年六月二十三日付、所収、「大挙伝道彙報」。札幌独立キリスト教会教会史編纂委員会編『札幌独立キリスト教会百年の歩み』下巻、同委員会、一九八三年、所収、年表。

〔二一〕『北海教報』第五六号、一九〇一年十二月二十日、所収、「札幌に於ける大挙伝道感謝会」。

〔二二〕前註、第六五号、一九〇二年六月二十日付、所収、「北海聯合伝道会札幌運動」「大挙伝道感謝祈祷会」。註〔一五〕、『北海之光』第一〇七号、一九〇二年六月、所収、「札幌通信」。

〔二三〕前註、『北海之光』第一二一号、一九〇三年八月、所収、「札幌通信」。

〔二四〕有島武郎「札幌独立基督教会沿革」（『有島武郎全集』第一巻、筑摩書房、一九八〇年、所収）、四二二頁。

〔二五〕『北海教報』第六〇号附録、一九〇二年二月二十日付、所収、「札幌独立教会報告」。

〔二六〕札幌独立基督教会の名称変更、牧師選任法の改定、洗礼・晩餐（聖餐）二礼典廃止の決議については、第二章註

〔七三〕、『日誌　［第五巻］　明治三十三年ヨリ三十四年二月マテ』。『北海教報』第三八号、一九〇一年三月二十日付、所収、「独立教会記事」、註〔二四〕、「札幌独立基督教会沿革」、四二三頁、註〔二〇〕、『札幌独立キリスト教会百年の歩み』下巻、五六頁以下、三〇八頁以下など。

〔二七〕　前註、『北海教報』第三八号、所収、「独立教会記事」。

〔二八〕　『北海教報』に掲載の札幌独立基督教会の洗礼・晩餐式の廃止をめぐる記事および論説は、前註のほか、次のとおり。第三八号、所収、田中兎毛「洗礼晩餐廃止論に就て」。第四〇号、一九〇一年四月二十日付、所収、清水久次郎「洗礼晩餐の事に就て」。第四二号、一九〇一年五月二十日付、所収、同「洗礼晩餐の事に就て（二）」。

　以上の文中のふりがなは、筆者による。

〔二九〕　日本キリスト教会札幌北一条教会歴史編纂委員会編『日本キリスト教会札幌北一条教会一〇〇年史』同教会（市販版、一麦出版社）、二〇〇〇年、七八〜八〇、九〇頁。

〔三〇〕　日本基督教会北海道中会歴史編纂委員会編『日本基督教会北海道中会記録　一九〇三年―一九六一年』新教出版社、一九八三年、五二、五三頁。

〔三一〕　『美以教会第十九回日本年会記録』一九〇二年、所収、「札幌連回会報告」、六五頁。

〔三二〕　「札幌教会百年の歩み」編集委員会編『札幌教会百年の歩み』日本基督教団札幌教会、一九九二年、一〇八〜一一三、一一五、一一六頁。

〔三三〕　『北海教報』第二八号、札幌基督青年会、一九〇〇年四月二日付、所収、「札幌美以教会」。前註、『札幌教会百年の歩み』、一三三、一三四頁。

〔三四〕　前註、『札幌教会百年の歩み』、一二五、一二六頁。

〔三五〕　『北海之光』第九四号、一九〇一年五月、所収、「札幌聖公会通信」。

〔三六〕　『北海教報』第五七号、北海教報社、一九〇二年一月二日付、所収、「札幌聖公会クリスマス景況」。

〔三七〕　『北海之光』第一一一号、一九〇二年十月、所収、「札幌聖公会通信」。

〔三八〕　札幌組合基督教会編『札幌組合基督教会略史』同教会、一九〇六年、一一頁。

（三九）前註、二一〇頁。札幌組合基督教会編『統計書類綴　自明治二十九年十月以降至昭和一五年度年表』、札幌北光教会所蔵。
（四〇）『北海光』第八号、札幌組合基督教会青年会、一九〇六年十月、所収、「我教会十年紀念会」。
（四一）註（三八）、『札幌組合基督教会略史』、一〇、一一頁。
（四二）註（三二）、『札幌教会百年の歩み』、一〇六頁。『第二十回美以教会年会報告』、所収、「札幌連回報告」、四一、四二頁。
（四三）『北海之光』第九四号、一九〇一年五月、所収、「札幌聖公会通信」。
（四四）日本聖公会北海道教区歴史編纂委員会編『教区九十年史』同教区、一九六六年、八四頁。札幌キリスト教会歴史編集委員会編『日本聖公会札幌キリスト教会百年の歩み』同教会、一九九三年、二七頁。
（四五）『福音新報』第五七二号、一九〇六年六月十四日付。文中のふりがなは、筆者が付した。
（四六）都田恒太郎著『日本キリスト教合同史稿』教文館、一九六七年、四〇〜四三頁。
（四七）『札幌独立教会日誌　明治参拾六年壱月起』一月三十日条、札幌独立キリスト教会所蔵。札幌市文化資料室複写。
（四八）札幌浸礼教会講義所の消長については、伊東正三編『札幌区史史料　第一（宗教）』、市立函館図書館所蔵、所収、「札幌基督教会一覧表」、『北海光』第一四号、一九〇七年五月、所収、「稀有の大火」、『北光』第六号、札幌組合基督教会、一九一四年九月、所収、「浸礼教会の閉鎖」および次註。
（四九）『北光』第一一号、一九一五年二月、所収、「大正三年度要報」八月二十七日条。大島良雄「小樽拠点の宣教活動一九〇二年―一九一四年」（『関東学院大学文学部二〇〇〇年度紀要』第八九号、二〇〇〇年、所収）。
（五〇）『北海タイムス』一九一三年四月十四日付、所収、「浸礼教会の閉鎖、小野牧師の送別会」。『福音新報』第一〇〇三号、一九一四年九月十一日付、所収、「札幌及小樽浸礼教会」、ただし前註、大島良雄論文からの再引。
（五一）註（四八）、「札幌基督教会一覧表」、北海道史編纂掛編『北海道ニ於ケル宗教』（北海道大学附属図書館管理）、「末日聖徒イエス・キリスト教会」の項。
（五二）前註、『北海道ニ於ケル宗教』。『札幌区統計一斑』一九一九年。

〔五三〕高木信二、ウィリアム・マッキンタイヤ共著、高木信二編『日本末日聖徒史　一八五〇—一九八〇年』ビーハイブ出版、一九九六年、一三九、一四六、一四七、一五一頁。

〔五四〕山崎鷲夫、千代崎秀雄共著、二十周年記念運動出版委員会編『日本ホーリネス教団史　一九〇一—一九七〇』同教団、一九七〇年、二、六一頁。

〔五五〕札幌新生教会史編纂委員会編『札幌新生教会八十年史』ホーリネスの群札幌新生教会、一九九〇年、二二、二三頁。超教派の伝道団体として札幌に進出した当初、既存の他教会との軋轢があったことについて、同書二〇、二一頁では、米田豊著『中田重治伝』によって「教会裁判のような詰問」として詳述されている。この札幌での「事件」は、ホーリネス関係者にはよく知られているが、中田重治が結んだという協定を含めて、他教会の記録では確認できない。福島恒雄著『北海道キリスト教史』（日本基督教団出版局、一九八二年）も「教会裁判」について「他の教派では必ずしもそう言ってはいない」と註記している（同書、三五二頁、註（一三））。

〔五六〕註〔八〕、『日本キリスト教史』、四五一頁。

〔五七〕『北海タイムス』一九一三年十二月四日、五日付、所収、「伝道館献堂式」「献堂記念説教会」。註〔五五〕、『札幌新生教会八十年史』、二三頁。札幌組合基督教会旧会堂への移転年次については、『北海タイムス』の記事による。

〔五八〕林恒衛著『札幌市に於ける天主公教会』（稿本。カトリック北一条教会所蔵）。同書は、カトリック北一条教会信友会「宣教一二〇周年記念事業委員会記念誌小委員会」編『「喜び、祈り、感謝」——カトリック北一条教会宣教一二〇周年記念——』（同教会、二〇〇二年）に、「天主公教会教会誌歴」として印刻。『公教要理』教育については、同書、四七、四八頁。同様の記事は、「パリ外国宣教会一九〇五年報」にも記載があるとのことである（小野忠亮《ただよし》著『宣教師・植物学者フォリー神父（キリシタン文化研究会シリーズ、一五）』キリシタン文化研究会、一九七七年、二〇九頁）。

〔五九〕二十世紀初頭の札幌におけるカトリックの教勢のうち、札幌天主公教会の受洗者数については、洗礼台帳から集計した数値による（筆者の問合せに対する関係者からの報告）。信徒数については、高木一雄著『明治カトリック教会史研究（キリシタン文化研究会シリーズ、二〇）』（下）、キリシタン文化研究会、一九八〇年、二七〇頁によるが、札幌区の統計では、二六一名となっている。

(六〇) 以下のフランシスコ会の活動については、『光明』第一一七三号～第一一九〇号附録（一九五七年一月十三日～五月十九日付、所収）ゲルハルト・フーベル「フランシスコ会北海道布教小史」一～一七および中川宏監修、仁多見巌編著『北海道とカトリック』戦前篇（「北海道とカトリック」出版委員会、一九八三年）を参照した。

(六一) 前註、「フランシスコ会北海道布教小史」一～三。フランシスコ修道会附属の聖堂の名称を「札幌村天主公教会」としたのは、註(五二)、『北海道ニ於ケル宗教』の記載による。

(六二) 前註、「フランシスコ会北海道布教小史」三。天使病院七五周年記念誌編集委員会編『天使病院七五周年記念誌』聖母会天使病院、一九八七年、四五、四六頁。マリアの宣教者フランシスコ修道会札幌修道院創設一〇〇周年「記念誌」編集委員編『札幌修道院一〇〇年のあゆみ　一九〇八年～二〇〇八年』同修道院札幌第一修道院、二〇〇八年、三～六頁。

(六三) 『正教新報』第四九四号、一九〇二年七月一日付、所収、「桜井神父巡廻記」。

(六四) 註(三)、『日本正教史』、八七頁。

(六五) 札幌正教会百年史委員会編『札幌正教会百年史』札幌ハリストス正教会、一九八七年、七五～七八頁。

(六六) 前註、七二頁。『大日本正教会神品公会議事録』一九一〇年、所収、「日本正教会各会状況表概要（自明治四十二年七月至同四十三年六月）」。

(六七) 註(五)、『日本キリスト教歴史大事典』、一〇一九、一〇二〇頁。註(三)、『日本正教史』、一〇六頁。

(六八) 註(四〇)、『北海光』第六〇号、一九一一年三月、所収、札幌活正「基督者《クリスチャン》と云ふ文字に就いて」。ここでは、基督《キリスト》の教えを信ずるにとどまらず、キリストとの一体性を、「基督者」との語に込めて強調しようとする。

(六九) 『札幌基督教信徒名簿』は、一九一〇年三月に開催された札幌区内プロテスタント各教会による札幌諸教会役員懇談会が決議して編集、発行されたものである。巻頭に収載された「信徒」は、「明治四十三年六月末ノ現在員」とあるから、六教会の現住陪餐会員の名簿ということになろう。名簿は区内を七区に分けて住所（条・丁目）順に、住所、職業、氏名、所属教会名を記している。また巻末に五〇音順索引、教役者・役員名簿、信徒数の統計を付している。他に得がたいこの名簿は、「今後毎年発行の予定」とも記しているが、その後の発行は確認されていない。この名簿も管見の限り、北海道大学附属図書館のうち佐藤昌介記念文庫の一冊のみである。

〔七〇〕註〔一四〕、『札幌とキリスト教』、一〇九、一一〇頁。

〔七一〕前註、一一一～一一五頁。

〔七二〕『札幌ハリストス正教会信徒名簿　一九二七年・昭和二年十二月現在』。

〔七三〕註〔一四〕、『札幌とキリスト教』、一一四頁。

〔七四〕日本キリスト教会札幌豊平教会『日本キリスト教会札幌豊平教会建設四〇周年記念誌』同教会、二〇〇一年、三三五～三三八頁。

〔七五〕註〔三〇〕、『日本基督教会北海道中会記録　一九〇三年―一九六一年』、五四、五五頁。

〔七六〕『北海タイムス』一九一三年十二月二十七日付、「福音館の降誕祭」。札幌福音館の開館について同紙は、九月十一日付、「福音館開館式」などを掲載し、「軍人諸氏の随意休憩を歓迎す可しと」と、この場所での開館の意図を紹介している。

〔七七〕札幌福音館の消長については、註〔三〇〕、『日本基督教会北海道中会記録　一九〇三年―一九六一年』、および註〔五一〕、『北海道ニ於ケル宗教』による。また同館を移転して開設された豊平伝道所または講義所について、現、日本キリスト教会札幌豊平教会は、中川収〔編纂責任〕『日本キリスト教会札幌豊平教会略年表　一九四九―二〇〇〇』同教会、二〇〇〇年、註〔七四〕『日本キリスト教会札幌豊平教会建設四〇周年記念誌』などにおいて、同教会の前史と位置付けている。

〔七八〕日露戦争に対するキリスト教界の非戦論については、たとえば土肥昭夫著『日本プロテスタント・キリスト教史』新教出版社、一九八〇年、二二三～二二八頁などがある。とくに内村鑑三の非戦論にいたる過程については、大山綱夫著『札幌農学校とキリスト教』（ＥＤＩＴＥＸ、二〇一二年七月）、第八章「日清・日露戦間期の内村鑑三――非戦論への道――」がある。

〔七九〕二度にわたるキリスト教界の聯合音楽会については、『北海タイムス』一九〇四年三月十五日付、所収、「日英米人聯合音楽会」、十六日付、十七日付、所収、各「日英米人聯合音楽会（つゞき）」。十八日付、所収、「日英米人聯合音楽会の決算」（以上、第一回）、五月十日付、所収、「聯合音楽会の景況」、五月十一日付、所収、「聯合音楽会の景況（続）」、五月二十四日付、所収、「日英米人聯合音楽会の決算」（以上第二回）。バチェラーの演説は、三月十七日付に掲載されている。

なお、右のような音楽会は、この頃の札幌では禁酒会の行事とともに市民が西洋音楽に接する機会となった。J・バチェラー、S・C・スミス、G・M・ローランドなどの宣教師が音楽の面でも、札幌での指導的な役割を果たしたという。とくにアメリカンボードのローランド宣教師は、合唱の指導者として教会内外に知られ、一九一四（大正三）年には、札幌組合基督教会のクリスマスでヘンデル作曲の合唱曲「ハレルヤ・コーラス」の演奏を指揮しており、洋楽の定着をうかがうことができよう。札幌音楽史の初期におけるキリスト教の役割については、前川公美夫《くみお》が『北海道音楽史』新装版（亜璃西社、二〇〇六年八月（第二刷））第二章十節以下で詳述している。

〔八〇〕北海道宗教家大会については、『北海タイムス』一九〇四年七月八日付、所収、「北海道宗教家大会発起人会」、七月九日付、所収、「北海道宗教家大会の趣意書」、七月十六日付、所収、「北海道宗教家大会開会」、七月十九日付、所収、「北海道宗教家大会の余聞」、七月二十日付、「北海道宗教家大会演説要旨」、七月二十一日付、所収、「北海道宗教家大会演説要旨（続）」など。

〔八一〕前註、一九〇四年七月二十日付、「北海道宗教家大会演説要旨」。文中のふりがなは、筆者が付した。

〔八二〕前註、一九〇四年十月十九日付、所収、「犒軍音楽会」。犒《こう》軍は、軍をねぎらうの意。同年十二月四日付、所収、「北星女学校の音楽会」。

〔八三〕前註、一九〇五年一月二十七日付、所収、トキ生「ハリス博士を訪ふ（二）」。

〔八四〕『平民新聞』第七号、一九〇三（明治三十六）年十二月二十七日付、所収、「真の愛国」（註〔一三〕、『新札幌市史』第三巻通史三、四七三、四七四頁、再引）。同市史では、これに引き続き札幌のキリスト教界の非戦論者を、後註〔八六〕により概述している。もっとも非戦論者のひとりに挙げられている美以教会牧師高北三四郎は、註〔八〇〕、「北海道宗教家大会の趣意書」の賛成人の中に名を連ねているので、同牧師を非戦論者に加えることについては留保しておく。

〔八五〕註〔二四〕、「札幌独立基督教会沿革」、四二二頁。宮川巳作の日露戦争に対する態度は、註〔三〇〕、『札幌独立キリスト教会百年の歩み』下巻、所収年表、三〇九頁でも再掲されている。宮川が海老名弾正の影響を受けていたことについては、C・H・ジャーマニー著、布施濤雄《なみお》訳『近代日本のプロテスタント神学』日本基督教団出版局、一九八二年、五五頁。

〔八六〕札幌における『平民新聞』の読書会と非戦論については、松沢弘陽《ひろあき》「非戦を訴えた札幌市民」（深瀬忠一ほか共編『北海道で平和を考える』北海道大学図書刊行会、一九八八年、二二三頁以下）に拠った。同書では、宮川巳作、石沢達夫、飯田雄太郎、桟敷新松のほか札幌独立基督教会員で社会問題研究会の竹内余所次郎や前田英吉等を挙げている。松沢にはほかに「札幌農学校・トルストイ・日露戦争――一学生の日記と回想――」（『北大法学論集』第三九巻第五・六合併号下巻、一九八九年、所収）がある。

なお、札幌美以教会青年会での議論については、札幌教会教会史編纂委員会編『川畔の尖塔――札幌教会七五周年――』（同教会、一九六四年）三三頁。註〔三二〕、『札幌教会百年の歩み』、一一七、一一八頁。ほかに日露戦争のさなか描かれた絵画に林竹治郎の「朝の祈り」がある。一九〇六年に完成し、翌年の第一回文部省美術展覧会（文展）に入選したこの作品は、丸いちゃぶ台を囲んで母親と四人の子どもが祈っている情景が描かれていて、ひろく知られている。この絵は、林の家庭の祈りであると林がみずから語っている（札幌市教育委員会文化資料室編『札幌の絵画（さっぽろ文庫、一七）』札幌市・札幌教育委員会、一九八一年、一六八、一六九頁）。ただ、部屋の壁には軍刀と軍服姿の肖像画が描き込まれており、この家庭が出征軍人の遺家族であることを思わせる。札幌のキリスト教界で交錯する戦争支持論と非戦論が、この作品にどのように関連するか、関説したものはない。ただ林は、日露戦争のことを描いて、戦争を鼓舞するような作品とはしなかったという。この絵の北海道絵画史の位置付けについては、鈴木正實「キリスト教的精神風土と北海道の洋画――二人の指導者を中心に（1）」（北海道立近代美術館ほか編『紀要　1994―95』同館ほか、一九九五年）二二頁以下。

なお、日展史編纂委員会編『日展史』一、文展編（日展、一九八〇年七月）によれば、文展に出陳したときのこの作品の題は、「有《う》心無《む》心」であったとのことである（同書、一二〇頁）。

〔八七〕『北海タイムス』一九一五年六月二日付、所収、「名士集る基督教協同大伝道」。六月二十五日付、「大伝道軍の先鋒来る」。
（八八）『北光』第一五号、「協同伝道準備号」、札幌組合基督教会、一九一五年六月、所収、「各派協同大伝道に就て」。
（八九）『北海タイムス』一九一五年六月二十七日付、所収、「国民道徳と基督教」。
（九〇）『北光』第一六号、一九一五年七月、「協同大伝道の盛況」。このうちとくに総括については「協伝の反響」。文中のふりがなは、筆者が付した。
（九一）『北海タイムス』一九一三年十二月二十四日付、所収、霊泉「宗教家を促す」。
（九二）前註、一九一三年十二月二十五日付、所収、「クリスマスが来た」。同二十六日付、所収、「基督教救済活動」。基督教徒凶作救済会の名称であるが、札幌を冠したものか、あるいは北海道であったか、『北海タイムス』の記事は二様に分かれる。
（九三）前註、一九一四年一月十三日付、所収、「基督教徒大活動」。同一月十四日付、所収、「基教徒路傍演説凶作救済大活動」。同一月十五日付、所収、「札幌区民の義捐、基督教救済会の大挙活動」。同一月二十三日付「基教活動大奏功」。『北光』第一号、一九一三年四月、所収、「北海道基督教凶作救済会」。
（九四）凶作救済運動におけるキリスト教の活動が他宗教に先んじて行われたとするのは、『北海タイムス』一九一四年一月二十七日付、所収、霊泉「宗教家の活動（其救済奏効を見よ）」。
（九五）『北海メソヂスト』第四巻二月号、日本メソヂスト札幌教会、一九二〇年二月、所収、「教報　札幌教会」。
（九六）前註、第四巻四月号、所収、「教報　札幌教会」。
（九七）註（一四）、『札幌とキリスト教』、二〇六頁。スマートの来札とそれに先立つ札幌婦人矯風会の活動は、『北海タイムス』一九〇三年十月十一日付、所収、「スマート嬢の来札」および日本基督教婦人矯風会の機関誌『婦人新報』、第七〇号（一九〇三年二月）～第八二号（同一九〇四年二月）の「札幌婦人矯風会通信」など。『北海タイムス』一九一三年八月十四日付、所収、「矯風大演説会」では、従来の札幌基督教矯風会が大《ママ》日本基督教婦人矯風会札幌支部に改名するとしている。同八月十九日付、「矯風会の発会式」などでも札幌支部発会式を八月十八日に挙行としている。日本キリスト教婦人矯風会編『日本キリスト教婦人矯風会百年史』（ドメス出版、一九八六年）三二三頁では、「札幌婦人矯風会の発会式」とあり、一方、日本キリスト教婦人矯風会札幌支部創立一〇〇周年記念誌編集委員会編『主に導かれて――矯風会札幌支部一〇〇周年記念誌――』（同支部、一九九八年）所収の「年表」に一八九八年札幌支部発足とあり、一九一三年の札幌支部発会式にはふれるところがない。
（九八）註（四四）、『教区九十年史』、八九、一〇一、一一三頁。
（九九）札幌市教育委員会文化資料室編『新渡戸稲造（さっぽろ文庫、三四）』札幌市・札幌市教育委員会、一九八五年、三一五頁。註（一三）、『新札幌市史』第三巻通史三、四六八頁。
（一〇〇）新渡戸稲造の社会主義思想の農学校生徒への影響については、松沢弘陽「札幌農学校と明治社会主義」（北海道大学編『北大百年史』通説、ぎょうせい、一九八二年、所収）。

（一〇一）『北海タイムス』一九〇三年八月十一日付、所収、「社会主義演説会」。『新札幌市史』第三巻通史三、四七一、四七二頁。

（一〇二）註（一三）、『新札幌市史』第三巻通史三、四七八、四七九頁。

（一〇三）『北光』第六八号、一九一九年十一月、所収、「社会問題の解決」（無署名）。

（一〇四）前註、第六二号、一九一九年八月、所収、佐藤昌介「基督教の新使命」。

（一〇五）『光明』光明発行所、第二四八号～第二六三号、一九二〇年九月二十六日付～一九二一年一月九日付、所収、「労働問題」（一）～（一二）。引用文は、第二六三号。

（一〇六）『日本メソヂスト教会第十六回東部年会記録』、八三頁（青山学院資料センター所蔵。以下、東部年会記録は、同センター所蔵）。

（一〇七）北星学園百年史刊行委員会編『北星学園百年史』資料篇、同学園、一九九〇年、七七～七九頁、通史篇、一九九〇年、一九四、一九五頁。

（一〇八）前註、通史篇、七九七頁、年表の一九一五年から一九三三年迄の時期区分名。

（一〇九）前註、通史篇、一七九頁。

（一一〇）註（四四）、『日本聖公会札幌キリスト教会百年の歩み』、二三頁では、一九〇九年開設とし、註（一四）、『札幌とキリスト教』、一四二頁では、一九一〇年開設とある。

註

〔一二〕『北光』第六三号、一九一九年六月、所収、「幼稚園開設式」、海老沢亮「幼稚園の理想」。同、第七二号、一九二〇年四月、所収、「幼稚園開園式」。

〔一三〕海老沢亮が札幌組合基督教会の牧師であった時期に、同教会では「日曜学校」を全年齢層が対象となる「教会学校」とした。海老沢の教会教育論については、註〔一八〕、『札幌北光教会七十年の歩み』、三六〜四一頁。

〔一三〕日本基督教会札幌桑園教会三〇周年記念誌編集委員会編『札幌桑園教会三〇周年記念誌』同教会、一九八九年、七頁。

〔一四〕『北光』、第四〇号、一九一七年七月、所収、「日曜学校生徒大会」。同様の大会は一九三一（昭和六）年にも「市内各派（聯合）日曜学校生徒大会」として開催されている。このときは中央創成小学校から市内目抜き通りを旗を翻して行進し、札幌市公会堂を会場として集会を開いた。参加生徒は、一、二〇〇人であった（『北光』第二〇七号、一九三一年七月、所収、錦織貞夫「北海道応援記」）。註〔三二〕、『札幌教会百年の歩み』、一八七頁。

〔一五〕前註『北光』、第八二号、一九二一年八月、所収、「教会学校報告」。札幌メソヂスト教会の一四校には生徒数一、二九六人が在籍していた（註〔三二〕、『札幌教会百年の歩み』、一七七頁）。この数値は、一九二〇年の第八回世界日曜学校大会から一九二六(大正十五)年頃まで日本の日曜学校が発展期にあり、日本メソヂスト札幌教会もまた同様であったという文脈の中で挙げられたものであって、年次、出典は特定されていない。ちなみに『北海メソヂスト』第五巻二月号、一九二一年二月、所収、吉崎俊雄「統計表に現はれたる部内教勢一斑」では、同教会の一九二〇年の日曜学校が七校、四九六人となっている。

〔一六〕『北光』第八七号、一九二一年七月、所収、「札幌に於ける宗教々育現況」。

〔一七〕註〔一四〕、『札幌とキリスト教』、所収、中川収「日曜学校」一四九頁。

〔一八〕前註、一五六頁。

〔一九〕金森通倫による伝道集会の成果については、『北光』第三一号、一九一六年十月、所収、「札幌諸教会聯合特別大伝道報告」。各教会の受洗者・入会者数については、それぞれ次のとおり。註〔三九〕、『統計書類綴　自明治二十九年十月以降至昭和拾五年度年表』。註〔三〇〕、『日本基督教会北海道中会記録　一九〇三年−一九六一年』、八二頁。註〔三二〕、

『札幌教会百年の歩み』、四三六頁。註〔二〇〕『札幌独立キリスト教会百年の歩み』下巻、所収、三四七、三四八頁、「札幌独立キリスト教会員名簿」。

〔一二〇〕『北海メソヂスト』第二巻第九号、一九一八年三月、所収、「札幌修養会報」。同、第二巻第一五号、一九一八年九月、所収、「札幌教会報」。『北光』第五九号、一九一八年二月、所収、「大正七年度要録」。

〔一二一〕前註、第二巻第一一号、一九一八年五月、所収、白戸八郎「教会同盟に就て」。札幌基督教会同盟の発会式については、『北光』第六二号、一九一九年五月、所収、「教会同盟発会式」、『北海メソヂスト』第三巻四月号、一九一九年四月、所収、「基督同盟発会式」。

〔一二二〕『北海メソヂスト』第三巻六月号、一九一九年六月、所収、「教会同盟理事会」。

〔一二三〕『北光』第八四号、一九二一年四月、所収、「札幌教会同盟記事」。

〔一二四〕『北海メソヂスト』第三巻二月号、一九一九年二月、所収、「札幌教会報」。

〔一二五〕札幌教会宣教七十五周年記念誌委員会編『宣教七十五周年の歩み』日本福音ルーテル札幌教会、一九九四年、一四、三二〜三四、三八頁。サオライネン宣教師の日本語表記については、同書および北海道立図書館所蔵の『社寺関係書類』（一九三四年）に拠ったが、同教会の現在の表記では、ヴィヒトリ・サヴォライネンとのことである。

〔一二六〕梶山積著『使命に燃えて——日本セブンスデー・アドベンチスト教会史——』福音社、一九八二年、一六三頁以下。新名忠臣著『教会組織五十周年記念誌——セブンスデー・アドベンチスト教団札幌教会史、主をほめたたえよ——』同教会、一九七七年、六五〜六七頁。一九一九年に北海道伝道部長にＨ・Ｆ・ベンソンが就任したとするのは、『教会組織五十周年記念誌』、六七、一二四頁で、本書はこれに拠った。『使命に燃えて』、一六三頁では、Ｓ・Ｔ・ジェークスとしている。

〔一二七〕『北光』第四三号、一九一七年十月、所収、「札幌諸教会教報」。

〔一二八〕『北海教報』第六七号、一九〇二年九月二十日付、所収、「救世軍演説会」。註〔一三〕、『新札幌市史』第三巻通史三、五七八頁、出典は『ときのこゑ』第一六三号など。

〔一二九〕『北海タイムス』一九一九年八月二十八日付（註〔一三〕、『新札幌市史』第三巻通史三、五七八頁、再引）。山室は、聴衆が一、〇〇〇人であったとする(『ときのこゑ』第五七一号)。このほか救世軍札幌小隊の発足については、『救世軍[札幌]小隊歴史』(救世軍北海道聯隊札幌小隊編、一九二八年使用開始。同小隊所蔵)による。

〔一三〇〕『北光』第三一号、一九一六年十月、一九二〇年十月、所収、「北部講義所の開設」。
〔一三一〕『北海メソヂスト』第四巻十月号、所収、「小樽教会報」。
〔一三二〕註〔一一三〕、『札幌桑園教会三〇周年記念誌』、七頁。
〔一三三〕汝羊寮の歴史については、土屋博・寺岡宏共著『北海道大学キリスト教青年会の歩み――羊たちの群像――』同会、二〇〇九年。
〔一三四〕註〔六〇〕、「フランシスコ会北海道布教小史」四(『光明』第一一七六号、一九五七年二月三日付、所収)、『北海道とカトリック』戦前篇、一八八、一八九頁。
〔一三五〕前註、「フランシスコ会北海道布教小史」五(『光明』第一一七七号、一九五七年二月十日付、所収)、『北海道とカトリック』戦前篇、一九〇頁。
〔一三六〕前註、『北海道とカトリック』戦前篇、一九二~一九四頁。創刊号の発行所は、フランシスカン会、第四号から光明発行所の発行となる。
〔一三七〕註〔六〇〕、「フランシスコ会北海道布教小史」五(『光明』第一一七七号、一九五七年二月十日付、所収)。受洗者数の推移については、註〔五九〕と同じく洗礼台帳からの集計による。
〔一三八〕前註、『光明』第一一七七号、註〔六〇〕、『北海道とカトリック』戦前篇、一九六~一九九頁。
〔一三九〕前註、『光明』第一一七七号、前註、『北海道とカトリック』戦前篇、二〇七頁。
〔一四〇〕前註、「フランシスコ会北海道布教小史」六~七(『光明』第一一七八号~第一一七九号、一九五七年二月十七日~二月二十四日付、所収)。前註、『北海道とカトリック』戦前篇、二〇八、二〇九頁。斎藤信和「札幌藤高等女学校」(札幌市教育委員会文化資料室編『女学校物語(さっぽろ文庫、三五)』札幌市・札幌市教育委員会、一九八五年、所収、八二頁。
〔一四一〕註〔六〇〕、「フランシスコ会北海道布教小史」七(『光明』第一一七九号、一九五七年二月二十四日付、所収)。『北海道とカトリック』戦前篇、二二三～二二五頁。カトリック北十一条教会記念誌委員会編『フルダから札幌へ――カトリック北十一条（聖フランシスコ）教会創建七五周年記念――』同教会、一九八四年、一九六頁。

（四二）前註、「フランシスコ会北海道布教小史」六。

（四三）前註、「フランシスコ会北海道布教小史」六。『北海道とカトリック』戦前篇二二二、二二三頁。

（四四）註（三）、『日本正教史』、一〇六頁。註（六五）、『札幌正教会百年史』、七二、九〇頁。

（四五）前註、『札幌正教会百年史』、八七、八八頁。

（四六）前註、九六、九七頁。

（四七）『北海の正教』第一巻第一号、北海の正教社、一九一九年六月、所収、「独立教会」。

（四八）前註、所収、「北海道代議員懇談会」。

なお、『北海の正教』第一号、第二号、一九一九年七月、所収、「札幌教況」では、札幌正教会の議友会が「司祭に対する東京本会寄りの月費補助辞退」を可決したとの記事がある。

（四九）前註、所収、「編輯私言」。同紙は、第二巻第一号（一九二〇年一月刊）以降、紙名をほぼ『北海之正教』、発行者名を北海之正教社と表示している。

（五〇）『北海之正教』第二巻第四号、一九二〇年四月、所収、がえふ（大木竹次郎輔祭か）「統一的教養」など。

（五一）前註、第二巻第七号、一九二〇年七月、所収、伊望「現代の宣教難」。

（五二）前註、第三巻第六号、一九二一年六月、所収、望月鼓堂「時局と教会、教会と公会」。

（五三）前註、第一巻第三号、一九一九年八月、所収、「寄贈雑誌」。ここには日本組合基督教会北海部会の機関誌『北海教友』、日本基督北辰教会の『鶏鳴』、日本メソヂスト札幌教会の『北海メソヂスト』の寄贈があったと記している。また一九二一年五月の札幌正教会への来訪者のひとりに札幌日本基督教会（北辰教会から復称）牧師小野村林蔵を挙げ（同前、第三巻第六号、一九二一年六月、所収、「札幌正教会報知（五月）」）、この年、正教会が購入した図書のなかにおそらく伝記であろう「ルーテル」というのがある（同前、第三巻第一〇号、一九二一年一〇月、所収、「教会の購入図書」）。

註

〔二五四〕前註、第三巻第一号、一九二一年一月、所収、斎藤政明「迎祭感想」。
〔二五五〕前註、第五巻第一号、一九二三年一月、所収、「札幌正教会（十二月、一月）」。
〔二五六〕『鶏鳴』二二八号、一九二〇年三月（日本基督教会札幌北一条教会創立六十年史編纂委員会『日本基督教会札幌北一条教会創立六十年史』同委員会、一九五六年、二六頁より再引）。
〔二五七〕『北光』第三四号、一九一七年一月、所収、「根本の真理」「教権の転化」（いづれも海老沢亮の執筆と思われる）。
〔二五八〕札幌時代の高倉徳太郎については、小塩力著『高倉徳太郎伝』新教出版社、一九五四年、七一頁以下。同書および『高倉全集』第一〇巻日記・書簡（同刊行会、一九三七年十月）所収の「日記」によると、札幌の聯合祈祷会には「真に信仰の一致なくば真の祈祷会は出来ぬものと思ふ」と批判的であり、組合教会の牧師（この場合はとくに札幌組合基督教会の牧師が特定されていないように思われるが）に強い批判的言辞が記されている。高倉の北辰教会赴任、札幌時代の牧会、説教、神学については、註〔三九〕、『日本キリスト教会札幌北一条教会一〇〇年史』、九〇〜九八頁。
〔二五九〕松村松年の宗教、なかでもキリスト教批判に対して起こった論争は、管見の限り次のような新聞に掲載された。
松村松年「科学と宗教戦」一〜五（『北海タイムス』一九二二年九月二十日付〜二十九日付、所収）。三木露風「聖会の為の辯護」上、下（同、同年九月三十日付〜十月一日付、所収）。小野村林蔵「『科学と宗教戦』を読んで」一〜四（同、同年十月二日付〜三日付、所収）。松村松年「科学上より見たる宗教」一〜一〇（『小樽新聞』同年十月七日付〜十六日付、所収）。小野村林蔵「ウエルスの為めに」一〜三（『北海タイムズ』同年十月十日付〜十一日付、所収）。松村松年「基督論」緒言〜結論（全二十四回）（『小樽新聞』同年十月二十六日付〜十二月六日付、所収）。坂岡末太郎「余の宗教論」一〜五（北海タイムス、同年十二月十一日付〜十五日付、所収）。海老沢亮「近時思想界の趨勢」一〜四（『北海タイムス』一九二三年一月十六日付〜十九日付、所収）。松村松年「科学と宗教戦」一〜一四（『東京日日新聞』同年一月四日付〜十七日付、所収）。小崎弘道「『科学と宗教戦』を読んで」一〜四（同、同年一月二十八日付〜二月二日付、所収）。

小野村、松村論争については、註〔三九〕、『日本キリスト教会札幌北一条教会一〇〇年史』、一七七〜一八一頁に要約されている。ほかに菅原渓川、小野実の意見が『小樽新聞』に掲載されていることが、同書、一九三頁で紹介されている。

なお、松村の自伝『松村松年自伝』（造形美術協会出版局、一九六〇年）本文および年譜では、この論争にふれるところはない。またこの論争のわずか二年前、松村は札幌組合基督教会青年会で講演している。講演題は、「自然界の神秘」であった。ここでは生物学者として自然の法則性と均衡について語っており、宗教とくにキリスト教の信仰についてふれるところはなかった（『北光』第六四号～第六五号、一九一九年七月～八月、所収）。

〔一六〇〕　二十世紀初頭の二、三十年間、諸教会が大通、北一条通りまたこれに交差する創成川河畔に恒久的な会堂を建築するようになる社会的背景については、註〔一四〕、『札幌とキリスト教』、八二頁以下で詳述した。

〔一六一〕　この小項の執筆にあたっては、主として次の文献を参照した。

註〔一二〕、『新北海道史』第四巻通説三、および註〔一一〕、『新北海道史』第五巻通説四、『新版北海道の歴史』下、近代・現代編。

〔一六二〕　註〔六〇〕、『北海道とカトリック』戦前篇、一三八頁以下。「フランシスコ会北海道布教小史」九（『光明』第一一八一号、一九五七年三月十日付、所収）。

〔一六三〕　註〔一四〕、『札幌とキリスト教』（さっぽろ文庫、四一）』、五六頁。『北海タイムス』一九二八年九月一日付～十三日付。

〔一六四〕　札幌北一条教会歴史編纂委員会編『日本キリスト教会札幌北一条教会一〇〇年史略年表』同教会、一九九五年、二一、二四頁。註〔一一三〕、『札幌桑園教会三〇周年記念誌』、七頁。註〔二九〕、『日本キリスト教会札幌北一条教会一〇〇年史』、一八六頁。

〔一六五〕　註〔一八〕、『札幌北光教会七十年の歩み』、六四頁。

〔一六六〕　浅見仙作著『小十字架』待晨堂書店、一九五二年、六八頁。浅見の札幌転住の年を同書の九頁では、「大正十三年」（一九二四年）と自ら記している。しかし、同書、六八頁にある、戦時下で治安維持法違反容疑により起訴された際の大審院判決書によると、「（厚田から）転ジテ大正十四年ヨリ昭和十四年十二月頃迄ノ間札幌市北一条西十丁目ニ於テ浴場業ヲ経営」とあるので、これに依拠し一九二五年とした。浅見にかかる伝記でも、多く一九二五年としている。

〔一六七〕　『北海メソヂスト』第九巻十二月号、所収、「山鼻講義所新築落成式」。琴似村の土屋捨吉による集会所または講義所は、一九一九（大正八）年十二月に開かれた聖書学校が始まりで、翌一九二〇年頃会堂が新築したと思われる。

一九二五年頃、まだ正式にメソヂスト教会に属してはいないが、「将来有望」と北海部会長が年会に報告している（『日本メソヂスト教会第十八回東部年会記録』、四二頁）。註〔三二〕、『札幌教会百年の歩み』、一五七、一五八、一七七頁。

〔一六八〕『日本メソヂスト教会第十九回東部年会記録』、一九頁。

〔一六九〕註〔一二六〕、新名忠臣著『教会組織五十周年記念誌――セブンスデー・アドベンチスト教団札幌教会史、主をほめたたえよ――』、六八頁。『使命に燃えて――日本セブンスデー・アドベンチスト教会史――』、一六五頁。

〔一七〇〕「札幌市史編集資料」二一一宗教㈠調査資料、一九五〇年（札幌市公文書館所蔵）、救世軍北海道連隊救世軍札幌小隊の項。

〔一七一〕註〔四四〕、『教区九十年史』、一四二、三四六頁。『日本聖公会札幌キリスト教会百年の歩み』、三一頁。

〔一七二〕註〔六五〕、『札幌正教会百年史』、一一三〜一一五頁。

〔一七三〕"THE ACTS AND PROCEEDINGS OF THE FIFTY-SIXTH GENERAL ASSEMBLY OF THE Presbyterian Church in Canada" 1930・6, p.71。『基督申報』第八〇一号、一九三一年四月八日付。『在日本朝鮮基督教会第一回大会々録』一九三四年八月、三六頁。『在日本朝鮮基督教会第二回大会会録』一九三六年、二九頁。『基督教年鑑』一九四〇年版、六四頁。李清一《イチョンイル》「北海道・樺太伝道と韓泰裕牧師（歴史コラム㉒）」（在日大韓基督教会編『福音新聞』第六一五号、二〇〇三年八月一日付）。『大会々録』における会堂位置は「東一条四丁目三〇一九」あるいは「北大通東四丁目四」などと判然としないところはあるが、大通東四丁目辺であったようである。在日朝鮮人が多く居住していた地域なのであろうか。日本基督教会北海道中会における韓牧師の員外議員推薦については、註〔三〇〕、『日本基督教会北海道中会記録　一九〇三年－一九六一年』、一七七頁。

〔一七四〕註〔六〇〕、「フランシスコ会北海道布教小史」八（『光明』第一一八〇号、一九五七年三月三日付、所収）。武田利信・細谷良彦共編『山鼻カトリック教会三十年のあゆみ』、同教会三十周年記念祝典委員会、一九六〇年、四頁。

〔一七五〕註〔五五〕、『札幌新生教会八十年史』、四八〜五一頁。

〔一七六〕山鼻伝道所の献堂式については、註〔二九〕、『日本キリスト教会札幌北一条教会一〇〇年史』、二四六頁では七月十七日とし、註〔三〇〕、『日本基督教会北海道中会記録　一九〇三年－一九六一年』、二一四頁では七月三十一日とする。第三一回の中会記録では、札幌日本基督教会の「教状報告」において山鼻・桑園・琴似の三伝道所の報告が記録されている。いずれも同教会内の伝道所であるが、このうち山鼻伝道所は、札幌市役所に対し「札幌日本基督教会山鼻伝道所」として札幌日本基督教会とは別に信徒数「総数壱百五名」を届けていることが確認できる（一九三四年一月届。札幌市役所［庶務課］『社寺関係書類　昭和九年　ソノ二』北海道立図書館所蔵）。信徒数をこのように挙げる根拠は見定めがたいが、一定程度自立性のある伝道所として札幌市役所に届けていることになる。この時点では桑園伝道所については同様の届出を行っていない（琴似伝道所は、琴似村に所在するので、札幌市役所の把握するところでないので、同様の「信徒数届」は確認できていない）。円山伝道所は、一九三二年四月の第三十回北海道中会で五月一日付の新設が受理された伝道所である。一九三七年の第三十五回北海道中会で「伝道開始四年目に会堂が与へられ土地が与へられた」と報告されている。これが一九三六年の二度めの会堂であろう（『日本基督教会北海道中会記録一九〇三年—一九六一年』、二〇三、二四七頁）。

〔一七七〕註（一二六）、『教会組織五十周年記念誌——セブンスデー・アドベンチスト教団札幌教会史、主をほめたたえよ——』、六九頁。

〔一七八〕神の国運動については、註（六）、『日本キリスト教百年史』、二一一頁以下、註（八）、『日本キリスト教史』、四八三頁以下を参照した。

〔一七九〕『北光』第二〇六号、一九三一年六月、所収、「札幌市「神の国」運動」。同、第二一一号附録、一九三一年十一月、所収、「札幌組合基督教会第廿七回定期総会」中、「神の国運動」。註（一六四）、『日本キリスト教会札幌北一条教会一〇〇年史略年表』では、引き続き十日に行われた同教会（札幌日本基督教会）の朝礼拝は賀川豊彦が説教にあたっていることから、これを札幌での神の国運動の日程に含めている。他の教会では札幌の神の国運動を八、九日の両日としている。

〔一八〇〕前註、『北光』第二一一号、所収、「教会報告」。『独立教報』第二三二号、一九三一年七月、所収、「基督教根本思想講演会」。

〔一八一〕前註、『北光第二一一号、所収、「札幌集中伝道」。

〔一八二〕 註〔一六四〕、『日本キリスト教会札幌北一条教会一〇〇年史略年表』、二九頁。

〔一八三〕 一九三二年の海老名弾正の伝道については、『北光』第二二三号、一九三二年十一月、所収、「札幌組合基督教会第卅八回定期総会」中、「神の国運動」。一九三四年の基督教連続講演会については、同、第二四〇号、一九三四年五月、所収、「札幌聯合講演会」。来会者は平均二〇〇余名と報告されている。この報告の終わりにこの記者は、「右は、「神の国」運動の結論である。」としている。神の国運動が終息したとの意であろうか。札幌における神の国運動など一九三〇年代初頭に展開した諸伝道集会については、註〔一八〕、『札幌北光教会七十年の歩み』、六二、六三頁を参照した。

〔一八四〕 札幌市役所庶務課『社寺関係書類　昭和八年』（北海道立図書館所蔵）、所収、「信徒数届控　昭和七年十二月末現在」。一九三二年時点の、現在の札幌市域の人口は、二三九、〇〇〇人ほどであった。

〔一八五〕 札幌における愛国運動については、『北光』第二一九号、一九三二年七月、所収、「教会報」「札幌教会時局懇談会」、『独立教報』第二三四号、一九三二年七月、所収、「基督教愛国運動」など。六月十九日の説教題は、組合、メソヂスト、独立各教会で「基督教徒愛国の叫び」としてなされていることが確認できる。

〔一八六〕 前註、『北光』第二一九号、所収、椿真六「世界救済の大案（時代と教徒の進路）」、二頁。

〔一八七〕 註〔八〕、『日本キリスト教史』、四六九頁以下。

〔一八八〕 『北光』第一二〇号、一九二四年四月、所収、「精神作興運動に就いて」。同、第一三三号、一九二五年五月、所収、「全国教化運動説教会」。『北海メソヂスト』第九巻第五号、一九二五年五月、所収、「札幌教会」のうち、「特別講演会」。註〔二〇〕、『札幌独立キリスト教会百年の歩み』下巻、三二三頁。日本基督教聯盟発足と軌を一にして、札幌基督教会同盟から札幌基督教会聯盟に改組したと考えられるが、改組の年は特定できていない。

〔一八九〕 註〔一二〕、『新北海道史』第五巻通説四、六七五頁。

〔一九〇〕 小野村林蔵著『神社に対する疑義』新星社、一九二五年。同書は、三部作になっており、第一部は書名と同じ「神社に対する疑義」で、この中扉に「此の文章は大正九年の秋、時の政府が神社崇拝を、かなり執念に強要しつつあった頃の起稿で、当時の福音新報に載せたものであります。当時からみると時の推移を感ぜぬでもありませんが、論旨の大体は、今日にも意義ありと信じますのと、私としては多少追憶のなつかしさもありますのとで、わざと原文をそのままに致しておきました」とある。一方、第二部の「国体と神社」は、文中の井上哲次郎著『我が国体と国民道徳』（一九二五年九月刊）を批判的に取り上げているところをみると、「全道の教化事業関係者の懇談会」の開催は、日時が不明ながら、一九二四、五年と推測される。第二部の執筆は『神社に対する疑義』刊行の直前ということになろう。第一部と第二部の執筆時期には、五年ほどの時間差があるのではないか。したがってこの著述の引き金になったのは、国民精神作興運動ということになる。

なお同書は、『小野村林蔵全集』第一巻（新教出版社、一九七九年）三一～五五頁に復刻、収録されているが、全集には、第一部の中扉の説明が省かれている。『神社に対する疑義』については、拙稿「札幌における状況への順応」（『キリスト教史学』第七一集、二〇一七年、所収）八一頁以下（この拙稿は『札幌キリスト教史の研究――通史のための試み』に収録した）。

（一九一）前註、『神社に対する疑義』、二、三、五頁。『小野村林蔵全集』第一巻では、三三、三四頁。

（一九二）『神社に対する疑義』の出版事情、要旨、神学、重版の状況については、註（二九）、『日本キリスト教会札幌北一条教会一〇〇年史』、一七一～一七五頁。

（一九三）『北海タイムス』一九二九年九月二十六日付、所収、「神棚の問題で先ず大激論」。註（一二）、『新北海道史』第五巻通説四、六七〇頁。

（一九四）北海道議会事務局編『北海道議会史』北海道議会、第三巻、一九六二年、四〇～四二頁。『議案第一号調査委員会議事速記録』第二号、一一～一四頁、一七～二二頁（北海道議会図書室所蔵）。参与員加瀬藏太郎視学官の答弁は、東英治・林儀作両議員の質問に対するもの。またキリスト教徒の扱いに対する「希望」は田中喜代松議員の発言。

なお、北海道会におけるキリスト主義学校の神社参拝問題を問題とする質問は、一九二八年に始まったわけではない。すでに一九一一（明治四十四）年十一月、木下成《しげ》太郎の質問がある。このときは函館での招魂社参拝問題であった（関連して農科大学長佐藤昌介が、「忠孝以上の尊ぶべきは「ゴッド」であると演説した」ことも問題にしている）。木下議員に同調する質問はなく、答弁に立った石原健三北海道庁長官もこれに言及するところはなかった（前掲『北海道議会史』第一巻、一九五四年、九九九頁。『北海道会第拾壱回通常会議事速記録』第一号、六五、六六頁）。

〔一九五〕戸村政博編『神社問題とキリスト教（日本近代キリスト教史資料、一）』新教出版社、一九七六年、三頁、「神社カ宗教ニアラサル理由（政府答弁）」（一九二九年三月の貴族院宗教団体法案外一件特別委員会議事速記録による）。

〔一九六〕前註、二三〇、二三一頁。

〔一九七〕文部次官の回答は、九月三十日付。高木一雄著『大正・昭和カトリック教会史（日本と教会、二）』一、聖母の騎士社、一九八五年、三八、三九頁。

〔一九八〕一九三〇年代以降のキリスト教会に対する神社参拝の強制、朝鮮などの教会への強要については、今日、多数の研究の集積がある。近年の著作として、註〔二〕、『植民地、大正デモクラシー・再臨運動――大正期キリスト教の諸相――』および徐《ソ》正《ジョン》敏《ミン》著『日韓キリスト教関係史研究』（日本キリスト教団出版局、二〇〇九年）などがこれらを主要テーマとして扱っている。

第四章　教勢の退潮と教会の統合（一九三三―一九四五年）

第一節　十五年戦争期の国家とキリスト教

第二期神の国運動と国民精神作興運動

キリスト教界にとって満州事変の勃発がただちに戦時下を意識させることではなかった。前時代、一九三〇年代に起こされた神の国運動は、一九三三（昭和八）年に第二期に入り、翌一九三四年に終わった。第二期の神の国運動は、この運動の中央幹事を務めた海老沢亮《あきら》によると、第一期でもキリスト教界がこれまで閑却していた村落、工場地帯、教育界への進出を図ってきたが、それをさらに進めようとし、「全国農山漁村に農民福音学校を、都市には都市福音学校を設立して、日常生活に必要なる知識と技能を与へると共に、農村工場を背負って立つ精神的指導者の生まれるために、教育的伝道をなしつ、ある」というものであった。同時に第二期神の国運動を起こすにあたって、全国基督教協議会、日本基督教聯盟総会は、日本精神作興《さっきょう》運動と連携、それと呼応して進めることとした。キリスト教界の精神作興運動は、神の国運動の教育的部分を引き受けることとなった。その意図は、「思想の動揺、政党政治の頽廃、其他一切の社会悪に依って起る悩みに対して、その根本的解決を与ふる正しき精神的指導のため〔一〕」とされた。ここに見るように戦前、最も規模の大きな伝道活動であった神の国運動は、一九三三（昭和八）年以降、国民統治の一環に組み込まれることとなる〔二〕。

一九三三年には、前年起こった五・一五事件で犬養毅首相が海軍将校らに射殺されて、「非常時」という語が流行した。この語は、満州事変後の国際的孤立、社会的不安をあらわすものであった。日本では、一九三二年秋頃からは恐慌を抜け出しており、一九三三年、一九三四年と景気が回復して、都市のサラリーマンの生活に安定感をもたらした。また、一九三二年、日本の事実上の植民地、満州国を建国させて、日本の権益を拡大し、満州への移民がブームになった。国民もキリスト教界も、満州事変が戦時下の始まりとなる認識ではなかった。

教勢の停滞と思想状況

満州事変に続く満州国の建国は、日本の国際的孤立を招き、一九三三年三月、日本は国際聯盟の脱退を通告する。国内的には、同年、京都帝国大学教授瀧川幸辰《ゆきとき》の著作『刑法読本』を国体とあいいれない「赤化思想」として辞職に追いやった〝瀧川事件〟があり、一九三五年には、これまで学会でも通説であった美濃部達吉の天皇機関説に対し、政府は、国体明徴の声明を出し、この学説が国体にもとるとして、その著書を発禁とし、美濃部を貴族院議員辞職に至らしめた。また大本教の教主出口王仁三郎《わにさぶろう》を不敬罪、治安維持法違反で逮捕し、内務省が教団の解散を命令したのも、美濃部天皇機関説問題と同様、政府の国体明徴声明以降であった。一九三〇年代半ばには、軍事力拡大のみならず、体制の危機の中で「非常時」「国体」を掲げた思想統制が強化された。

こうした状況の中で、一九三三年十一月に開催された第十一回日本基督教聯盟総会では、日本の国際聯盟脱退に際し「非常時局ニ対スル声明書」を決議し、国際聯盟脱退と政府が進める満州の植民地化を支持した。また決議では、日本精神の発揚に努めること、キリスト教が皇室の尊厳、国運の基礎を明らかにするため最善の貢献をなし得ると表明した。基督教聯盟が声明書などで決議しえたことは、国際的な信用の回復と親善を説くにとどまった〔三〕。これらの声明はキリスト教界が何に向き合わされていたかを知ることができる。聯盟の総会には、文部省からの挨拶があり、国体の本義の自覚、国民精神作興が説かれ、キリスト教の日本化を促した。一九三五年の国体明徴声明については、文部次官からカトリック教会も全教会へ通達するよう命じられた〔四〕。

一九三五（昭和十）年のプロテスタント諸教派の教勢を『基督教年鑑』によって見ると、最大の教派である日本基督教会では、受洗者が前年比三三四人減で、これは過去一度もなかったという。ここでは現住陪餐者の減少が見られ、教勢は不振の一語に尽きるとされた。会衆派の日本組合基督教会も、受洗者数は一、〇四四人で、一九二一（大正十）年以来の統計上、「昨年度に次ぐ少数であって対外的伝道の困難を思はしむ」ものであった。日本バプテスト教会西部組合は、「昭和十年も数字的には少しも進歩の跡を見ることは出来なかった」としている。日本美普教会（メソヂスト・プロテスタント）も、「今日我教会の全戦線は従前に比して甚だ寂寥の感なきを得ない」とした。東洋宣教会日本ホーリネス教会では、「昭和十年中の教勢は、全般から見ては、遺憾ながら著しい進歩を見せませんでした」とある。そして、日本基督教聯盟の常議員会は、キリスト教界全体を取り囲む状況を、内外の情勢がきわめて険悪で、内に二・二六事件があり、人心の動揺、社会の不安が著しいなか、「保守的思想の重圧、経済不況の影響、ミッション勢力の減退に悩みつつある」と総括している。(五) 国体明徴を掲げる日本の思想的状況がキリスト教界の活動を制約し、一時の好景気が後退し不況となるなか、教勢を停滞させていた。このことは後述するように札幌でも同様であった。

時局に対応するキリスト教界

教勢が停滞する一九三〇年代後半のキリスト教界は、日々の活動にも制約が加えられるなかで歩むことになる。とくに一九三七（昭和十二）年七月の盧溝橋事件（当時、日本政府がいう「北支事変」「支那事変」など）は、中国国民の抗日運動を引き出し、日本軍が中国各地に全面的な戦闘を展開する契機となった。日本が〝満州〟国を越えて中国大陸全土へ侵略する日中戦争の勃発である。日中戦争を起こした近衛文麿を首班とする内閣（第一次）は、九月に、国民精神総動員運動を起こし、「挙国一致、尽忠報国、堅忍持久」を掲げて、時局に対する国民の思想引き締めを図った。さらに翌一九三八年には、国家総動員法を制定し、人的資源（労働力など）、物的資源を統制し、軍事に集中させる体制をとった。

当時、政治（皇室関係も）、社会運動、民族運動（とくに朝鮮人の動向）、外事、出版など思想を取り締りの対象としていた特別高等警察（特高）は、この頃には共産主義運動を壊滅させて、流言蜚語《ひご》防止や防諜強化など、民衆の生活や思想を取り締りの対象とし戦時下の銃後の治安維持を推し進めていく。これにはキリスト教が含まれていた。[六]

特高警察の視点からは、キリスト教徒は国家の立場に無関心で、「我国体の尊厳性を無視し或は我国古（固）有の神祇《じんぎ》を軽んじ其の他反国家非国民的行動に出づる事例も屡々《しばしば》之を見るやの模様なり」[七]とみられ、日中戦争勃発後の政府声明に対しても、キリスト教界は傍観的とみられていた。このような環境の下で、日本基督教聯盟も事件直後に「非常時局ニ関スル宣言」を出し、「政府ノ趣旨ヲ体シ協同一致、報公ノ誠ヲ效《イタ》サンコトヲ期ス」[八]とし、一九三七年中、十一月まで三度にわたって声明を出して、国民精神総動員となるように、「報国尽忠」「堅忍持久」の語を用いて国策に沿う姿勢を示した。聯盟に属する日本メソヂスト教会、日本組合基督教会も同様で、政府の方針を全面的に支持する声明を出した。[九]

教会合同と宗教団体法

「挙国一致」体制のなかで「報国尽忠」が求められたキリスト教界であるが、このうちプロテスタント諸教派は、教会合同を課題としていた。すでに一九三五年の日本基督教聯盟主催の第三回全国基督教協議会では、「日本合同基督教会」案も提案されたほどである。もっとも教会政治（組織形態）はともかく信仰問題（信条）での一致をみるのは困難であり、合同問題は難航した。[一〇]しかし、一九四〇年に外国人宣教師への監督強化、救世軍幹部のスパイ容疑、拘引などがあり、外国のミッション（宣教団体）との関係断絶が迫られていた。一方では後述する「宗教団体法」により各教団が認可を得ることの困難さがあって、教会合同の気運が高まり、同年十月、各派は合同の声明を出した。とくに十月十七日、東京・青山学院で開催した「皇紀二千六百

年奉祝全国基督教信徒大会」には二万人が参加して、教会合同期成の宣言を採択し、合同は具体的に進むことになった。[一一]

一方、宗教団体法案については、これまでの「宗教法案」など三度の法案と異なり、宗教界でも反対運動は起きなかった。キリスト教界でもキリスト教が国家に公認される宗教になること、また条文の簡素化など改善されたと評価して容認し、各派はそれぞれ教団認可を申請する準備に入っていった。[一二]

宗教団体法案は、一九三九（昭和十四）年一月に国会に提出されて可決、四月には法律第七七号として公布、翌年一月に施行された。成立した宗教団体法は、神社以外の諸宗教の宗派・教派・教団・寺院・教会などの宗教団体とその他の宗教結社について、設立の手続、規則の認可、代表者と役員の就退任、財産管理・処分、解散について統一的に定めた法律で、国家の宗教統制を法的に体系化したものであった。これまで三度の法案に比べて条項が全三七条と簡素になり、規制が緩和されたとはいえ、その制定意図は、「現下非常時局ニ際」し、「宗教行政ノ根本法規ヲ完備シ（中略）宗教団体ニ対スル国家ノ保証監督其ノ適正ヲ得ル」[一三]（荒木貞夫文部大臣、法案提出理由説明）というものであった。前回一九二九（昭和四）年の宗教団体法案（第一次）のとき勝田主計《しょうだかずえ》文部大臣が提案理由で述べた、「(宗教団体が）公益ニ反スル場合、或ハ安寧秩序ヲ紊《ミダ》リ、臣民タル義務ニ背クトカ云フ如キ、重大ナル事柄ニ付キマシテハ、此法律デ以テ取締」まる、また「教化団体トシテ国民精神ノ作興ノ上ニ貢献セシム」[一四]るという意図は、引き続き同法案制定の目的であった。大日本帝国憲法第二十八条では「安寧秩序ヲ妨ケス及臣民タルノ義務ニ背カラサル限リニ於テ信教ノ自由ヲ有ス」と保障した信教の自由であったが、宗教団体法第十六条にあっては、安寧秩序を妨げ臣民の義務に背くときは、主務大臣がその宗教の教義の宣布、儀式の執行、行事を制限、禁止し、教師の業務を停止し、設立認可を取り消す根拠となった〔一五〕。

同法の適用にあたって文部省は、一九四〇年六月、キリスト教会の教団認可の要件を教会五十以上、信徒五、〇〇〇人以上であることに置き、また財政的に外国のミッションから独立することなどを通告した。この教団認可の要件を満たすのは、日本基督教会など七教派に限られたため、中小の教団は、合併を模索することになった。これによりプロテスタント各教派は、それぞれの教団設立認可の申請を図るが、前述のとおり全教派の合同をめざすこととなる。こうして大多数の三十数教派は日本基督教団を結成し、東京で創立総会を開催した。プロテスタントで認可された教団は日本基督教団のみで、他は単立教会としての認可にとどめられた。プロテスタント各教派にとって日本基督教団の成立は、教会合同という年来の期待が内圧として働き、それにもまして各教派を指導、監督する政府の立場からの「慫慂《しょうよう》」〔一六〕――しきりに勧められて――が外圧として働いた結果であった。ローマ・カトリックも「日本天主公教」教団として認可を受けた。キリスト教会で認可を得たのは、この二教団のみであった。

すでにキリスト教界を囲む環境は、年を逐うに従って、教会が国家と一般社会に対峙《たいじ》して、固有の主張を行う余地が狭められていった。これまで見たとおりである。事件・事変があるたびに発する声明には、キリスト者として「時艱《じかん》ノ解決」を祈り、平和への希求をにじませてきたが、一九四一年の対米英開戦後は、〝平和〟自体も禁句とされる事態となる。もっとも、そこに至るキリスト教界と国家の関係は、アジア・太平洋戦争の勃発によってのみ起こされたのではなかった。

第二節　一九三〇年代の教勢と宗教団体法下の教会

一九三〇年代の北海道と札幌

一九二七（昭和二）年に始まる第二期北海道拓殖二十箇年計画では、二十年後に北海道が人口六〇〇万を擁し拓地殖民（開拓）の時代を脱し、成熟した社会となることをめざしていた。しかし、本章の始まりとなる一九三三（昭和八）年には、連年の凶作、水害、不漁から計画改定の道民運動が起こった。満州事変以降の軍事費増大は拓殖の進展をいっそう困難にした。ただ、そうしたなかから、酪農など寒冷地に適合した「北方農業」という特色を生みだした。また製紙、製鉄など巨大な会社・工場を生じさせた。さらに動力源となる石炭採掘は一大産業となって、とくに満州事変以降活況を呈した（一七）。

北海道全体が開拓（拓殖・開発）・移民の時代を終えつつあるなかで、札幌は全道の中枢として〝道都〟の地位を強めていった。その人口は、一九三五（昭和十）年の第四回国勢調査で、一九万六、五四一人（現市域の周辺町村の人口を加えると二六四、〇〇〇人）を数えた。一九四〇年の第五回国勢調査では、二〇六、一〇三人（周辺町村を加えた現市域での人口は約二八二、〇〇〇人）となり、函館を超えて道内最大の都市となった（一八）。一九三四年に札幌村の一部を、一九四一年には円山町（藻岩村を改称）を編入した。市域は、現在の中央区、北区の一部にあたる、南北に長く東西に狭い地域となった。この拡大した市域には一九二七年以後、周辺町村を含む都市計画区域が設定され、一九三九年に大通、清華亭などを風致地区に指定した（一九）。

札幌には、これまでも北海道庁が置かれ北海道行政の中心地であり、北海道帝国大学など教育施設が多数ある都市であったが、戦時下の統制経済の進行とともに、統制団体の事務所や銀行、会社の支店が集中するようになった。官公署、会社、団体の増加は、そこに勤務する俸給生活者の多い街をかたちづくることになっていた。たとえば一九三三年の戸口調査からは、札幌市の住民構造は東京に似通ってきたのを読み取れるという。〔二〇〕これに大学をはじめ教育施設の教職員、学生、生徒を加えると、キリスト教徒の社会層が想定される。札幌への経済的集中は、都市としての景観にも反映するようになる。

札幌への政治・経済力の集中は、文化面にも影響を与え、その集積を遂げていた。たとえば第十回の道展を記念して、一九三四年九月十七日に札幌市公会堂で北海道芸術祭が開催された。児童の舞踏、クラシック音楽、プロレタリア文化の流れをくむ演劇まで、幅広い演目であった。文学・美術・音楽また映画・演劇など大衆文化を含めて、新たな住民層がその担い手となって都市文化を拡げていった。〔二一〕

日中戦争下の札幌

しかし、日中戦争勃発の一九三七年十月に、国民精神総動員実行委員会が道庁・札幌市・札幌市銃後後援会と共催の講演と映画の会を開催し、札幌市公会堂に五、〇〇〇人を集わせて、文化活動にも行政が関与するようになってくる。なお、一九三七年に開催が決定した一九四〇（昭和十五）年の冬季オリンピックは、翌一九三八年に返上した。〔二二〕

日中戦争直後の七月十七日に就任した三澤寛一市長は、堅忍持久、確信沈着、雄渾剛健の精神をもって忠誠報国をするよう市民に訴え、国家総動

札幌駅前通り・グランドホテル（1936 年頃）

員法下の新体制を推進した。その一つが公区制である。公区は、市民を一〇〇戸から二〇〇戸にまとめ、市の基礎的自治体として国策下達を目的としたもので、一九四〇年二月に一六聯合公区、三一一公区を設定した。[二三]このような戦時下の体制強化は、一般に思想、生活の統制となり、社会の息苦しさをもたらしたが、キリスト教界にとっては、活動と信仰の両面に制約を加えるものとなった。

　また、さきには一九三六年に北海道帝国大学農学部校舎を大本営として天皇が統監する陸軍大演習が行われ、札幌が軍事的にも重要な位置づけがなされた。道民・市民の多くはこの大演習を歓迎した。[二四]その後、一九三九年には満蒙国境で日本軍がソビエト軍と交戦することが起こり、旭川を本拠地とする第七師団などが壊滅的な打撃を受けることになった。一九四〇年に北部軍司令部が札幌に置かれ日本北部の軍政の拠点となった。一九四三年には、北方軍司令部に防空作戦室が設けられ、防空監視が行われた。[二五]一九四五年七月、道南、道東を中心に室蘭、釧路、根室、函館、帯広などがアメリカ軍による空襲と艦砲射撃を受け、八三五人の死者を出し、四、二七四戸の家屋が罹災し、青函連絡船は十二隻中八隻が沈没させられた。札幌では丘珠の陸軍飛行場などが爆撃を受け、一人が死亡するなどの被災があった。[二六]戦争末期にはとくに、風致地区でもある大通逍遥地や道庁前庭も空閑地利用食糧増産運動のため耕作されるようになり、この風景が新聞紙上で紹介されるようになった。[二七]

畠となった大通公園（1944 年）

教会の消長、市民との接点

満州事変の勃発が、ただちに戦時下を意識させることはなかったとはいえ、札幌の教会にも教勢の停滞が現れた。とくに日中戦争勃発後、さらに日米英開戦後と教勢は目に見えて低下していった。市内全教会のこの期の教勢、たとえば日曜礼拝（朝拝）の総出席者数をかかげることはできないが、プロテスタントの二教会、札幌日本基督教会（現、札幌北一条教会）と札幌組合基督教会（現、札幌北光教会）の朝礼拝の出席者数の推移（図7）を見ると、一九三三年以降は、低下傾向を示している。戦争の進行が教会の活動に与えた影響が端的に現れているのを知る。それでも日中戦争以前、札幌では教会活動に表立って外部から制約を加えられることは少なかった。[二八]各教派とも会堂を新築し、あるいは伝道の拠点を新設するなど、活動を拡大することができた。

たとえば、一九三三（昭和八）年、日本基督教会は前年の円山伝道所の新設に続き、札幌市西郊の手稲村に軽川《かるがわ》伝道所を開設した。[二九]もっとも、この年、日本組合基督教会札幌北部教会は、前年、小北《こきた》寅之助牧師の死去により廃止となって、札幌組合基督教会に「合入」して、ここを同教会の北部伝道所とした。[三〇]一九二三（大正十二）年以来、教会活動が中断していた福音ルーテル教会は、一九三三年にヨハン・ビクトリー・サオライネン宣教師が再渡来し、札幌に赴任して札幌福音ルーテル教会を設立し、会堂を新築した。さらに一九三七（昭和十二）年にはめばえ幼稚園を付設した。[三一]カトリックでは、同三七年に市内五番めの教会、円山天主公教会を隣村藻岩村に設立、献堂した。[三二]ハリストス正教会もかねて計画していた顕栄聖堂を一九三六年に新築し成聖式を挙げた。木造ながらクーポルとよぶ玉ねぎ型のドームを持ったビザンチン風の会堂は、創

札幌ハリストス正教会
顕栄聖堂（1936年）

成川河畔の教会風景の一つとなった。[三三]

一方、メソヂストの琴似講義所が一九三九年に廃止となったほかに、[三四]日中戦争以降、対米英開戦のころまでには、日本基督教会の豊平・軽川・山鼻各伝道所が閉鎖された。[三五]一九三五年時点で、教会などの分布を見ると図8のとおりである。前章・図6の一九二〇（大正九）年に比して、十五年間にいっそう教会数が増加したことを見ることができる。

満州事変後も日中戦争までは、札幌のキリスト教界も活発な活動を続けている。一九三三年の年初、恒例となったプロテスタントの諸教会による聯合初週祈禱会では、従来、万国共通の祈禱プログラムで行っていたのを、独自の主題で行うことにした。設定した主題は、「札幌をキリストへ」で、一月三日から五夜にわたり、これを教会もち回りで行うことになった。この計画を伝えた日本メソヂスト札幌教会の牧師亀徳一男は、札幌がキリスト教に対する理解のある街としつつも、独自のテーマ設定について説明して、「昨今の札幌市は非基督教的風潮の漸次浸潤するところになってゐる」ことを挙げている。その風潮がなにか、詳細を伝えるものはないが、この風潮に対して、聯合の祈禱では札幌市民へのキリスト教の〝教化〟をいっそう促す契機にしようとした。[三六]

プロテスタントの札幌基督教会聯盟が主導する札幌廃娼廓清会は、日本メソヂスト札幌教会の高杉栄次郎が会長となって、廓清運動に取りかかろうとしていた。[三七]一九三五年には、同聯盟は、北海道庁・札幌市役所と共催して、国際キリスト教運動の指導者ジャン・R・モットを迎えての講演会を開催した。[三八]

カトリックでは、一九三四年に札幌市内の三教会（札幌、北十一条、山鼻）による公開のクリスマス大会を市公会堂で開催した。入場者が一、四〇〇人で、純益を博愛事業に捧げた。[三九]また札幌には、金融恐慌や大

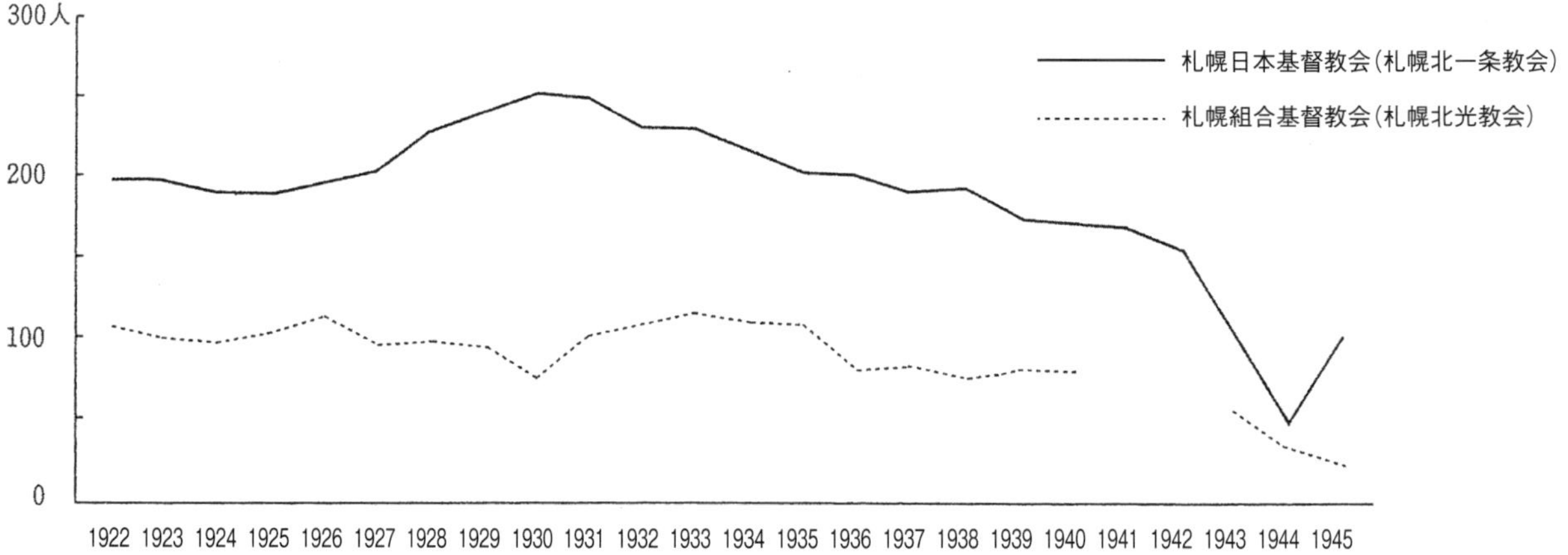

	1922	1923	1924	1925	1926	1927	1928	1929	1930	1931	1932	1933	1934	1935	1936	1937	1938	1939	1940	1941	1942	1943	1944	1945
札幌日本基督教会	197	197	190	190	196	203	228	241	252	250	233	232	218	206	204	194	195	177	172	171	157	99	50	104
札幌組合基督教会	107	100	97	103	112	95	98	95	75	103	110	117	113	111	83	85	79	82	82	—	—	55	35	25

図７　日曜礼拝（朝拝）出席者数の推移　1922 年度～ 1945 年度
出典：『札幌北一条教会創立六〇年史』、『北光教会七十年の歩み』、北光教会統計など。

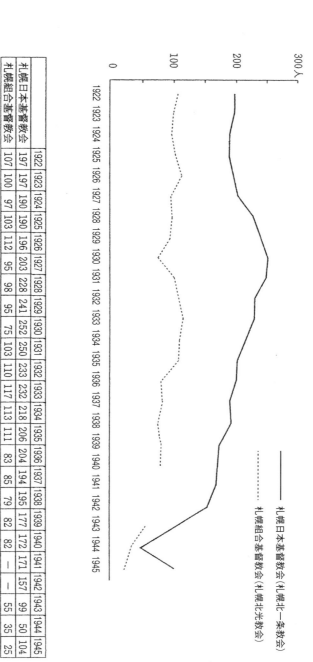

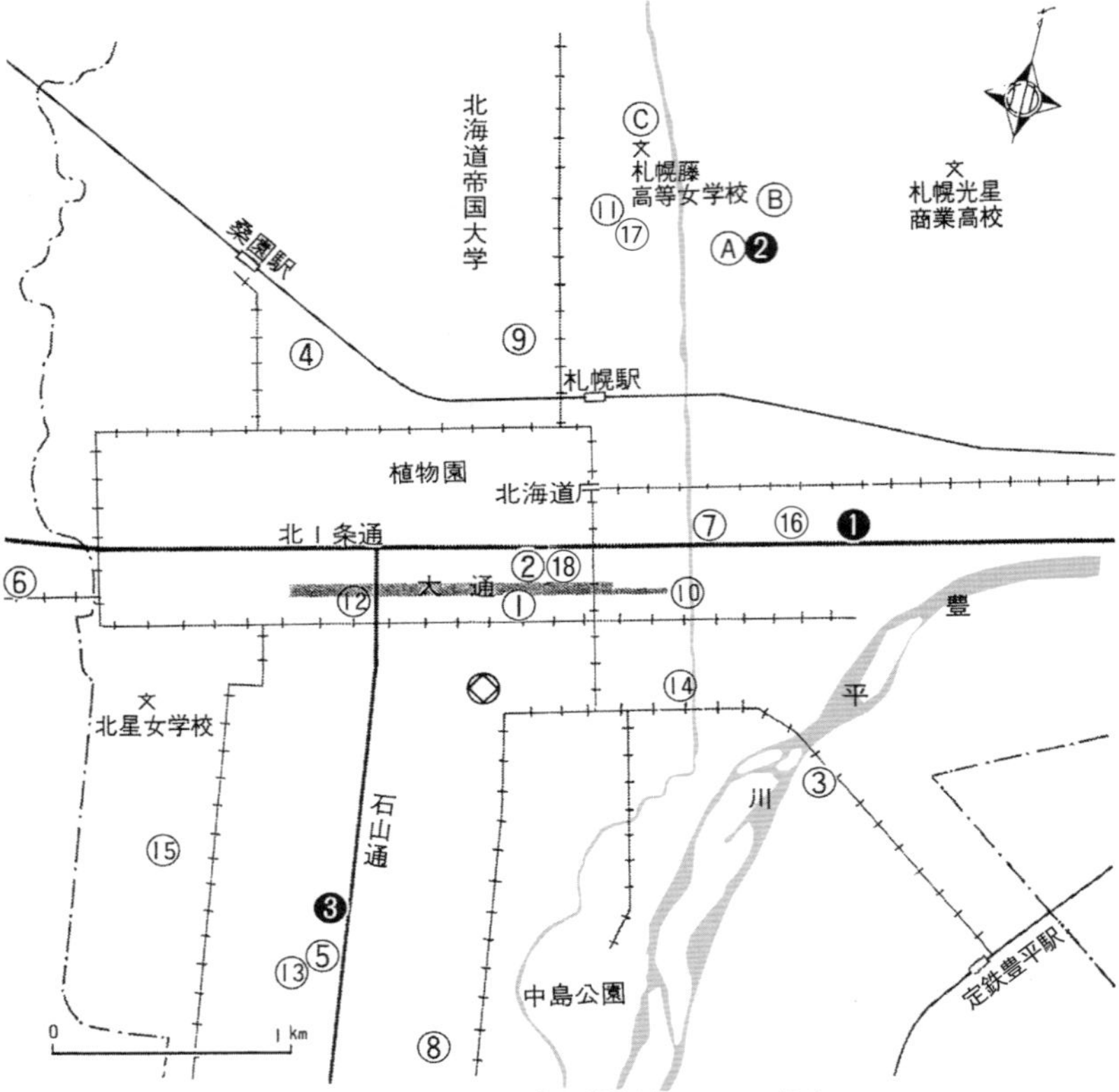

①札幌独立基督教会
②札幌日本基督教会
③日本基督教会豊平伝道所
④札幌日本基督教会桑園伝道所
⑤札幌日本基督教会山鼻伝道所
⑥日本基督教会円山伝道所
⑦日本メソヂスト札幌教会
⑧日本メソヂスト札幌教会山鼻講義所
⑨札幌聖公会
⑩札幌組合基督教会
⑪札幌組合基督教会北部伝道所
⑫札幌ホーリネス教会
⑬札幌福音ルーテル教会
⑭救世軍札幌小隊
⑮セブンスデー・アドベンチスト札幌教会
⑯在日本朝鮮基督教会札幌教会
⑰基督新教講義所
⑱札幌市基督教青年会堂
❶札幌天主公教会
❷札幌北十一条天主公教会
❸山鼻天主公教会
Ⓐ聖フランシスコ会修道院
Ⓑマリアの宣教者フランシスコ会修道院（天使院）
Ⓒ札幌マリア院
◎日本ハリストス正教会札幌顕栄教会

この他、日本基督教会軽川伝道所（手稲村）、日本メソヂスト札幌教会琴似講義所（琴似村）がある。

図８　1935（昭和10）年の教会等分布図

凶作が重なり、生活の場を失った困窮者が全道から集まっており、豊平川の河原には、通称「サムライ部落」と称する掘立小屋が建ち並んでいた。前章五節でふれた札幌天主公教会の同胞会は、フランシスコ会修道士ヒラリオ・シュメルツ（帰化名・平世修明《ひらせしゅうめい》）の指導の下に、無料治療所を設けていた。ここには産科もあったが、夜間には無料宿泊所にもなった。一九三五（昭和十）年に同胞会は託児所を設け、さらにサムライ部落の中央に託児所を建て、部落の子どもたち三〇〇人から四〇〇人を無料で預かっていた。東橋《あずまばし》小学校前には授産所を設け、軍手・軍足の工場を建設し、人身売買にさらされていた女性の経済的自立を図った。[四〇]一方、天使院も授産所を設け、印刷製本・刺繍技術を取得させた。一九三九年、天使院は社会事業団体として公認され、翌年紀元二千六百年記念行事として託児部（天使の友愛児園）を開設した。[四一]

日中戦争後の諸相

満州事変のときとは異なり、盧溝橋事件に始まる日中戦争の段階になると、キリスト教界が社会的に独自の主張を行うことは困難となってきた。盧溝橋事件の直後、文部省は、カトリックなどキリスト教界に、政府の声明に沿って教師・信徒を教導することを要請し、宗教団体や社会教化団体を招いて国民精神作興に関する合同懇談会を開催した。プロテスタントの日本基督聯盟による「非常時局ニ関スル宣言」もこれを受けたものであるが、同月、カトリックでも、政府の要請によっ

札幌天主公教会同胞会
無料診療所と平世修明

天使院授産風景（製本作業）

てジャン・アレキシス・シャンボン大司教から全司教・司祭・信徒に対し、政府声明に対する全幅の支持と挙国一致を訓示した。〔四二〕

札幌では、札幌組合基督教会が盧溝橋事件の翌八月、早くも「北支事変の為祈願の大礼拝」を呼びかけ、慰問袋や献金を募集した。〔四三〕組合教会の椿真六牧師は、「重大なる国家の決意行動等に対しては、所謂素人が勝手なる判断を下すべきものではない」としつつ、「今や日本は立って徹底的に支那当局を膺懲《ようちょう》せんとしつつある。（略）吾等は皇軍に参加し、国民精神総動員に参加するのみである」〔四四〕と主張し、積極的に天皇の意志と政府の方針に従おうとした。この観点から、椿は、日本組合基督教会総会が採決した「支那事変ニ関スル声明」等に賛成しなかったフランク・ケーリ宣教師を批判して「忠告文」を送りつけ、ケーリ宣教師が小樽を退去する要因となった。〔四五〕

ケーリ名誉牧師送別礼拝のとき（1938年）

このようにキリスト教界が事態に即応していたとしても、戦争協力について内務省警保局の評価は、「基督教系諸団体ニアリテハ依然トシテ消極的態度示シ、其ノ間却ッテ一般ニ行ハレツツアル千人針又ハ神社参拝祈願等ヲ迷信的儀礼ナリトシテ公然嘲笑シ或ハ暗ニ反戦的示唆ヲ試ミントスル等ノモノ跡ヲ絶タザル実情ナリ」〔四六〕というものであり、日中戦争後はキリスト教界に対する監視が厳しくなっている。日本の大陸政策をアメリカやイギリスなどが批判しているさなか、これらの各国と関係が深いキリスト教界へ政府の監視が強められ、諸教派と外国組織との断絶が迫られていくことになる。

たとえば一九四〇（昭和十五）年六月、救世軍札幌小隊の兵士（信徒）であった村上政明が陸軍へ応召中、

「信仰的反戦思想は軍隊に服することの矛盾に悩み」自殺を遂げた事件があり、これが問題とされて救世軍取り締りの原因の一つとなった。[四七] 救世軍は、イギリスの万国本営との関係を断ち、軍隊式組織・職制をやめて、一九四〇年八月、救世団と改称、札幌小隊も札幌支部と改められた。この年の十二月の最後の小隊記録は、「除夜会をもって昭和十五年非常なる試煉の年をおくりぬ」と締め括った。[四八]

イギリス国教会と組織上密接な関係がある聖公会の北海道地方部ゴールドン・J・ウォルシュ監督も一九四〇年五月、辞任し離道した。[四九] 長年、アイヌ民族の問題に取り組んできたジョン・バチェラー宣教師も六十余年にわたる北海道での活動を断って、同年十二月、カナダへ向けて離札した。[五〇] カトリックの札幌知牧区長（教区長）も、同年十月、ヴェンセスラウス・キノルド司教が辞任、日本人の戸田帯刀《たてわき》に代わった。[五一] 日本基督教会では、外国ミッション（宣教団体）との友好関係を断つことになった。それを北海道中会常置委員会を代表して中会議長小野村林蔵が、道内の長老派ミッションの最古参であるアリス・M・モンク北星女学校前校長に伝えたのもこの年であった。[五二]

戦時下の思想統制は、教会にまさって外国ミッションとの関係があるキリスト教主義学校に及んだ。わが国の文教政策は国家目的の達成に国民を従属させる傾向が強かったが、戦時下では戦争完遂を至上目的としてとくに思想統制が図られた。この時期、札幌では北星女学校、藤高等女学校のほか、新に開校した光星商業学校があり、いずれも文教当局の強い監視・監督の下にあった。

北星女学校は、ミッションからの経済的自立と経営基盤の強化を課題として、財団法人化と日本人校長の就任を図ってきた。このうち日本人校長はすでに一九三四年、モンク校長が退き、北海道帝国大学教授を退官した新島善直《よしなお》（札幌日本基督教会員）を校長に迎え実現していた。[五三] 法人化についても、一九四一年に財団

牧野キク

法人北星女学校の設立を果たした。[五四]この時期、政府の方針に添う運営・教育がとくに留意して進められた。一九三九年には「支那事変」二周年記念として、戦没者慰霊のため札幌護国神社への全校参拝が、また札幌神社（現、北海道神宮）への全校参拝が行われ恒例化した。[五五]ところがこの年、同校を会場とした防火演習に際し、連絡のミスから職員・生徒が全面的に参加せず傍観したため、新島校長以下が防空当局から厳しい叱責を受けるという「赤い球事件」が起こり、新島校長の辞任を早めた。[五六]対米英開戦直前の一九四一（昭和十六）年九月、モンクらアメリカ人教師は同校理事会の帰国勧告に従って帰国した。同年十一月、理事会は学則を改訂し、第一条のうち「基督教主義ニ基キテ」を「基督教ノ真精神ニ依リ」と改め、「日本婦道ヲ体得」することを加え、聖書科と英文専攻科の両コースを廃止した。学則改訂は、キリスト教主義を後退させることで、建学の精神を堅持しようとする自己規制でもあった。[五七]

カトリックの藤高等女学校は、一九四〇年に財団法人藤高等女学校として認可された。理事長を日本人にすることが認可の条件とされ、修道女マグダラ長船ヒロが任に就いた。学校の基本的な教育方針には変わりがなかったが、[五八]一九三九年に文部省の厳しい視察を受けた。これは軍人を加えた文部省の視察官ら約十人によるもので、宗教、教育内容、国家観についての質問で、校長のクサベラ・レーメと修道女牧野キクを二時間にわたって問い詰めた。「天皇陛下とキリストはどちらが偉いか」という質問がその中心をなしていたと伝えられている。[五九]クサベラ校長は日本の同盟国であるドイツ人であったが、一九四一年、校長の邦人化によって退任、牧野キクが校長となった。職員たちは卒業式を目前に、すでに刷り上がった卒業証書から前校長の名を消した。[六〇]この頃には修道女たちの服装も、修道服を脱ぎ、「俗服」に変わっていた。[六一]

光星商業学校の場合は、普通中学を設立する計画で、ドイツの「ブライエルハイデの教職修道会」が一九三一（昭和六）年から準備にあたっていた。しかし、当初の男子中学校の設立申請は認可されず、一九三三年、財団法人札幌光星商業学校として認可され、ようやく翌一九三四年に開校したが、[六二]教職修道者たちは一九三五年、活動を断念して帰国した。その後は聖フランシスコ会が、次いで一九四二年から経営は日本人が多い教職修道会「マリア会」に引き継がれた。[六三]同校は、戦争末期、一九四四年には、工業学校に転換し、札幌光星工業学校となった。生徒は常時通年の勤労動員となった。[六四]

宗教団体法への対応

戦時体制の進行によってキリスト教界はこれまでの欧米の教会・ミッションとの関係を断って国家の強い統制の下に置かれることになった。プロテスタントの長い間の願望であった教会合同は、戦時下の宗教統制を目的とした宗教団体法の施行を契機として実現し、前述のとおりプロテスタントの大半の教派を集めて、一九四一年に日本基督教団を成立させた。日本基督教団は、当初は完全な合同ではなく、旧教派の組織を尊重して十一の部に分かれており、札幌市内の教会では、日本基督教会が第一部、メソヂスト教会が第二部、組合基督教会が第三部、福音ルーテル教会が第五部、聖教会が第六部、救世団が第十一部であった。[六五]これらの部は、教団内で旧教派の体制を温存するためのものであり、教団規則の附則にも明示されていた。各部は総会をもち、それぞれ予算、人事、伝道活動を行った。部によっては、北海

光星商業学校

道においても、地方組織を維持し、年次総会を開いているところもあったが、〔六六〕翌一九四二年、教団は部制を解消した。〔六七〕

プロテスタントの日本基督教団、ローマ・カトリックの天主公教教団以外の日本聖公会、セブンスデー・アドベンチスト教会（第七日基督再臨教会）、ハリストス正教会などは、教団としての認可を得られなかった。後述するように各教会は、単立あるいは宗教結社として認可を受けた。〔六八〕

札幌市内のプロテスタント教会のうち、メソヂスト教会では、合同にはとくに異論がなかったようである。一九四〇年九月に函館で開催された同教団の北海道部会での申し合わせの第一は、「教派合同」であった。申し合わせは、久しく合同を待っていた、新体制確立にあたり、この好機を逸《のが》さずメソヂスト教団の特質を生かした教派合同を実現せんことを切望するというものであった。全面的に合同推進を支持したこの合意を日本メソヂスト札幌教会の真野萬穣《かずしげ》牧師は、同教会にもち帰って「週報」などで周知している。〔六九〕

札幌組合基督教会の椿真六は、合同に消極的であった。椿は、教会紙『北光』の紙上で「国家新体制に順応する基督教徒の立場」と題し、新体制の国家にキリスト教が貢献する方途として合同一致することを是認しつつ、外国の資金、宣教師と断絶した小教派が大教派に依存する体制となることに注目して警告した。〔七〇〕

札幌日本基督教会牧師の小野村林蔵は、長老派の立場から合同に慎重であった。教会の合同には信条の制定、教会組織の改造、経済的方面の整理など、多種多様の問題がある、合同がそれらを乗り越えて信仰の一致を重視するのならば、最小限度三年の準備期間が必要だと述べた。〔七一〕

しかし、いずれの立場も合同への大勢を覆すことにならず、自派内での歩調を他の教派とともに整えて日本基督教団に加わった。同教団の北海道・樺太の地方組織である北海教区は八月に創立教区会を札幌で開催し、教区長、副教区長は選挙を省略して教団創立総会で推挙された小野村林蔵教区長と真野萬穣副教区長とを承認した。合同にともなって教会名が変更となり、日本メソヂスト札幌教会が、日本基督教団札幌教会と称することになった。創立教区会で確認された札幌の教会は次のとおりであった〔（　）内は旧教派名〕。

札幌北一条教会（日本基督教会）　札幌教会（日本メソヂスト教会）
札幌北光教会（日本組合基督教会）　札幌山鼻教会（福音ルーテル教会）
札幌新生教会（日本聖教会）　札幌豊水教会（救世軍）
円山教会（日本基督教会）[七二]

各教会がこの名称を公にしたのは、札幌北一条教会では、一九四一年十一月二十四日の「日本基督教団規則」の文部大臣認可をまって十一月三十日付の『週報』によって、また札幌北光教会では翌一九四二年一月十一日付の『週報』からであった。[七三]名称の変更のみならず、教会の組織や運営には大きな変更が加えられた。宗教団体法第四条によると教団を統括する統理者の就任は主務大臣（文部大臣）の認可であったが、教団規則第一四四条で地方組織を統轄する教区長は教区会（現在の教区総会）の議を経て、教団統理者が任命する、また第一九三条では、教会の代表者である教会主管者には、教会会議が推薦した者を教団統理者が任命することとなっ

日本基督教団北海教区創立教区会
1941 年 8 月 8 日　札幌北一条教会にて

た。[七四]このような法体制では日本基督教会など長老派・改革派の長老制、組合教会などの会衆制を採る教会にとって、これまでの教会のありようを大きく変えるものであった（教会の牧師の任免を教団の統括者である監督・主教が担っていた監督制の教会［メソヂスト教会など］では大きな変化とはならなかった。救世軍［団］でも同様である）。また長老制、会衆制の教会にとっては、教区長、教会主管者の任命制のなかで教会の総会、地方組織である中会の位置付けが相対的に低下することになった。

さきに掲げた日本基督教団に属した札幌の七教会に関連した伝道所・講義所のうち、札幌日本基督教会（札幌北一条教会）の桑園伝道所が宗教団体ではなく宗教結社として届け出たのみで、[七五]その他の小規模の伝道所・講義所は閉鎖・活動停止となり、教団に対しても宗教団体としての設立申請を行わなかった。韓泰裕《ハンテユ》が牧会をしてきた在日本朝鮮基督教会札幌教会も一九三六年、韓牧師が神戸に転じた後、三八年の朝鮮基督教聯合公議会の解散にともない伝道事業が廃止となって閉鎖された。[七六]

ローマ・カトリックの「日本天主公教」は、一九四一年五月に規則とともに教団としての設立が文部省から認可された。札幌市内の札幌北一条教会、札幌北十一条教会、札幌南十条教会（山鼻天主公教会）、円山教会の四教会も翌四二年、北海道庁の認可を受けた。[七七]一方、日本聖公会は「日本聖公教団」の認可を得られなかった。また、日本基督教団との合同は、拠って立つ「信条」無しの合同であり、使徒職の伝承による監督（主教）職の保持・確守ができないとし、合同しないまま組織を解消した。[七八]一部は個別に日本基督教団に加入し、他は単立教会となった。札幌聖公会は、当初、札幌聖公教会と称して認可されていたが、単立を解消し日本

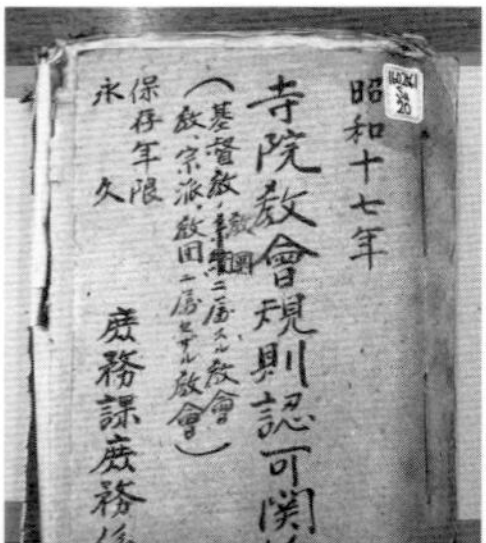

『寺院教会規則認可関係
昭和17年』

基督教団へ加入した。加入後の同教会の名称は札幌北八条教会となった。[七九]単立教会はほかにセブンスデーの札幌第七日基督再臨教会、札幌独立基督教会、札幌正教会があり、それぞれ認可を受けた。[八〇]いずれも日本基督教団、天主公教教団とは教理、組織、職制、儀式を異にする独自なものであるという主張が文部省などに認められた結果である。

　このうち独立教会は、名称を札幌大通基督教会と変更させられて、教会規則の認可を得た。[八一]同教会は、札幌最初の教会であるとの歴史、洗礼・聖餐というプロテスタント教会の二大礼典を執行してこなかったことを主張するとともに、キリスト再臨信仰など信条問題、聖霊理解が日本基督教団とは異なっていることから日本基督教団の諸教会と一致できないとして、文部省などの勧めにかかわらず、加盟しない方針を変えなかった。[八二]日本基督教団の発足時には、前述のとおりブロック制（部制）を採り、独立教会とは儀式、信条を異にするいずれかの部に、同教会が属さなければならないとされたことも、合同（加盟）を拒否する理由となっていた。[八三]また、二大礼典とは別に日本基督教団とは一致しない点として挙げていたキリスト再臨信仰については、信徒それぞれの信仰に拠るとして教会の教学とはせず、また日本人独自のキリスト教をめざして伝統的な教理に依拠しないとした。[八四]当初提出した「札幌独立基督教会規則」（一九四〇年九月三日申請）では、教義——規則第二条のうち、「信仰ノ告白」——の中にあった「我等ハ聖霊トソノ交感ヲ信ズ」「我等ハ永遠ノ生命ト最後ノ正シキ審判ヲ信ズ」を削除したうえで申請したものが、最終的に認可された規則となった。[八五]

　もっとも、規則認可を受けた札幌の他の諸教会でも、のちに国家による

札幌独立基督教会
(W. S. クラーク記念会堂)

抑圧の対象ともなった再臨を規則のなかに明示したのはまれであった。たとえば日本基督教団の各教会は、「日本基督教団ノ教義及生活綱領ニ則リ」と、共通して間接的な表現にとどめた。同教団の規則第五条「教義ノ大要」は、「主ノ来リ給フヲ待望ムモノナリ」[八六]というもので、「再ビ（来リ給フ）」という文言の挿入をしなかった。再臨を〝四重《しじゅう》の福音〟（新生、聖化、神癒、再臨）のひとつとして最重要点に掲げて伝道を進めてきた旧ホーリネス系で日本基督教団に加入した教会（札幌新生教会）も同様であった。カトリックの各教会は、規則では教義にふれず、「教義ノ大要」を規則に添えたが、再臨にはふれなかった。再臨が教理の最要点ともなっている札幌第七日基督再臨教会（セブンズデー・アドベンチスト札幌教会）では、「主ノ再臨ヲ待望《マチ》ムモノナリ」と、再臨を明示した。[八七]

第三節　戦時への順応と受難

太平洋戦争の勃発と教会

札幌北光教会――前述のとおり、この名称を正式に使用するのは、一九四二年一月からであるが――牧師椿真六は、対米英開戦の前々週、「時局の為に祈る」と題する礼拝説教で、「日米間題も、結局は一度双方の立場を離れて、神の御意《みこころ》を知らねば解決できぬ」と日米が協調すべきことを訴えた。[八八]しかし開戦後は、宣戦布告の詔書の文言を示しつつ、教会員に「主権者の命令は、直ちに神の命令であります。されば之を実行する以外に又別の道はありません」と説いた。〔八九〕札幌教会牧師真野萬穣も翌週十四日、「宣戦の詔勅を拝読し五体に張り来る感激」をもって、「長期戦来たらば来たれ」と説教をした。〔九〇〕札幌北一条教会牧師小野村林蔵は、開戦の朝、理事をしていた北星女学校の生徒たちに戦意を鼓舞する檄《げき》を飛ばしていたという。小野村の個人誌『泉』でも「今はただ一億一心、国難を戦ひ抜くのみだ」とし、真珠湾を攻撃した海軍の戦果に感謝の祈りを捧げたと書きとめた。〔九一〕日本基督教団北海教区の諸教会は、十二月二十六日、〝聖戦必勝〟のための「大東亜戦必勝祈祷会」を札幌北一条教会で開催した。〔九二〕キリスト教界にとっても、これまでの「事変」と異なり、対米英宣戦布告は戦争完遂以外の主張をなしえない事態の到来であった。

　対米英開戦によって日本のキリスト教は、はっきりと「敵性宗教」とみられるようになり、キリスト教界もまたそれを意識して、全面的に戦争遂行への協力姿勢を示し、国策に逸脱しているとみられないように努めた。札幌の教会内でも戦争完遂のために報国団が結成され、〔九三〕出征兵士への慰問袋や「日本基督教団号」なる戦闘機の建造献金を行った。〔九四〕札幌北光教会の年間標語も、「み光をたまえ」「良心聖化」であったものが、一九四二年からは「必勝」、ついで「滅私奉公」と戦争状態を反映する語句を選ぶようになった。〔九五〕札幌教会の『週報』から聖書の字句が少なくなり、青年たちが牧師に説教ではもっと聖書にふれるよう求めることがあった。〔九六〕この年、北海道帝国大学基督教青年会寄宿舎（汝羊《じょよう》寮）の「早祷《そうとう》日記」にも、「祖国こそ神の義を世界に顕現する為に選ばれた民族であると云う誇りと自覚とを持って……祖国に対する絶対の信頼、服従の決意を固くするという表明がある一方、大学新聞のキリスト教批判に抗して、「神の栄光を顕現せんがために……大胆に闊歩し、伝道につとめるべきである」との主張とが交錯していた。〔九七〕

　一九四三年頃からプロテスタントの教会では、キリスト教の教理にはない、礼拝前などに君が代を歌い宮城（皇居）を遙拝する「国民儀礼」を行い、天皇の威光に感謝、服従する姿勢を示すようになった。〔九八〕また、「大東亜建設」「撃ちてし止まん」などを詞題とする『興亜讃美歌』を歌うようになった。〔九九〕カトリックの札幌北十一条天主公教会でも、ミサのあるたびにではなかったが、特別の日には国民儀礼を集会の前に行った。〔一〇〇〕

戦争の激化にともない、教会関係者にも兵役の召集があり、戦没者も生じた。それらが各教会でどのようであったか各教会史でもふれるものは少ないが、札幌北一条教会では、毎年二十人ほどの召集がされ戦地に赴いた。小野村林蔵牧師は、筆を執ってその氏名を会堂に張り出していたが、戦没者の名前には黒枠が掛けられた。確認されただけでも同教会では、第二次世界大戦の戦死者が二十五人に及んだ。〔一〇一〕

キリスト者の公の場での発言や公表された記事は、戦争の鼓吹と天皇への帰一を示す言辞によって占められるようになった。しかし、監督・取締当局は、キリスト教界の公式の態度表明を偽装、日和見とみて、戦争遂行に消極的な言動を摘発し続けた。〔一〇二〕札幌の多くの教会で、「特高」警察官や憲兵隊員が礼拝に立ち入り説教などを監視し、また礼拝への出席者に事情を尋問し、あるいは日常的に教師の動静や教会への出入りを見張っていた。〔一〇三〕

受難事件の発生

対米英開戦の日の早朝、国内では外国人をスパイ事件の容疑者に仕立てて一斉逮捕を行った。札幌でも札幌北光教会に属していた北海道帝国大学予科英語教師ハロルド・M・レーン、ポーリン・R・S・レーン夫妻が、知人の北大生宮澤弘幸とともに軍機保護法違反を理由に逮捕され、有罪判決を受けた。この事件では、宮澤が旅行中見聞した、樺太の大泊町付近の海軍油槽設備、同じく上敷香《かみしすか》や根室の海軍飛行場の存在を話したことなどを問題とした。宮澤とハロルドは懲役十五年、ポーリンは十二年というスパイ事件として無期懲役に次ぐ突出した刑期であった。レーン夫妻は故国アメリカへ送還され、宮澤は取調中の拷問で衰弱し、戦後出獄後に病死した。この事件は長らく埋もれていたが、一九八〇年代半ば、国家秘密保護法案、スパイ防止法案に対する反対運動の中で陽が当てられることになる。[一〇四]

札幌北光教会の牧師椿真六は、『日本精神と基督教』（一九三四年）を著すなど、かねてから天皇や神社への尊崇とキリスト教信仰との一致を主張し、国策への順応を説いていたが、その椿もまた同教会機関紙『北光』に掲載した記事「依然世界はキリストの救いを要す」を問題にされ、警察に二日間拘留されたという。[一〇五]これが太平洋戦争勃発後、札幌でキリスト教の活動を対象にした最初の取り締りであったと思われる。このほか、市内のキリスト教教職者では、札幌豊水教会（元救世軍札幌小隊）の張田豊次郎、札幌北光教会代務者木村清松が逮捕されて数日留置され、聖公会の長沢義正も拘留されたことがあったと伝えられている。[一〇六]このうち木村清松の場合は、函館千歳教会で、「我が天皇は一夫一婦の大倫を守り国民に率先垂範して居られる」と語ったことが、「不敬虔なる態度」であるとされたものであった。[一〇七]これらは、逮捕後、数日の拘留にとどまったが、札幌では教職者・伝道者の逮捕が拘留で終わらず、裁判にまで発展した事件が五件発生している。

レーン夫妻（1939年）

宮澤弘幸

戸田帯刀

まず、一九四二（昭和十七）年三月九日、カトリックの戸田帯刀《たてわき》教区長が検挙された。理由は、戸田教区長が理事長であった光星商業学校で、教練用の銃剣の購入を遅延させたことがあり、また軍刑法の「大東亜戦争に関する造言飛語《ぞうげんひご》」をなしたためともいわれている。検事の起訴状には、戸田が「今こそ日本が勝って居るが、亜米利加や英吉利は強国だから之を向《むこう》に廻して戦へば将来どうなるか判らぬ、若し負けたら日本の国体もどうなるか判らぬ」と、自宅で四人の司祭に語ったという談話が記され、これを「軍事に関する造言飛語事件」の起訴理由としている。何人かの司祭の取調には、拷問もあったと伝えられているが、六月には早々に無罪判決となって釈放された[一〇八]。

同年六月二十六日、札幌新生教会（旧札幌ホーリネス教会、札幌聖教会）の牧師伊藤馨が治安維持法違反容疑で検挙された。この逮捕は、旧ホーリネス系の日本基督教団第六部（旧聖教会）・第九部（旧きよめ教会）の教会および日本基督教団に加わらなかった宗教結社東洋宣教会きよめ教会に対して一斉に行われたものの一環であった。これより先、同年三月、不敬・造言飛語などの容疑で逮捕されて獄中死した函館本町教会（元函館聖教会）の小山宗祐《そうすけ》の事件があった。小山の逮捕は護国神社への参拝を拒否した不敬、日本軍の戦果に対する疑問視などの嫌疑であったが、事実関係が不明なまま、自ら縊死《いし》したとされた[一〇九]。この報告が、四月の日本基督教団第六部総会の教役者会で伊藤馨によって秘かに報告された。この事件が、旧ホーリネス系一斉逮捕の底流にあったという[一一〇]。

一九四一年に治安維持法が改正され、取り締り対象に「国体ヲ変革シ又ハ私有財産制度ヲ否認スルコトヲ目的トシテ結社ヲ組織シ」（第一条）のほかに、「国体ヲ否定シ又ハ神宮若《モシク》ハ皇室ノ尊厳ヲ冒瀆スベキ事項ヲ流布スルコトヲ目的トシテ結社ヲ組織シタル者又ハ結社ノ役員其ノ他指導者タル任務ニ従事シタル者ハ無期又ハ四年以上ノ懲役ニ処ス（以下略）」（第七条）が加えられた。これにより神社参拝の拒否や天皇の絶対性・超越性を否定する言動が、治安維持法による取り締りの対象となった。旧ホーリネス系の教会が主張してきた、キリストが再臨し地上にキリストの王国が実現するという、キリスト再臨説、千年王国説は、天皇をキリストの支配のもとに置くことと解され、改正治安維持法の、天皇の統治を否定し、その神聖を冒瀆することとされた。この事件で逮捕された教職者は一三四人にのぼり、少なくとも六十七人が有罪となった。伊藤馨もその一人で、一審の判決はこの事件で最も重い執行猶予なしの懲役四年の実刑であった。〔二一一〕

札幌新生教会は伊藤の一審判決の前、一九四三年四月に宗教団体法第十六条によって認可取り消しとなり、解散させられた。新生教会の信徒代表が道庁の特高警察から言い渡されたのは、教会で集会してはならない、信徒宅にて集会をすることは自由だがそこにはホーリネス系の指導者がいてはならない、献金をしてはならない、個人的な見舞金のようなものは自由、というものであった。〔二一二〕日本基督教団は第六部、第九部の教師に対して自発的辞職か、それに応じないときは教師籍を剥奪することを通達した。教団の首脳部では、ホーリネスの信仰がキリスト再臨説などをめぐって教団の多数の教理、信仰と異質であると断じ、その排斥によって「日本的基督教が確立」した、「これも神の摂理の御手《みて》」であったと表明した者もいた。〔二一三〕こうして伊藤は教師籍を剥奪されたが、札幌新生教会の信徒は、教団の残務整理委員会の指示に従わずに、会堂を手放さなかった。牧師不在の間も、信徒の家屋で集会を続けた。〔二一四〕

伊藤馨

浅見仙作

一九四三（昭和十八）年七月二十一日、無教会の聖書研究会の指導者浅見仙作は、特高警察の指示により出頭したところ、そのまま拘留された。このことの前、日中戦争勃発後の一九三七年十月、浅見は、個人伝道誌『喜《よろこび》の音《おとづれ》』第七七号の発禁処分を受けていた。大通「広場」

での銃剣術の練習や戊辰戦争の時の江戸城無血開城のことなど非戦思想を披瀝したためで、同誌は、新聞紙法違反となり五〇円の罰金を科せられた。〔一一五〕六年後の逮捕も非戦論の主張が問題とされた。「凡《すべ》て剣をとる者は剣にて亡ぶなり」（文語訳。マタイによる福音書二六章五二節）とのキリストの言葉をもって、戦争はすべて神の聖意に反するというのが、浅見の年来の主張であった。さらに市内の知人宅で「米国は経済的に豊富で貧弱な日本と比較すると豚と鼠の差があるから米国と戦いを交える事は危ない事だ」と言ったことや、あるクリスチャンの集会で、日本軍が戦争で流す血と「人類の罪を贖う」キリストの十字架の血とを混同してはならない、と述べたことが反戦言辞にあたるとされた。〔一一六〕

当初、言論出版集会結社等臨時取締法違反としての検挙であったが、取り調べに際しては、ホーリネスの伊藤馨牧師の「答案」（調書か）が参照されていて、浅見が意図しない、再臨のときにキリストが天皇の統帥権を摂取するかのような再臨信仰を主張しているという問題にされた。〔一一七〕九月になって浅見は、治安維持法違反として検挙され、翌一九四四年五月、札幌地方裁判所で懲役三年の判決を受けた。しかし、上告した大審院では、一九四五（昭和二十）年六月十二日、原判決を破棄し、浅見を無罪とした。判決書では、浅見の再臨信仰が「将来必ズ成就スベキ希望トシテ待望スルニ止」〔一一八〕っており、天皇の統治は再臨によって廃止されるという主張を浅見がしたことがない、とした。再臨説を流布したことが犯罪を構成したとするホーリネスの教職者への判決と対照的な判決であった。裁判長の三宅正太郎は、二月の公判の最後に、数え年七十八歳となった浅見に対し、余生の決意を語らせたあとで、「ご老体御大事に」と述べて労ったという。〔一一九〕

浅見仙作の拘留・検挙があった二か月後、一九四三年九月二十日、セブンスデー・アドベンチスト（第七日基督再臨教会）札幌教会の牧師で北海道部長であった金子末逸が神戸へ転任する準備中に、後任の国谷弘ともに検挙された。セブンスデーの検挙は、旧ホーリネス系、浅見仙作の場合と同じくキリスト再臨信仰が問題とされたもので、全国的には四十二人が検挙された〔一二〇〕。この事件ではホーリネスの一斉逮捕の直後、宗教団体を監督する文部省からもキリスト再臨説がこの逮捕の根拠となっていることが通報されており、同教会もそれを予測するところであった。セブンスデーが主張する、世界の終末、キリストの再臨、地上王国の破却一掃、キリストを王と仰ぐ永遠の王国の建設等々の言説は、国体を否定する説を流布する行為であるとされ、改正治安維持法が適用された〔一二一〕。

逮捕された金子末逸は一九四四年十一月、懲役四年の実刑判決を受けて服役し、国谷弘は八月十日、懲役二年、執行猶予三年の判決を受けた〔一二二〕。すでに教会は、一九四四年六月二十六日、結社禁止処分を受け、東京区裁判所は札幌の教会も建物の売却を決定した。旧ホーリネス系、セブンスデー両事件の獄中死は七人を数えた〔一二三〕。金子は留置場で浅見仙作の歌う讃美歌を聞き、ホーリネスの伊藤馨から励ましの声をかけられたという〔一二四〕。

金子末逸（1943年）

改正治安維持法は、一九四四（昭和十九）年四月二十八日に拘引された札幌北一条教会牧師小野村林蔵の事件にも影を差していた。検挙（四月二十九日）・送検の理由は、北星高等女学校での発言が神社への不敬、陸軍刑法の軍事に関する造言飛語であった〔一二五〕。小野村が不敬罪と造言飛語を問われたのは、自伝『豊平物語』によれば、前年、講師をしていた北星高等女学校の修錬（かつての聖書）の授業の中で、創造主をめぐり、「天照大神は日本の御先祖の神ですから、世界を造った神さまとは違うでしょう〔一二六〕」と説明したことがあった。また生徒の問いに対し、「戦争はどう考えても正しいことではない。悪いことです」

小野村林蔵

「だがしかし、人間の世界は、戦争は悪いことだから、しないことにするというまでに進んでいない」と答えたことが起因していた[一一七]。

小野村は、日本基督教団北海教区長でもあったので、北海教区としても軽視できなかった。教区常置委員会でも、事件は、「小野村牧師一身ノ思想ニ関スル」ものであるが、種々の噂がたつことに対し、「積極的ニ真相ヲ明ラカニシテ誤解ヲトク必要アリ」とする議決をした。教区幹部の慰問、巡回にとどめたホーリネスの事件とは対照的であった。小野村教区長辞任の後は札幌教会の真野萬穣が教区会（総会）の決議を経ず就任した[一一八]。

六月に起訴された際は、起訴理由に神社にかかる不敬は含まれず、もっぱら反戦言辞にかかる言論出版集会結社等臨時取締法第十八条違反とされた。検事は、本来なら治安維持法第七条（神宮、皇室への尊厳冒瀆）によって厳罰に処すべきところであると、付け加えた[一一九]。摘発の意図が、治安維持法の適用にあったと読みとれる論告であった。一審の札幌区裁判所の判決は、懲役八か月であったが、小野村は札幌北一条教会員の支持を受けて上告した。札幌控訴院の上告審では、弁護人に休職中の京都帝国大学教授瀧川幸辰を得て、翌一九四五年五月二十四日、無罪の判決となった。裁判長尾後貫《おごぬき》荘太郎《きしょうたろう》の判決文は、小野村の言説には「多少ノ不穏当ノ嫌イアルヲ免レズシテ反社会性アル」も人心を「惑乱」するものではなく、戦争の目的は正当であることを説いて国民の士気高揚に資するものであったと判断した。いわば小野村に反戦言辞があったことを否定するものであった[一二〇]。

小野村が危惧したのは、神社とくに伊勢神宮とここから配布されている大麻（お札《ふだ》）の扱いについての言説が神社・神宮への冒瀆と捉えられないかという点にあった。これまで小野村は、前章第六節にみるように、一九二五（大正十四）年に著書『神社に対する疑義』において、神社参拝や神棚設置の強要を批判してきた。しかし国体明徴の強化、治安維持法の改正によって、それらをしだいに容認するようになる。一九四二年の『同胞に送るキリスト者の言葉』では、神社参拝は「崇祖の礼を守ること」で、キリスト者の当然の行為であるとした。〔一三一〕一九四三年には、「大麻奉斎の心得」で神棚設置を迫られるキリスト者のために、これを大麻奉安所と言い換えて容認した。〔一三二〕それらの著作が神宮への不敬を引き出そうとする検察側の追及をかわすことができた。こうして無罪判決を得た小野村は、翌六月、再び札幌北一条教会の講壇に復帰し、説教にあたることになった。〔一三三〕さらに教会は八月、小野村を再び教会主管者として招聘した。〔一三四〕

会堂の接収と敗戦

教職者の拘留・裁判のほかにも、教会堂の接収や教職者の徴用は、教会活動に直接の制約を加えるものであった。会堂の接収では、まず一九四三年、陸軍被服本廠札幌出張所から日本基督教団北海教区に、倉庫として建坪五十坪（一六五平方メートル）以上の施設を提供されたいとの要請があった。すでに札幌大通基督教会（独立教会）に実施調査が入っており、さらに三越百貨店に近い札幌北光教会が対象となり実施調査を受けた。札幌北光教会としては隣接の幼稚園舎の提供はやむなしと考えていたが、軍からは民間団体との同居は不都合であるとして、全部の提供を要求された。同教会は、札幌教会が提供した北一条東六丁目の札幌明星幼稚園舎を借りて仮会堂とし、礼拝などの諸集会、日曜学校、幼稚園の保育を行うことになった。〔一三五〕一九四三年三月のことである。この年、札幌聖公教会（同年、日本基督教団に加入後は札幌北八条教会）も陸軍により倉庫として会堂が借り上げられて、礼拝堂は酒蔵になったという。〔一三六〕被服本廠のもう一か所の倉庫となった札幌大通基督教会が会堂を接収されたのは、翌一九四四（昭和十九）年八月で、礼拝は、教会の会堂守《もり》（管理人）の住宅で行っていたという。[一三七] カトリックの札幌北一条教会も伝道館（現、幼稚園舎）を陸軍――警備隊と推定されている――に接収された。[一三八]

軍の徴用ではないが、北星女学校は新設の庁立女子医学専門学校に校舎を一時、貸与するように求められた。前年、同校は高等女学校となって存続を図るため、学則からキリスト教主義を除き、「日本婦道」の修練に変えたばかりであった。このため同校理事会は、次年度の生徒募集を停止し、廃校の危機に立ち至った。[一三九]

牧師や司祭など教職者のなかには、宗教挺身隊の一員として徴用された者もいた。たとえば、函館郊外赤川の飛行場建設工事には、札幌北光教会の西田進牧師や札幌フランシスコ修道院の浅井晴雄修道士らが、三菱美唄炭砿には札幌豊水教会の張田寅男が労働に従事した。[一四〇] カトリックの司祭・修道女などでは、道内からも中川寿司祭などがセレベス（現、スラウェシ）やマニラなど南方の占領地に宣撫活動のため派遣された。[一四一]

戦争末期、キリスト教界は国策に順応しつつも、なお国家の抑圧の対象であることから免れられなかった。一九四五（昭和二十）年五月には、文部省が天主公教教団（カトリック）に対して、キリストの復活を教義から外すよう要求したといわれ、[一四二] また、同月、プロテスタントの日本基督教団も『信仰問答』の草案をめぐって、文部省教学局長から、

㈠現人神《あらひとがみ》である天皇を、キリスト教の神の被造物として神とキリストとの下に置くことは、天皇の神聖を汚して不敬となる、認められない。㈡キリスト復活信仰は幼稚で奇怪な迷信であるから信仰問答から除外せよ

と要求された。教団の富田満統理と村田四郎教学部長は、「信仰の最後の線から退くわけにはいかない。そこまで仰るのでしたら、私どもにも最後の覚悟があります」という意味のことを述べた、と村田が回想している。この要求は、文部省が認可した「天主公教教団規則」「日本基督教団規則」のなかにある信条、教義の根幹に介入して、「神」「復活」の教理に改変を求めたことになる。キリスト教会にとって、この要求は、譲歩できる限界を超えていると受けとめられた。『信仰問答』の作成では、教育勅語の線で譲歩してまでもまとめようとした富田と村田とは、共に殉教を語りあうことに追い込まれたと述懐している。[一四三]

戦時下、キリスト教界は教勢の低下だけではなく、教理の改変を招き、国家の統制の下に歩むことになった。もっともキリスト教界は、戦時体制下にとどまらず、近代を通じて天皇が統治する国家の枠組みを超える地点には、容易に立てなかったと言える。したがって昭和天皇がラジオ放送によってポツダム宣言受諾を国民に伝えた八月十五日は、キリスト教界にとって衝撃と同時に苦難からの解放の日として受けとめられた。[一四四]

この日、札幌北光教会の『教職日誌』には、「陛下のラジオ放送拝聴（戦ひは終れり）」と織田志満《しま》伝道師が短く書き込んでいる。[一四五]札幌豊水教会では『〔札幌〕小隊歴史』（日誌）に「情勢一変し新しく発足す」[一四六]と記した。札幌教会の女子共励会の記録には、「吾々は、陛下の玉音を拝しつつこらへてもこらへても涙あふれ、国民の総てが泣き伏した。（略）敗戦の事実を知った瞬間、如何《いか》に神の前に祈るべきかに迷ひ茫然たる気持ちであった」、八月十九日の礼拝では「君が代は泣けて歌へず」[一四七]と記している。同日、札幌北一条教会は臨時教会会議を開催、前述の小野村林蔵を再び主管者として招聘した。[一四八]

獄中にあって凍傷で手足がくずれ血を流すような冬を過ごした伊藤馨は、十月に釈放の知らせを聞き、金子末逸と手を握って喜びあった。〔一四九〕カトリックの神父たちの「喜びは大変なもので、これからは布教を良くすることが出来ると、昔の通りの大張り切り」であったという。〔一五〇〕一方、戦争協力に積極的であった日本基督教団北海教区長の真野萬穣は辞意を表明、翌年五月、札幌教会の牧師も辞任し、前任者が急逝した郷里の八雲教会の招聘を受けて札幌を去った。いずれの辞任理由も同じように説明していたようで、「終戦以来深く考えました結果、教区長を辞し、次いで教会をも辞し、多年の念願であった農村伝道に微力を献げ度い」〔一五一〕というものであった。「教会内ニモ人心一新ノ要望」〔一五二〕があったようで、自ら牧師としての活動の場の転換を図ったのである。

一九四五年十月、連合国総司令部は、「政治的、市民的及ビ宗教的自由ニ対スル制限ノ撤廃ニ関スル覚書」を発し、同月の治安維持法についで十二月、宗教団体法が廃止となった。キリスト教界も新しい時代への適応を模索しつつあった。キリスト教界が制約なしに、自らの信仰の内容を決定し、それを宣教によって表出できるようになるのは、戦後、大日本帝国の崩壊によって思想・信教の自由を獲得したことによる。敗戦は、キリスト教界にとって多様化の始まりであった。

こののち、キリスト教界は戦争政策に追随し、教理の変更にまで及んだことに、弁明と肯定、反省と批判が交錯した。やがてキリスト教界の論議は、見張りの役を神と人とに怠った戦争責任としてとらえ、さらに朝鮮などに対する植民地支配への批判に及ぶことになる。

註

〔一〕神の国運動と精神作興運動の「相呼応」した関係については、海老沢亮著、東方書院編『基督教各派の現状（日本宗教講座）』有隣書院、一九三四年、一二～一五頁。
なお、「精神作興運動趣意書」については、日本基督教団宣教研究所教団史料編纂室編『日本基督教団史資料集』第一巻、同研究所、一九九七年、一七〇、一七一頁。

〔二〕前註の海老沢亮は、戦後の著書（遺著）、『日本キリスト教百年史』（日本基督教団出版部、一九六五年〔三版。一九五九年初版〕）では、「国民精神作興運動の名の下にキリスト教的精神運動を企てることになった。それは時局への妥協であると見られるかもしれぬ」（二一九頁）、と当時を振り返って記している。精神作興運動を起こした当事者が、それを戦後どのように認識していたかを示す一例である。神の国運動、キリスト者の精神作興運動については、海老沢の著書のほか、海老沢有道・大内三郎共著『日本キリスト教史』日本基督教団出版局、一九七〇年、四八三～四九一頁、土肥昭夫著『日本プロテスタント・キリスト教史』新教出版社、一九八〇年、三四一～三四三頁。

〔三〕前註『日本プロテスタント・キリスト教史』、三四四、三四五頁。

〔四〕高木一雄著『大正・昭和カトリック教会史（日本と教会、二）』一、聖母の騎士社、一九八五年、五九、六〇頁。プロテスタントへの命令は未詳。

〔五〕『基督教年鑑』昭和十二年附録。註〔三〕、『日本キリスト教史』、五四六、五四七頁より再引。

〔六〕荻野富士夫著『北の特高警察』新日本出版社、一九九一年、一〇六、一三九頁以下。

〔七〕同志社大学人文科学研究所、キリスト教社会問題研究会共編『戦時下のキリスト教運動——特高資料による』第一巻、新教出版社、一九七二年、三七頁。

〔八〕註〔二〕、『日本基督教団史資料集』第一巻、一八一頁以下。

〔九〕日本メソヂスト教会、日本組合基督教会の声明は、前註、一一八、一三〇頁。日本基督教会は「支那事変に関する決議」案を一九三九年の大会で決議しているが、ここでは積極的に戦争を支持するよりも、この時期での伝道の重要性を強調している（前註、一〇三、一一〇頁）。

〔一〇〕前註、二五五～二六一頁。

〔一一〕都田恒太郎著『日本キリスト教団合同史稿』教文館、一九六七年、一五八頁以下。

〔一二〕『福音新報』第二二二七号、一九三八年十一月十日付、「宗教団体法案の上程」（戸村政博編『神社問題とキリスト教（日本近代キリスト教史資料、一）』、新教出版社、一九七六年、三〇八～三一〇頁、所収）。宗教団体法に対するプロテスタント各派の対応については、註〔二〕、『日本基督教団史資料集』第一巻に詳述されている。

〔一三〕前註、『神社問題とキリスト教』、一三〇頁、宗教団体法案提出理由説明（一九三九年一月の貴族院議事速記録による）。

〔一四〕前註、九七頁、宗教団体法案提出理由説明（一九二九年二月の貴族院議事速記録による）。

〔一五〕深谷善三郎編『宗教団体法解説』中央社、一九四〇年、増修七版、三〇頁以下、九八頁以下。

〔一六〕註〔七〕、『戦時下のキリスト教運動――特高資料による』第一巻、三〇四頁。出典『特高月報』（一九四〇年十二月分）。

〔一七〕本節における北海道および札幌市の状況については、とくに註を付したもののほか、主として次の文献を参照した。

北海道編『新北海道史』第五巻通説四、北海道、一九七五年、「第七編　拓殖の転換」。札幌市教育委員会編『新札幌市史』第三巻通史三、札幌市、一九九四年、「第七編　近代都市札幌の形成」。同、第四巻通史四、一九九七年、「第八編　転換期の札幌」。関秀志ほか共著『新版北海道の歴史』下、近代・現代編、北海道新聞社、二〇〇六年。

〔一八〕札幌市編『新札幌市史』第八巻Ⅱ、年表・索引編、札幌市、二〇〇八年、二四四、二六八頁。

〔一九〕註〔一七〕、『新札幌市史』第四巻、五八、三一三、三一四頁。

〔二〇〕前註、一六頁。

〔二一〕前註、九三七～九四一頁。

〔二二〕前註、九二一、九四一頁。註〔一八〕、『新札幌市史』第八巻Ⅱ、年表・索引編、二五〇、二五六頁。

〔二三〕前註、八、一二五～一二九頁。

註

〔二四〕 前註、二四五頁以下。

〔二五〕 前註、二三頁、註〔一八〕、『新札幌市史』第八巻Ⅱ、二八四頁。

〔二六〕 北海道編『新北海道史年表』北海道出版企画センター、一九九二年（二刷）、五五六頁。前註、『新札幌市史』第四巻通史四、八四六頁以下。

〔二七〕 戦時下、札幌の空閑地利用については、前註、『新札幌市史』第四巻通史四、八三六頁、註〔一八〕、『新札幌市史』第八巻Ⅱ、二八七頁、札幌市教育委員会文化資料室編『札幌歴史写真集（さっぽろ文庫別冊）』昭和編、同市・同委員会、一九八四年、三六頁。

〔二八〕 キリスト教界が知らないところで、活動の監視が加えられていたことは考えられる。全国的には内務省警保局編『昭和十一年中ニ於ケル社会運動ノ状況』（一九三八年刊）を収録した註〔七〕『戦時下のキリスト教運動――特高資料による』第一巻では、「基督教団体」について、一頁しかふれていないが、北海道ではどうであったろうか。一九三六（昭和十一）年十月、陸軍大演習が昭和天皇の統監によって挙行されたとき、北海道警察部特別高等課は『特別関係要警戒人物一覧簿』（一九三六年九月。北海道立文書館が複写本を所蔵）を作成していた。ここには、札幌の朝鮮人牧師韓《ハン》泰祐《テユ〔ママ〕》（当時五十二歳）が、「容鮮」という「種別」のもとに、警察官による「随時尾行」の対象として記されている。

〔二九〕 日本基督教会北海道中会歴史編纂委員会編『日本基督教会北海道中会記録 一九〇三年―一九六一年』新教出版社、一九八三年、二一〇頁。軽川伝道所については、前年一九三二年十二月に活動を開始していると北海道中会には報告されている。

〔三〇〕 札幌北部教会の廃止事情については、日本基督教団札幌北光教会教会七十周年記念誌編集委員会編『札幌北光教会七十年の歩み』同教会、一九六六年、六四、六五頁。

〔三一〕 札幌教会宣教七十五周年記念誌委員会編『宣教七十五周年の歩み』日本福音ルーテル札幌教会、一九九二年、五五頁以下、六三頁以下。

〔三二〕 ゲルハルト・フーベル「フランシスコ会北海道布教小史」一一（『光明』第一一八三号附録、一九五七年三月三十一日付、所収）。カトリック円山教会編『五十年のあゆみ』同教会、一九八七年、一二四頁。

（三三）札幌正教会百年史委員会編『札幌正教会百年史』札幌ハリストス正教会、一九八七年、一二四頁。
（三四）「札幌教会百年の歩み」編集委員会編『札幌教会百年の歩み』日本基督教団札幌教会、一九九二年、二〇七頁。
（三五）註（三九）、『日本基督教会北海道中会記録　一九〇三年―一九六一年』（二五）頁、（四八）頁。日本キリスト教会札幌北一条教会歴史編纂委員会編『日本キリスト教会札幌北一条教会一〇〇年史』同教会（市販版、一麦出版社）、二〇〇〇年、三二二頁。
（三六）亀徳一男「北海メソヂスト」の復活と札幌教壇の合流」（『札幌教壇』第二六号、一九三二年十二月十日付）。この記事の後半が「札幌をキリストへ」である。同紙発行の時点では、祈祷会の実施は予告記事にとどまるが、札幌北一条教会歴史編纂委員会編『日本キリスト教会札幌北一条教会一〇〇年史略年表』（同教会、一九九五年）、三一頁では実施したこととして記載している（ただし、一部の主題の名称を異にしている。ちなみに第五夜の題は前記の札幌北一条教会一〇〇年史略年表では「札幌教化の為」であった）。亀徳一男の言う「非基督的風潮」とはなにか、詳らかではないが、前章で神棚設置奨励の問題に対峙した小野村林蔵が第二夜（一月四日）の奨励者として「家庭祭壇の建設」を題に掲げている。
なお、満州事変後の「非常時」について、亀徳は「『非常時意識』が国民一般に甚《はなはだ》希薄である」と主張している。「非常時」が強調されるなかで、これもまたキリスト教の意義を主張する契機となっている。
（三七）註（三四）、『札幌教会百年の歩み』、一九一頁。この原典は、『北海道部部会記録　第二十七回　昭和八年十月』（札幌教会所蔵）。
（三八）「札幌組合基督教会第四十一回定期総会」（総会議案）、第一、教会報告（『北光』第二五六号、一九三五年十一月十日付、所収）。
（三九）註（三二）、「フランシスコ会北海道布教小史」一〇（『光明』第一一八二号附録、一九五七年三月十七日付、所収）。
（四〇）本章のカトリックの社会事業については、仁多見巌「戦時下における札幌のカトリック伝道と受難」（『札幌の歴史』第二九号、一九九五年八月、所収）、八頁に拠った。
（四一）北海道社会事業協会編『北海道社会事業団体誌』同協会、一九四一年、七四〜七九頁。ただし、同書の「社団法

人マリヤ奉仕会札幌支部天使院」の年表等には社会事業団体として〝公認〟されたとの記載はない。ほかに天使病院七五周年記念誌編集委員会編『天使病院七五周年記念誌』聖母会天使病院、一九八七年、四九、五三頁に拠る。

(四二) 註(四)、『大正・昭和カトリック教会史(日本と教会、三)』二、一九八五年、一二～一四頁。

(四三)「北支事変の為祈願の大礼拝」(『北光』第二七六号、一九三七年八月十日付、所収)。「札幌組合基督教会第四十三回定期総会」(同、二七八号、一九三七年十一月十日付、所収)。

(四四) 椿真六「国民精神総動員と日本人基督教徒」(『北光』第二七九号、一九三七年十二月十日付、所収)。椿は、日中戦争勃発を契機に天皇への帰一と国家の方針に添う言説を強める。その端的な発言が、「非常時新年、教徒の覚悟」(『北光』第二八〇号、一九三八年一月十日付)で述べた「日本臣民たる我等は基督教徒の国民道徳として(闕字)天皇陛下に絶対服従忠誠を誓ふべきである。基督教神学には、三位一体《さんみいったい》の教理がある。日本に在りては、四位一体と申し得る」と父と子と聖霊の三位に天皇を加えての四位一体を主張するに至る。

(四五) 岸本羊一著『スキャンダラスな人びと――レーン夫妻スパイ事件と私たち――』新教出版社、一九九一年、一三九頁以下。

(四六) 内務省警保局保安課「北支事変ニ関スル情報(其六)」(註(四二)、『大正・昭和カトリック教会史(日本と教会、三)』二、五六頁、所収)。

(四七) 註(七)、『戦時下のキリスト教運動――特高資料による』第一巻、二八六、二八七頁。

(四八) 前註、『戦時下のキリスト教運動――特高資料による』第二巻、八六～二九〇頁。秋元巳太郎原著、杉森英子編著『神の国をめざして――日本救世軍の歴史』二(一九二七～一九四六)、救世軍出版供給部、一九九二年、二四六～二四九頁。救世軍北海道聯隊札幌小隊編『救世軍[札幌]小隊歴史』、一九二八年使用開始(同小隊所蔵)。「札幌市史編集資料」二一、宗教(一)調査資料、一九五〇年、救世軍北海道連隊救世軍札幌小隊の項(札幌市公文書館所蔵)。

(四九) 日本聖公会北海道教区歴史編纂委員会編『教区九十年史』同教区、一九六六年、一九一～一九六頁。

(五〇) 仁多見巌著『異境の使徒――英人ジョン・バチラー伝』北海道新聞社、一九九一年、二〇六頁。

(五一) 中川宏監修、仁多見巌編著『北海道とカトリック』戦前篇、「北海道とカトリック」出版委員会、一九八三年、

三七八、三七九頁。

〔五二〕 註〔三九〕、『日本基督教会北海道中会記録　一九〇三年―一九六一年』、二六八頁。註〔三五〕、『日本キリスト教会札幌北一条教会一〇〇年史』、二一六頁。日本基督教会札幌北一条教会創立六十年史編纂委員会編『日本基督教会札幌北一条教会創立六十年史』（同委員会、一九五六年）では、小野村が「各々《おのおの》良心の痛みにいづれも暗澹たる思いをしたと云う」（六一頁）と、小野村の心境を書き留めている。

〔五三〕 北星学園百年史刊行委員会編『北星学園百年史』通史篇、一九九〇年、二一一、二一二頁。

〔五四〕 前註、二四五、二四六頁。

〔五五〕 前註、二三〇、二三一頁。

〔五六〕 前註、二三五頁。「赤い球事件」とは、赤い球を校内に投げ入れ、それを焼夷弾に見立てて防火、退避の訓練を実施しようとしていたが、何も知らずに登校した生徒が、それを蹴って遊んでいたことから、大騒ぎとなったことをさす。

〔五七〕 前註、二六二～二六四頁。

〔五八〕 斎藤信和「札幌藤高等女学校」（札幌市教育委員会文化資料室編『女学校物語（さっぽろ文庫、三五）』札幌市・札幌市教育委員会、一九八五年、所収）、八三頁。

〔五九〕 牧野キク「藤に生きる」（『私たちの歴史』二、北海道新聞社、一九八四年）、二五四頁。

〔六〇〕 註〔五二〕、『北海道とカトリック』戦前篇、四〇二頁。

〔六一〕 大矢和子「藤高等女学校での修道女の「俗服」着用について」（『札幌の歴史』第五四号、二〇〇八年二月、所収）、八二頁。「俗服」着用の時期は十月十五日で、服装はいわゆる標準服の制定以前であったから、日本人修道女は簡素な着物、外国人修道女は修道服に近い洋装であったと考えられる。ただし諸文献・証言には整合しがたいところがある。

なお、当の藤女学校の校史、藤女子中学校・高等学校70周年記念誌編集委員会編『ゆたけきめぐみ――藤女子中学校・高等学校70周年記念誌』（同校、一九九五年）三〇頁では、一九四〇年九月の始業式にはドイツのシスターが水色のワンピース、牧野キク校長等日本人の教師等は黒い着物であったと、在校生の証言を記している。

〔六二〕 註〔三九〕、「フランシスコ会北海道布教小史」一〇。五十周年記念誌編集委員会『光星五十年のあゆみ』札幌光星高等学校、一九八四年十一月、八頁。註（五二）、『北海道とカトリック』戦前篇、三五七頁。

（六三）前註、『北海道とカトリック』戦前篇、三五九～三六〇頁。註（四）、『大正・昭和カトリック教会史（日本と教会、四）』三、聖母の騎士社、一九八五年、三三七頁。

（六四）前註、『北海道とカトリック』戦前篇、三六二頁。註（六二）、『光星五十年のあゆみ』、九、三九頁。泉重陽「札幌光星商業学校」（札幌市教育委員会文化資料室編『旧制中学物語（さっぽろ文庫、三〇）』札幌市・札幌市教育委員会、一九八四年、所収）、七五頁。

（六五）文部省の認可を受けた日本基督教団規則については、註（二）、『日本基督教団史資料集』第二巻（一九九八年二月）、二一頁以下。部制は、附則第三百条から第三百五条に規定があるにすぎない。以下、本章の日本基督教団規則は、同資料集に拠る。

（六六）日本基督教団規則第三百四条で、各部の協議会開催を認め、また第三百五条で教会・伝道所の設立・廃止、教会主管者、教師の任免について、「各部ノ意見ヲ徴スルコトアルベシ」との規程があるのみであるが、各部では、総会を開催し、また地方でも、たとえば第一部（旧日本基督教会）の北海道中会が一九四二年五月に開催されている（註（一九）、『日本基督教会北海道中会記録　一九〇三年－一九六一年』、二七四頁以下）。

（六七）日本基督教団の部制廃止については、註（六五）、『日本基督教団史資料集』第二巻、六〇頁以下。

（六八）宗教団体法下のキリスト教各派（日本基督教団、カトリック、ハリストス正教会、聖公会、ホーリネス）の動向については、キリスト教史学会編『戦時下のキリスト教――宗教団体法をめぐって』（教文館、二〇一五年）が詳述している。またセブンスデー・アドベンチスト教会については、中井純子「宗教団体法及び改正治安維持法下での日本セブンスデー・アドベンチスト教団の弾圧」（『キリスト教史学』第六九集、二〇一五年、所収）がある。

（六九）註（三四）、『札幌教会百年の歩み』、二二四、二二五頁。

（七〇）『北光』第三二〇号、一九四〇年九月十日付。

（七一）小野村林蔵「教会の合同について」（小野村林蔵著、小野村林蔵全集刊行委員会編『小野村林蔵全集』第三巻、新教出版社、一九七九年、所収。『泉』一九四〇年九月号掲載）一二～一四頁。

〔七二〕 註〔三九〕、『日本基督教会北海道中会記録　一九〇三年―一九六一年』、二八五頁。稲垣正策編『第一回―第十回日本基督教団教区総会議事録、北海教区常置委員会など記録』編者、［二〇〇九年］、一七、一八頁。札幌においても日本基督教団に加わった各教派の札幌教会はいくつもあった。「札幌各教会名称の件」は、一九四一年七月の教区会準備委員会の議題であったが、内容は明らかではない（前掲稲垣正策編、六頁）。ただ、東海教区がそうであったように、全国的にはその都市で最も古い歴史をもつ教会がその都市の名称のみを冠することになったようである（［日本基督教団］東海教区史編纂小委員会編『東海教区史』同教区、二〇〇三年［改訂版］、一七二、一七三頁）。教団に参加した札幌の教会の中では、当時は日本メソヂスト札幌教会の設立が最も古いと了解され、同教会が「札幌」教会と名乗ることになったのではなかろうか。

〔七三〕 註〔三五〕、『日本キリスト教会札幌北一条教会一〇〇年史』、二一四頁。註〔三〇〕、『札幌北光教会七十年の歩み』、七一頁。

〔七四〕 註〔六五〕、『日本基督教団史資料集』第二巻、二一頁以下。日本基督教団統理者は、教団を代表し、管理統制する。さらに教義の裁定、教団規則の変更、教会の存否、教師の任免、その他教会の人事に決定的な権利を保有するとされる（同書、三頁）。

〔七五〕 日本基督教会桑園伝道所の「宗教結社届」は一九四〇年四月十二日付（札幌市役所『宗教結社届綴　昭和十五年』北海道立図書館所蔵、札幌宗教関係書類、一四、所収）。

〔七六〕 李清一《イチョンイル》「北海道・樺太伝道と韓泰裕牧師（歴史コラム、二二）」（在日大韓基督教会編『福音新聞』第六一五号、二〇〇三年八月）所収、二頁。『基督教年鑑』一九四〇年版、六四頁。李清一著、在日大韓基督教会歴史編纂委員会監修『在日大韓基督教会宣教一〇〇年史　一九〇八―二〇〇八』かんよう出版、二〇一五年、八六～八八頁。

〔七七〕 札幌市役所庶務課庶務係『寺院教会規則認可関係　昭和十七年』北海道立図書館所蔵、札幌宗教関係書類、二〇。宗教団体法に従って一九四一年五月三日に認可された「日本天主公教教団規則」では、教団統理者が教区長、司教を含む教師、修道院長の任免をローマ教皇庁とは独立して行えることとなった。ローマ教皇庁と断絶したかのような任命と叙階は、教皇庁の容認の下に行われたものとみられている（註〔六八〕、『戦時下のキリスト教――宗教団体法をめぐって』、所収、三好千春「カトリック教会（日本天主公教教団）」、七一～七四頁）。

〔七八〕註〔六五〕、『日本基督教団史資料集』第二巻、二〇八、二〇九頁。

〔七九〕註〔七七〕、『寺院教会規則認可関係　昭和十七年』では、一九四二年三月三十一日付で札幌聖公教会が認可されている。ここでは「日本聖公会札幌教会」を「札幌聖公教会」に訂正しての申請であった。同教会が日本基督教団に加入した時点は明らかでないが、一九四三年中のことと考えられる。

〔八〇〕前註、『寺院教会規則認可関係　昭和十七年』。

〔八一〕逢坂信忢「当教会と合同問題に関して」（『独立教報』第三五〇号、札幌大通基督教会、一九四二年四月十五日付、所収）。札幌独立キリスト教会教会史編纂委員会編『札幌独立キリスト教会百年の歩み』上巻、同委員会、一九八二年、一二四頁。文部省は同教会牧師逢坂信忢の上京を求めてまでも「合同」を「勧誘」した。また「独立」の名称を残すことが合同への対抗であると目され、削除を求めたという。ともあれ同教会は、十一月二十八日に「法人認可」の記念祝賀会を挙げた（同書、三一七頁）。

なお、独立教会の法人認可を担当した文部省宗務課属官西村徳次郎は、教会に「独立」削除を迫る立場であったが、戦時下の一九四四年四月八日にカトリックに入信し関口教会で洗礼を受けた。西村は戦時下の問題について戦後に回想記を残した（西村徳次郎著、吉岡繁編『昭和キリスト教受難回想記』編者、二〇〇九年）。西村の受洗、回想記については、佐々木宏人「封印された殉教――あなたは戸田帯刀神父を知っていますか?」⑯（『福音と社会』第二六六号、カトリック社会問題研究所、二〇一三年二月）五二～五六頁でふれている。

〔八二〕独立教会の「教会合同」については、註〔八一〕、『札幌独立キリスト教会百年の歩み』上巻、一二四頁以下、下巻、一九八三年、一五九～一八四頁。

〔八三〕『独立教報』第三三九号、一九四一年四月十五日付、所収、「教報」。独立教会としては、部に属せず日本基督教団直属の教会であれば、合同を拒否できないとしていたが、教団側がいずれかの部に属することを求めていたと受けとめており、結局、教団への加盟を拒否する理由のひとつとなった（註〔八一〕、「当教会と合同問題に関して」）。

〔八四〕註〔八二〕、『札幌独立キリスト教会百年の歩み』下巻、一六八頁以下。逢坂信忢「W・S・クラーク先生を憶《おも》ふ」其七、『独立教報』第三四八号、一九四二年一月十五日付、所収。前註、「当教会と合同問題に関して」。

〔八五〕註〔八二〕、『札幌独立キリスト教会百年の歩み』下巻、一六五、一八〇頁。
〔八六〕註〔七七〕、『寺院教会規則認可関係　昭和十七年』。註〔六五〕『日本基督教団史資料集』第二巻、二三二頁。
〔八七〕前註、『寺院教会規則認可関係　昭和十七年』。
〔八八〕一九四一年十一月三十日、朝拝説教（『週報』第四九号、一九四一年十二月七日付に要旨を収録）。
〔八九〕椿真六「会員及び会友（「北光」講読者）諸君に呈す」（『週報』第一〇号、札幌北光教会、一九四二年三月八日付、所収）。
〔九〇〕註〔三四〕、『札幌教会百年の歩み』、二三二、二三三頁。
〔九一〕註〔五三〕、『北星学園百年史』通史篇、二六七頁以下。開戦時、北星女学校での小野村の様子を伝えたのは、彼と距離があったという校長の溝上《みぞうえ》茂夫である。もっとものちに小野村が逮捕された際の検事論告では、「（大東亜戦争は）米英のみが悪いのではない、子供の喧嘩のやうなもので双方共悪いのである」（註〔七〕、『戦時下のキリスト教運動――特高資料による』第三巻、一九七三年、二二九頁。註〔三五〕、『日本キリスト教会札幌北一条教会一〇〇年史』、二四〇、二四一頁）など、反戦容疑であることを記している。ただ、日米開戦時の小野村の言説は、『泉』三四号（一九四一年十二月号）所収「その日の記録」に記しているように、「反戦」ではなかった。
〔九二〕註〔三六〕、『日本キリスト教会札幌北一条教会一〇〇年史略年表』、三九頁。日付、名称を北海教区の文書で補正した。なお、札幌新生教会史編纂委員会編『札幌新生教会八十年史』ホーリネスの群札幌新生教会、一九九〇年、一五二頁では十二月二十七日としている。
〔九三〕札幌の教会の報国会（団）結成については、註〔三五〕、『日本キリスト教会札幌北一〇〇年史』、二三三頁、註〔三四〕、『札幌教会百年の歩み』、二三三頁、註〔三〇〕、『札幌北光教会七十年の歩み』、八〇頁、註〔四八〕、『救世軍〔札幌〕小隊歴史』」一九四二年二月十一日条。
〔九四〕註〔三四〕、『札幌教会百年の歩み』、二四三頁。註〔三〇〕、『札幌北光教会七十年の歩み』、七六頁。
〔九五〕註〔三〇〕、『札幌北光教会七十年の歩み』、七六頁。
〔九六〕註〔三四〕、『札幌教会百年の歩み』、二四四頁。

〔九七〕 土屋博・寺岡宏共著『北海道大学キリスト教青年会の歩み――羊たちの群像――』（同青年会、二〇〇九年）七五頁より再引。

〔九八〕 註〔三〇〕、『札幌北光教会七十年の歩み』、七四、七五頁。註〔三五〕、『日本キリスト教会札幌北一条教会一〇〇年史』、二三四頁。日本基督教団は一九四二年十二月十日、キリスト教の礼拝式には無い国民儀礼を全教会で実施するよう通知し徹底を図った（註〔六五〕、『日本基督教団史資料集』第二巻、二四一頁）。もっとも国民儀礼は、戦時下で外部から強要されたものというよりも、教団によって自発的に促されたものであったこと、またキリスト教の土着化、信徒の愛国心の問題にも関わっていることについては、註〔六八〕、『戦時下のキリスト教――宗教団体法をめぐって』第一章のうち、四四頁以下、第二章のうち七九頁以下が詳述している。

〔九九〕 日本基督教団讃美歌委員会編、警醒社、一九四四年二月（第二版。初版一九四三年）。『興亜讃美歌』を礼拝式順に載せた例としては、札幌北光教会の『週報』第四四四号（四三年一月七日付）がある。ここでは、同讃美歌三四番「義は国を高くこそすれ」を礼拝の冒頭、国民儀礼および本来の礼拝開始を告げる「奏楽」（前奏）の前に歌うように位置付けている。

〔一〇〇〕 カトリック北十一条教会記念誌委員会編『フルダから札幌へ――カトリック北十一条（聖フランシスコ）教会創建七五周年記念――』同教会、一九八四年、六八頁。カトリックでの国民儀礼は、各教会のミサの前に実施すべきことが強制されたものであったという（註〔六三〕、『大正・昭和カトリック教会史（日本と教会、四）』、三、二九頁）。

〔一〇一〕 註〔三五〕、『日本キリスト教会札幌北一条教会一〇〇年史』、二五四頁。

〔一〇二〕 キリスト教界が戦争協力に消極的とみられたことについて、たとえば内務省警保局は、日米英開戦後のキリスト教界の状況として「宗教諸団体亦《また》概ね時局即応の態度を示したるが、中には依然時局を認識せず非国民的態度に出づるもの少からず、殊に従来英米依存関係にありたるプロテスタント系基督者並に「きよめ教会」、「日本聖教会」等所謂《いわゆる》終末教徒等の言動には極めて注意警戒を要するものありたり」とした（註〔七〕、『戦時下のキリスト教運動――特高資料による』第二巻、一九七二年、一七、一八頁）。このような内務省の把握によって、翌一九四二年以降、とくにホーリネス系などキリスト再臨（終末論）を強調する諸教派、また言動を再臨論に結びつけられたキリスト者が検挙されることになる。

〔一〇三〕官憲による現日本聖公会札幌キリスト教会への監視については、札幌キリスト教会歴史編集委員会編『日本聖公会札幌キリスト教会百年の歩み』同教会、一九九三年、四一頁、同教会員藤井清「藤井清氏聞書き（一九九五年）（新札幌市史編集資料）」新札幌市史編集室、一九九五年九月二十七日、稲場民子聞取。ほかにキリスト教会への監視の例は次のとおり。

　武田俊信・細谷良彦共編『山鼻カトリック教会三十年のあゆみ』、同教会三十周年記念祝典委員会、一九六〇年、三八頁。カトリック北一条教会宣教100周年記念誌編集委員会編、『神の愛　われらに満ちて――カトリック北一条教会宣教100周年記念――』同教会、一九八二年、二六、二九頁。註〔一〇〇〕、『フルダから札幌へ――カトリック北十一条（聖フランシスコ）教会創建七五周年記念――』、六六頁。註〔三三〕、『札幌正教会百年史』、一四五頁。

〔一〇四〕上田誠吉著『ある北大生の受難――国家秘密法の爪痕』朝日新聞社、一九八七年、一二九頁以下。その後、レーン・宮澤事件は、二〇一三年に成立、翌二〇一四年施行となった「特定秘密保護法」が国会で審議された時期に再び注目され、北大生宮澤弘幸「スパイ冤罪事件」の真相を広める会編『引き裂かれた青春――戦争と国家秘密』花伝社、二〇一四年などが公刊され、現在につながる問題として意識された。

〔一〇五〕椿貞子編著『陽子の坂道』椿貞子後援会、一九七七年、五、六頁。拘留の対象となった「依然世界はキリストの救いを要す」を収載した『北光』は、十二月十日付の三三四号と思われるが、現存を確認できていない。

〔一〇六〕張田豊次郎については、「思想上の問題にて警察に留置五日間取調べを受けた」が「無罪」で釈放された（故加藤邦雄牧師収集史料、13日本基督教団関係資料、ｖｏｌ・３、［キリスト教関係被弾圧者名簿］、一三七頁。この資料の複製は北海道キリスト教会史史料調査会が北海道立文書館に寄贈している。同館での文書群名は「北海道キリスト教史資料」と仮称している）。木村清松については、次註。長沢義正については、筆者の伝聞による。拙稿「戦争期、キリスト教徒にみる国家体制順応の思想――札幌組合基督教会椿真六牧師の場合を事例として――」㈠（『北海道史研究』第二二号、一九八〇年四月）、所収、「北海道のなかの〝国権とキリスト教〟（抄）」参照。

〔一〇七〕註〔九二〕、『戦時下のキリスト教運動――特高資料による』第三巻、三二〇頁。

〔一〇八〕註〔一〇二〕、『戦時下のキリスト教運動——特高資料による』第二巻、二四九〜二五一頁。註〔五二〕、仁多見巌編著『北海道とカトリック』戦前篇、三八〇頁。註〔八二〕、「封印された殉教——あなたは戸田帯刀神父を知っていますか？——」⑱（『福音と社会』二六八号、二〇一三年六月）、四四頁以下（同稿は『福音と社会』連載後『封印された殉教』上・下巻、フリープレス、二〇一八年、として出版された、と聞く）。

〔一〇九〕註〔一〇二〕、『戦時下のキリスト教運動——特高資料による』第二巻、二四八、二四九頁。小山宗祐の事件については、坂本幸四郎著『涙の谷を過ぎるとも——小山宗祐牧師補の獄中自殺』（河出書房新社、一九八五年）がある。札幌新生教会の伊藤馨によれば、小山は「見習い伝道者のような格」（ホーリネス・バンド昭和キリスト教弾圧史刊行会編『ホーリネス・バンドの軌跡——リバイバルとキリスト教弾圧——』編者、一九八三年、一三一頁）であった。小山を牧師補または補教師と記すものもあるが、いずれも類推によるのではないかと思われる。

〔一一〇〕註〔九二〕、『札幌新生教会八十年史』、一五三頁以下。

〔一一一〕註〔一〇九〕、『ホーリネス・バンドの軌跡——リバイバルとキリスト教弾圧——』、七七三〜七八四頁ほか。

〔一一二〕永沢悟「戦時下、日本基督教団北海教区における第六部等の動向」（日本キリスト教団北海教区宣教研究委員会編『宣教論集——一九八六年——』同教区、一九八七年、所収）、七〇、七一頁。註〔九二〕、『札幌新生教会八十年史』、一六四、一六五、四一四頁。註〔一〇二〕、『戦時下のキリスト教運動』、二、一三一、一三二頁。

〔一一三〕註〔九二〕、『戦時下のキリスト教運動』、三、一四四頁。ここでは教団統理者富田満、財務局長松山常次郎が警視庁で述べた言動に拠った。これらの発言は、今日、ホーリネス弾圧に対する教団の対処として、しばしば引用されている。日本基督教団は、旧六部、旧九部への弾圧に加担したことを、一九八六年十一月に開催の第二十六回総会で関係者に謝罪した。

〔一一四〕註〔一一二〕、永沢悟「戦時下、日本基督教団北海教区における第六部等の動向」、六〇、七二頁。註〔九二〕、『札幌新生教会八十年史』、一六四〜一六七頁。

〔一一五〕浅見仙作著『小十字架』待晨堂書店、一九五二年、九〜一一頁。無教会史研究会編著『無教会史』Ⅱ第二期継承の時代、新教出版社、一九九三年、一七七頁。

（一一六）前註、『小十字架』、七、一一、八〇頁。
（一一七）前註、四二頁。
（一一八）前註、六七〜七四頁。
（一一九）前註、六一頁。日本基督教団第九部（旧きよめ教会）の牧師辻啓蔵の上告審では、裁判長三宅正太郎のもとで懲役二年の実刑が確定している。浅見仙作への大審院判決の一年余前、一九四四年四月三十日のことである。この判決では、再臨の実現、国体の否定が実現可能かどうかは問題ではなく、国体を否定する言説を流布したこと、そのような結社の指導者たる任務にあったことが、治安維持法第七条前段の犯罪を構成するとした（註（六五）、『日本基督教団史資料集』第二巻、一五三、一五四、一五七〜一六二頁）。ここでは、結社の信仰そのものが違法とされた。辻は服役中に死亡した。いわば獄死である。
（一二〇）梶山積著『使命に燃えて――日本セブンスデー・アドベンチスト教会史――』福音社、一九八二年、三五九、三六〇頁。
（一二一）前註、三五三〜三五四頁。
（一二二）金子末逸の判決については、戦後の調査で懲役五年という記事（註（一〇二）、『戦時下のキリスト教運動――特高資料による』第二巻、三〇二頁）もあるが、金子自身の回想に拠った（前註、三八四頁）。国谷弘の判決については、註（九一）、『戦時下のキリスト教運動――特高資料による』第三巻、二三八頁に拠った。
（一二三）註（一二〇）、『使命に燃えて――日本セブンスデー・アドベンチスト教会史――』、六六七〜六七四頁。獄死者の内訳は、セブンスデーが三人、ホーリネス系のきよめ教会二人、聖教会二人であった。獄死者については、註（一〇二）、『戦時下のキリスト教運動――特高資料による』第二巻、三〇一〜三〇五頁。註（一〇九）、『ホーリネス・バンドの軌跡――リバイバルとキリスト教弾圧――』、七七五、七七七、七八〇頁。
（一二四）新名忠臣著『教会組織五十周年記念誌――セブンスデー・アドベンチスト教団札幌教会史、主をほめたたえよ――』同教会、一九七七年、一三七、一四四頁。
（一二五）註（九一）、『戦時下のキリスト教運動――特高資料による』第三巻、二二八、二二九頁。

〔二二六〕小野村林蔵著『豊平物語――伝道と自伝の書――』札幌キリスト教伝道文書刊行会、一九六三年、二〇七頁。

〔二二七〕前註、二三九、二四〇頁。註〔九二〕、『戦時下のキリスト教運動――特高資料による』第三巻、二二八、二二九頁に見る送検の被疑事実とされたのは、一九四三年四月頃から十二月下旬頃までの言動として、㈠伊勢神宮などの「御札は一種の迷信で当然廃止されてもよい」、㈡「米英のみが悪いのではない、子どもの喧嘩のやうなもので双方共悪い」、㈢日本の大陸および南方への進出が大東亜戦争の原因となった、㈣大本営発表の正確性について述べたとされた点であった。一方、『豊平物語』では、㈠以外の、反戦的言辞と見られる部分は、詳述されていない。

なお、北星女学校の関係者は、日米英開戦時に檄をとばす小野村の言動を証言している（前註〔九二〕参照）。

〔二二八〕註〔七二〕、『第一回―第十回日本基督教団北海教区総会議事録、教区常置委員会など記録』、八七～九〇頁。

〔二二九〕註〔九二〕、『戦時下のキリスト教運動――特高資料による』第三巻、二二九、二三〇頁。

〔二三〇〕註〔三五〕、『日本キリスト教会札幌北一条教会一〇〇年史』、二四一、二四二頁。小野村林蔵の事件は、同書第四章に詳述されている（註〔二三四〕参照）。

〔二三一〕小野村林蔵著、小野村林蔵全集刊行委員会編『小野村林蔵全集』第二巻、新教出版社、一九七九年、四八五頁以下。

〔二三二〕註〔二二六〕、『豊平物語――伝道と自伝の書――』、二四九、二五〇頁。

〔二三三〕前註、二八三頁。

〔二三四〕註〔三五〕、『日本キリスト教会札幌北一条教会一〇〇年史』、二六八頁。同書における小野村の裁判および神社問題にかかる小野村の思想、著作については、二三四頁以下のほか、二二七～二三一、二五五～二五七頁で扱っている。神社問題を回避できた第一審を含む裁判の結果について小野村自身の見解は、戦後の著作であるが『豊平物語』において、「日本の全キリスト教会に及ぶべき迷惑から教会を救うことになった」（二五四頁）と述べたことに凝縮されていると言えよう。『神社に対する疑義』から『同胞に送るキリスト者の言葉』「大麻奉齋の心得」に至る過程を小野村自身が行った説明について、筆者は不明にして捉えていないが、その過程を神社問題に関する小野村の思想の後退（「妥協と屈服」）とする見解がある。それに対して小野村の立場を「戦争中の不当な国家主義との戦い」であったと擁護する立場がある。拙稿「戦時下キリスト教史の叙述について――『新札幌市史』のためのノート」（『札幌の歴史』第三一号、一九九六年八月）、二、三頁では、前者の金田隆一と後者の武田清子との見解を対照させてみた。ほかにも『日本キリスト教会札幌北一条教会一〇〇年史』が紹介する小野静雄の見解（キリスト教のための弁明、二三〇、二三一頁）、『同胞に送るキリスト者の言葉』についての山田滋《しげる》の解説（「牧会的配慮に満ちたキリスト教の弁証」。『小野村林蔵全集』第二巻五三〇、五三一頁）がある。筆者はこれを擁護する見解に立たないが、かたや神社参拝、神棚設置にかかる小野村の見解の変容を後退とみるのもその思想を分析する視角として有効とは思われない。後退とみるのは、『神社に対する疑義』を小野村本来の思想の基準点と見立てて、それからの距離を戦後の地点に立って測っていることにならないのだろうか。『神社に対する疑義』の書名の由来となった同名の記事は、前章註〔一九〇〕にみるように、いわゆる大正デモクラシーの時代、一九二〇年に発表されたものであった。しかし、同書刊行の主たる契機は、刊行時一九二五年頃に起きた国民精神作興運動下の神棚設置問題であった。神社参拝、神棚設置についての時代の許容度に、小野村の文章が規定されていると言えないであろうか（拙稿「札幌における状況への順応」『キリスト教史学』第七一集、二〇一七年、所収、参照。この二つの拙稿は『札幌キリスト教史の研究――通史のための試み』第一部第四章および第二部第二に収録した）。

〔一三五〕註〔三〇〕、『札幌北光教会七十年の歩み』、七二、七三頁。

〔一三六〕註〔一〇三〕、『日本聖公会札幌キリスト教会百年の歩み』、四一頁、「藤井清氏聞書き（一九九五年）」。

〔一三七〕註〔八四〕、『札幌独立キリスト教会百年の歩み』下巻、三一八頁。牧師逢坂信忢の記憶によるという。

〔一三八〕註〔六三〕、『大正・昭和カトリック教会史（日本と教会、四）』、三、二三九頁。仁多見巌「北海道カトリック教会略年表」（カトリック札幌地区信徒使徒職協議会平和旬間グループ『信仰は時空を超えて』編集委員会編『信仰は時空を超えて――戦後50年を機に戦争と平和を考える――』同協議会、一九九六年八月、所収）、一四四頁。ただし、カトリック北一条教会信友会「宣教一二〇周年記念事業委員会記念誌小委員会」編『「喜び、祈り、感謝」――カトリック北一条教会宣教一二〇周年記念――』（同教会、二〇〇二年）二八頁では、接収を一九四三年としている。

〔一三九〕註〔五三〕、『北星学園百年史』通史篇、二七八、三一一～三一七頁。

〔一四〇〕註〔三〇〕、『札幌北光教会七十年の歩み』、七七、八〇頁。註〔五二〕、『北海道とカトリック』戦前篇、三一七、三二二頁。

註〔四八〕、『救世軍［札幌］小隊歴史』一九四三（昭和十八）年十二月十三日条、ここでは挺身隊の名が、「宗教団体特別勤報隊」となっている。

〔四一〕註〔六三〕、『大正・昭和カトリック教会史（日本と教会、四）』、三、二二七頁。

〔四二〕註〔四〕、『大正・昭和カトリック教会史（日本と教会、五）』四、聖母の騎士社、一九八五年、四三七頁。

〔四三〕東京教区史編集委員会編『東京教区史』日本基督教団東京教区、一九六一年、九〇～九二頁。註〔六五〕、『日本基督教団史資料集』第二巻、七〇、七一頁。

〔四四〕キリスト教史学会は、二〇一六年九月九日、札幌で「札幌とキリスト教――戦時下のキリスト教」をテーマにシンポジウムを開催した。この成果は、註〔一三四〕、『キリスト教史学』第七一集に収録されている。ここでは拙稿のほか札幌独立キリスト教会（当時は、札幌大通基督教会）、北星女学校についての報告と課題の提起がなされている。
なお、『キリスト教史学』第七一集に収録された大友浩「戦時下の札幌独立基督教会――逢坂信忢牧師の悪戦苦闘」では、宮部金吾が戦時下に会堂前面に掲げられていた英文のW・S・クラーク記念会堂の表示を除去すること、また主の祈りの最後の頌栄（「国と権《ちから》と栄《さかえ》とは限りなく汝の有《もの》なればなり」）を廃止しようとする提言を行ったことに対して、逢坂が「断固峻拒」したと、逢坂の著書『クラーク先生詳伝』（クラーク先生詳伝刊行会、一九五六年）を参照して紹介している。

〔四五〕註〔三〇〕、『札幌北光教会七十年の歩み』、七七頁。

〔四六〕註〔四八〕、『救世軍［札幌］小隊歴史』、一九四五（昭和二十）年八月十五日条。

〔四七〕註〔三四〕、『札幌教会百年の歩み』、二五〇、二五一頁（日本基督教団札幌教会教会史編纂委員会編『川畔の尖塔――札幌教会七五周年――』同教会、一九六四年、一三八～一三九頁からの再引）。

〔四八〕註〔三五〕、『日本キリスト教会札幌北一条教会一〇〇年史』、二六八頁。

〔四九〕註〔一〇九〕、『ホーリネス・バンドの軌跡――リバイバルとキリスト教弾圧――』、二一四頁。註〔一二四〕、『教会組織五十周年記念誌――セブンスデー・アドベンチスト教団札幌教会史、主をほめたたえよ――』、一四七頁。金子末逸は釈放の知らせを伊藤馨とともに聞いたときのことを、「友と共に手を取りあひて感謝せり　釈放近しときゝしその時」という短歌にして残している。

〔二五〇〕常松栄「初期山鼻教会の想い出話」（註〔一〇三〕、『山鼻カトリック教会三十年のあゆみ』、所収）、三八頁。

〔二五一〕註〔三四〕、『札幌教会百年の歩み』、二五二頁。真野牧師の八雲教会招聘の事情は、八雲教会史執筆中の渡邊兵衛牧師の教示による。

〔二五二〕札幌教会幹事会記録（原誠著『国家を超えられなかった教会――15年戦争下の日本プロテスタント教会――』日本キリスト教団出版局、二〇〇五年、一五四頁より再引）。

第五章　戦後の教勢回復（一九四五―一九六九年）

第一節　戦後の到来

「戦後」の開始と信教の自由

大日本帝国の敗戦によって第二次世界大戦が終結する。ポツダム宣言を受諾した一九四五年八月以降、日本は、一転して、民主主義と平和を標榜する国家となった。本章は、敗戦によってもたらされたキリスト教界の変化を、一九六九年までたどることとする。一九七〇年頃は、札幌の様相が一九七二年開催のオリンピック準備のために大きく変化するが、札幌のキリスト教界もまた構造的な変化を見せる時期となるからである（戦後を扱う本章および次章では、元号の付記を省略する）。

ポツダム宣言では、「言論、宗教、思想の自由は基本的人権の尊重とともに確立されなければならない」とあり、アメリカなど連合国総司令部（GHQ）の対日政策（基本指令）では、「日本の軍国主義的、超国家主義的イデオロギーの宣布および宣伝は、如何なる形態においても禁止され、完全に抑止される」とこれらの思想を排除した。自由主義、民主主義を定着させるためには、言論・宗教・思想の自由を確立しなければならないものとした。その中核に「宗教的信仰の自由」があった。

これらに基づきGHQは、前章でふれたように一九四五年中、治安維持法や宗教団体法を廃止させ、政教分離を徹底させるため神道指令〔一〕を発した。日本の敗戦は、国民を天皇への拝礼、神社への参拝強要から解放し、結社の自由を得させ、国と神道との完全な分離、国による宗教への干渉を廃絶させた。一九四六年に公布、翌年五月に施行となった「日本国憲法」では第二十条第一項において「信教の自由は何人に対してもこれを保障する」と、国民に対し留保なしに信教の自由を権利として認めた。さらに第三項では国の機関（地方自治体を含む）が「宗教教育その他いかなる宗教的活動もしてはならない」と政教分離原則を規定して信教の自由を制度的に保障した。

このような改革によって、戦時下のさまざまな規制から諸宗教は自由となった。なかでもキリスト教界にとって戦後社会は、教会の内外に対しあえて戦意高揚を表明する必要がなくなり、国家に制約されることのない時代の到来と受けとめられた。戦前、現人神《あらひとがみ》と言われた天皇の神性は、キリスト教信仰と相克するものであったが、いわゆる人間宣言〔二〕（一九四六年年頭の詔書）によってこれらが否定され、憲法が国家の宗教的中立性を規定した。

宗教活動に対する国家統制の廃止は、キリスト教界にとっては、宣教の自由をもたらす〝解放〟であった。

終戦の詔書（〝玉音放送〟と喚ばれた）発表の直後、開戦の年にプロテスタント諸教派のほとんどが合同して成立した日本基督教団では、統理者富田満は、「満州事変以来の基督教ハ圧迫ヲ蒙リ教学伝道等ニ不自由ヲ感ジテ来タガ今ヤ自由ニ説教ヲナシ得ルコトニナッタ」と受けとめていた。[三] もっとも、キリスト教界にとって、戦後の自由は自らたたかいとったものではなかったので、信教の自由の重要性を自覚するには、札幌においても後述する靖国神社国家護持問題などと対峙するときまで俟つことになる。

　連合国による占領の主体がアメリカ合衆国であったことは、欧米、とくにアメリカとキリスト教界との関係回復を容易にした。戦時下の日本基督教団で東亜局長であった海老沢亮《あきら》は、戦後の著書（遺著）『日本キリスト教百年史』で「占領国がキリスト教を奉ずる国であったこと、その首脳部が、日本におけるキリスト教伝道に強い関心をもっていた人々であったことは、この上ない神の恩恵であった」とし、アメリカによる支援の意義を挙げて当時の歴史を当事者として総括している。[四]

　こうして政治的、経済的な影響のみならず、文化的、宗教的にも欧米のいっそうの影響の下に、日本は戦後を歩むことになる。もっとも、一九六〇年代には、日米安保条約改定、核実験、ベトナム戦争への反対運動などにより、アメリカ合衆国と対峙することがキリスト教界でも起こってくる。[五]

戦後の北海道と札幌

　太平洋戦争の終結で津軽海峡以北の北方地域は、ソビエト連邦が樺太（現、ロシア領サハリン）と千島列島、根室の歯舞《はぼまい》・色丹《しこたん》二島を占領したことから、北海道本島と周辺離島に縮小して戦後の歩みを始めた。キリスト教界（日本基督教団と天主公教教団）にあっても、樺太の諸教会が消滅した。[六]

敗戦後、政治、経済、社会の民主化とともに、物資不足、なかでも食糧の不足とインフレーションが国民の生活を動揺させたが、北海道もまた同様であった。ただ北海道は比較的、戦禍が少なく、戦後の復興のために期待される地となった。というのも北海道はわが国唯一の未開発地域であり、海外植民地を失った日本で過剰となった人口を最も吸収しうる地域とみられたからである。また食糧生産のほか石炭など資源を豊富に産出する、日本に残された数少ない地域であった。戦後の農地解放は、食糧増産を担う自作農を広範に創設させ、石炭増産は産炭地に人口を増加させた。キリスト教界も農村や産炭地への浸透を図ろうとした。たとえば、日本基督教団は農村（民）福音学校を開講し、炭砿センターの設置をはかった。

政府は、戦後の早い時期から北海道の産業基盤の整備をめざし、北海道総合開発計画の策定を図り、その第一期を一九五二年から開始した。総合開発計画の実施は、その後の北海道の政治、経済のあり方を規定することになる。

戦争が終結した直後の一九四五年十一月の全国人口調査では、三、五一八、〇〇〇人であった道内人口は、五年後の一九五〇年十月には、一二二パーセント増の四、二九五、〇〇〇余人となっていた。札幌市も同じく二十二万人から四三パーセント増の三一三、〇〇〇余人――現市域での組み替え人口では三七三、〇〇〇余人――と、急速に人口を増加させていた。その後、札幌市は札幌村、篠路村、琴似町、豊平町、手稲町との合併（編入）を重ね、一九六九年には、九十七万となり一〇〇万を目前とする大都市となっていく。

戦時下では、統制経済のもとで、札幌に統制団体の事務所や銀行、会社の支店が集中し、札幌が行政のみならず北海道経済の中枢都市となっていた。戦後もこの傾向は引き継がれ、小樽に集中していた道外企業の事務所、出張所の札幌移転を促し、道内での札幌の経済的地位をいっそう高めていった。北海道総合開発計画の実施は、全道の行財政の中心的な機能を札幌に集中させることになる。また周辺町村の合併による人口の増加は、都市の諸施設を拡大させた。

札幌雪まつりが始まるのはこの時期、一九五〇年であるが、観光客もまた札幌に集中した。札幌は経済的に道内と道外とを結ぶ都市として肥大し、さらに道内外の人口を吸収する都市となった。たとえば一九六〇年代に始まるエネルギー政策の転換による炭鉱の閉山は産炭地からの人口を流出させ、農業の転換による離農等にともない人口が移動したが、札幌はその受け皿になった。また都市の規模が拡大することによって、本州から官庁、企業の勤務者の転勤（転入）等がいっそう促された。

こうした札幌の特徴は、教会の人的構成にも流動的な要素をもたらすことになった。また一九七二年に第十一回冬季オリンピックが開催されることになるが、それにうながされてビルの建築ラッシュ、道路の拡張・新設工事、地下鉄・地下街の新設工事などが行われ、都心部は急速に変容した。都市景観は著しく変化し、本章の時期の終わりには、後述するようにキリスト教会の立地にも変容をもたらした。[七]

第二節　戦後の教会復興と再編

戦後伝道とアメリカの影響

ＧＨＱの占領政策は、キリスト教界にとって礼拝の説教の自由のみならず、伝道の全面的展開の可能性をもたらした。日本基督教団は、当初の「総懺悔更正運動」を、「三百万救霊」（伝道）をめざす「新日本建設キリスト運動」として転化させ、全国的な伝道と教会復興に向かった[八]。

ＧＨＱの最高司令官であったダグラス・マッカーサーが日本のキリスト教化に熱心であり、そのために宣教師の大量派遣をアメリカのキリスト教界に要請したことは知られている。それが彼の個人的な願望であったとしても日本におけるキリスト教の拡大は、アメリカ国民の支持するところであり、対日戦略の背景にある思想でもあった。このような事情から宣教師の派遣にあたっては、ＧＨＱの便宜が供与されることも少なくなかった[九]。

新日本建設キリスト運動ポスター

ローマ・カトリック、プロテスタントを問わず、日本の諸教会は欧米のキリスト教界との関係を回復し、物心両面の支援を受けることになる。一九四六年から一九四七年にかけて設置された、カトリック復興委員会、プロテスタントの内外協力委員会がその機関であった。このような組織を通じて、食糧・衣料、罹災会堂の復興のための物資と資金が、またアメリカ聖書協会から日本語の聖書・讃美歌が大量に送られてきた。それらの物資はキリスト教界の外にも給付され、教会の対外活動の一端となった[一〇]。

戦時下に宗教団体を統制していた宗教団体法が廃止となり、一九四五年十二月に宗教法人令が公布される中で、キリスト教界の再編成が行われる。まずローマ・カトリックであるが、同年十一月に宗教団体法のもとで認可されていた日本天主公教教団を自ら解散し、天主公教教区聯盟（現、カトリック中央協議会）を結成した。プロテスタントでは、日本基督教団は引き続き存続したが、聖公会、救世軍、バプテスト連盟、福音ルーテル教会など信条や教会組織を異にする旧教派の離脱あるいは再建が一九四五年から一九四七年にかけて続いた。戦時下で解散させられた第七日基督再臨教団も安息日再臨教団（現、セブンスデー・アドベンチスト教団）として再建した。ハリストス正教会は、モスクワ総主教庁との関係回復を図ったが実現せず、これと対立していた在米ロシア正教会と関係を結びその下に入った。〔一一〕

敗戦直後の札幌の諸教会

敗戦は、札幌の諸教会にとっても、戦時体制の拘束からの解放、新しい活動への気運を促すものであった。敗戦時の札幌の教会とは、表2に掲げる諸教会である。この表には、戦時中、キリスト再臨説を強調して治安維持法違反容疑ですでに解散させられていた教会（新生教会、セブンスデー・アドベンチスト）を含めている。札幌の教会は他都市で蒙ったような空襲による罹災、あるいは強制疎開によって会堂を破却されたところはなかった。ただ、札幌市内には陸軍によって北光・大通・北八条・天主公教北一条の各教会が、会堂などを接収されていた。〔一二〕

これらの各教会にとって会堂への復帰、教会の再建がさしあたっての急務であった。単立の札幌大通基督教会（現、札幌独立キリスト教会）は九月に陸軍の接収を解かれたが、一九四五年十月には占領軍のカトリック用の礼拝堂として使用されることになり、復帰は翌一九四六年にもち越された。その三月、同教会は名称も「札幌独立基督教会」に復帰した。〔一三〕札幌北光教会は、十二月に会堂が返還され、同月二十三日、復帰感謝会と聖誕節（クリスマス）礼拝を行って復帰を祝った。敗戦直後も続いていた礼拝前の国民儀礼（君が代斉唱、宮城遙拝）が、翌年には同教会の『週報』の礼拝順序から消えた。〔一四〕札幌北一条教会では、宮城遙拝を一九四五年十一月になって廃止した。〔一五〕さらに、札幌北八条教会の会堂、カトリックの札幌北一条教会の伝道館も接収が解除された。〔一六〕

前章にあるとおり、一九四五年十月七日に伊藤馨（札幌新生教会）・金子末逸（札幌第七日基督再臨教会。セブンスデー）両牧師が、治安維持法廃止に先立って釈放された。伊藤は、同年十二月、教会結成式を挙げ札幌新生教会の再建を果たし、金子は釈放後、伝道を再開した。また、セブンスデーの札幌教会は、一九四八年十一月に再組織された。〔一七〕

教会の再編

宗教団体法の廃止は、札幌の諸教会にも結社の自由、教会再編をもたらした。ローマ・カトリック教会は、ローマ教皇を頂点として一つに統合されている組織であったから、敗戦時の四教会（北一条・北十一条・南十条（山鼻）・円山）は、日本天主公教教団解散後も天主公教教区聯盟札幌教区の下にある教会として連携して活動を続けた。〔一八〕ハリストス正教会は、札幌では一教会のみであったが、戦後の米ソ対立の中で日本の正教会の一部に分裂があったときも、他の大部分の教会とともにアメリカの教会との関係を保ち、常に全道諸教会の中心的位置にあった。〔一九〕

教会再編の動きが顕著となるのはプロテスタントであって、日本基督教団から離脱する教会が北海道でも続いた。まずイギリス国教会系の聖公会は、主教前川真二郎の招集により一九四五年十一月北海道臨時教区会を開催した。これによって北海道教区を再建し、翌一九四六年、日本基督教団に加わっていた札幌・小樽・深川聖三一の各教会と教職が聖公会への復帰を果たした。〔二〇〕軍隊を模した組織で社会救済活動を行うことで知

表２　敗戦時札幌のキリスト教会

区分	教団名	教会名	所在地	現在の教団名／教会名
プロテスタント	日本基督教団	札幌教会	北1東1	日本基督教団／札幌教会
		札幌北一条教会	北1西6	日本キリスト教会／札幌北一条教会
		札幌北光教会▼	南1西1	日本基督教団／札幌北光教会
		札幌北八条教会▼	北8西6	日本聖公会／札幌キリスト教会
		札幌山鼻教会	南12西12	日本福音ルーテル教会／札幌教会
		◆札幌新生教会	大通西11	ウェスレアン・ホーリネス教団／札幌新生教会
		札幌豊水教会	南4西1	救世軍札幌小隊
		円山教会	北1西24	新生基督教会円山教会(単立)
	（第七日基督再臨団）	◆札幌第七日基督再臨教会	南19西6	セブンスデー・アドベンチスト教団／札幌教会
	（単立）	札幌大通基督教会▼	大通西7	札幌独立キリスト教会
ローマ カトリック	日本天主公教教団	札幌北一条教会▼	北1東6	カトリック北一条教会
		札幌北十一条教会	北11東2	カトリック北十一条教会
		円山教会	北4西23	カトリック円山教会
		札幌南十条教会	南10西11	カトリック山鼻教会
オーソドックス	（日本正教会教団）	札幌正教会	南7東1	日本ハリストス正教会教団／札幌ハリストス正教会

教団名の（　）は，教団として認可されていなかったことを示す。
◆……認可取り消し，結社禁止処分となった教会。　▼……会堂または構内の一部を接収された教会。

られている救世軍では、一九四六年三月に中央の復興準備委員会の協議が道内にも及び、七月に豊水教会が救世軍への復帰を決議し、札幌小隊に復称した。[二一] ルター派としての「一致信条」を重んじる旧福音ルーテル教会の札幌山鼻教会は、一九四九年七月、福音ルーテル教会に属して福音ルーテル札幌教会と改称した。[二二]

聖公会、救世軍、ルーテル教会は、それぞれ教会組織・活動内容・信条など、他の教会と異なるありようを強調して離脱し、旧教派の再建に同調したものであった。合同教会である日本基督教団にとどまるよりも、教派の教会として立つ意義を重視したのである。また、戦後、再開された海外の自派教会、ミッション（宣教団体）の連帯と復興支援も教派の再建を促す要因となった。[二三]

戦後、宗教団体法の廃止と諸教派の離脱によって、日本基督教団は解体の可能性もあった。しかし、同教団を構成した主要旧教派——日本基督教会、メソヂスト教会、組合教会など——の諸教会が合同教会としての教団成立の意義を認め、また北米の諸教派、ミッションが同教団の存在意義を認めて戦後復興を支援したため、同教団は日本最大のプロテスタント教団として存続した。[二四]

福音ルーテル札幌教会

一方、海外の教会との関係によるものではないが、一九五一年五月に旧日本基督教会の一部、四十二教会・伝道所が新しい日本基督教会（「新日基」と略称された。現、日本キリスト教会）を設立し、日本基督教団へ大きな影響を与えた。もともと旧日本基督教会の中には信条と組織のあり方（長老制の採用）など、旧教派の伝統を保持し、教団内の会派として存続しようとの主張が根強く存在していた。日本基督教団から諸教派の離脱が相次ぐなかで、これを押しとどめ教団の存続を図る有効な方法として会派あるいは複式教会——小

野村林蔵の造語という――の容認が改めて主張された。[二五]

しかし、同教団では、一九五〇年十月の第六回総会で「教会の中の教会」――教団内に教団のような組織が存在すること――となる会派を認めないとする「会派問題に就ての報告」を承認した。これに対し会派の実現をめざしてきた旧日本基督教会の諸教会は、翌五一年四月三日に北海道中会を、ついで東京、近畿両中会を建設して、日本基督教団を離脱、新日基を創立するに至った。道内の旧日本基督教会の諸教会がこれらの動きを牽引したのは、たとえば一九五一年一月の道内十六教会・伝道所による「声明書」が教団離脱の引き金になったことに現れている。この声明書では、離脱の理由として、第一に、プロテスタント教会として一致した信仰告白（信条）を日本基督教団がもっていないことを挙げ、第二に信仰の一致がなければ伝道において協力しがたいとしていた。この声明書に牧師が名前を連ねた奈井江教会、十勝清水伝道所のほか七教会・伝道所が、戦後から新日基設立までの間に設立されている。それらは同時期の同教団北海教区で設立を見た教会・伝道所の約六割を占めており、旧日本基督教会系の諸教会は伝道の成果を挙げていた。道内外で会派制の主張の中心となったのは、札幌北一条教会牧師の小野村林蔵、小樽シオン教会牧師の近藤治義、札幌北一条教会長老の西村久蔵らであった。[二六]

この離脱によって、日本基督教団北海教区は教会数を半減させ、ひいては札幌の教会を二分することになった。同教団では、北海教区再建のため翌一九五二年以降、北海道特別開拓伝道（北拓伝）に取り組むこととなる。[二七]札幌市内の新・日本基督教会の教会は、当初、札幌北一条・円山の両

日本基督教会札幌北一条教会（戦後）

教会であったが、のちに札幌琴似・札幌豊平両教会なども同教団を離脱し加入した。[二八]

なお、占領期が終了し、次に述べるキリスト教ブームが終わる一九五一年から一九五二年までの間、戦前から札幌に存在していた教派・教会のほかには、新たに進出してきた教派は少ない。キリスト新聞社発行の『基督教年鑑』が掲げる限りでは、日本ナザレン教団のみである。[二九]占領期の段階で存在した教会は、まだほとんどが戦前来の教会とその教派の伝道によって生まれた教会であった。

第三節　キリスト教活動の拡張

活動の再開

戦争による罹災がなかったとはいえ、札幌のキリスト教活動が敗戦と同時に活発になったわけではない。この年は、礼拝やミサへの出席に社会的な束縛がなくなったにとどまり、諸教会が体制を立て直すのは、翌年にもち越されたようである。

ローマ・カトリックでは、一九四六年四月に第二次世界大戦で帰国できずにローマにとどまっていた浅井正三、三原武夫、田村忠義が帰国した。札幌地区のカトリック教会は少壮の三司祭を迎え、西創成国民学校を会場に宗教大演説会を開催した。テーマは、共産主義思想批判であったと思われる。この大演説会への取り組みを契機に青年たちの活動が活性化したという。[三〇]

札幌ハリストス正教会も敗戦時は、聖餐のためのパン、ぶどう酒の入手が難しく、ロウソクも不足がちで奉神礼（礼拝）の参禱者も数人にとどまり、教会としての行事も途絶えた状態であった。しかし、一九四六年八月には、日曜学校教師講習会を開き、青年を中心に日曜学校の再開を準備した。当時、正教会の降誕祭は年頭であったが、一九四七年一月には、長い間教会から遠ざかっていた信徒も戻り、聖堂を埋め尽くすほどの参禱者があった。降誕祭では、「幸いにして今は全信徒が新しい、そして明るい信仰の灯に輝いている……楽しく雄々しく正教会再建のために努力することを約束しましょう」〔三一〕と誓われた。

戦後、札幌でも組織的に伝道活動を再開したのはプロテスタントで、一九四六年四月に日本基督教団の新日本建設キリスト運動が、道内でも取り組みの準備を始めた。八月に来札した賀川豊彦の集会は西創成国民学校などを会場に、二回の集会が各一、〇〇〇人を超す集会となった。この運動は、一九四八年まで道内各地で行われ、毎年三、四十回の集会に延べ二万余の聴衆を得たと報告されている。その後は、賀川豊彦と讃美歌指導の牧師黒田四郎のコンビによる伝道が盛んに行われた〔三二〕。教勢を回復しつつある中で札幌教会の牧師白戸八郎は一九四六年の特筆すべきこととして、天皇の人間宣言、新憲法の公布についで、「基督教が恐るべき偏見から解放せられ伝道の門戸が拡大された事〔三三〕」を挙げた。同教会のクリスマス礼拝では二十七人が洗礼を受け、クリスマスの祝会には四〇〇人以上が集まる回復ぶりであった〔三四〕。

占領期の活況

一九四六年四月二十一日、イースター（復活祭）の朝、大通広場では占領軍将士がキリストの復活を祝って、ローマ・カトリックのミサ、プロテスタントの礼拝を、それぞれ時間を別にして行った〔三五〕。六月には、第七七師団が接収した北海道拓殖銀行前の大通三丁目広場に占領軍の礼拝堂が建堂され、〝開堂式〟が行われた。午前はプロテスタントの従軍牧師が、午後は在札のキノルド司教が司式した。白いペンキ塗りの会堂は、占領軍とキリスト教との結びつきを市民に印象づけた〔三六〕。事実、占領軍には、札幌の教会と市民に積極的に関わった従軍牧師・司祭また伝道熱心な将兵がおり、既存の教会への協力以外にも、ナザレン教団、末日聖徒キリスト教会（モルモン教）など、新たな教会設立の素地となる伝道活動を行っている〔三七〕。また、一九四六年に札幌教会が開設した文化学院（英語部のほか家政を教授したといわれる）も占領軍将兵との接触が契機となって計画されたものという〔三八〕。

一九四九年四月十七日早朝には、真駒内の占領軍キャンプで、占領軍と日本基督教団の諸教会による日米合同の復活祭が行われ、二、〇〇〇人が集まった。この集会には田中敏文知事、高田富與《とみよ》市長の祝辞が寄せられ、占領軍の行事に対する自治体首長の反応の一端をのぞかせている〔三九〕。

信教の自由を回復し、占領軍との友好的な関係をもったキリスト教界は、当時から〝キリスト教ブーム〟とよばれる活況を呈した。数字を挙げて札幌におけるブームの全容を描くのは難しいが、キリスト教会の伝道の成果を示す指標の一つである受洗者数（洗礼を受けた人数。但し幼児洗礼を除く）を、プロテスタントの札幌北一条教会、日本福音ルーテル教会札幌教会を例に挙げておく（表3）。札

表3　戦後受洗者数の推移（1945～1953年）

	1945	46	47	48	49	50	51	52	53
札幌北一条教会	15	69	130	94	132	90	62	45	37
日本福音ルーテル札幌教会	—	—	1	3	3	26	17	17	16

日本キリスト教会札幌北一条教会と日本福音ルーテル札幌教会の場合

出典：『日本キリスト教会札幌北一条教会100年史略年表』、日本福音ルーテル札幌教会『宣教七十五周年の歩み』。

幌北一条教会は、市内では最も大きいプロテスタント教会でキリスト教ブームを吸収しやすい市の中心部、北一条通りにあり、日本福音ルーテル教会札幌教会（戦時下では札幌山鼻教会）は中心部から南にはずれた住宅地に位置し、ブームの影響が少なかったとされている教会である。[四〇]

表3に見るように両教会とも一九四九、一九五〇年頃に受洗者数の頂点があったことがわかる。キリスト教ブームは、ほかにも朝夕の日曜礼拝、伝道集会数にも反映している。このブームの性格を各教会史には、「戦争、終戦と混乱した社会に直面し、荒《すさ》み切った人々の心にも、ようやく落ち付きが取り戻され、教会の門をくぐる人の多くなったのもこの頃（一九四七年――筆者註）からである」[四一]（カトリック山鼻教会）、「戦争による暗黒時代から新しい時代を迎え政治的、経済的、社会的混乱の上に精神的支柱を失った青年層は、新たな心の宿を求め、特別伝道集会をはじめ、礼拝や聖書研究などに出席した」[四二]（日本基督教団札幌教会）と捉えられている。戦前の価値観の喪失を埋めるものとして、また国民共通の理想とされた民主主義、文化国家の「根本原理として」[四三]（札幌北一条教会）、キリスト教に期待が集まった。

プロテスタント、ローマ・カトリックの諸教会の活況を全体的に見るならば、戦後、一九四九年前後を頂点として一九五一年頃まで、キリスト教ブームが続いたと概括できよう。一九五二年の『北海道新聞』には、戦後の〝キリスト教時代〟が、このころようやく「落着き」をみせたと、次のような記事でブームの盛衰を要約している。

終戦後アメリカ軍の進駐、アメリカ文化の流入に刺激され、信仰よりもアメリカ的なもの、より文化的なものを求めて教会を訪れるものがドッと押し寄せたこともあるが、こういった種類の青年は信仰生活からすぐ脱落して日本人もすっかり落着きを取りもどした現在では教会の門をたゝくものは宗教的なものを求める人だけに限られ、終戦直後に比べると数的には少なくなったが、質的には向上したというのが偽らざる姿だ。[四四]

同時にこの記事では、教会の新しい来会者のうち洗礼を受けるにいたった受洗者、とくに青年が信仰を続けることの困難さにもふれている。

右の見方は、当時の教会側の見解に添ったものであり、今日の各教会史からも、一九五一年頃の教勢の下降は、「敗戦後の精神的混乱に、キリスト教に走った熱が冷却期をむかえだしたことと、新日本建設キリスト運動が、真に実を結ばなかった（受け容れ態勢の問題とともに）ことによる」[四五]（札幌北光教会）と、総括されることが多い。教会側からは戦後の参集者の多くは、教会定着が難しく、信仰の受容・持続という点で問題が多かったとされている。一方、教会を去った側の視点からすると、キリスト教への期待とそこで得られたものとの落差が大きかったということであろう。ただ、キリスト教ブームという社会現象は、キリスト教会の伝道成果、信徒の定着という視点のみでは、捉えきれない側面があり、札幌でもキリスト教への理解者を増やし、活動の規模を拡げた点があったことも見逃せない。

各層への浸透

占領期のさなか、一九四八年九月に〝三重苦の聖女〟といわれたヘレン・ケラーが一九三七年以来二度めに来道し、札幌でも中央公会堂で「ヘレン・ケラー・青い鳥」と題して講演をした。[四六]一方、ローマ・カトリックでは、一九四九年六月に、キリシタン時代の宣教師フランシスコ・ザベリオ（ザビエル）の〝聖腕〟を札幌に迎えた。これはザベリオの渡来四〇〇年を記念する行事の一環であった。遺体の一部が分骨、保存されていたローマから、ザベリオが布教旅行に使用していた十字架とともに日本にもたらされ、各地で奉迎式が催された。札幌でも〝聖腕〟は、六月二十五日に札幌駅へ到着し北十一条教会に安置され、翌日、北十一条教会から奉迎式の会場である藤学園まで約四、〇〇〇人の信徒の行列とともに運ばれた。ミサのあとは四百年記念式典となり、高田市長の祝辞などがあった。〝聖腕〟はその後函館に向かった。[四七]ヘレン・ケラーの講演会も、一連の〝聖腕〟奉迎行事も、伝道集会や教会内の行事とは異なり、市民一般の関心をよび、またその耳目にふれるものであった。

占領期は、またキリスト教界の活動が教会外に拡張された時期でもある。とくに、戦前、広汎には見られなかった活動として、各職場・病院・地域などへの浸透がある。たとえば日本基督教団札幌教会は、札幌市立病院長の依頼で毎週一〇〇余人の同病院看護婦のために、キリスト教講座を持ったほか、北大病院、鉄道病院、琴似療養所および首脳部に同教会員が多かった酪農公社（かつての酪聯。現、雪印メグミルク）では、毎月一回の聖書研究の講座があって、牧師がこれに出講していた。[四八]札幌北光教会も一九四八年頃、日本通運、円山病院、国鉄苗穂工機部、札幌第一高校（現、札幌南高）、札幌電信局、札幌師範学校、女子医学専門学校、帝国繊維女子寮、市外では三井芦別炭鉱を出講先としていた。また同教会では、医療伝道と称して栗沢村志文《しぶん》（現、岩見沢市内か）、月寒、啓明院、丘珠の外地引揚者収容所に赴いた。これは占領軍から薬品を受け、軍のチャプレン（従軍牧師）の夫人から車の提供を受けて行われたという。[四九]琴似療養所では、カトリック円山教会がカトリック研究会を毎週開いていた。[五〇]琴似・白川（簾舞《みすまい》）の結核療養所には多くの教会が慰問とともに聖書研究会を組織しており、聖公会の札幌みすまい会衆、日本ルーテル教団の白川伝道所など教会組織に数えられているところもあった。[五一] このほか設立まもない琴似教会（現、日本キリスト教会札幌琴似教会）が中心となって、一九五〇年二月、第一回農民福音学校を北海道農事試験場倶楽部で開催した。[五二]

聖書研究会が多くの職域、療養所などで受け容れられたのは、その勤務者、入所患者にキリスト教への関心が高かったからであるが、見逃せないのはその施設の管理者、経営者が研究会の開催を許容しあるいは積極的に牧師、司祭を講師に招請しようとしたことである。それらの職場では、キリスト教との接触、またその浸透がもたらす効果を、期待するところがあったのであろう。

第四節　変容する社会の中で

諸教派の戦後進出

札幌においても一九五〇年代、戦前からの歴史をもつ教会は、キリスト教ブームによって外に向かって活動を拡大したが、ブームが沈静化した後、再び教会内部の充実に向かった。また新たに札幌に進出した各教派は、教会を新設し、活動の定着をめざした。図9は、札幌の人口増加（後に合併する町村を含む）とともに、市内の教会数が増加していく様相を戦後二十五年間について示したものである。教会数の典拠としたのは、一九六八年まで隔年に刊行され、以後は毎年の刊行となった『基督教（キリスト教）年鑑』である。隔年刊行であったため、実際の教会設立年次とは多少の時間差は免れないが、趨勢は明らかにできよう。もっとも、ここに掲載されている〝教会〟とは何かという定義となるとそれぞれの教派によって考え方を異にしている。ここでは、それぞれの教団の報告どおりに年鑑編集部が教会一覧に挙げたものを数えて集計した。〔五三〕

表4では、日本基督教団から諸教派の離脱と再建があり、キリスト教ブームが「落ち着」いたあと、一九五四年から一九五六年頃から、新たな教派の札幌進出がみられる。さらに一九六〇年から一九六二年には、従来の教派が新規に伝道地を開拓し教会を札幌に新設する一方、新たな教派の進出も顕著となり、教会数のうえで並行する様相が認められる。

教派別に見ると、新・日本基督教会の離脱によって全道的に教会数が半減した日本基督教団は、一九五四年から「北海道特別開拓伝道」（北拓伝）を発足させ、同教団所属の教会が存在しない地域へ計画的な伝道を開始した。もっとも札幌では、戦後独自に伝道を開始した月寒《つきさっぷ》教会に続き、北拓伝が、その五か年計画の後半、一九五六年頃からすでに教会のある道内主要都市の郊外にも展開した結果、市内にも東札幌・琴似（現、琴似中央通）両教会を生みだした。〔五四〕さらに一九六四年には札幌教会が計画した真駒内・麻生・厚別という住宅団地に伝道所を開設するなどのことがあって、一九六〇年代後半は札幌の各教派のなかで同教団が最も多い教会数の教団となった。〔五五〕

聖公会は、一九五四年以降、みすまい会衆などを新たに加えたが、最終的にこの時期では、一九五二年設立の聖ミカエル教会をはじめ、聖マーガレット教会・大学センターを加えた四教会となった。〔五六〕福音ルーテル教会は、一九四九年、北講義所（後の札幌北教会。現、札幌北礼拝堂）を開設し、〔五七〕一九五一年に新発足した日本基督教会は、戦前来の伝道地、琴似・桑園・豊平各教会に加え、一九六一年には発寒伝道所を開設するなど教会数を増していった。〔五八〕

新来のプロテスタント教会では、ルーテル教会宣教師団が一九五二年、大通にユースセンターを開設し[五九]、日本バプテスト連盟も同年に伝道を開始して、札幌・平岸・白石と教会数を増した[六〇]。イエス之御霊《みたま》教会はこの時期の最後には十一教会となっているが、教会数の挙げ方が他教派とは異なるようである[六一]。この時期が終わる一九六九年までには、北海道福音協議会の教会が含まれている。しかし後述するように、すでに一九五五年には北栄キリスト教会が設立されており、年鑑への掲載は実態より遅れている。

以上のほかに『基督教年鑑』によるとこの時期の終わり以前に札幌への進出を果たした「戦後進出のプロテスタント諸教派」では、日本ナザレン教団、日本バプテスト・バイブル・フェロシップ（日本聖書バプテスト連盟）、日本イエス・キリスト教団、イムマヌエル綜合伝道団、日本ホーリネス教団、基督兄弟団、基督聖協団、日本アッセンブリー教団（日本アッセンブリーズ・オブ・ゴッド）、聖イエス会、日本ユナイト・ペンテコステ教団、クリスチャン文書伝道団（CLC）、日本メノナイト・キリスト教会協議会、東洋ローア・キリスト伝道教会、福音バプテスト教団などがあり、ほかにどの教団にも属さない単立教会と無教会の集会があった。「その他の教派」とは原始福音・神の幕屋グループ、末日聖徒耶蘇《イエス》基督教会（モルモン教）の教会である[六二]。

表4――表では、一九七〇年まで示す――では、ローマ・カトリックが一九六二年から徐々に教会数を増加し、この時期の最後では、北二十六条・月寒・真駒内を加えた七教会となっている[六三]。ハリストス正教会の教会数にはかわりがない。

このように、既存の教派では、市周辺の住宅地への伝道を意図して新たな教会を配置し、新しく進出する諸教派も、周辺地域に教会活動を確立させる動きを見せている。札幌の人口増と教会数の増加とは、必ずし

表４　教派別の教会数の推移（1945～1970年）

No.	年次 / 教派の区分	1900年 / 昭和	戦前 / 20	48 / 23	50 / 25	52 / 27	54 / 29	56 / 31	58 / 33	60 / 35	62 / 37	64 / 39	66 / 41	68 / 43	69 / 44	70 / 45
1-1	日本基督教団		8	5	5	5	4	4	5	5	6	6	10	12	13	13
1-2	戦前来の教派（日本基督教団を除く）		1	4	5	7	11	13	15	15	15	16	16	16	16	16
1	戦前来の教派の教会数　小計		9	9	10	12	15	17	20	20	21	22	26	28	29	29
2	戦後進出のプロテスタント諸教派					2	3	10	13	22	30	32	33	35	39	39
3	その他の教派						1	1	1	1	1	4	3	2	2	2
4	ローマカトリック教会		4	4	4	4	4	4	4	4	5	6	7	7	7	7
5	ハリストス教会		1	1	1	1	1	1	1	1	1	1	1	1	1	1
合計			14	14	15	19	24	33	39	48	58	65	70	73	78	78

出典：『基督（キリスト）教年鑑』1948（昭和23）年版～1970（同45）年版（1968年版までは隔年刊行）。同年鑑に掲載されている限り，教会，伝道所，集会所を区別せずにすべて数えた。年鑑に掲載漏れがあっても修正せずに表示した。

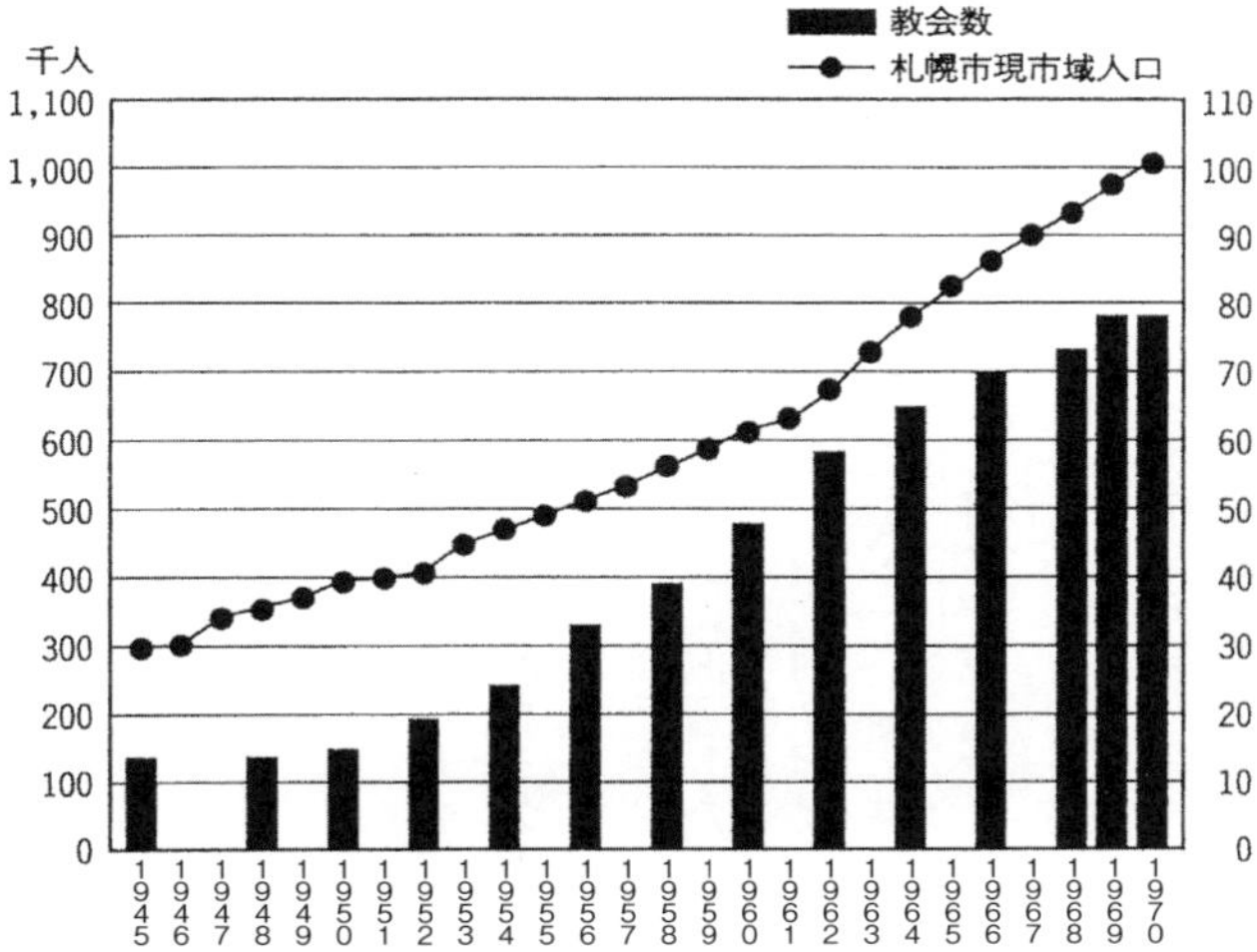

図９　札幌市内の教会数

出典：『基督（キリスト）教年鑑』1948（昭和23）年版～1970（同45）年版（1968年版までは隔年刊行）。

も比例しないが、一九五二年頃までは札幌全域の人口増加率に教会数の増加の動きがほぼ添っている。しかし一九六〇年代末以降は、両者の差が拡大する。これは急激な人口増に教会数の増加が即応しなくなったことを意味していよう。

開拓伝道地としての札幌

戦前からの拠点を持たない教派にとって占領期の札幌は、首都圏や関西方面からすると津軽海峡を隔てた、なお遠隔の地であった。これが一九六〇年代になると、イエス之御霊教会の数を割り引いても教会数では、戦前来の各教派の教会数と拮抗してくる。それらの諸教派の伝道拠点は、市内の中心部ではなく、多くは新興の住宅地であった。その例を、後に教派として多数の教会を擁することになる日本バプテスト連盟の札幌バプテスト教会と北海道福音協議会の北栄キリスト教会に見よう。

バプテスト連盟は北海道への開拓伝道を意図して、一九五一年に宣教師らを調査に派遣した。翌一九五二年五月に牧師鈴木正名、宣教師マリオン・F・モアヘッド、ついで宣教師アニー・フーバーが来札して伝道を開始した。伝道開始の年のクリスマスには早くも最初の受浸（受洗）者十一人を得、翌五三年五月には、教会員三十六人によって教会を組織し、十一月には会堂が南二十一条西十四丁目に完成した。会堂建築資金の多くは、連盟および連盟と協力関係にあったアメリカ南部バプテスト連盟のミッションが拠出した。[六四]

札幌バプテスト教会（建築時）

バプテスト連盟の計画的な北海道開拓伝道によって設立された同教会は一九五六年には早くも自給独立を宣言するに至る。この間、市内はもとより小樽、旭川の伝道を担当し、一九六〇年六月の平岸バプテスト、一九七一年の西野バプテスト両教会の設立にあたって所属信徒を株分け（教会籍の異動）した。同連盟はこのほか白石バプテスト教会を加えるなど教会数を増した[六五]。

北栄キリスト教会は、北海道基督教会館（現、北海道クリスチャンセンター。一九五一年、北七条西六丁目に開設）で開催されていた英会話講座、バイブルクラスに集まった大学生、高校生を中心に一九五五年九月に創立した。当時は新興住宅地であった北二十二条西六丁目の宣教師宅が最初の礼拝の場所となった[六六]。

北栄キリスト教会を指導したのは、ＯＭＦ（国際福音宣教団）の宣教師で、戦前、中国大陸の伝道に携わっていたが、戦後、中華人民共和国の成立とともに中国宣教を断念して日本への宣教に転換し、日本では主に北海道を伝道地に選んでいた。ＯＭＦは超教派の伝道団体で教会が確立した後は、日本人牧師に委ねてゆく方針であった。北栄教会は、とくにＯＭＦの計画的な開拓伝道ではなく、ここに派遣された宣教師アーサー・レイノルズ、ヒューバート・フィッシャーの指導の下に信徒が教会を形成していった。一九六四年に専任の日本人牧師を迎え、新琴似の現位置（新琴似七条十二丁目）に会堂を新築した[六七]。この年はまたＯＭＦが設立した超教派の神学校北海道聖書学院が白石中央に開校した。一九六八年に同教会は、栄町伝道所を開設し、後に栄福音キリスト教会として独立させた。北栄キリスト教会は、どの教団にも属さない単立の教会であったが、一九六五年、ＯＭＦ関係の他の教会とともに北海道福音協議会（後に日本福音キリスト教会連合）を結成し、加盟教会を増やしていった[六八]。

北栄キリスト教会（最初の会堂）

札幌に進出した諸教派の教会は、札幌バプテスト・北栄両教会のように所属教団、外国ミッションの支援によって誕生し教会として確立し、さらに関係の教会数を増やして地方組織を結成していった。また札幌は、道内への伝道の拠点でもあった。すでにこの時期——一九五五年以降——、プロテスタント、ローマ・カトリックを問わず、札幌への進出、教会設立は、教派・教団の組織的支援態勢があれば困難ではなかった。どの教会も札幌の発展とともに周辺に向けて拡大していく可能性を持っていたのである。

教会と社会

一九五九年は、プロテスタントにとって一八五九（安政六）年の宣教師渡来から数えて一〇〇年めにあたり、全国的に宣教百年を記念する行事が開催された。札幌では八月に札幌キリスト教連合会の主催で記念音楽礼拝が、北星学園を会場に開催された。また、十二月には、市民会館を会場に超教派による市民クリスマスが催され、以後恒例となった。[六九]この年、これも超教派の北海道マスコミ伝道センター（ホレンコ）が創立し、HBCなどでラジオ放送を、後にはテレビ放送も行った。[七〇]カトリックでも同年六月、全道向けのカトリック放送をHBC（後にはSTVラジオにおいても）で開始した。[七一]

一九六二年から一九六五年にわたって開催されたローマ・カトリック教会の第二バチカン公会議は、教会の現代化を目標とし、外に開かれた教会をめざしてプロテスタントなどとの教会一致運動（エキュメニズム）、諸宗教との対話、福音の土着化を進めることを決定し、変革を各教会に促した。カトリック北一条教会は同教会史のなかで、「この公会議のねらいは、急速に変わる社会に教会も適合し、信仰の向上をはかろうということにあった」[七二]と概括した。以後、信徒の働きを「信徒使徒職」とよび、宣教活動に位置づける動きがいっそう進み、一九六七年三月には、札幌地区の信徒使徒職協議会を発足させ、翌一九六八年、藤学園を会場に第一回札幌地区信徒使徒職大会を開催した。一九六九年の大会テーマは、「現代社会に生きるカトリック者」であった。前々年一九六七年からは新しい祈禱書と聖歌集が用いられ、典礼聖歌も歌われるようになり、これまでのラテン語で行ってきた聖歌が日本語で歌われるようになった。[七三]また、教会一致祈禱週間には、カトリック・プロテスタント共催の講演と祈禱会が行われ、交流が本格化した。[七四]一方、プロテスタントの札幌キリスト教連合会の支援によって一九六六年十一月にさっぽろ朝禱会が発足し、隔週の月曜日早朝に集まり祈禱会を開催することになったが、[七五]やがてこの交流はプロテスタント諸教派を超えてローマ・カトリックに及ぶようになった。

キリスト者の社会的発言では、一九五〇年代の原水爆実験への抗議、一九六〇年の日米安全保障条約（安保条約）改定反対運動などがあった。札幌では安保条約改定反対運動の後、一九六二年に北海道キリスト者平和の会（略称・道キ平）が、平和憲法擁護、戦争反対、軍備撤廃、核実験阻止、信教の自由確立、神道国教化阻止などをめざして結成された。[七六]道キ平は結成後まもなく「恵庭事件」の裁判支援に早くも取り組むことになる。この裁判は、酪農家の野崎健美《たけよし》・美晴《よしはる》兄弟が、乳牛の飼育に悪影響を及ぼす島松演習場の射撃演習を阻止しようとして、自衛隊の通信線を切断したことから、自衛隊法違反であると起訴された事件である。道キ平は、憲法を守る立場から自衛隊を違憲とし、「恵庭事件支援全国キリスト者の会」を結成するなど、支援の運動を道内外に拡げた。一九六七年、札幌地方裁判所は、自衛隊の違憲性について憲法判断を下さず、野崎兄弟を無罪とした。この無罪判決後は、一九六八年に起こった長沼ナイキ基地建設反対運動に取り組んだ。恵庭事件の経験は、平和運動の方法と人脈をキリスト教界に拡げることになった。[七七]

道キ平は、キリスト者有志による活動であったが、札幌の教会が幅広く結集して取り組んだ運動には、一九六六年から一九六七年にかけて起きた、建国記念の日に反対する紀元節復活阻止運動がある。建国記念の日制定は、祝日法（「国民の祝日に関する法律」）を改正して戦前の紀元節、すなわち神話上の存在である神武天皇が即位したという二月十一日を宛てようと当初から意図されたものであった。これに対して天皇の神格化、国家神道の復活、神話教育の復権に繋がるとして反対運動が起こり、道内のキリスト教界もこれに呼応して紀元節反対北海道キリスト教各界連絡会が組織された。この問題が大詰めとなる一九六六年十一月、連絡会は北光幼稚園で紀元節復活反対集会を開催した後、市内をデモ行進した。政治問題を掲げて札幌のキリスト者が行うデモとしては、一九六〇年の安保条約改定反対運動以来のことであった。[七八]

靖国神社国営化反対の垂れ幕が下げられた札幌北光教会

さらに一九六八年からは、靖国神社法案に反対する運動が広がった。宗教法人である靖国神社を戦前のようにふたたび国家の護持（管理）に戻そうとするこの法案は、日本遺族会が自由民主党に働きかけて、一九六九年から一九七三年まで五度にわたって国会に提出されたものであるが、憲法第二十条三項、第八十九条の政教分離規定に違反し、国家神道の復活に繋がるとして反対運動が起こった。[七九]この法案は、国会提出のつど廃案となった。札幌でもキリスト教界が主唱して、他宗教、労働組合、市民団体に反対運動を広げていった。プロテスタント、カトリック、ハリストス正教会の連携がこの運動をとおしても深まった。キリスト教界では、靖国神社法案に限らず靖国神社や政教分離にかかる問題を、〝靖国神社問題〟〝靖国問題〟〝ヤスクニ問題〟として関心の幅を拡げて取り組み、現在に至っている。[八〇]これに関わる活動については、次章第四節で詳しくふれる。

拡がりの中で

社会との接点では、市民に対するキリスト教の影響として戦後のキリスト教主義学校の存在も見逃せない。戦前は、北星・藤・光星の三校であったキリスト教主義学校は、戦後の新しい教育制度の下で拡大した。一九六〇年代までの間、プロテスタント系では北星学園が一九五一年に女子短期大学、一九六二年には大学を開学し、男子高校を琴似に新設した。一九六四年に大学は、大谷地《おおやち》の現在地に移った。[八一]ローマ・カトリック系では、藤学園が一九五〇年の女子短期大学、一九六一年に女子大学を開学し、同じく天使学園も一九五〇年に天使女子厚生短期大学（現、天使大学）を開学させた。

このほか、ローマ・カトリックの札幌聖心女子学院が一九六三年、宮の森に開校した。当初は小中学校を開設、のちに高等学校を加えた。[八二]またプロテスタントのセブンスデー・アドベンチスト教会も一九五一年、日本三育学院札幌教会小学校（現、札幌三育小学校）を設立した。[八三]これら教育機関は、キリスト教への入信を直接の目的とはしていないが、学校においては日常的に聖書・讃美歌にふれ、キリスト教的な行事に参加し、キリスト者の教員・友人との人格的関係を持つ機会となり、ひいては教会の礼拝など諸集会に出席する契機となるなど、教会への橋渡しの役割も果たした。

一九六〇年代を通じて、キリスト教会もキリスト教主義学校も多様な姿をとって市内に拡大していった。その多くは周辺の発展という札幌の変化に即応していた。

この一端が市の中心部に起こった会堂をめぐる景観の変化である。大通公園・北一条通りと創成川が交差する市の中心部には、一九〇〇年代から一九三〇年代なかばにかけて戦前来の教会が集中し、会堂が随所に見られる個性的な景観を形づくってきた。これが一九六二年、大通西七丁目のW・S・クラーク記念会堂に拠った札幌独立基督教会が大通西二十二丁目へ移転したことをはじめとして、変化を見せるようになる。〔八四〕一九六八年には大通西一丁目の赤れんが造りの会堂をもつ札幌北光教会が、敷地の西半分を売却し新会堂を建築した。〔八五〕南七条東一丁目の札幌ハリストス正教会も冬季オリンピックのための道路建設に敷地が必要とされて一九六九年に土地の売却・移転を決定した。こうして翌年に顕栄聖堂を取り壊し、一九七一年、福住（現、福住二条二丁目）に新しい聖堂を建設、移転するに至った。〔八六〕いずれも大通・創成川に面し独特の画題となっていた光景であったが、姿を消した。こうして一九七〇年代以降、それぞれの教会は、新しい地での宣教の課題に取り組むこととなる。

註

〔一〕 GHQが一九四五年十二月十五日に発したいわゆる神道指令は、「国家神道、神社神道に対する政府の保証、支援、保全、監督並びに弘布《ぐふ》の廃止に関する指令」というもので、神道のみならず、総ての宗教、信仰、教派が政府と特別の関係を持ち、軍国主義、超国家主義的イデオロギーの宣布を行うことを禁止したものであった（井門富二夫編『占領と日本宗教』未来社、一九九三年、六一～六三頁）。

〔二〕 いわゆる〝人間宣言〟とは、一九四六年一月一日に発せられた「新年ニ当リ誓ヲ新ニシテ国運ヲ開カント欲ス国民ハ朕《ちん》ト心ヲ一ニシテ此ノ大業ヲ成就センコトヲ庶幾《こいねが》フ」というものである。ここでは、天皇と国民の紐帯は信頼と敬愛によるものであって「現御神《アキツミカミ》」という架空の観念によるものではないという。昭和天皇が、自ら人間であることを直截に宣言した文言ではない。

〔三〕「第十三回教団戦時報国会常務理事会記録」（日本基督教団宣教研究所教団史料編纂室編『日本基督教団史資料集』第三巻、同研究所、一九九八年、所収）、三六頁。

〔四〕 海老沢亮著（遺著）『日本キリスト教百年史』日本基督教団出版部、一九五九年、二五二、二五三頁。

〔五〕 この項の執筆については、とくに註を付したもののほか、主として次の文献を参照した。これら各書の戦中、戦後の記述を見ると、執筆時点での歴史理解が端的に示されていて、戦時下キリスト教の歩みに対する評価の遷移をたどることができる。

註〔四〕、『日本キリスト教百年史』。東京教区史編集委員会編『東京教区史』日本基督教団東京教区、一九六一年。日本基督教団史編纂委員会編『日本基督教団史』同教団出版部、一九六七年。註〔三〕、『日本基督教団史資料集』第三巻。

〔六〕 仁多見巌編著『北海道とカトリック』戦後編、光明社、一九八七年、三、四頁。『日本基督教団年鑑』昭和十八年版、七四、七五頁。戦争終結時に存在した樺太の教会は、日本天主公教教団では四教会、日本基督教団では六教会であった。

〔七〕この項の執筆については、とくに註を付したもののほか、主として次の文献を参照した。
札幌市史編さん委員会編『札幌百年のあゆみ』札幌市、一九七〇年。北海道編『新北海道史』第一巻概説、北海道、一九八一年、同第六巻通説五、「第八編　戦後の北海道」、一九七七年。札幌市教育委員会編『新札幌市史』第五巻通史五（上）、札幌市、二〇〇二年、「序章　占領期から百万都市へ」。関秀志ほか共著『新版北海道の歴史』下、近代・現代編、北海道新聞社、二〇〇六年。札幌市文化資料室編『概説　札幌のあゆみ』同室、二〇一一年。

〔八〕註〔三〕、『日本基督教団史資料集』第三巻、三七〜四〇、五九、一八三頁。註〔五〕、『日本基督教団史』、一九五頁。

〔九〕註〔五〕、『日本基督教団史』、一九五頁。

〔一〇〕註〔三〕、『日本基督教団史資料集』第三巻、五九、一九六、二四二、二四三頁。註〔五〕、『日本基督教団史』、二〇一頁以下。

〔一一〕註〔三〕、『日本基督教団史資料集』第三巻、一〇五頁以下。牛丸康夫著『日本正教史』日本ハリストス正教会教団府主教庁、一九七八年、一四五頁以下。高木一雄著『大正・昭和カトリック教会史（日本と教会、四）』三、聖母の騎士社、一九八五年、二五〇頁以下。日本キリスト教歴史大事典編集委員会編『日本キリスト教史年表』改訂版、教文館、二〇〇六年、七三頁。

〔一二〕札幌におけるキリスト教会の会堂接収については、前章第三節のうち、「会堂の接収と敗戦」の項参照。

〔一三〕札幌独立キリスト教会教会史編纂委員会編『札幌独立キリスト教会百年の歩み』上巻、一九八二年年、八四頁。下巻、同委員会、一九八三年、三一八頁。

〔一四〕日本基督教団札幌北光教会教会七十周年記念誌編集委員会編『札幌北光教会七十年の歩み』同教会、一九六六年、七五、八四、八五頁。

〔一五〕札幌北一条教会歴史編纂委員会編『日本キリスト教会札幌北一条教会一〇〇年史略年表』同教会、一九九五年、四三頁。

〔一六〕札幌キリスト教会歴史編集委員会編『日本聖公会札幌キリスト教会百年の歩み』同教会、一九九三年、四一頁。カトリック北一条教会信友会「宣教一二〇周年記念事業委員会記念誌小委員会」編『「喜び、祈り、感謝」――カトリック北一条教会宣教一二〇周年記念――』同教会、二〇〇二年、一二八頁。

〔一七〕札幌新生教会史編纂委員会編『札幌新生教会八十年史』ホーリネスの群札幌新生教会、一九九〇年、一七一、一七二頁。新名忠臣著『教会組織五十周年記念誌――セブンスデー・アドベンチスト教団札幌教会史、主をほめたたえよ――』同教会、一九七七年、七七頁。

〔一八〕註〔一二〕、『大正・昭和カトリック教会史（日本と教会、四）』三、二五〇頁以下。同、四、四四三、四四四頁。

〔一九〕註〔一二〕、『日本正教史』、一四三～一四七頁。札幌正教会百年史委員会編『札幌正教会百年史』札幌ハリストス正教会、一九八七年、一四八頁。

〔二〇〕日本聖公会北海道教区歴史編纂委員会編『教区九十年史』同教区、一九六六年、二〇〇～二〇二頁。なお、一九四五年十二月に開催の聖公会臨時総会で「監督」を「主教」に改称することを正式に確定した。

〔二一〕救世軍北海道聯隊札幌小隊編『救世軍［札幌］小隊歴史』、一九二八年使用開始（同小隊所蔵）。一九四六年七月六日条。

〔二二〕札幌教会宣教七十五周年記念誌委員会編『宣教七十五周年の歩み』日本福音ルーテル札幌教会、一九九二年、九四頁以下。

〔二三〕日本基督教団からの各教派の離脱については、註〔三〕、『日本基督教団史資料集』第三巻、一〇五頁以下、註〔五〕、『日本基督教団史』、二二二～二二四頁、中村敏著『日本における福音派の歴史――もう一つの日本キリスト教史――』いのちのことば社、二〇〇〇年、一五九～一六七頁など。

〔二四〕日本基督教団の存続については、註〔三〕、『日本基督教団史資料集』第三巻、五七～五九頁、註〔五〕、『日本基督教団史』、二五四頁など。

〔二五〕小野村林蔵「複式教会」の主張は、たとえば「教団の良識に訴える」（小野村林蔵著、小野村林蔵全集刊行委員会編『小野村林蔵全集』第三巻、新教出版社、一九七九年、所収。『基督教新報』一九四九年十二月二十八日号掲載）、二四頁以下。

〔二六〕旧日本基督教会の日本基督教団離脱、新日基設立についてはとくに註を付したもののほか、主として次の文献を参照した。

註〔三〕、『日本基督教団史資料集』第三巻、一二六頁以下。日本キリスト教会北海道中会歴史編纂委員会編『日本

キリスト教会北海道中会五〇年史　一九五一―二〇〇一』同中会、二〇〇六年、一四頁以下。日本キリスト教会歴史編纂委員会編（五十嵐喜和《よしかず》執筆）『日本キリスト教会五〇年史　一九五一―二〇〇〇』一麦出版社、二〇一一年、一〇一頁以下。

なお、日本キリスト教会の二つの五〇年史によっても、離脱の契機としては信条よりも会派制の採否が主たる関心であったように読み取れる。一方、註〔五〕、『日本基督教団史』、二四九頁では、離脱に「非神学的」要素の伏在を推測して、日本基督教団側の見解を滲み出させている。

また、離脱以前の旧日本キリスト教会系の教会・伝道所設立については、日本基督教会北海道中会歴史編纂委員会編『北のひとむれの歩み――日本基督教会北海道中会の諸教会の歴史と年表――』（同委員会、一九八三年）によった。同時期の日本基督教団北海教区全体の教会・伝道所設立数は、筆者の調査による。

〔二七〕北海道特別開拓伝道については、中嶋正昭執筆『北海道開拓伝道　一九五四～一九六三』日本基督教団北海教区常置委員会、一九六五年、五味一「日本基督教団北海教区「北海道特別開拓伝道」の研究」（日本キリスト教団北海教区宣教研究委員会編『宣教論集――一九八六年――』同教区、一九八七年、所収）、註〔三〕、『日本基督教団史資料集』第四巻、一九九八年、一二八～一三三頁など。

〔二八〕日本基督教会札幌琴似教会編『教会三〇年史』同教会、一九七九年、三〇～三四頁。中川収［編纂責任］『日本キリスト教会豊平教会略年表』同教会、二〇〇〇年、五頁。

〔二九〕『基督教年鑑』一九五二年版、キリスト新聞社、一九五一年十一月。もっとも『北海道新聞』一九五一年三月三十一日付によれば、「日本ルーテル教会」が南九条西二十一丁目に「新教会を設立」、四月一日に落成式を行う、と報じている。

〔三〇〕カトリック北十一条教会記念誌委員会編『フルダから札幌へ――カトリック北十一条（聖フランシスコ）教会創建七五周年記念――』同教会、一九八四年、八二、八三頁。

〔三一〕『札幌正教会会報』第一号、一九四七年一月十六日付（註〔一九〕、『札幌正教会百年史』、一五〇頁より再引）。

〔三二〕日本基督教会札幌北一条教会創立六十年史編纂委員会編『日本基督教会札幌北一条教会創立六十年史』同委員会、

一九五六年、七四、七五頁、七九頁。日本基督教団札幌教会教会史編纂委員会編『川畔の尖塔――札幌教会七五周年――』同教会、一九六四年、一四七頁。「札幌教会百年の歩み」編集委員会編『札幌教会百年の歩み』日本基督教団札幌教会、一九九二年、二七一頁。

註

(三三) 前註、『川畔の尖塔――札幌教会七五周年――』、二二三頁。『札幌教会百年の歩み』、二六七頁。

(三四) 前註、『札幌教会百年の歩み』、二七一頁。

(三五) 『北海道新聞』一九四六年四月二十二日付、「神よ共にあれかし、祈る進駐軍。きのふ札幌で復活祭」。

(三六) 前註、一九四六年七月二十二日付、「進駐軍礼拝堂の開堂式」。

(三七) 日本ナザレン教団札幌教会編『建堂二五周年記念誌　エベネゼル』同教会、一九七七年、三、四、六七頁。千里政文「北海道における日本ナザレン教団の教会建築について」その二、正面(立面)形態についての考察(北海道基督教学会編『基督教学』第二六号、一九九一年、所収)三〇頁。『北海道新聞』一九四九年五月一日付、「米兵士が伝道の旅、モルモン教復興に来札」。

(三八) 註(三三)、『札幌教会百年の歩み』、二六九、二七〇頁。

(三九) 『北海道新聞』一九四九年四月十三日付、「日米合同の復活祭礼拝。真駒内で」。四月十八日付、「日米合同復活祭。真駒内キャンプで挙行」。

(四〇) 北村正直「北村正直氏聞書き(一九九九年)　戦後の札幌市内のキリスト教会事情――福音ルーテル教会信徒の視点から――(札幌市史編纂資料)」札幌市教育委員会文化資料室、一九九九年、筆者聞取。

(四一) 武田俊信・細谷良彦共編『山鼻カトリック教会三十年のあゆみ』、同教会三十周年記念祝典委員会、一九六〇年、七頁。

(四二) 註(三三)、『札幌教会百年の歩み』、二七四頁。

(四三) 日本キリスト教会札幌北一条教会歴史編纂委員会編『日本キリスト教会札幌北一条教会一〇〇年史』同教会(市販版、一麦出版社)、二〇〇〇年月、二六四頁。

(四四) 『北海道新聞』一九五二年十二月十三日付、「裸にしたキリスト教」。

(四五) 註(一四)、『札幌北光教会七十年の歩み』、一〇〇頁。

（四六）註（三二）、『日本基督教会札幌北一条教会創立六十年史』、七九頁、註（一五）、『日本キリスト教会札幌北一条教会一〇〇年史略年表』、四六頁。ヘレン・ケラーの講演は、九月十八日の全道盲人大会のほか、十七日にも行われている。

（四七）『北海道新聞』一九四九年六月二十七日付、「厳かに開く野外ミサ、ザヴィエル四百年祝う」。ゲルハルト・フーベル「フランシスコ会北海道布教小史」一一三（『光明』第一一八五号附録、一九五七年四月十四日付、所収）。註（三〇）、『フルダから札幌へ』、一九八頁。註（六）、『北海道とカトリック』戦後編、四二頁。聖腕奉迎行事の日付および参列した信徒数は、『北海道新聞』の記事に拠った。

（四八）註（三三）、『札幌教会百年の歩み』、二七五頁。註（三三）、『川畔の尖塔』によると、札幌市立病院でのキリスト教講座の開始は、一九四七年のことと読み取れる。「フランシスコ会北海道布教小史」では、信徒数が六、〇〇〇人とある。

（四九）註（一四）、『札幌北光教会七十年の歩み』、八八、八九頁。

（五〇）註（六）、『北海道とカトリック』戦後編、七九頁。

（五一）札幌聖ミカエル教会宣教五〇周年記念誌編集委員会編『五十年のあゆみ』日本聖公会札幌ミカエル教会、二〇〇一年、一二頁ほか。聖公会の札幌みすまい会衆、日本ルーテル教団の白川伝道所については、『基督教年鑑』昭和三十一年版（一九五六年十一月刊）に拠った。

（五二）註（二八）、『教会三〇年史』、一九、二〇頁。

（五三）キリスト新聞社による『基督教年鑑』（一九七九年版からは『キリスト教年鑑』）は、当初、隔年刊であって一九六八年版から年刊となる。したがって刊行されていない年次に開設された教会については、その翌年に把握されるため、統計上の数値は実態に即応しないところがある。ここでの表およびグラフでは、時の推移によるおおよその傾向を把握することになる。

なお、本文の以下の記述における、個々の教会の開設にかかる記事は、『基督教年鑑』のほか関係のある教会史に依拠したところもある。

（五四）北海道特別開拓伝道については、註（二七）、『北海道開拓伝道　一九五四～一九六三』などを参照。

（五五）札幌教会が計画した真駒内・麻生・厚別各伝道所の開設（設立）式については、註（三三）、『札幌教会百年の歩み』、三三三頁以下および日本基督教団真駒内伝道所編『からしだね』第一四号、一周年記念特別号、一九六五年、四四頁、日本基督教団麻生教会編『聖恵みの歩み——麻生教会一〇年の記録（一九六二年より・一九七二年まで）——』一九七二年、三頁、日本基督教団厚別教会編『シャローム』第六〇号、厚別教会十周年記念特集号、一九七三年、一〇頁。

〔五六〕『基督教年鑑』のほか、註〔二〇〕、『教区九十年史』、二二五頁以下、日本聖公会札幌聖ミカエル教会編『三十年のあゆみ』同教会、一九八一年、六二頁、註〔五二〕、『五十年のあゆみ』、一二頁。

〔五七〕註〔三三〕、『宣教七十五周年の歩み』、二六〇頁。

〔五八〕註〔三六〕、『北のひとむれの歩み——日本基督教会北海道中会の諸教会の歴史と年表——』、六五〜七八頁。

〔五九〕日本ルーテル教団札幌中央ルーテル教会一五周年記念誌委員会編『札幌中央ルーテル教会一五周年記念誌』同委員会、一九九一年、四三頁。

〔六〇〕札幌バプテスト教会編『めぐみ——二五年のあゆみ・札幌バプテスト教会創立二五周年記念誌——』同教会、一九七九年、六、一一、一二頁、五九頁。同教会記念誌編集委員会編『五〇周年記念誌　光のうちに』同教会、二〇〇三年、三八、三九頁。

〔六一〕『基督教年鑑』一九七〇年版によると、イエス之御霊教会の教会数は、札幌教会のほかに札幌西線など十か所の集会所を挙げている。これらの集会所には所属信徒の数は掲載されていない。

〔六二〕一九六〇年代までに札幌に進出を果たした諸教派は、ほかにも在日大韓基督教会総会、日本福音教団があるが、『基督教年鑑』の一九六九年版までに札幌での教会名が記載されなくなっている。

〔六三〕註〔六〕、『北海道とカトリック』戦後編、一五五〜一六一頁。カトリック北二十六条教会編『北の国の聖母　献堂三五周年記念誌一九五九〜一九九四』同教会、［一九九四年か］、一〇頁。カトリック月寒教会記念誌編集委員会編『カトリック月寒教会三十周年・献堂式記念誌』同教会、一九九三年、一四頁。献堂三〇周年記念記念誌編集委員会編『三〇年のあゆみ　一九六三—一九九三』カトリック真駒内教会、一九九三年、四五頁。

なお、カトリック北二十六条教会はすでに一九五九年の設立である。

〔六四〕註〔六〇〕、『めぐみ——二五年のあゆみ・札幌バプテスト教会創立二五周年記念誌——』、五九頁。『五〇周年記念

誌　光のうちに』、三八頁。

（六五）前註、『めぐみ——二五年のあゆみ・札幌バプテスト教会創立二五周年記念誌——』、一一、一二、五九、六〇頁。『五〇周年記念誌　光のうちに』、三八、三九頁。

（六六）北栄キリスト教会二十五年史編集委員会編『二十五年史　北栄キリスト教会』同教会、一九八二年、一、三、一六頁。日本福音キリスト教会連合北栄キリスト教会五十年史編集委員会編『主のよくしてくださったことを何一つ忘れるな　五十年史　北栄キリスト教会』同教会、二〇〇六年、一七～一九頁。

（六七）前註、『二十五年史　北栄キリスト教会』、六、二二頁。『主のよくしてくださったことを何一つ忘れるな　五十年史　北栄キリスト教会』、一七～三五頁。

（六八）北海道聖書学院創立二五周年記念誌編集委員会編『あゆみ——北海道聖書学院創立二五周年記念誌——』同委員会、一九九〇年、六一頁。註（六六）、『二十五年史　北栄キリスト教会』、八、二六、八三頁。『主のよくしてくださったことを何一つ忘れるな　五十年史　北栄キリスト教会』、三七頁、年表。

（六九）註（一五）、『日本キリスト教会札幌北一条教会一〇〇年史略年表』、五七頁。

（七〇）北海道マスコミ伝道センター編『ホレンコの歩ゆみ《ママ》（一九五四（二九）－一九七一（四六））』同センター、［一九七二年］、一一頁以下。同センター編『御言葉を宣べ伝えなさい——創立四〇周年記念——』同センター、一九九九年、一頁。

（七一）註（六）、『北海道とカトリック』戦後編、七四、七五頁。

（七二）カトリック北一条教会宣教一〇〇周年記念誌編集委員会編『神の愛　われらに満ちて——カトリック北一条教会宣教一〇〇周年記念——』同教会、一九八二年、四五頁。

（七三）前註、四九頁。註（六）、『北海道とカトリック』戦後編、六三～六五、一二四頁以下。札幌地区での信徒使徒職の活動については、一二六～一三〇頁で詳述されている。

（七四）註（六三）、『北の国の聖母　献堂三五周年記念誌一九五九～一九九四』、一八頁。

（七五）註（五五）、『聖恵みの歩み——麻生教会一〇年の記録（一九六二年より・一九七二年まで）——』、六頁。さっぽろ朝祷会編『さっぽろ朝祷』第一号、同会、一九六六年、［一、二］頁。

〔七六〕　靖国神社国営化阻止北海道キリスト教連絡会編『〃まちの靖国〃北海道のたたかい（靖国神社国営化阻止ハンドブック、二）』同連絡会、一九七六年、一六頁。

〔七七〕　恵庭事件に関わった道キ平の活動については、深瀬忠一・橋本左内共著『平和憲法を守るキリスト者――恵庭事件におけるキリスト者の証し――（新教新書、一四一）』新教出版社、一九六八年、九頁以下。とくに道キ平の運動の総括については、八七頁以下。このうち運動に関わったキリスト者については、九三〜九五頁。長沼事件については、深瀬忠一・榎本栄次共編著『北からの平和（今日のキリスト教双書、一八）』（新教出版社、一九七五年）がある。とくに恵庭事件以来のキリスト教界の平和運動における運動方法と人的影響については、同書の橋本左内「北海道キリスト者平和の会の歩み――恵庭判決以後」、一七二〜一七八頁。

なお前記両書には、道キ平結成の日が記されていないが、一九六二年八月十三日であることを元道キ平委員長橋本左内牧師提供の「北海道キリスト者平和の会結成大会――討議資料――」および橋本牧師所有の『牧会手帳』により確認することができた。

〔七八〕　註〔七六〕、『〃まちの靖国〃北海道のたたかい（靖国神社国営化阻止ハンドブック、二）』、一三〜一六頁。建国記念の日は、一九六六年六月に成立した祝日法案の改正に拠って制定されたが、それをどの日にするかは法律で特定せず、建国記念日審議会の答申に俟つこととした。同年十二月の同審議会の答申では予測されたとおり、建国記念の日を二月十一日とした。

〔七九〕　靖国神社国営化阻止北海道キリスト教連絡会編『〃信教の自由〃めざして（靖国神社国営化阻止ハンドブック、一）』同連絡会、一九七二年、一三頁以下。

〔八〇〕　註〔七六〕、『〃まちの靖国〃北海道のたたかい（靖国神社国営化阻止ハンドブック、二）』、一四七頁以下。『「靖国問題」北海道の四〇年――これからも共に』編集委員会編『「靖国問題」北海道の四〇年――これからも共に』靖国神社国営化阻止北海道キリスト教連絡会、二〇一一年、二九頁以下。

〔八一〕　北星学園百年史刊行委員会編『北星学園百年史』通史篇、一九九〇年、八〇九、八一二、八一三頁。

〔八二〕　註〔六〕、『北海道とカトリック』戦後編、三二六、三二七、三四九頁。

（八三）註（一七）、『教会組織五十周年記念誌――セブンスデー・アドベンチスト教団札幌教会史、主をほめたたえよ――』、七八頁。
（八四）註（一三）、『札幌独立キリスト教会百年の歩み』下巻、三一三頁。
（八五）札幌北光教会編『献堂式のしおり』同教会、一九六八年、六頁。
（八六）註（一九）、『札幌正教会百年史』、一七九～一八六頁。

第六章　宣教の拡大と多様化（一九七〇－二〇〇四年）

第一節　二十世紀末の札幌

〝百万都市〟を宣言する札幌

本章は、一九七〇年十一月に〝百万都市〟を宣言して大都市となった札幌の中で、キリスト教がどのように宣教を拡大し多様化していったかをみる。本書が扱うのは、二〇〇四年まで——一部数値は二〇〇三年末にとどめている——であるので、本章はほぼ二十世紀末の三十年余を記述の対象とすることになる。

札幌は、一九七〇年以前に、周辺町村の合併、編入を果たし、市域を拡大していたが、一九七〇年以降、二十年ほどは道内外から毎年二～五万人の転入者を受け入れ、人口の増加を遂げていた。一九八三年には、京都市を抜いて人口第五位の都市となり、翌一九八四年には一五〇万人を突破した。これは、道内の産炭地から、また過疎になっていく農村からの人口を吸収し、道外からの転勤者とその家族とを加えての増加であった。札幌は全道人口の二割ないし三割を占めるようにもなった。札幌は道内他地域よりも比較的高い賃金が得られ、就職の機会が多く、教育施設など豊富であることもあり、人口を吸引していった[一]。

町村合併による市域の拡大は止まったが、オリンピックの会場ともなった真駒内（南区）、新札幌駅を中心とした厚別副都心（現、厚別区）など郊外に街並みが広がっていった。これがキリスト教会の分布を郊外に広げていく際の社会的基盤であった。

冬季オリンピック以後の変貌

この時期、札幌が変貌する契機となったのは、前章の最後でもふれた一九七二年開催の冬季オリンピックであった。この開催のため、都市の景観は、ほぼ二十一世紀初頭に見る姿へと変貌した。オリンピックに合わせて地下鉄が開通し、さらに路線を増やしまた延伸したことによって、路面電車は一系統を除きつぎつぎと姿を消していった。市の中央部には地下街が開設され、幹線道路や高速道路も整備されていった。一九七二年に札幌は政令指定都市となり、中央区など七区が設定された（その後、全十区となる）。

札幌の発展は日本経済全体の高度成長に裏付けられたものであった。北海道全体でも、一九八八年に青函トンネルが開通して、鉄道が本州とつながり、ついで新千歳空港が開港した。しかし、一九九〇年に株価大暴落からバブル経済が崩壊し、この影響を受けた北海道拓殖銀行が一九九七年に破綻し、営業を北洋銀行が引き継いだ。翌年、北海道庁が全国に募集した北海道のイメージアップのためのキャッチコピー「試される大地」は、北海道が置かれていた状況を表現していた。戦後北海道開発を牽引してきた北海道開発庁も二〇〇一年には国土交通省に統合され、拓殖、開発の時代の終焉を反映した。

北海道全体の低迷にかかわらず、札幌は二〇〇〇年前後に新たなことが起こり、市民以外にも注目された。たとえば一九九八年にイサム・ノグチのマスタープランによるモエレ沼公園（東区）が第一次オープンをし、二〇〇一年には札幌ドームが豊平区に建築され、二〇〇二年に日本ハムファイターズが札幌移転を決めた。一九九二年に始まったＹＯＳＡＫＯＩソーランまつりは、十年を経て四万人が参加し、二〇〇万人の観客を迎えるイベントとなり、さっぽろ雪まつりに匹敵する経済効果を生みだした。二〇〇三年にはＪＲ札幌駅南口に大型複合施設ＪＲタワーが開業、札幌の新たなランドマークになるとともに、デパートなどの集客の流れを変えたといわれている。

二十世紀末の日本とキリスト教

二十世紀が終わる三十年程の日本の政治的動向には、キリスト教界もそれに対峙したところが少なくなかった。具体的には以下の各節でふれるが、あらかじめ列挙すると次のようであった。

まず一九七〇年には、大阪万国博覧会（万博）が開催された。万博は、経済の高度成長を達成した日本の成功を内外に示そうとするものであったが、これへの疑問は七〇年安保問題（日米安全保障条約の自動延長の是非問題）や大学紛争とも重なって日本基督教団などの内部対立を引き起こした。また一九七二年の沖縄の施政権返還（本土復帰）によって米軍基地の問題は、日本全体で解決すべきとする沖縄の主張に向き合うことになる。

「戦後政治の総決算」を主張した中曽根康弘内閣は、一九八五年にそのひとつである靖国神社への〝公式〟と称する参拝を行った。靖国神社をめぐる問題は、前章でふれたとおり一九六九年に「靖国神社法案」が登場して、戦後、キリスト教界が直面した最も大きな信教の自由、政教分離問題となり、〝靖国問題〟として包括される問題となった。靖国問題は、戦没者遺家族への慰藉にとどまるものでなく、憲法、宗教、戦争のことに広く及ぶものとなった。とくに第二次大戦および植民地支配にかかる歴史認識の問題として国外、なかでも中国、韓国から批判の対象となった。

一九八九年の裕仁天皇（昭和天皇）の死去にともなう葬儀と明仁天皇の即位儀式は、キリスト教界では、靖国問題の延長として捉えられ、国民主権、政教分離問題として、また戦争の時代を総括する問題となった。一九九五年は、戦後五十年めにあたり、村山富市首相がどのような談話を出すかが注目された。多くのキリスト教諸教派は、それまでに戦争責任の告白を公にしてきたが、それらを踏まえつつ、プロテスタントとローマ・カトリックが共同して自らの戦争責任を表明した。[二]

第二節　一九七〇年代以降のキリスト教界

七〇年紛争とキリスト教

一九七〇年に日米安全保障条約を自動延長させるかどうかをめぐって、一九七〇年代の当初、政治的対立が尖鋭化した。また、この前後、ベトナム反戦運動、大学紛争、成田空港土地収用問題、沖縄返還問題が起こった。とくに大学紛争はキリスト教界にも影響を与えたほか、一九七〇年開催の大阪万博をめぐってキリスト教界の中にも対立が起きた〔三〕。

万博の問題は、プロテスタントとローマ・カトリックが共同して、万博パビリオンの一つとしてキリスト教館を設ける計画の是非であった。キリスト教館は、万博を日本伝道の機会とする意図であったが、万博自体、アジアへの新しい経済的侵略を切り開くものであるとする万博キリスト教館反対運動が、主として日本基督教団から起こった。万博参加を再検討するために招集された一九六九年十一月の同教団総会は、開会したが議事を決することができず、以後一九七三年まで開催不能となった。同教団の地方組織、東京・大阪・兵庫・京都各教区も万博反対運動によって総会の開催が阻止された。

同教団の一部には、教団総会の開催や機能回復を〝正常化〟と主張し、教師試験を独自に行ったグループや教団を離脱する教会も生じた。札幌でも、同教団の紛争後、札幌新生教会は、ホーリネス派の伝統を堅持するため、ホーリネス系教会との連携を深めていたが、一九八五年六月の臨時総会で同教団を離脱することを可決した（現在、ウエスレアン・ホーリネス教団に所属〔四〕）。

大学紛争は、明治学院大学、同志社大学はじめキリスト教主義学校にも起こったが、神学部にも及び、関東学院神学部、青山学院神学科が廃止となった。とくに日本基督教団立の教師養成機関である東京神学大学では、一九七〇年三月、学生の封鎖を解除するため機動隊を導入して排除した。この是非をめぐる論議は、日本基督教団自体の対立を引き起こした。大学紛争は、札幌市内のキリスト教主義学校のうち北星学園大学にも波及し、同年に入学式の中止、翌一九七一年の校舎の封鎖や学生デモ、〝団交〟などが行われ、三名が退学処分となった。(五) しかし、これらの動きによって札幌ではキリスト者の平和・人権運動に分裂や停滞を招くことはなかった。六〇年安保条約改定反対運動を契機に結成された北海道キリスト者平和の会は、後述するように恵庭・長沼事件への取り組みを進めた体験から、過激な行動を批判して幅広い連帯を訴える立場を取った。(六)

キリスト教の社会的関与

一九七〇年代の紛争は、日本基督教団の教勢（教会員数、日曜礼拝出席者数、受洗者数など）やキリスト教主義学校の活動に影響を与えた。とくに同教団の場合、一九六〇年代後半からみられた教勢の停滞は、一九七〇年代前半に拍車をかけたといわれる。一方、一九六〇年代後半から七〇年代にかけて、紛争がもたらした〝問題提起〟と社会の変動を受けて、キリスト教界の社会的関与が高まり、発言の領域を広げた。

また、この時期にはキリスト教界が挙げて取り組んだものに靖国神社の国営化問題があった。これは一九六九年から一九七四年の間、五度にわたり国会に提出された靖国神社法案の成立阻止活動に端を発している。翌一九七五年以降は、靖国神社問題の延長線上に起こった歴代首相の靖国神社参拝問題、元号法制化問題、裕仁天皇の天皇在位六十年記念式典問題、さらには一九八九年の昭和天皇死去と明仁天皇の即位礼・大嘗祭問題、戦後五十年問題にも取り組んだ。これら一連の信教の自由、政教分離、戦争責任、天皇制批判の発言、行動は、宣教活動として位置づけられ、平和、人権、社会問題への取り組みがキリスト教界に拡がった。

ローマ・カトリックの改革と教会一致運動

前章第四節でふれたとおり、一九六〇年代後半以降、ローマ・カトリック教会は、第二バチカン公会議が決定した方針を札幌でも実行した。そこでは、ミサ典礼の改革も行われ、信徒の典礼参加が推進された。たとえば司祭が会衆に背を向けて執行していたミサを、会衆に向かって行うようになった。カトリック北一条教会では、一九六六年からこれに改め、ラテン語から日本語に改められたミサ式文は、正式に一九六八年から採用された。[七] 教会運営では信徒の役割が重視され、宣教の主体として積極的に位置づけられた。一九七二年を第一回とする信徒使徒職大会を開催してきた札幌地区信徒使徒職協議会は、一九九六年、信徒、修道者、司祭の三者で構成する札幌地区宣教司牧評議会に吸収され、発展的に解消した。[八]

またバチカン公会議が打ち出した方策の一つにプロテスタント諸教派などとの教会一致をめざす運動（エキュメニズム）があり、プロテスタントとの交流が本格化した。その一例に、ローマ・カトリックとプロテスタントとが共同して行った聖書の翻訳がある。これは世界的な取り組みの一環であったが、わが国における共同訳の聖書は、一九七五年から部分的な出版が始まり、一九八七年九月、最終的に『聖書　新共同訳』（のち、『聖書　聖書協会共同訳』）として完成をみた。

札幌では、新約聖書の共同出版記念会が、一九七八年十月、藤女子大学の講堂で開催された。[九] 新共同訳として完成後は、札幌市内でもその翌年一九八八年二月にカトリック北一条教会のミサで、五月に札幌豊平教会で試用を始めるなど、一九八〇年代末から一九九〇年代には、カトリック、日本基督教団、日本キリスト教会（一九九五年、「日本基督教会」を改称）、日本聖公会の諸教会で新共同訳が使用され始めた。[一〇] 一九九七年には発刊十周年を期して全国的に開催された聖書展が、八月十四日から十九日、「歴史が語るロマン'97さっぽろ聖書展」として、丸井今井デパートで開催された。ここではとくに「クラークバイブル」、ジョン・バチェラー訳「アイヌ語祈祷書」「詩篇」など北海道ゆかりの聖書も展示され、延べ八、二〇〇人の来場者があった。[一一] 聖書を無償贈与することをもって伝道としてきた国際ギデオン協会でも、一九九八年に国際理事会で新共同訳の聖書を配付対象と決定したことから、札幌でも翌一九九九年以降、日本国際ギデオン協会の支部（札幌、札幌北、札幌南）が学校の校門などで生徒たちに贈呈する聖書の中に『聖書　新共同訳』を加えた。[一二]

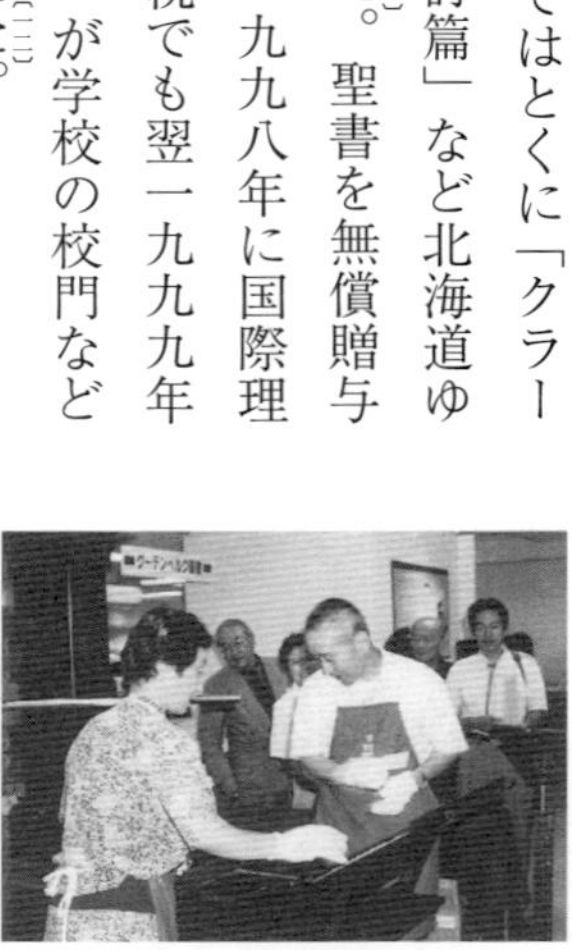
さっぽろ聖書展　1997年
復元されたグーテンベルグ印刷機の実演

一九九五年は、第二次世界大戦の戦後五十年にあたったが、キリスト教の諸教団は、それぞれ戦後五十年を期して声明を発表した。これらは国家や天皇の戦争責任のみならず、戦争に加担した自らの責任を告白する内容であった。同年四月十日のキリスト教九団体による「戦後五十年を迎えるキリスト者の反省と課題」では、プロテスタント諸教団の連合体である日本キリスト教協議会（ＮＣＣ）、日本福音同盟（ＪＥＡ）などとカトリック教会がともに平和の実現を共通の課題として表明した。札幌でも、同年八月十五日にローマ・カトリック、プロテスタントそれぞれの平和集会と平和行進が行われ、大通公園で合流し、共に平和を祈った。[一三]

キリスト教界の教勢と新たな構図

一九七〇年から二〇〇三年まで、日本のキリスト教徒は、八一八、八三三人から一、一二九、一五七人に増加した。もっとも日本の総人口に対する割合は、それぞれ〇・七九九％、〇・八八七％であって、一％に満たない数で推移している。二〇〇二年に新たに洗礼を受けたのは、一五、九三六人で、全国の日曜朝礼拝出席者の一回平均は三十万人強であった。[一四]

戦後、プロテスタントの中でその主たる部分を占めてきたのは、日本キリスト教協議会（ＮＣＣ）に加盟している日本基督教団、日本聖公会、日本バプテスト連盟、日本福音ルーテル教会それにＮＣＣに加盟はしていないが一部の活動に参加している日本キリスト教会などであった。ＮＣＣは、世界教会協議会（ＷＣＣ）に加盟し、エキュメニカル運動を担ってきた。[一五]

他方、一九六八年に結成し、一九八六年に改組改編した日本福音同盟（ＪＥＡ）は、聖書の無謬性を「信仰規準」として、三十二団体（どの教団にも属さない単立の教会を含む）によって発足した。一九九四年、ＪＥＡに加盟する諸教団などは、「ビリー・グラハム東京国際大会」を開催する主体となり、延べ十三万人の集会を開催するなど教勢を伸展させ、ＮＣＣ加盟の諸教団を超えるまでになったといわれている。[一六]また、ＪＥＡとは別に、その前年、延べ一一七、〇〇〇人の集会となった「全日本リバイバル甲子園ミッション」の開催を担った教団の中から、リバイバルミッションの運動が起こり、これを契機として一九九六年には日本リバイバル同盟（ＮＲＡ）が発足した。とくにここでは聖霊体験や病気の治癒を重視するカリスマ運動が主張された。[一七]カリスマ運動は、ローマ・カトリックを含む既存の教団の一部の教会にも浸透し、「聖霊による刷新」をめざしている。札幌でも北斗チャペルキリスト教会など、教会史やホームページで、カリスマ信仰の立場が強調されている記事を見るほか、カトリックでは「聖霊による刷新北海道大会」にその一端がうかがえる。[一八]

第三節　札幌の教勢

教会と教会員数

一九七〇年、札幌市は〝百万都市〟となり、全国の中で、また北海道の中での地位はいっそう重要なものとなった。一九七〇年から二〇〇〇年までの間に、札幌市は人口を八十一万人増やし道内人口に占める割合を一九・五％から三二・一％に押し上げた。[一九]この間、プロテスタント教会で最も教会数が多く全道に所属教会を展開している日本基督教団を例にとると、表5のとおり、北海教区の中で札幌市内の教会が占める割合が、教会員数（教会の実勢に最も近いといわれる現住陪餐会員数）で三四％から四四・二％、日曜朝礼拝出席者数でも三六・一％から四四・七％を占めるようになっている。札幌への人口集中と道内人口での札幌の比重増大と同様の傾向を、同教団の数値が示している。[二〇]また、同教団に限らず、札幌の教会は道内外からの教会員移動を吸収する役割を果たしていた。

次に札幌市内全体のキリスト教会および教会員（一部、教職者を含む）数をみよう。二〇〇三年十二月末現在で札幌の教会数を可能な限り把握した結果、表6のとおり一六〇教会であった。一九八七年刊のさっぽろ文庫『札幌とキリスト教』[二一]に掲載の教会数は図10のとおり、一一九教会であったが、このときの調査漏れもあり、それを追加すると当時は一二七教会が存在していたと考えられる。その後廃止となった教会、また集会所であって二〇〇三年時点では教会として挙げなかったところもあって、差し引くと一六〇教会となる。このうち四十六の教会は、一九八七年以降の十六年間に設立されている。

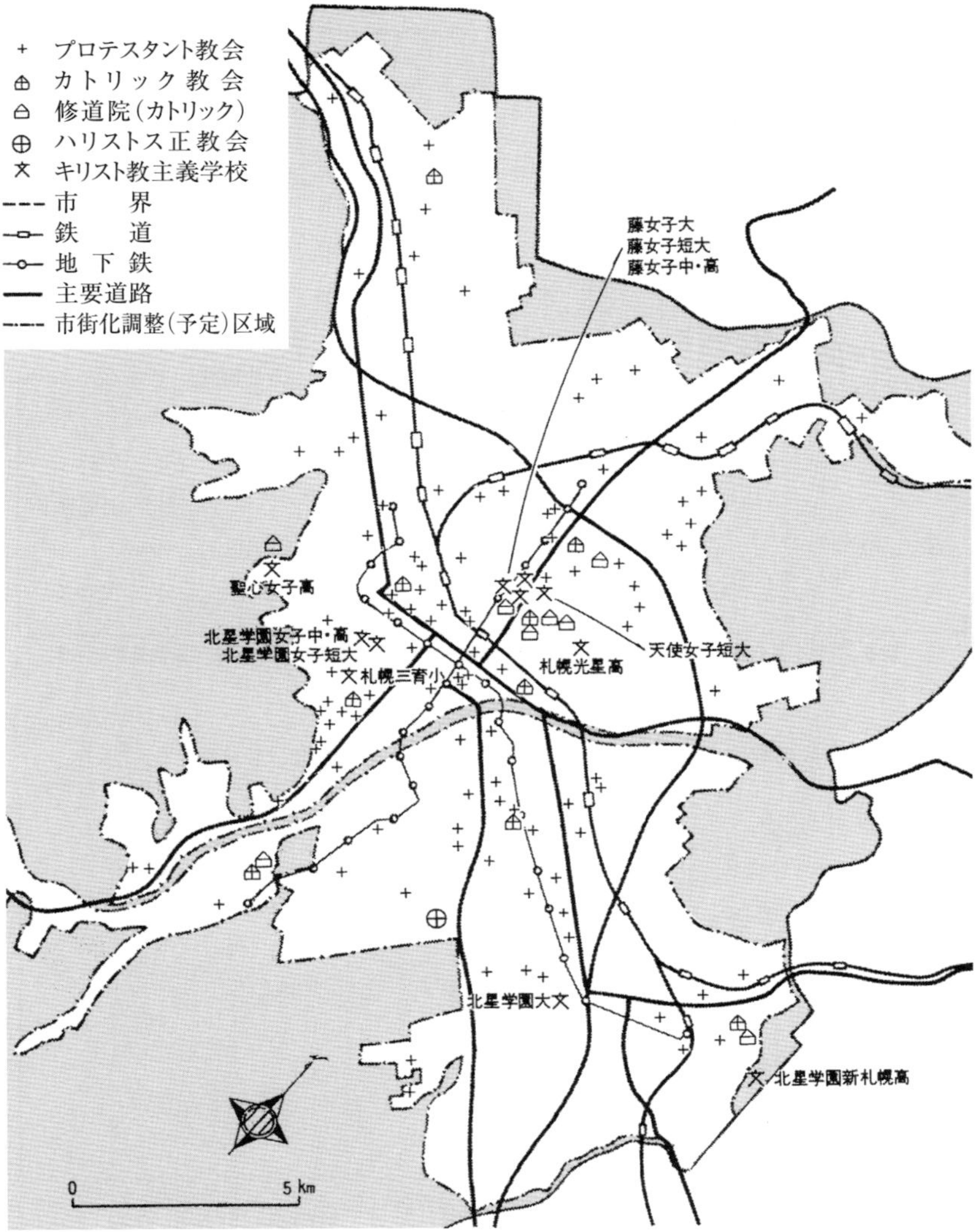

図10　1987年4月の教会等分布図

表5　日本基督教団北海教区の教勢における札幌の位置（1970 年と 2000 年の対比）

区　分		教会数	教会員数	日曜朝礼拝出席者数		人　口
A)北海教区	a) 1970年	62	3,355人	1,705人	A)北海道	5,184千人
	b) 2000年	65	3,113人	2,096人		5,683人
B)札幌地区（北広島市域を除く）	a) 1970年	13	1,142人	615人	B)札幌市	1,010千人
	b) 2000年	17	1,377人	937人		1,822人
B/A(%)	1970年	−	34.0％	36.1％	B/A(%)	19.5％
	2000年	−	44.2人	44.7人		32.1人

出典：『日本基督教団年鑑』1971 年版、2001 年版など。「教会員数」は、現住陪餐会員数を示す。

表6　札幌市内の教会・教会員（教職者を含む）数（2003 年 12 月末）

区　分	教会数	右の内、1987年5月以降設立の教会数	教会員数	1987年4月までに存在した教会数
プロセスタント教会	141	45	13,543	109
ローマ・カトリック教会	9	0	7,382	9
ハリストス正教会	1	0	−	1
その他の教団	9	1	−	8
合　計	160	46	20,925	127

出典：『キリスト教年鑑』2004 年版、札幌市教育委員会文化資料室ほか筆者の独自の調査、『札幌とキリスト教』（1987 年刊）など。教会員数は、同年鑑に掲載された 137 教会の数値を集計したもの。「−」としたものなど、同年鑑に教会員数を掲げていない教会がある。

教会員数は、『キリスト教年鑑』二〇〇四年版に掲載されている各教会の教会員数を集計すると、ローマ・カトリックとプロテスタントを合わせて二〇、九六一人となり、札幌の人口の一・一三%となり、前掲の日本の総人口に対するキリスト教徒の割合〇・九%弱よりも上回っている。もっとも同年鑑に教会員数を挙げている市内の教会は一三七にとどまっているから、実数はこれより多くなる。ただ、二万人強の中には道央イエス之御霊《みたま》教会の三、九七五人を含んでいるから、これを過大として控除するならば対人口比は〇・九二%にとどまり、ほぼ全国並となる。〔二二〕

なお、教会・教会員数がすでに表6で明らかなローマ・カトリックと前述の日本基督教団、イエス之御霊教会教団以外で、札幌市内に五〇〇人以上の教会員数を擁する教団は、日本キリスト教会一、二〇一人（七教会。以下、『キリスト教年鑑』に教会員数を掲げた教会のみの集計値）、日本聖公会一、〇〇八人（五教会）、日本福音キリスト教会連合八四六人（十五教会）、日本バプテスト連盟六九三人（七教会）、日本福音ルーテル教会五五一人（三教会）となっている（以上の数値は、『キリスト教年鑑』二〇〇四年版による。教会員の定義、統計上の処理は各教団によって異なる）。

教会設立の動向

教会数の増加を見ると、まず戦前来、札幌進出を果たした諸教団による教会数の拡大がある。たとえば一九七〇年代前半に限ってみても、日本キリスト教会が手稲、白石、発寒に教会・伝道所を開設した。戦後の教派では、札幌バプテスト教会も所属教会員を株分けし、西野に教会を設けた。在日大韓基督教会が札幌に伝道所を開設したのもこの時期である。〔二三〕戦前来の諸教団の拡大傾向は一九七〇年代後半以降も続き、ローマ・カトリック、日本基督教団、日本キリスト教会、聖公会、福音ルーテル教会が、小野幌、篠路太平、手稲、東月寒、さらに札幌に隣接する現在の北広島市、石狩市など札幌周辺部に教会を設立した。[二四]

しかし、一九七〇年代以降に教会の設立が顕著となるのは、日本福音キリスト教会連合（ＪＥＣＡ）の教会であろう。同連合は、道内に拠点を置いた北海道福音教会協議会など四団体によって一九九二年に結成されたもので、日本福音同盟（ＪＥＡ）加盟の教団である。北海道福音教会協議会は、超教派の伝道団体である国際福音宣教会（ＯＭＦ）が主として設立した教会の連合体であった。[二五]ＯＭＦでは、外国人宣教師によって教会を設立し、これが確立した後は日本人に委ねていく方針をとっており、七〇年代以降も札幌国際、平岡福音、八軒、札苗ライトハウスの各教会を設立した。[二六]また、すでに設立されていた札幌東キリスト教会（現、札幌聖書キリスト教会）、札幌西福音キリスト教会などが厚別福音キリスト教会、手稲福音キリスト教会など新たな教会を生みだした。[二七]とくに札幌聖書キリスト教会、手稲福音キリスト教会などのようにセル（細胞）グループあるいは家の教会という小グループを組織して、伝道、牧会の機会を拡大し、教勢を発展させた。[二八]新たな教会設立の結果、二〇〇三年末現在で日本福音キリスト教会連合の教会は、札幌市内で十五教会を数え、教団別の教会数では日本基督教団の十七教会に次いでいる。[二九]このほかＯＭＦの伝道によって設立された教会であっても、藤野福音キリスト教会などのように、超教派の協力関係を保持することを意図し、単立の教会として活動している教会もある。[三〇]

なお、ＯＭＦが一九六四年に設立した北海道聖書学院（現、白石区北郷）は、超教派の神学校として教職者の養成にあたってきた。設立四十年の間に、約一三〇人の卒業生を宣教の拠点に送り出している。卒業生の赴任先は、日本福音キリスト教会連合の教会をはじめ全国に及んでいる。[三一]ほかにＣＦＮＪ（Christ For The

Nations Japan）聖書学院が、一九八五年、札幌市内（現、石狩市花川）に開設されている。〔三二〕

市域周辺部と市内中央部への拡大

一九七〇年代以降、約三十年間で札幌の教会数は二倍を超える増加をみた。このことは、市内各地域で教会がより身近に存在するようになり、市民が教会の活動に接し得る機会の拡大を意味した。図11は、二〇〇三年十二月末の一六〇教会などの分布図である。厚別、清田、豊平、手稲、北、東区の新興住宅地、商業地に教会の密度が増している。それも市街地の拡大に照応して、市域の極く周辺部に及んでいることが読み取れる。とくに大谷地、平岡、北野、福住、篠路、拓北、あいの里、前田、星置、東苗穂、中沼など、公共交通機関や主要道路に沿って分布している。この傾向は、札幌市域を超えて石狩市、北広島市、江別市に及んでおり、この地域が札幌の宣教圏内に入っていることを示している。周辺部と同時に教会数の増加が著しいのは中央区であって、その三分の一が一九八七年以降新設の教会である。中には、単立のアガペチャーチ（別称、マナチャペル）や恵みキリスト教会のように、それぞれ篠路、拓北また厚別、福住という周辺部での開拓伝道から始まり、都心のビルを取得して会堂とした教会もある。〔三三〕札幌の中心部は新たな宣教の拠点を求めやすい地となっている。

前章でみたとおり、一九七〇年に確認できた札幌進出の教団数は三十四団体（教団に属さない単立の教会を含む）であるが二〇〇三年では同じく六十四団体に増加している。これまで伝道の機会をもたなかった、たとえば首都圏の教団が容易に札幌、ひいては道内に進出できるようになったといえよう。新たに進出した諸教団にとって、札幌の教会は道内への宣教の第一歩であり、すでに道内各地に教会設立を果たしてきた教団

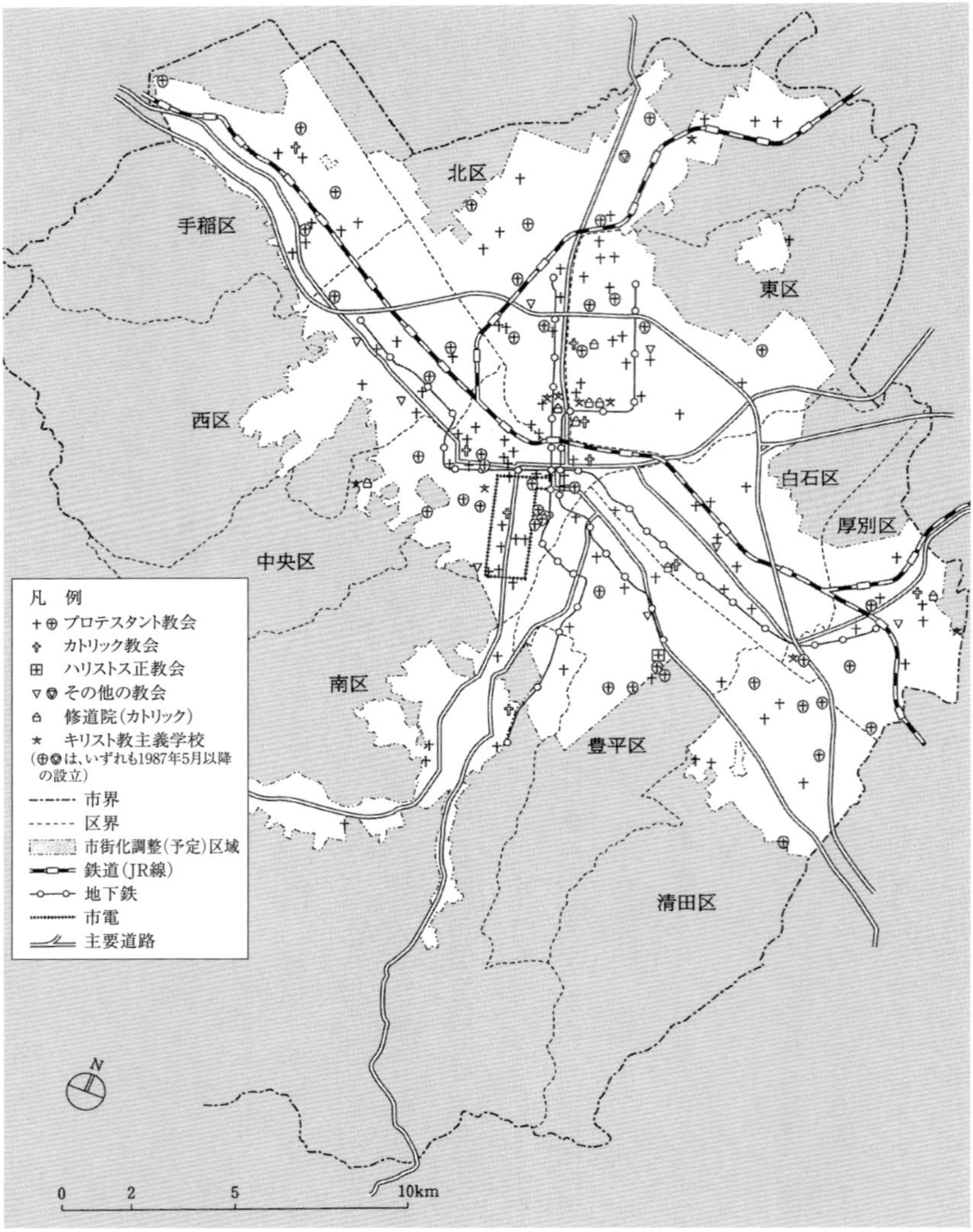

図 11　2003年12月現在の教会等・修道院・キリスト主義学校の分布図

出典：文化資料室アンケート調査（「札幌市内及び近郊のキリスト教会・団体等の史誌刊行状況について」）回答、『キリスト教年鑑』2004 年版その他。

教会については、可能なかぎり現況の把握に努めたが、なお掲載もれがあるかもしれない。

「その他の教会」は、末日聖徒キリスト教会の「ワード」および原始福音の「集会」を示す。

にとっては、さらに札幌伝道がめざされた。前者の例では、日本キリスト改革派教会、後者では、ＯＭＦと同様に在日スウェーデン福音宣教団の開拓伝道によって設立をみた日本聖書福音教団による篠路伝道の成果（あいの里チャペル）などがそれである。[三四]

また、一九八七年五月以降の設立である四十六教会のうち、十七教会は単立の教会である。これらの教会は創立者の特志か、さもなければ教団の支援がなお薄少な中でも設立されている。キリスト教伝道の機会が多様に存在し、多数の教会が短期間にあい接するように設立される状況は大都市の傾向であるが、札幌にもそれがみられるようになった。

第四節　宣教の共同と多様化

宣教の共同

前述した「'97さっぽろ聖書展」の開催のように、ローマ・カトリックとプロテスタントの共同活動は、一九七〇年代以降、随所にみられた。一九九七年五月には、前年第一回が札幌北光教会で開催された「さっぽろ教会音楽祭」が、次にはカトリック北十一条教会で開催された。[三五]また、プロテスタントの信徒が一九六六年に始めたさっぽろ朝祷会は、隔週の月曜日の早朝に共に祈ることを目的とする集会であり、二〇〇四年四月に九〇〇回を数えた。この間、ローマ・カトリックにも朝祷会が生まれたこともある。また、全国朝祷会の年次大会が一九七三年七月と一九九三年五月に札幌などで開催された。朝祷会は、ローマ・カトリックとプロテスタント共同の祈りの場となっている。[三六]

カトリックとプロテスタントとの共同が拡がる一方、プロテスタントの側では、その信仰的立場を強く意識した聖会が連年、開催継続されていくようになる。北海道ケズィック・コンベンションは、一八七五年にイギリスで始まった超教派の聖会に由来するが、北海道では定家《さだいえ》都志《とし》男《お》（日本基督教団月寒教会牧師）らが主唱して、一九六五年に第一回が開催され、「みなキリストにあってひとつ」をテーマに掲げ、「より高いキリスト者の生活」をめざして二〇〇四年三月には第三十八回が開催された。[三七] また、大衆伝道者でもあった本田《ほんだ》弘慈《こうじ》（神戸中央教会名誉牧師）が主唱した聖化大会が、札幌でも一九八九年から札幌聖化大会として開催され、〝潔《きよ》め〟を強調するウェスレアン・ホーリネス系の教会（ナザレン、インマヌエル各教会など）によって継続されている。[三八]

このような聖会は、主として日本福音同盟（ＪＥＡ）ないし日本福音連盟（ＪＥＦ。多くはＪＥＡ加盟団体と重複）に加盟する諸教会によって担われてきた。伝道集会でも一九七四年に札幌オリンピックの銅メダリスト「ジャネット・リンと共に福音を聞こう」集会が札幌市民会館で開催され、三夜で三、八〇〇人が参加する集会となったが、これを担ったのは主としてＪＥＡなどに加盟する諸教団の教会であった。[三九] ＪＥＡなどに加盟の教会は、一九七四年に京都で開催された日本伝道会議のあとを受けて、その北海道版として一九八四年十月に北海道伝道会議を定山渓で開催した。同会議は、「北海道をキリストへ」というスローガンのもとで伝道方策を練るものであった。[四〇] 札幌においてもウェスレアン・ホーリネス系の教会と日本福音キリスト教会連合、ＯＭＦ系の教会が、戦前来の諸教団・教会とは異なるまとまりを見せ、宣教活動を展開し

た。〔四一〕

伝道機会の変化

一九六〇年代までは、キリスト教伝道の一環として、教会附属幼稚園と日曜学校（教会学校と改称したところもある）は、子どもとその父母を教会に結びつける有力な手がかりとなっていた。戦後新たに札幌に進出した教会でも、たとえば札幌バプテスト教会は日曜学校を重視しひかり幼稚園を、札幌ナザレン教会はこひつじ幼稚園を、ともに教会開設数年後の一九五四年に開園している。〔四二〕しかし、一九七〇年代以降に設立した教会では、無認可の保育施設を設けるところはあるが、幼稚園の設置はほとんどみられない。全市的には伝道の手がかりとしての幼稚園の比重が低くなっており、少子化の影響で幼稚園児の減少も著しい。また一九七六年に学校法人として認可された北海道キリスト教学園（麻生明星、ひばりヶ丘明星各幼稚園など）をはじめ、教会附属幼稚園のほとんどは、設置主体を宗教法人（教会）から学校法人に切り替えている。〔四三〕

日曜学校も、出席する児童・生徒の減少傾向にあることが、教会史誌の中でふれられることがある。たとえば一九七五年に札幌バプテスト教会は小学科児童礼拝を廃止したことがある。これは教会学校生徒の減少によるものと説明されている。〔四四〕札幌北一条教会も七〇年代に日曜学校の出席が減少し、教会堂外の日曜学校の合併、廃止がみられた。〔四五〕同様のことが日本基督教団札幌教会でも指摘され、一九八八年時点で二十年間に生徒数が九十人から三十八人に減少している。その原因を同教会附属明星幼稚園の閉園、都市化による地域住民の減少（教会員の家庭の遠隔化）などにあると説明している。〔四六〕教団・教会によって違いはあるが、教会への入口、信仰継承の場としての日曜学校も伝道上の位置が変わりつつある。

その一方で、一九七〇年代以降、ホテルなどが「教会式」ウェディングを取り入れ、結婚式に占めるキリスト教式の比重が増した。このうち独立した「チャペル」を建築し、これに「教会」名を付したのは、札幌では一九九五年の「宮の森フランセス教会」がその最初と思われる。この種の「教会」数は二〇〇三年で十を超えている。結婚式が機会となってキリスト教への入信に結びつくことは少ないとしても、これにキリスト教界が全く無縁と言えないのは、それらの司式に教職者が個別に協力する場合があるほか、教会などからの組織的な協力もあるからである。たとえば、結婚式の司式を宣教の目的とする教会（キリスト教ブライダル宣教団シャロン・ゴスペルチャーチ札幌）が、一九九〇年に設立されている。[四七]

また、ラジオ、テレビによる伝道は、前章で北海道マスコミ伝道センター（ホレンコ）とローマ・カトリックの活動にふれた。超教派のメディアとしてはこれも前の期間に属するが、一九六九年に北海道福音放送協会が札幌で活動を開始し、中断していた「世の光」放送を再開した。[四八]それぞれテレフォンメッセージ、電話サービスも開設している。宣教機会の拡大をめざしたものとして、ほかに喫茶店伝道がある。一九七一年七月、中島公園の北入口に、主として青少年にキリスト教との出会いの機会を作ろうとして開設された札幌青少年伝道センター「グッドアワー」（現、十二使徒教会「エクレシア」）。豊平区美園）があり、一九八七年には伝道（福音）喫茶「（新）グッドアワー」が二条市場周辺に開設した。いずれも日本基督教団所属教会との関連で開設されたものであるが、単立また他の教団でも宣教の一端として喫茶店伝道（「ルックイン」「アガペ」）をこころみたことがあった。[四九]

靖国神社問題をめぐって

前章第四節でもふれたとおり、多くのキリスト教会が社会問題に目を向ける契機となったのは、札幌でも一九六八年頃から拡がった靖国神社の国家護持（国家管理）に反対する運動〝靖国問題〟であった。一九六八年十二月には、キリスト教界から全北海道労働組合協議会（全道労協）、北海道教職員組合（北教組）、北海道高等学校教職員組合（高教組）などに働きかけ靖国神社国営化阻止道民連絡会議が結成され、一九七一年二月には、これら全道規模の四十七団体が共同して法案反対の声明を出した。[五〇]

一九六九年に最初の靖国神社法案が国会に提出されると、プロテスタント諸教会・団体で構成されている札幌キリスト教連合会信教の自由を守る委員会は法案阻止をめざして、五月十八日から大通公園に面した札幌北光教会前で八日間のハンスト、座り込み、街頭宣伝、ビラまき、署名運動に取り組んだ。札幌北光教会の外壁には、「宗教を戦争に利用する　靖国神社国営化反対」の垂れ幕が掲げられた。[五一]以後、法案が出るたびに法案阻止月間が組まれた。二月十一日の「建国記念の日」を批判して始められた紀元節復活反対の集会は、信教の自由を守り、軍国主義復活阻止、靖国神社国営化阻止を確認する集会となり、集会後のデモで札幌市民に問題の所在をアピールする機会となった。[五二]

一九七四年に靖国法案が五度にわたり廃案となった後、靖国神社問題は首相の参拝問題に移った。日本基督教団北海教区、日本基督教会北海道中会は東西両本願寺などとともに道内の宗教団体に呼びかけて一九八二年一月、「靖国神社公式参拝問題に関する要望書」を鈴木善幸首相に提出した。これには、キ

札幌キリスト教連合会などによる
靖国法案反対運動（1969 年 5 月）

リスト教、仏教、教派神道の諸教団の道内地方組織二十八団体の代表者が名を連ねた。この要望書を契機に、同年五月、キリスト教界と仏教界とが北海道宗教者懇談会を開催し、以来、信教の自由、政教分離問題について宗派を超えた交流が継続した。[五三]また、一九八六年は、日中全面戦争の発端となった一九三七（昭和十二）年の盧溝橋事件から五十年後にあたっており、事件勃発の日にちなんで七・七平和集会を開催した。これは前年一九八五年に中曽根康弘首相が行った〝公式〟と称する参拝に抗議し、アジアの平和を願い、日本の軍拡路線に反対する意図から、キリスト教界が札幌の市民団体に呼びかけて共催したものである。[五四]

こうした靖国神社問題、天皇制問題への継続した取り組みが、一九八九年以来の昭和天皇葬儀と続く天皇即位行事の問題性を批判する運動へと展開した。同年二月に「この日は、何も考えないで、終わらせたくはない！」と呼びかけた「『大喪の日』にあたって天皇制を考えるキリスト者の集い」や翌一九九〇年五月の「5・3大嘗祭問題を考える全道集会」など、札幌でもキリスト者が主唱して集会が開催された。同年十一月の即位礼当日にはキリスト教界からの呼びかけで、「大嘗祭に反対する11・12北海道集会」を共済ホールで開催した。この集会は、昭和天皇の戦争責任追及と大嘗祭が国民主権と政教分離に反するとの主張の下に六十五団体が共催したもので、集会には一、〇〇〇人が参加しデモを行った。この集会も七・七平和集会実行委員会などを発展させて準備されたものであった。[五五]

このように靖国神社問題は、靖国神社の国家護持（国営化）の是非をキリスト教界に投げかけたが、法案はキリスト教界をして、戦前の神社参拝、戦争協力を想起させ、政教分離問題への関心をよび起こし、さらには自らの戦争責任に向きあわせることになった。これらの活動のなかからキリスト教界が主唱して政党、労働団体、市民団体さらには他宗教との協同行動が生みだされ、社会的活動の幅を拡げることになる。

平和といのちと人権の取り組み

靖国神社問題と並行して、一九六八年には防衛庁が夕張郡長沼町にナイキ基地を建設するという問題が起こった。すでに恵庭事件（農業被害のため島松演習場での自衛隊演習を阻止しようとした酪農家を、国が自衛隊法で訴えた裁判）に早くから取り組んできた北海道キリスト者平和の会は、一九六七年三月に恵庭事件で被告が無罪の判決となった後、長沼ナイキ基地反対運動に取り組み、一審の札幌地方裁判所は一九七三年九月に自衛隊が憲法違反であるとの判決を下した。恵庭・長沼事件への平和の会の取り組みは、靖国神社問題とともに、平和運動がキリスト教界に浸透する契機となった〔五六〕。

とくに日本基督教団北海教区は、一九七〇年代に社会問題への関わりを深め、一九九一年の湾岸戦争以降では、同教区や北海道キリスト者平和の会、靖国神社国営化阻止キリスト者グループが、市民団体と共同してPKO協力法、国家秘密法、泊原子力発電所稼働、日米新ガイドライン関連法、国旗・国歌制定法、イラク派兵・有事法制関連法などの反対運動に取り組んだ〔五七〕。ローマ・カトリックも、一九七五年、札幌地区正義と平和委員会を発足させた。同委員会は、一九八五年札幌地区信徒使徒職協議会の下で活動し、八月には平和旬間として平和・人権の問題に取り組んだ。前述の平和集会と平和行進、プロテスタントとの交流もその一環であった。平和・人権問題では、とくに指紋押捺反対の街頭署名を行い、諸集会を開催した〔五八〕。カトリック月寒教会司祭ジュレ・ロウも在日韓国・朝鮮人に連帯して、十月指紋押捺を拒否した。この運動は「ローマ神父を支援する市民集会」や街頭署名運動など、プロテスタントと共同して進められた〔五九〕。

この時期、主としてプロテスタントの諸教会、キリスト者が共同して、いのちと健康にかかわる取り組みがなされた。その一つに前述の国際ギデオン協会札幌支部の修養会（一九六七年九月）後の祈り会で希求された、老人ホーム建設があった。これが一九七〇年五月、定款に「キリスト教の精神」を標榜して開園した特別養護老人ホーム神愛園である。神愛園が発起された頃は、寝たきり老人のホームに対する理解が一般的にはまだ少なく、この設立が高齢者福祉への理解を深めさせることになった。[六〇] また、キリスト者によって発起されひろく市民に担われてきた活動に、一九七九年一月二十五日に開局した「北海道いのちの電話」がある。これは、日本で五番めの「いのちの電話」であった。一九九九年の二十周年までに青少年の悩み、〝自殺念慮〟などの電話相談二十五万件以上を受けた。この事務所は、発起された当初から日本基督教団札幌教会内に置かれている。[六一]

このほかアルコール依存症から脱却させるための社会復帰中間施設がローマ・カトリックとプロテスタント双方で開設されている。カトリックでは一九七七年から中毒者の回復をめざす活動が始まり、一九八二年に札幌マックハウス（白石区菊水）が復帰施設として開設した。[六二] プロテスタントでは、青十字サマリヤ館がＯＭＦの宣教師によって一九七二年から活動が始められ、一九七八年に南区藤野の現在地に開設した。一九九五年にはふじの共同作業所が開所し、サマリヤ館の退館者が授産作業に従事するために通所している。[六三]

二十一世紀において

二十世紀末の三十年、わが国プロテスタントの源流のひとつに数えられてきた札幌のキリスト教界も大きな変貌を遂げた。その源流の歴史を継承してきた戦前来の諸教団・教会の延長上だけでは、二十一世紀初頭、札幌のキリスト教界の現況をもはや捉えにくいものとなってきた。教団・教会数の増加によって、札幌でもキリスト教界は多様化してきたからである。市内のプロテスタント教会のほとんどが加盟していた札幌キリスト教連合会は、いまや全体の半数によって組織されるにとどまっている。〔六四〕かつて同連合会によって開催されてきた「市民クリスマス」は、札幌市民クリスマス実行委員会によって、二〇〇一年から再開されたが、この実行委員会の大半は、一九七〇年代以降、札幌に進出した教団の教会かまたは新たに設立された教会によって組織されている。〔六五〕

キリスト教界の多様化は、宣教の幅を多面的に拡げさせた。平和、人権、環境、生活、障がい者問題など教会の社会的関心への広がりは、宣教が新たな入信者の増加をめざす活動にとどまらないものとして捉えられるようになったことを示している。これはとみに社会問題への関わりを深めた日本基督教団北海教区に限らず、ローマ・カトリックにおいてもＪＥＡ加盟の教会、単立の教会などにおいても、主要な宣教課題となっている。

大都市化する札幌の〝繁栄〟の陰で、精神と生活の危機がいっそう進行している。これに向き合う教会・キリスト者によって、〝宣教〟はその幅をさらに拡げつつある。

札幌市民クリスマス（2004 年 12 月 3 日）

註

〔一〕第一節各項の執筆については、とくに註を付したもののほか、主として次の文献を参照した。
札幌市教育委員会編『新札幌市史』第五巻通史五（上）、札幌市、二〇〇二年、第九編「序章　占領期から百万都市へ」。同第五巻通史五（下）、二〇〇五年、第一〇編「序章　現代の札幌」。関秀志ほか共著『新版北海道の歴史』下、近代・現代編、北海道新聞社、二〇〇六年。中村政則著『戦後史』（岩波新書）、岩波書店、二〇〇五年。

〔二〕キリスト新聞社編『『キリスト新聞』で読む戦後キリスト教史』同新聞社、二〇〇三年、一四六、一四七頁。

〔三〕第二節各項の執筆については、とくに註を付したもののほか、主として次の文献を参照した。
中村敏《さとし》著『日本における福音派の歴史――もう一つの日本キリスト教史――』いのちのことば社、二〇〇〇年。前註、『『キリスト新聞』で読む戦後キリスト教史』。平中忠信「一九七〇年以降の札幌地区における、カトリックの動向」（札幌市教育委員会文化資料室編『札幌の歴史』第四七号、二〇〇四年八月、所収）。日本キリスト教歴史大事典編集委員会編『日本キリスト教史年表』改訂版、教文館、二〇〇六年。

〔四〕札幌新生教会史編纂委員会編『札幌新生教会八十年史』ホーリネスの群札幌新生教会、一九九〇年、三一五、三一六、四五五頁。

〔五〕北星学園百年史刊行委員会編『北星学園百年史』通史篇、北星学園、一九九〇年、六六三、六六四、八一六頁。

〔六〕橋本左内「平和をつくり出してゆく使命――北海道キリスト者平和の会・綱領路線の現実性と将来性――」（深瀬忠一《ただかず》ほか共編『平和憲法を守りひろめる（新教コイノニア、一八）』新教出版社、二〇〇一年、所収）、七八〜八〇頁。

〔七〕カトリック北一条教会宣教一〇〇周年記念誌編集委員会編『神の愛　われらに満ちて――カトリック北一条教会宣教一〇〇周年記念――』同教会、一九八二年、四九、五〇頁。註〔三〕、「一九七〇年以降の札幌地区における、カトリックの動向」、四八頁。

〔八〕近野亘監修、仁多見巌編著『北海道とカトリック』戦後編、光明社、一九八七年、一三〇頁。カトリック北一条教会信友会「宣教一二〇周年記念事業委員会記念誌小委員会」編『「喜び、祈り、感謝」――カトリック北一条教会宣教一二〇周年記念――』同教会、二〇〇二年、四〇頁。

〔九〕日本キリスト教団十二使徒教会一五周年記念誌編集委員会編『一五周年記念誌』同委員会、一九九四年、二四頁。

〔一〇〕中川収［責任編纂］『日本キリスト教会札幌豊平教会略年表　一九四九―二〇〇〇』同教会、二〇〇〇年、四八頁。

〔一一〕［'97さっぽろ聖書展実行委員会］編『聖書展』同実行委員会、一九九七年」、一〇頁。開催結果および来場人数については、前註、『日本キリスト教会札幌豊平教会略年表　一九四九―二〇〇〇』、七四頁。

〔一二〕［日本国際ギデオン協会］編『日本国際ギデオン協会五〇年史』同協会、二〇〇一年、八四頁。札幌における『聖書　新共同訳』の配付については、山下恒之同協会員の教示によれば、一九九九年五月の札幌北支部による札幌市内中学校六校への配付が最初であったという（二〇〇四年七月十日付、筆者への回答）。

〔一三〕カトリック札幌地区信徒使徒職協議会平和旬間グループ『信仰は時空を超えて』編集委員会編『信仰は時空を超えて――戦後五〇年を機に戦争と平和を考える――』同協議会、一九九六年、七五、七六頁。カトリック札幌司教区編『躍進――札幌司教区昇格五〇周年記念誌――』光明社、二〇〇二年、一四八頁。註〔三〕、「一九七〇年以降の札幌地区における、カトリックの動向」、五六頁。

〔一四〕キリスト教年鑑編集部編『キリスト教年鑑』二〇〇四年版（通巻四七巻）、特集・記録・統計集、キリスト新聞社、二〇〇三年、九六、一〇七頁。

〔一五〕前註、本編、五〇八、五〇九頁。

〔一六〕註〔三〕、『日本における福音派の歴史――もう一つの日本キリスト教史――』、二二九、二三〇、二三七、二三八頁。

〔一七〕前註、二四三頁、「年表」。

〔一八〕北斗チャペルキリスト教会編『新しい出発――宣教二〇周年記念誌――』同教会、一九九五年、九頁。第一九回聖霊による刷新北海道大会実行委員会編「第一九回聖霊による刷新北海道大会ご案内」、二〇〇四年。

〔一九〕註〔二〕、『新札幌市史』第五巻通史五（下）、九頁。

〔二〇〕日本基督教団北海教区札幌地区［教会青年協議会］編『札幌地区教会青年研修会、第四回』、一九八〇年十一月。

日本基督教団編『日本基督教団年鑑』一九七一年版、二〇〇一年版、日本基督教団出版局、一九七一年、二〇〇〇年。

〔三一〕札幌市教育委員会文化資料室編『札幌とキリスト教（さっぽろ文庫、四一）』札幌市・札幌市教育委員会、一九八七年、九七、九八頁。

〔三二〕註〔一四〕、『キリスト教年鑑』二〇〇四年版（通巻四七巻）、本編、二八頁以下。

〔三三〕日本基督教会北海道中会歴史編纂委員会編『北のひとむれの歩み——日本基督教会北海道中会の諸教会の歴史と年表——』同委員会、一九八三年、一〇二、一〇三頁。札幌白石教会伝道開始五〇周年記念誌刊行委員会編『札幌白石教会伝道開始五〇周年記念誌』日本キリスト教会札幌白石教会、一九九八年、一九、二一頁。札幌北一条教会歴史編纂委員会編『日本キリスト教会札幌北一条教会一〇〇年史略年表』同教会、一九九五年、七一頁。札幌バプテスト教会編『めぐみ——二五年のあゆみ・札幌バプテスト教会創立二五周年記念誌——』同教会、一九七九年、六一頁。札幌バプテスト教会記念誌編集委員会編『五〇周年記念誌　光のうちに』同教会、二〇〇三年、所収、「札幌バプテスト教会の歩み」六頁。在日大韓基督教会札幌伝道所（現、教会）の設立年次については、新札幌市史編集室の調査に対する回答による。

〔三四〕佐々木藤夫ほか編『献堂十周年　森の声　十年のあゆみと』小野幌カトリック教会、［一九八五年］、五五頁。榎本栄次著『川は曲がりながらも——北海道開拓伝道一四年の記録——』主婦の友社、一九八九年、三〇頁。日本キリスト教団札幌北部教会創立一〇周年記念委員会編『北を拓く——創立一〇周年記念誌——』同教会、一九八六年、七頁。日本キリスト教団北海教区宣教研究委員会編「北海教区史略年表」（『北海教区通信』第一〇〇号、一九八八年、所収）、六頁。日本福音ルーテル新札幌教会編『歴史は語る献堂一五周年記念～日本福音ルーテル新札幌教会～』同教会、［一九九七年］、［三］頁。新札幌聖ニコラス教会編『小史——新札幌聖ニコラス教会の歩み——』同教会、二〇〇二年、［一二］頁。註〔三三〕、『北のひとむれの歩み——日本基督教会北海道中会の諸教会の歴史と年表——』、一〇七頁。註〔一三〕、『躍進——札幌司教区昇格五〇周年記念誌——』、一四二頁。

〔三五〕日本福音キリスト教会連合編『クリスチャン・ハンドブック』同連合、一九九七年、一一～一三頁。註〔三〕、『日本における福音派の歴史——もう一つの日本キリスト教史——』、二四五頁。

〔二六〕註〔一四〕、『キリスト教年鑑』二〇〇四年版、本編、七七頁。

〔二七〕札幌東キリスト教会三〇周年記念誌編集委員会編『ポプラのように　創立三〇周年記念誌』同教会、〔一九九五年〕、三〇、六〇頁。札幌西福音キリスト教会編『神は愛です　創立二五周年記念誌』同教会創立二五周年記念誌実行委員会、一九九四年、一四、七二頁。

〔二八〕前註、『ポプラのように　創立三〇周年記念誌』、五、五六頁以下。手稲福音キリスト教会編「手稲福音キリスト教会のご案内」。

〔二九〕註〔一四〕、『キリスト教年鑑』二〇〇四年版、本編、三二九、三三〇頁。

〔三〇〕〔藤野福音キリスト教会〕十周年記念誌編集委員会編『主の足あと――創立十周年記念――』同教会、一九八八年、四頁。

〔三一〕北海道聖書学院創立二五周年記念誌編集委員会編『あゆみ――北海道聖書学院創立二五周年記念誌――』同委員会、一九九〇年、六一頁。同学院ホームページ、「ＨＢＩの紹介」、二〇〇四年五月二十九日現在。

〔三二〕ＣＦＮＪ聖書学院ホームページ、「学院の沿革と運営」、二〇〇四年四月七日現在。

〔三三〕アガペーチャーチホームページ、「ＭＡＮＡ　ＣＨＡＰＥＬ　今日までの歩み」、二〇〇三年十二月十九日現在。恵みキリスト教会札幌編『年報』二〇〇四年度、二〇〇四年、「教会の歴史」。

〔三四〕日本キリスト改革派札幌伝道所編『年報』二〇〇四年度、二〇〇四年、二頁。〔日本聖書福音教団〕二〇周年記念誌編集委員会編『日本聖書福音教団創立二〇周年記念誌』同教団、一九九五年、二五、三一頁。

〔三五〕註〔一〇〕、『日本キリスト教会札幌豊平教会略年表　一九四九―二〇〇〇』、七一、七三頁。

〔三六〕札幌朝祷会編「第九〇〇回記念例会」同会、二〇〇四年。〔札幌朝祷会〕編「朝祷会に御参加を！」同会、一九九三年。日本キリスト教団月寒教会編『月寒教会四〇年史年表』同教会、一九八八年。五一頁。〔日本ナザレン教団札幌教会〕記念誌編集委員会編『建堂五〇周年記念誌　エベネゼルⅡ』同教会、二〇〇二年、一六七頁。

〔三七〕「２００４／０３／０２　第三八回　北海道ケズィック・コンベンションのお知らせ」同事務局ホームページ。石井栄治・小岩裕一・髙橋養二・岡田順一共編『みことばの祝福――北海道ケズィック・コンベンション四〇周年記念誌――』北海道ケズィック・コンベンション事務局、二〇〇六年、三四頁。

(三八) 註(三六)、『建堂五〇周年記念誌　エベネゼルⅡ』、二四、一六三、一六七頁、インマヌエル札幌教会『インマヌエル札幌教会四十周年記念誌　神の恵みに導かれて』同教会、二〇〇一年、六二頁。久保木勁「久保木勁牧師聞書き（二〇〇四年）～一九七〇年代以降、札幌のキリスト教界（札幌市史編纂資料）」札幌市教育委員会文化資料室、二〇〇四年三月二十一日、筆者聞取、「5．聖化大会について」。

(三九) 日本イエス・キリスト教団札幌美園教会創立二十周年記念誌編集委員会編『日本イエス・キリスト教団札幌美園教会創立二十周年記念誌』同教会、一九八〇年、一三五頁。北栄キリスト教会二十五年史編集委員会編『二十五年史　北栄キリスト教会』同教会、一九八二年、一〇頁。

(四〇) 註(三)、『日本における福音派の歴史――もう一つの日本キリスト教史――』、二一九～二二〇頁。註(三六)、『建堂五〇周年記念誌　エベネゼルⅡ』、一五九頁。註(四)、『札幌新生教会八十年史』、三一〇頁。

(四一) 註(三八)、「久保木勁牧師聞書き（二〇〇四年）～一九七〇年代以降、札幌のキリスト教界（札幌市史編纂資料）」、「7．いわゆる福音派の成長」。

(四二) 註(三三)、『めぐみ――二五年のあゆみ・札幌バプテスト教会創立二五周年記念誌――』、五四頁。日本ナザレン教団札幌教会編『建堂二五周年記念誌　エベネゼル』同教会、一九七七年、九、六九頁。

(四三) 「学校法人北海道キリスト教学園寄附行為」一九七六年四月一日認可。

(四四) 註(三三)、『めぐみ――二五年のあゆみ・札幌バプテスト教会創立二五周年記念誌――』、一九頁。

(四五) 日本キリスト教会札幌北一条教会歴史編纂委員会編『日本キリスト教会札幌北一条教会一〇〇年史』同教会（市販版、一麦出版社）、二〇〇〇年、四四〇～四四三頁。

(四六) 「札幌教会百年の歩み」編集委員会編『札幌教会百年の歩み』日本基督教団札幌教会、一九九二年、四六四頁。

(四七) 宮の森フランセス教会の創立年次については、札幌市教育委員会文化資料室のアンケートに対する同教会の回答（二〇〇三年十一月二十五日付）、シャロン・ゴスペルチャーチ札幌の設立年次も二〇〇三年十一月二十二日付の回答による。二〇〇三年十二月十九日時点の結婚式場の「教会」数については、「けっこん情報.Com」による。

〔四八〕北海道福音放送協会作成「北海道福音放送協会の沿革と働き」、二〇〇四年七月十四日、同協会より受信。

〔四九〕グッドアワーについては、註〔九〕、『一五周年記念誌』、一八、五〇頁、「Ⅲ教会の一五年の歩み」八二年度五月十六日条。ルックインについては、註〔二七〕、『ポプラのように　創立三〇周年記念誌』、二八頁、註〔三九〕、『二十五年史　北栄キリスト教会』、九頁、西岡福音キリスト教会創立四〇周年記念誌委員会編『創立四〇周年記念誌――実を結ぶ教会――』同教会、一九九八年、六頁。アガペについては、註〔三三〕、「MANA　CHAPEL　今日までの歩み」。

〔五〇〕靖国神社国営化阻止北海道キリスト教連絡会編『〝信教の自由〟めざして（靖国神社国営化阻止ハンドブック、一）』同連絡会、一九七二年、九九～一〇〇頁。同連絡会編『〝まちの靖国〟北海道のたたかい（靖国神社国営化阻止ハンドブック、二）』同連絡会、一九七六年、三五、三六、一七四、一七五頁。『「靖国問題」北海道の四〇年――これからも共に』編集委員会編『「靖国問題」北海道の四〇年――これからも共に』靖国神社国営化阻止北海道キリスト教連絡会、二〇一一年、三五、三六頁。上記の制作は、いずれも靖国神社国営化阻止（道民会議）キリスト者グループ委員会の働きによる。

〔五一〕前註、『〝まちの靖国〟北海道のたたかい（靖国神社国営化阻止ハンドブック、二）』、三九～四一頁。

〔五二〕註〔五〇〕、『〝信教の自由〟めざして（靖国神社国営化阻止ハンドブック、一）』、八二～八四頁。前註、『〝まちの靖国〟北海道のたたかい（靖国神社国営化阻止ハンドブック、二）』、四五～四七頁。註〔五〇〕、『「靖国問題」北海道の四〇年――これからも共に』、四〇、九一～九四頁。

〔五三〕前註、『「靖国問題」北海道の四〇年――これからも共に』、五八～六〇頁。

〔五四〕前註、六〇～六四頁。

〔五五〕大嘗祭に反対する11・12北海道集会実行委員会編『「大嘗祭に反対する11・12北海道集会」報告集』同実行委員会、一九九一年、一二二、一二三頁。前註『「靖国問題」北海道の四〇年――これからも共に』、六八～七三頁。

〔五六〕深瀬忠一・榎本栄次共編著『北からの平和（今日のキリスト双書、一八）』新教出版社、一九七五年、七六、一二七頁以下。

〔五七〕日本基督教団北海教区第五一回～第五三回、第五九回定期総会決議（一九九一年四月～一九九三年四月、一九九九

年四月）。註（五〇）、『「靖国問題」北海道の四〇年――これからも共に』、七三〜九一、年表（一二）〜（一七）頁。

（五八）靖国神社国営化阻止キリスト者グループ編『靖国神社国営化阻止キリスト者グループニュース』第一二九号、一九八六年二月二十八日付、所収、小林薫「札幌地区カトリック正義と平和委員会」。註（一三）、『信仰は時空を超えて――戦後五〇年を機に戦争と平和を考える――』、七五〜七六頁。註（三）、「一九七〇年以降の札幌地区における、カトリックの動向」、五六頁。カトリック札幌地区正義と平和委員会編「正義と平和に関する年表」（二〇〇五年）。

（五九）前註、「札幌地区カトリック正義と平和委員会」。日本キリスト教団野幌教会編『月報』第一九九号、一九八六年、（四）頁、「ロー神父のこと」。第二〇三号、同年九月、加藤潔「再びロー神父のこと」。カトリック月寒教会記念誌編集委員会編『カトリック月寒教会三十周年・献堂式記念誌』同教会、一九九三年、一七、一八頁。

（六〇）［神愛園星置ハイツ五周年記念誌編集委員会編］『星置ハイツ五周年記念誌』同ハイツ、一九九〇年。五、八頁。［神愛園］二〇周年記念誌編集委員［会］編『神愛園創立二〇周年記念誌』同園、一九九一年、一七、一八、一四一頁以下。註（四五）、『日本キリスト教会札幌北一条教会一〇〇年史』、五一七〜五一九頁。

（六一）註（四六）、『札幌教会百年の歩み』、三七七、四一六〜四二〇頁。［北海道いのちの電話編］『北海道いのちの電話開局二〇周年記念　共に支えて』同電話、一九九九年、八、一五、二九頁。

（六二）註（八）、『北海道とカトリック』戦後編、三七三〜三七五頁。註（一三）、『躍進――札幌司教区昇格五〇周年記念誌――』、一五四頁。註（三）、「一九七〇年以降の札幌地区における、カトリックの動向」、五七頁。

（六三）青十字サマリヤ館編『全き愛』財団法人青十字サマリヤ会断酒ホーム青十字サマリヤ館、一九八六年、一一、一二頁。同館『青十字サマリヤ館入館案内』［二〇〇三年］、三頁。

（六四）札幌キリスト教連合会編『二〇〇四年度札幌キリスト教連合会定期総会議案報告書』同連合会、二〇〇四年、所収、「札幌キリスト教連合会加盟教会団体名簿（二〇〇四年四月）」。

（六五）札幌市民クリスマス二〇〇三実行委員会編『札幌市民クリスマス　二〇〇三』同実行委員会、二〇〇三年。

おわりに――『札幌キリスト教史』のこの先――

一、通史の成り立ち再考

「はじめに」で述べたように、本書は、一八七五年から二〇〇四年までの間、札幌市域で活動したキリスト教の諸教会、団体、人物の活動を通史としてえがいたものです。もともと『新札幌市史』のキリスト教史の部分を一書にしようと考えましたので、本書でもその大半を取り入れています。ただし、市史の時期区分にとらわれることなく、キリスト教史として時期区分をしなおしましたから、一部、時期区分、つまり章が取り扱う範囲を大きく変えたところもありました。

札幌のキリスト教を通史としてまとめる際に、それがひとつの歴史の流れとしてとらえられるのか、本書の各章をたどるごとに、いつも考えさせられてきた課題でした。幸いなことに札幌のキリスト教界は、連続した一三〇年ほどの歴史の歩みを途絶えさせることなく歩んできました。それは教会や団体が協同して、あるいは相互に交流がなくても時代を共にしている姿としてとらえることができるものでした。全体的にひとつの歴史を紡いできたように見ることができます。またそれを可能にしてきた史資料にも恵まれました。とはいえ日本のキリスト教史の場合は、幾人もの人が幾つもの歴史をまとめており、通史として書かれるべき事柄がなにかは、おおよそ共通しており、およそ定まってもいますが、札幌の場合、地域の通史としてなにが書かれるべきかは、これから定まってくるものでしょう。史資料の出方、これから編集される諸教会の歴史によっては、いずれ大きく書き直されることもあるでしょう。本書は、その最初の一端を担ったのであれば幸いです。それでこの「おわりに」にでは、本書のこの先に通史としてなにがあったらよいか、最後に記しておきたいと思います。

二、課題と展望

日本のキリスト教史の場合、取り上げられている内容は、およそ次のような事項です。

宣教の開始／各派教会の成立／国家、教育との衝突／神学の確立／伝道の協同／社会問題、民権、民主運動への関与／戦時下の対応／教会合同／戦後の再建

これはプロテスタントを中心とした歴史ですが、このほかカトリックの学校設立、神学教育や植民地伝道、戦後思想問題、政治問題との対峙、カトリックとプロテスタントとの交流などが通史のなかに加えられています。(二)

本書のキリスト教史は、もっぱらキリスト教の教勢の拡大（または後退）、市民への浸透という、いわば外形の発展に注目してたどってきました。ここで信じられたキリスト教の内容については、第一章で幾人かが入信の契機について述べているほかは、ふれるところがあまりありませんでした。もっとも札幌でも神学や教理についていくらか論議はありました。札幌基督（独立）教会が洗礼、晩餐（聖餐）の二大典礼を停止したこと（第二章第二節）、他教派の教理と一線を画す第七日安息日基督再臨教会（セブンスデー・アドベンチスト）の主張、日本基督教会高倉徳太郎の神学の揺籃期が札幌であったこと、小野村林蔵と松村松年との「科学と宗教」論争（以上、第三章第五節）、戦時体制への順応における主張（第四章第三節）などです。しかし本書では、日本キリスト教史にみるような神学論争のように、札幌での神学が形成され、教理の深化があったことを通史に組み入れることはできませんでした。本書に限らず地域キリスト教史では、神学や教理の問題を各時代にわたって取り上げるのは、なかなか困難なことではないかと思います。

神学や教理をあきらかにする手がかりになるのは、各教会での説教ですが、それがどのような傾向があったかは、諸教会、団体の機関誌紙または個人誌によって知ることができます。[二] けれども本書では、戦時下の国策に順応する主張を除き、説教を分析して説教および神学の歴史をたどることができませんでした。もっとも個々の教会史には、たとえば十九世紀末から二十世紀初頭のことですが、札幌日本基督教会・日本基督北辰教会清水久次郎牧師の説教が、自由主義神学の影響を受けていない、また札幌組合基督教会田中兎毛《とも》牧師は自由主義神学に批判的な見解に立った「オーソドックスな内容」の説教であったなどという共通した記事がそれぞれの教会史から読み取ることができます。[三] 一方、同時代の札幌で高倉徳太郎と海老沢亮《あきら》、その次の代の小野村林蔵と椿真六（いずれも日本基督教会と日本組合基督教会牧師）は対照的な説教であったと思いますが、本書で対比することはできませんでした。残された説教の記録を地域の神学史、説教史として通史の中に位置づけるのは、その方法を含めて課題が大きいように感じます。これまでの日本の神学史からは、その方法が提供されなかった、と私は思っています。神学史、教理史の分野では、日本全体のことは描けても、地域の流れをとらえる方法が見いだせていないという現状もあると思います。[四] もし、各教会が説教の変遷を意識して教会史の中で考えていただけたなら、個々の教会を超えた地域の全体があきらかになるのではないかと、私としては期待しているところです。

各教会の説教とともに、信徒の多くがどのようにキリスト教の信仰を受容したか、これは二〇一六年に開催した第六十七回キリスト教史学会大会のシンポジウム「札幌とキリスト教――戦時下のキリスト教」において私に寄せられた質問でもあります。各教会で信徒がどのように入信し、信仰を持続(教会員としての教会生活の継続)したか、しなかったかということです。入信の契機、社会的階層、家庭の宗教的環境、家庭における信仰の継承などは、教会員のプライバシーに関わるのですが、歴史のことといわず教会内外の深い関心事です。教会によっては、それらの現状分析がなされているとも聞きますが、それを各教会史に活かせないものでしょうか。

もう一、二、課題と展望を加えてみます。まず、教会形成にかかる分析です。通史ですからもとより各教会の個々の事実は、そのままで描かれるわけではありません。それがキリスト教界の問題となってくるとか、教界の趨勢を示す事柄であれば全体の流れを説明する事例として取り上げる対象になります。たとえば、札幌(独立)基督教会の牧師按手礼の実施(第一章第四節)や前述の洗礼・晩餐(聖餐)式の停止などです。

各教会は、その存続、成長のための具体的な方策が常に図られているわけです。そこには教会が拠って立つ神学上の立場や教理上の問題、宣教の方策、教会内の組織・制度の課題、集会のありよう、教会内の人間関係、経済的な問題など多岐にわたる取り組みがあり、おもてにあらわれる教勢や市民への働きかけにとどまらない教会存続にかかわる根幹の問題があります。それらを個別の教会を超えた札幌のキリスト教史として描けたなら、札幌の通史は本書の先をさらに進むことでしょう。本書でもその一部を第三章第二節で、当時の主要教会に共通する課題、自給（経済的自立）の問題として取り上げました。戦後でも一九六四年と推定されるオーチス・ベル宣教師による「北光教会への Bell 提案」では、同じ日本基督教団内のことですが、札幌北光教会および同教会の開拓伝道、近隣の他教会との関係が分析されています。〔五〕また、日本基督教会札幌北一条教会研究委員会による「教会の基本姿勢」〔六〕も、説教、礼拝などについて教会自らが分析したものです。これらの諸文献は、個々の教派、教団、教会を超えて、札幌の教会が課題とした事柄を、その時代の共通した問題としてとらえる手がかりとなるのではないでしょうか。

もうひとつ、他都市・地域との比較があります。本書では、札幌以外の道内外の他都市との比較は、十分できませんでした。「はじめに」の二でふれたように他の自治体史はさておいて、個人の著作では近年の坂井信生著『福岡とキリスト教――ザビエルから現代までの変遷を追って――』、松本汎人《ひろと》著『長崎プロテスタント教界史――東山手から始まった新教の教会――』のほか、またそれ以前にも公にされた竹中正夫著『倉敷の文化とキリスト教』、横浜プロテスタント研究会編『図説横浜キリスト教文化史』〔七〕、など、通史となっている地域キリスト教史があります。都市や他地域との比較によって、札幌における特徴がいっそう明らかとなることでしょう。もっとも他都市のキリスト教史との比較を行うためには、札幌における特徴がどのようなものであったか、いま一度、掘り下げておく必要がありましょう。次項ではこのことをもう少し深めてみようと思います。

三、札幌のキリスト史の特徴

これまで見てきた札幌のキリスト教史の特徴を挙げるならば、まず第一に、W・S・クラークの伝道によって、札幌バンド（「イエスを信ずる者の契約」の署名者）を生みだし、さらにバンドの括りを超えて、札幌農学校（のちには、後身の東北帝国大学農科大学、北海道帝国大学、北海道大学）の教員・学生に根を下ろしたことです。この信仰の継承は、札幌独立基督教会はじめ、札幌日本基督教会（札幌北一条教会）、札幌メソヂスト教会など諸教会の活動と相互に影響しあって長く行われてきました。[八] 札幌農学校がキリスト教主義の学校ではないのにもかかわらず、長期に亘ってキリスト者を輩出してきたことは、日本の一地方都市の歴史としては特異です。これは札幌自体の文化的形成に影響を与えてきたとも評価されてきました。

第二の特徴に、札幌の商人層への浸透があります。札幌のキリスト教が札幌農学校由来のそれに尽きるものではないのは、この側面です。キリスト教各派が、札幌に進出する二十世紀初頭前後、キリスト教が定着しようとする時期の教会は、札幌独立教会を含めて商人層が担いました（本書第三章第四節）。のちに新築される会堂の立地もこれらの市民が活動する地域と関連がありました。この点、坂井信生著『福岡とキリスト教』が福岡市のことで明らかにしているのは、伝道開始時の福岡市内の教会が商人の街である博多部でなく、城下町であった福岡部に集中していたことです。それとは対照的です。[九]

第三に、札幌は内陸宣教への拠点であり、中継地でした。開港地函館をめざして北海道上陸を果たしたキリスト教は、ついで札幌に教線を広げました。北海道開拓（拓殖・開発）自体がそうであったように、札幌は奥地への移住民進出の拠点、また中継点になっていきます。各教団の地方組織（教区、中会、部会など）はその所在地を札幌に置くか、札幌の教会が地方組織の中核となっていきました。札幌進出を果たした諸教団は、さらに旭川や北見地方など奥地へと教線を広げていきます。県庁所在地に拠点をもち、そこから県内に教線を広げる例は少なくないでしょうが、札幌の場合は、移住者の進出という人口移動に牽引され、教線が拡大していく、そのような拠点となりました（第三章第一節）。

第四には、札幌が都市としての規模を拡大するにつれて、諸教団は新たに教会数を増加させました。札幌は、北海道への移住民の進出とともに開拓（拓殖・開発）政策の中核都市として〝成長〟を遂げました。とくに戦後は町村合併により都市の規模を拡げ、教会の新設を可能とさせました（第六章第三節）。戦後の都市規模の拡大が多くの教派・教団の進出、諸教会の設立につながったとする点は、福岡でも同様でした[一〇]。これは戦後の地方都市に共通した状況でしょう。ただ札幌への進出は、ここを拠点として確立することによって、道内各地への進出を可能にしました（第五章第四節）。

四、近代日本キリスト教史の中の札幌

以上は、通史から引き出した札幌での歴史的特徴ですが、今日どのようになったでしょうか。札幌農学校～北海道大学に見る信仰の継承、商人層の担い手、開拓（拓殖・開発）地への宣教の拠点、各地への進出の拠点などの特徴は、一九六〇年代を超えて、札幌のキリスト教を説明するものではなくなっています。このことは、一九八七年に刊行された、さっぽろ文庫の一冊、『札幌とキリスト教』の序章で「（一九六〇年頃、札幌が、）キリスト教的な町である……（が、そうした）印象がだんだんうすくなっていった[一一]」と述べられて

いるところです。そのことは同書から三十年を経って、いっそうその感を深くします。たとえば同書でもふれていますが、札幌の街の景観を特徴づけた大通・創成川河畔一帯の教会堂の移転、改築が一九六〇年代から一九七〇年代に見られたことなどもその一端です（本書第五章第四節）。これによって大通界隈の景観が変化し、札幌市勢の拡大とともに、札幌とキリスト教の関係が強調されることは少なくなってきたといえます。[一二]

いまひとつ、キリスト教自体のことではありませんが、北海道の歴史に対する見方の変化が、一九七〇年代以降に起こりました。一九六八年九月に北海道（庁）主催の〝北海道百年祝典〟が札幌市内で開催されました。一八六九年に〝北海道〟の名称が生まれ本格的な開拓が開始されたことを記念して、全道的に祝賀行事が行われました。北海道の近代一〇〇年は、日本の近代史と重なり、その歴史は開拓（拓殖・開発）の発展の歴史としてとらえられました。歴史の研究でもひさしくこの開拓の成果を評価する立場でした。かつてその歴史のなかでは、多くのキリスト者が重要な役割を果たしてきました。開拓の発展を担い指導してきたキリスト者を、各地にも各分野にもみることができます。[一三]

〝北海道百年〟の標語は、「風雪百年、輝く未来」でした。しかし開拓（拓殖・開発）が終わった〝北海道百年祝典〟以降の北海道は、それまで発展のもの差しとなってきた、人口の増加、鉄道の延伸、米穀の生産が停滞し、次いで後退していきました。評価されるべき発展の歴史が失われた一九七〇年代以降、歴史への見方もまた変わっていきました。開拓（拓殖・開発）のもつ自然破壊の側面への注目、またアイヌ民族の奪われた権利や文化を回復する運動が生まれ、開拓の歴史に対して手放しで肯定することをしなくなっていきます。[一四]キリスト教史に関わることでいえば、アイヌ民族の保護、伝道で評価されてきた聖公会の宣教師ジョン・バチラーの業績に対して、聖公会の中からそれを批判的に見直す見解も出されています。〔一五〕歴史として継承されてきた実態がなくなると、歴史に対する見方も変わってきて、新たに組み立てられるということがおこります。

ひるがえって日本のキリスト教界はどうでしょうか。一九七〇年の大阪万国博覧会にキリスト教界が参加することの是非をめぐる論争、それによって起こった日本基督教団内の対立、さらには神学校を含むキリスト教主義大学の紛争を経て、日本のキリスト教界の状況が変化し、さらには近代日本のキリスト教史への視角にも変化が見られました。たとえば一九七〇年代前後にキリスト者の戦時下抵抗の発掘がなされるようになり、ついでキリスト教界における戦時体制への順応の諸相、近代天皇制とのかかわりについての研究が積み重ねられてきました。これらの研究は、キリスト教界が戦時下の国策に抵抗しえず、守るべき信仰の本質を見失ってきたとする批判に端を発して、天皇の統治による近代の国家体制の中で、これに従属して宣教がなされたことを批判してきました。そして批判の対象は、戦時下の一時期だけではなく、結局は国策へ順応することになった近代日本のキリスト教全体に及び、そのあり方を乗り越えようとする見方を生みだしました。

ことに一九六八年前後からキリスト教界が挙げて取り組んできた靖国神社問題の運動——靖国神社の国家管理をめざす法案阻止から、その後の公人の靖国神社参拝問題、さらには天皇の代替わり行事である大嘗祭問題、その他信教の自由、政教分離の徹底をめざす取り組み——が、直面する運動のかたわら、天皇制とキリスト教の関係を近代キリスト教の重要な課題とする多くの歴史研究を生みだしてきました。一九六〇年代、一九七〇年代に起こり、それに取り組んできた諸問題が、歴史に対する新たな眼を生み、近代日本キ

リスト教史全体を考えなおすようになったといえましょう。[一六]

札幌では、大阪万国博覧会にキリスト教界が参加することの是非をめぐる論争、これによって起こった日本基督教団内の対立の影響はみられませんでした。また、市内のキリスト教主義大学の紛争も諸教会に影響を与えることはありませんでした。しかし、すでにみた札幌の街とキリスト教の関係の変化、一九七〇年前後にみられる北海道史、近代日本キリスト教史の見方の変化は、札幌のキリスト教史にも新しい歴史のとらえ方をうながしているのではないでしょうか。そのことを最後に述べて『札幌キリスト教史』の終わりにしたいと思います。

まずこの時期以降、札幌のキリスト教界は、第五章第四節、第六章第三節でみたように、新しい教派また単立教会の新設によって、戦前にはない規模で多様化しました。戦前来、札幌に定着した、それまでの主要な教派――日本基督教会、メソヂスト教会、聖公会、組合教会、ホーリネス教会、ルーテル教会、ローマ・カトリック教会、ハリストス正教会（プロテスタントの一部は、日本基督教団に合同）――の枠を超えて、宣教が拡大していきました。また、前に述べた札幌におけるキリスト教の〝印象〟は、多分に札幌農学校～北海道帝国大学に由来するものとして文学者たちによって語られたものです。しかし、その後身である北海道大学自体の規模拡大によって、その中のキリスト教の比重が減少し、大学と教会が相互に影響しあい信仰を継承してきた機会は希薄となりました。いま札幌のキリスト教界は過去の遺産に凭《よ》り掛からず、宣教活動を進めています。

こうしてみると、札幌でのキリスト教一世紀半の歴史は、一九六〇年から一九七〇年にかけて、前後二分されるのではないかという見方ができます。本書でいうと第一章から第五章までと第六章です。もっとも第六章の下限は二〇〇四年ですから、前半は約一〇〇年、後半が三〇余年で、前後、バランスを欠くように見えるでしょうか。しかし、二番めの時期は今日まで続いていますし、しばらくは続くはずです。このことを本書では、時期区分の名称を掲げて具体的に設定するまでにはなりませんでしたが、このように二分して考えてみたらどうだろうかと考えています。近代のキリスト教をこうした戦後の一時期で、時代を二分するような仮説は、札幌以外の他の地域キリスト教史ではどうでしょうか。日本のキリスト教全体は、どうでしょうか。そのことを投げかけて、この「おわりに」を閉じたいと思います。

註

〔一〕日本キリスト教史の事項として参照した通史は、次のとおり。
海老沢亮著（遺著）『日本キリスト教百年史』日本基督教団出版部、一九五九年。海老沢有道・大内三郎共著『日本キリスト教史』日本基督教団出版局、一九七〇年。中村敏《さとし》著『日本キリスト教宣教史――ザビエル以前から今日まで――』いのちのことば社、二〇〇九年。

〔二〕教会・団体誌紙の一端は、「はじめに」の註〔五〕を参照。ほかに小野村林蔵の『泉』、伊藤馨の『新創造』などがある。

〔三〕札幌日本基督教会・日本基督北辰教会清水久次郎牧師（在任期間一八九七年～一九一三年）については、日本キリスト教会札幌北一条教会歴史編纂委員会編『日本キリスト教会札幌北一条教会一〇〇年史』同教会（市販版、一麦出版社）、二〇〇〇年、六八頁以下。札幌組合基督教会田中兎毛牧師（一八九六～一九一三年）については、日本基督教団札幌北光教会教会七十周年記念誌編集委員会編『札幌北光教会七十年の歩み』同教会、一九六六年、一五頁。

〔四〕参照した日本の神学史は、以下のとおり。
石原謙著『日本キリスト教史論』新教出版社、一九六七年。熊野義孝著『日本キリスト教神学思想史』新教出版社、一九六八年。C・H・ジャーマニー著、布施濤雄《なみお》訳『近代日本のプロテスタント神学』日本基督教団出版局、一九八二年。古屋安雄・大木英夫共著『日本の神学』ヨルダン社、一九八九年。古屋安雄・土肥昭夫・佐藤敏夫・八木誠一・小田垣雅也共著『日本神学史』ヨルダン社、一九九二年。

　これらは、日本神学史の主要な著作だが、それらの研究手法をもってしても地域キリスト教史に接近するのは難しい。それは札幌のような地方都市だけではなく、たとえば大阪のような戦前来の大都市においても、同様ではないだろうか。

〔五〕日本基督教団札幌元町教会編『札幌元町教会四〇年史』同教会、二〇〇九年、一八頁ほか。

〔六〕山田滋《しげる》編（代表）『日本基督教会札幌北一条教会創立九十周年記念論集』同教会、一九八六年、所収。

〔七〕竹中正夫著『倉敷の文化とキリスト教』日本基督教団出版局、一九七九年。横浜プロテスタント研究会編『図説横浜キリスト教文化史』有隣堂、一九九二年。坂井信生著『福岡とキリスト教――ザビエルから現代までの変遷を追って』海鳥社、二〇一二年。松本汎人《ひろと》著『長崎プロテスタント教界史――東山手から始まった新教の教会――』上巻・中巻・下巻、長崎文献社、二〇一七年。

〔八〕大山綱夫著『札幌農学校とキリスト教』EDITEX、二〇一二年、三頁ほか。とくに第二章は、各教会における札幌農学校出身者を網羅的に明らかにしている。

〔九〕註〔七〕、坂井信生著『福岡とキリスト教――ザビエルから現代までの変遷を追って』、二〇二頁以下。

〔一〇〕前註、二〇五頁。同書では、福岡の戦後の特徴として、バプテスト教会の成長がとくに著しいとの指摘がある。

〔一一〕永井秀夫、松沢弘陽《ひろあき》「序章札幌とキリスト教への視角」（札幌市教育委員会文化資料室編『札幌とキリスト教（さっぽろ文庫、四一）』札幌市・同教育委員会、一九八七年）、一〇頁以下。

〔一二〕前註〔八〕、『札幌農学校とキリスト教』の「序にかえて」では、作家で歌人の島木健作、文芸評論家の亀井勝一郎らが、一九四〇年代、五〇年代に、札幌におけるキリスト教の影響を文化的雰囲気や〝ピューリタニズム〟という文学的感興をもって語っていることを紹介している。大山は、さらに歌人辻義一の「アカシヤの夏の札幌の夕よし教会堂の讃美歌きこゆ」を引き、戦前、戦後の札幌の雰囲気を追想し、同書執筆の主要な契機として挙げている。札幌におけるキリスト教の影響は、同書の研究の動機にもなっている。

〔一三〕〝北海道百年〟記念事業の一環として、北海道（庁）は外国人を含む故人二三五人を選びました。私の試算では、このうちキリスト者が邦人二〇八人のうちの佐藤昌介・内村鑑三ら二十九人、外国人二十七人のうちのW・S・クラークら十三人、計四十二人、全体の一八%に及んでいる。邦人の場合、伝聞を含め洗礼を受けた経験のある人の数なので、かならずしも生涯のすべてにわたって信仰を保ったわけではない人も含んでいる。外国人については積極的に宣教にあたった人のみを挙げている。ともあれキリスト者が全体の二割に近いというのは、日本におけるキリスト者の比率を考えると高い数値ではある。北海道近代の歴史のなかでキリスト者の比重が大きかったことを示しているのではないだろうか。これらの功労者の伝記は『開拓につくした人びと』全八巻（一九六五～一九六七年）および『開拓の群像』全三巻（一九六九年）などとして公刊されました。私は、この開拓功労者伝記の編集に終始、従事していました。しかし、このように北海道（庁）が個人を功労者として評価し、歴史的に顕彰することは、今後、行われることはないのでは、と私は思っている。

〔一四〕〝北海道百年〟以降に起こった歴史理解の枠組みの変化については、多くの議論と文献がある。私の見解についてまとめて発表した文献はないが、二〇〇九年北海道クリスチャンセンターキリスト教講座の講演「北海道におけるキリスト教史を検討する」（二〇〇九年九月十四日開催）、日本福音主義神学校協議会総会での講演「北海道史の中のキリスト者――開拓史の先へ――」（二〇一五年十月五日開催）がある。

〔一五〕アイヌ民族への宣教に関する聖公会の論議について、私はその全容を知っているわけではないが、たとえば天城英昭「アイヌ民族問題」、西原廉太「日本聖公会とアイヌ問題」（［島田麗子］編『主よ、御もとに立ち帰らせてください』Ｉ私たちの歴史と福音理解、日本聖公会「正義と平和」委員会ほか、［一九九三年］、所収）がある。

〔一六〕一九七〇年代以降の日本キリスト教史の研究史全体をここで概括することはできないが、一方、北海道での靖国神社問題の拡がりについては、拙稿「靖国問題、北海道の運動四〇年の歩み」（『「靖国問題」北海道の四〇年――これからも共に』編集委員会編『「靖国問題」北海道の四〇年――これからも共に』靖国神社国営化阻止北海道キリスト教連絡会、二〇一一年、所収）がある。

あとがき

『札幌キリスト教史』には、副題に「——宣教の共なる歩み——」を添えました。札幌に限らずキリスト教の地域史ならいずれの地域でも、宣教の共なる歩みであったと思いますが、私は札幌のキリスト教界全体がお互いの交流あるなしに関わらず、時代を共有し宣教を進めてきたと考えてきました。そう考えることが、この本の原型となった『新札幌市史』以来の私の課題でした。

『新札幌市史』の各編の「キリスト教」を一冊の本にしようと考えてから、七年ほどになります。各編のキリスト教史の抜き刷りを繋いでも、おいそれと本にはならないものです。この間、『新札幌市史』の「キリスト教」にはなかった、キリスト教をめぐる時代の状況を章ごとに付けたこと、出典などの註をくまなく付けること、時期区分を見直すことにしたからです。また、『札幌キリスト教史の研究——通史のための試み——』を別に出版することになりました。この事情は、いろいろなところでふれたとおりです。

札幌のキリスト教史では、多くの先人の働きがあっていまにいたっています。この本は、通史ですからその働きのほんの少しを歴史の事実として書きとめました。ここでは札幌のキリスト教史約一三〇年間の連続した全体像をたどることにしました。それで「おわりに」の最後に札幌のキリスト教史は、一九六〇年代末から一九七〇年にかけてその時期が二分されるのではないかと書きました。まだ論証をしていないので仮説にもなりませんが、もし私がそれに取り組めたら、時期区分を含めてこの本の書き方全体を、変えることになったでしょう。私自身はこの議論を深めることはできていませんので、問題を提起して今後の研究の発展に待ちたいと思います。

とはいえ二つの時期区分について考える動機のようなものはあります。この「あとがき」では、まだ議論の材料としては熟していない、ひとつ、ふたつを書きとめて、問題提起した者として、その一端を記してみることにします

まず、札幌のキリスト教史にはじつに多くのできごとや先人の働きがありました。もとよりそれは札幌に限りませんが、それらは札幌という地域の特色ともなっていました。これからも過去の歴史は掘り起され、札幌のキリスト教史を豊かなものにしてくれましょう。あるいは歴史への新たな反省を深めることになりましょう。新たな事実の発掘は、歴史を知る魅力のひとつです。ある人は、そのなかから宣教への励まし、教訓を引き出すことでしょう。

ただ、過去の「できごと」や「先人に学ぶ」ことに歴史を知る意味をとどめていては、これからの歴史を見通せないのではないかと思っています。もとより歴史を知れば未来がわかるというものではありません。歴史は、予言に立ち入りません。けれども歴史は、過去を的確に知る位置に立って過去を解釈しようとして

いますから、過去（歴史）をどれだけ深く理解できるかによって現在に対する理解もまた深まります。そして現在に対する理解が、これからの宣教を見通すためのよすがとなるのではないでしょうか。これまでの例でいくと、太平洋戦争に対する理解から端を発して、天皇制に対する理解（解放）、近代日本の国家とキリスト教の関係に視野を広げたことが挙げられます。歴史に対する理解の深まりによって、私自身、自分がどこに身を置いているか示唆されるところがあります。

私個人の体験で言えば、一九六〇年代は日本基督教団札幌北光教会に属する高校生会員、青年会員でした。教会生活を充足していた頃です。赤れんがに蔦の絡まる教会堂は、大通公園の景観をいろどるもので、その時代を顧みると懐かしさが募ります。その後、札幌北光教会によって一九六八年に現在の札幌元町教会（当初、札幌元町伝道所）が開設されて、私は、ひとりの信徒として、この開拓伝道に加わり、いまに至っています。しかしここでの歩みは、古くから地域に根ざした歴史をもち、大きくなった教会の歩みとは相当、異なるものでした。ここには、凭《よ》り掛かることができる「過去」（古い時代の先人の遺産）がありませんでした。

思うに私たちには、「雲のような」先人たちに囲まれています。しかし、「先人」は過去にいるだけではなく、現在もいます。またこれからもいるでしょう。これからの歴史は、その先にあります。歴史を深く知ることは、過去を敬仰したり依存したりすることにとどまらないと思います。一九七〇年代以降の札幌キリスト教史を見ると、自分ではしっかりと論証できませんでしたが、「二つの時期区分」という見方がありうると考え、蛇足のようですが「あとがき」で記すことにしました。

そのうえで言うと、この先二十年、三十年をまたずとも、札幌の社会は多様化して大きく変わっていきます。そのなかでキリスト教界もラテンアメリカ、中国、南北朝鮮、東南アジア、アラブなど多様な人びとを交えた「キリストの体」となっていくことでしょう。欧米基準でないキリスト教の教会が、私たちの教会の姿になっていくのは、何十年も先のことではないように思います。諸国のことばが行き交う聖霊の働きが教会の現実となり、それを歴史の一駒として歴史家もまた向きあうことが起こるのではないでしょうか。

さて、前著『札幌キリスト教史の研究――通史のための試み――』の「あとがき」では、それが《遺稿集》にならないためになどと書きましたが、同じような現実味を帯びて、一麦出版社から出版することになりました。代表の西村勝佳氏は、札幌に拠点を置いて活動しておられるとともに、キリスト教界では改革派神学の出版で知られています。私は、通史である『札幌キリスト教史』を札幌市内、北海道内と同じように、全国のキリスト教界の眼にふれることを切望していました。一麦出版社からの出版によって、その両方がかなえられたのは、幸いでした。西村氏は、私がこの本と『札幌キリスト教史の研究――通史のための試み――』を一冊にと考えていたときから、全体に細かなところにも目配りをしてくださって、本書『札幌キリスト教史』の出版にこぎつけてくださいました。感謝しています。この間、私が入院加療中のとき、一麦出版社などとの連絡には、札幌元町教会高濱心吾牧師を煩わしました。お礼を申し上げます。

原稿ができた段階での内容の点検では、札幌元町教会員で北海道大学大学院生であった神田あかりさん（現在、標津町職員）にお願いしました。また、妹の神田いずみさん（北海道大学大学院生。博物館学）には、前著と同じく、原稿の最終段階での点検とともに、人名索引の点検、年表の索引頁数挿入、掲載写真などの調査取集をお願いしました。

最後に、私が入院加療中、医療関係者をはじめ、じつに多くの方がたの助けを戴きました。とくに姪の内田久美子さんの介護があってこの本もここまできたのだと思っています。

ともあれ、私としては、本書によって、残しておくべきもの、残してはならないものを少しでも書き留めておくことができました。『新札幌市史』の誤り、誤植のことです。本書でも新たに加えた註のため、かえってまたどこかに誤記を残してしまっているかと、恐れてはいます。けれどもここまでなしえたことは、私のささやかな慰めです。心残りが多々あるを覚えつつ、ここまでたどってきて思うのは、「われ乏しきことあらじ」（旧約聖書詩編二三編一節）、わが家の墓碑銘「主ハ吾牧者也」に続くことばです。

二〇一九年十二月アドベント（待降節）に

鈴江英一

〈著者紹介〉

鈴江英一　Eiichi Suzue

1939 年　札幌市生まれ
1959 年　北海道総務部に勤務
1968 年　慶應義塾大学文学部卒
1985 年　北海道立文書館に勤務（～ 1993 年）
1993 年　国文学研究資料館史料館教授（～ 2003 年, 2002 年から史料館長併任）
2001 年　北海道大学博士（文学）の学位取得
2003 年　北海道教育大学教授（札幌校）（～ 2005 年）

北海道史研究協議会常任幹事，日本古文書学会評議員
研究分野　地方自治制度史，アーカイブズ学（史料管理学），近代史料学，日本近代キリスト教史

主な著書
『北海道町村制度史の研究』北海道大学図書刊行会，1985 年
『札幌とキリスト教』（さっぽろ文庫 41）（共著），札幌市教育委員会［市販版 北海道新聞社］1987 年
『開拓使文書を読む』雄山閣，1989 年
『町村制の発足』（史料叢書 3）（編集）名著出版，1999 年
『キリスト教解禁以前――切支丹禁制高札撤去の史料論――』岩田書院，2000 年
『近現代史料の管理と史料認識』北海道大学図書刊行会，2002 年
『開拓使文書の森へ――近代史料の発生, 様式, 機能――』北海道出版企画センター，2005 年
『教会アーカイブズ入門』（共著），いのちのことば社，2010 年
『札幌キリスト教史の研究――通史のための試み――』北海道出版企画センター，2019 年

現住所　札幌市東区北 36 条東 23 丁目 4 － 8

人名索引

1. この索引は，「はじめに」，各章および「おわりに」の本文で記載した人物の氏名（名のみの場合もある）を収録した．
   註に記載した著者・執筆者名は除外したが，註のなかでその著者・執筆者名の主張を参照している場合は、その著者・執筆者名を収録した．

   なお，引用した著書，論文の執筆者をも収録対象とした．
2. 異称，筆名，外国人名の別の読みについては，参照の記号（→～を見よ）を付して，おもな読みの氏名に集約した．
3. 排列は，50 音順とした．読みが不詳な人名は，類推して排列したものもある．
4. イエス・キリスト，ルーテルは除いた．

写真・図・表　一覧

年表　札幌キリスト教史

1. この年表は，各章本文で取り上げた札幌のキリスト教史にかかる事項を主とし，註のうち本文では記載のない事項その他，特記すべき事項を補足して掲載した．あわせて日本，北海道，札幌の状況を本文でもふれた事項などを参考のため記載した．参考とした事項は，日付とも右寄せにした．
2. 本文および註の掲載ページを年表事項の末尾に付記した．頁をまたがる事項は初頭のページ数を記した．
3. 月日の不明なものについては，－を付した．
4. 前史部分の日付は，和暦で記している．

◇札幌キリスト教前史（1859年～1874年）

西暦（日本暦）	事　　項
1859(安政6)年	6月2日　修好通商条約により，箱館(函館)開港. 11月2日，ローマ・カトリックのパリ外国宣教会メルメ・デ・カション，箱館に到着.　p.28
1861(文久元)年	5月17日　ロシア領事館付司祭ニコライ，箱館に到着.　p.29
1872(明治5)年	2月2日　プロテスタント最初の教会横浜公会設立.　p.29
	2月13日　仙台でハリストス正教徒捕縛. 3月27日，函館でも逮捕.　p.30, 62
1873(明治6)年	6月24日　太政官布告により高札制度廃止. 切支丹札を含む高札を撤去.　p.29
1874(明治7)年	1月20日　メソヂスト監督教会派遣宣教師メリマン・コルバート・ハリス，函館に来港. 伝道開始.　p.29
	5月16日　CMS(イギリス国教会海外伝道協会)派遣宣教師ウォルター・デニング，函館に来港. 伝道開始.　p.29

Ⅰ　札幌宣教の始め（1875年～1889年）

西暦（日本暦）	事　　項
1875(明治8)年	8月－日　開拓使女学校教師E. デニス，居宅で聖書講義の集会開催. 札幌学校生徒伊藤一隆も参加. 翌年，女学校廃止，デニス離札で止める.　p.32
1876(明治9)年	7月－日　函館在留の宣教師W. デニング，来札. 札幌におけるキリスト教伝道の開始.　p.32
	8月2日　W. デニング，伊藤一隆に洗礼を授ける(札幌で最初の洗礼式). ウィリアム・スミス・クラークらが立ち会い，札幌(農)学校教師館で執行.　p.33
	8月14日　札幌(農)学校開校式挙行.

	10月－日　この頃までW. S. クラークは, 黒田長官の黙認のもと札幌農学校生徒に聖書を配付, 徳育を開始.　p.35 11月29日　W. S. クラーク,「禁酒の誓約」を起草. 札幌農学校教職員, 生徒が署名.　p.36
1877(明治10)年	3月5日　W. S. クラーク,「イエスを信ずる者の契約」を起草. 札幌農学校生徒が署名.　p.36 4月16日　W. S. クラーク, 帰国のため離札. 島松で“ボーイズ, ビー, アンビシャス”と告げて札幌農学校生徒と別離.　p.39 9月2日　函館在留の宣教師M. C. ハリス, 伊藤一隆を除く札幌農学校1期生15名全員に, 洗礼を授ける.　p.40 11月25日　M. C. ハリス, 札幌に巡回区を設定(日本基督教団札幌教会の伝道開始日).　p.68
1878(明治11)年	2月21日　札幌農学校校長調所広丈, 教頭ウィリアム・ホィーラーに生徒間の宗旨問題の葛藤について注意を促す.　p. 51 6月2日　M. C. ハリス, 札幌農学校2期生のうち内村鑑三, 太田(新渡戸)稲造, 宮部金吾ら7名に洗礼を授ける.　p.46
1880(明治13)年	－月－日　W. デニング, 講義所を東創成町8番地(現, 北4条東1丁目)中村守重宅に置く.　p.45 －月－日　パリ外国宣教会A. プティエ, カトリック教会の司祭として初めて来札, 2週間滞在.　p.47
1881(明治14)年	3月30日　伊藤一隆, 小笠原富の結婚式, W. デニングの司式で挙行(札幌で最初のキリスト教式の結婚式).　p.45 5月－日　この頃, 正教会副伝教者パワェル細目, 札幌に伝教.　p.49 10月2日　札幌農学校一, 二期生ら購入の“白官邸”(南2条西6丁目)で礼拝を開始. 教会設立を図りメソヂスト監督教会とCMSへ退会申出.　p.58 10月23日　札幌農学校一, 二期生, 札幌基督教青年会(YMCA)を組織, 11月12日, 発会式.　p.53 12月－日　この頃, ローマ・カトリックのパリ外国宣教会ジャン・ウルバン・フォリー, 札幌に滞在, 大国元助宅(南1条西3丁目)を拠点に布教.　p.47
1882(明治15)年	1月15日　J. U. フォリー, 仮会堂を南4条東1丁目に置く(別説東2丁目. 札幌天主公教会. 現, カトリック北一条教会).　p.47 2月8日　開拓使廃止, 函館・札幌・根室の3県設置.　p.78 5月－日　大島正健, 札幌農学校の教師をしつつ札幌基督教会牧師に就任.　p.55 12月28日　札幌基督教会, メソヂスト監督教会への負債返済を完了(札幌独立キリスト教会創立記念日).　p.54
1883(明治16)年	8月－日　J. U. フォリー, 北海道全域・青森県の巡回布教師に任命される.　p.47

1884(明治17)年	6月－日　小樽在住の正教会信徒阿部多実治, 札幌に転住(ハリストス正教会最初の市内定住信徒). 10月, 司祭小松韜蔵, 札幌に巡回.　p.50 －月－日　CMS派遣宣教師ジョン・バチェラー, 札幌で伝道説教会を開催, 周辺のアイヌ部落を訪れる.
1885(明治18)年	8月8日　札幌基督教会, 会堂を南3条西6丁目に移し, 献堂式を挙行.　p.55
1886(明治19)年	1月26日　3県を廃止, 北海道庁を設置.　p.78 1月－日　札幌基督教会臨時総会, 牧師大島正健に洗礼式・晩餐(聖餐)式執行を委託することを決議. 諸教派から無資格者の礼典執行を問題にされる.　p.55 3月9日　W. S. クラーク, アメリカ合衆国アマースト(マサチューセッツ州立農科大学の所在地)で死去. 満59歳.　p.58
1887(明治20)年	1月6日　アメリカ長老派伝道協会派遣婦人宣教師サラ・クララ・スミス, 北海道尋常師範学校英語教師として札幌に着任.　p.43 1月15日　S. C. スミス, 尋常師範学校勤務のかたわら札幌長老派伝道協会寄宿女学校(スミス女塾)を開設, 授業開始. 8月25日, 開業式. 幼稚園開設.　p.43 2月11日　英(CMS, SPG)・米(アメリカ・ミッション)の監督教会により日本聖公会創立総会, 大阪で開催(～14日). 東京・函館などを拠点に地方会設置.　p.61 11月14日　札幌基督教会員岩井信六ら, 札幌禁酒会結成をよびかけ, 発足. 21日, 規則制定. 会頭に伊藤一隆. 12月5日, 北海禁酒会と改称.　p.57
1888(明治21)年	1月12日　札幌基督教会牧師大島正健, 東京一番町一致教会で諸教派の牧師から按手礼を受け, 二大礼典の執行権限を認められる.　p.56 6月4日　北海禁酒会,『護国之楯』(のち月刊)を発行.　p.57 8月11日　札幌基督教(徒)婦人会, 偕楽園清華亭で開催. 札幌で婦人のみによって計画, 開催された最初のキリスト教婦人親睦会という.　p.57 8月－日　日本正教会, パウェル松本安正を定住の伝教者として札幌に派遣, 着任. 伝教場を南1条西3丁目に開設(現, 札幌ハリストス正教会).　p.50
1889(明治22)年	2月11日　大日本帝国憲法公布　p.76 6月30日　ジョン・バチェラー編『蝦和英三対辞書』(AINU-ENGLISH-JAPAN DICTIONARY), 北海道庁から刊行. 9月7日　札幌美以(メソヂスト)教会が組織され, 設立届を区役所に提出したという(日本基督教団札幌教会創立記念日. 別説1892年11月19日, 教会組織).　p.86

	－月－日　スミス女塾，私立学校として正式認可（校主，大島正健），校名をスミス女学校とする．

Ⅱ　教派の進出と教会設立（1890年～1900年）

西暦（日本暦）	事　　　　項
1890（明治23）年	4月19日　日本基督一致教会宮城中会，牧師菅田勇太郎を派遣，札幌講義所開設（南1条西1丁目．現，日本キリスト教会札幌北一条教会）．　p.84 6月7日　仁平豊次らメソヂスト派関係の信徒が同派の組会を開催，親睦を図る．　p.85 10月30日　「教育ニ関スル勅語」（教育勅語）発表．　p.76
1891（明治24）年	1月9日　内村鑑三，第一高等中学校始業式で教育勅語への拝礼を躊躇（拝礼躊躇事件．不敬事件ともいわれた）．この直前に札幌基督教会を退会したという．　p.76 7月－日　北海禁酒会，アイヌ矯風部を組織． 8月12日　「尊皇奉仏耶蘇排撃演説」会，狸小路吾妻亭で開催．13日までの予定．　p.76
1892（明治25）年	1月－日　ジョン・バチェラー，札幌に転住．12月24日，アイヌ施療病室を設置．　p.86 5月4日　札幌大火，市街の約5分の1を焼失．　p.79 7月17日　札幌聖公会設立（南2条西2丁目．現，日本聖公会札幌キリスト教会）．山田致人が伝道師として定住．　p.86 11月19日　札幌美以教会，献堂式（南1条西2丁目）．札幌基督教会から転会の仁平豊次らにより教会が組織される．牧師松浦松胤が就任．　p.86 －月－日　日本聖公会北海道地方部，機関紙『北海之光』を発行．
1893（明治26）年	4月－日　パリ外国宣教会，司祭ヘンリー・ラフォンヌを札幌に派遣．札幌の教会の主任として定住．　p.96 7月25日　札幌基督教会・日本基督教会札幌講義所・旭川在住の信徒らにより，北海道伝道義会発足，札幌で発会式挙行．上川伝道をめざす．　p.89
1894（明治27）年	1月－日　札幌農学校教授新渡戸稲造が主唱した遠友会による遠友夜学校開設（南4条東4丁目）．　p.92 1月－日　北海禁酒会，禁酒会館を建設（南2条西1丁目）し，開部式を挙行．　p.91 4月28日　正教会の会堂，南2条西7丁目に完成，成聖（献堂）する．札幌顕栄正教会と称する．　p.95 8月1日　日本政府，清国に宣戦布告（日清戦争）．　p.92

	10月－日　スミス女学校, 移転(北4条西1丁目), 北星女学校と改称. 幼稚園を廃止.　p.92
1895(明治28)年	3月12日　札幌基督教青年会, 日清戦争出征軍人家族の賑恤を目的に開催した幻灯会の益金を提供する旨, 広告する.　p.92
	5月11日　アメリカン・ボードの宣教師ウイリアム・W. コルテス, 田中兎毛, 北海道伝道局開設のため着札. 組合教会講義所開設を地元信徒と協議.　p.87
	9月22日　藤井太三郎ら組合基督教会関係信徒により日本組合基督教会札幌講義所, 設立式を挙行(南1条西3丁目. 現, 日本基督教団札幌北光教会).　p.87
	10月23日　札幌日本基督教会, 教会建設式(設立式), 前年完成の新会堂(鶏教会と呼ばれる)献堂式を挙行.　p.84
1896(明治29)年	10月4日　札幌組合基督教会設立式を挙行. 牧師に田中兎毛就任.　p.87
1897(明治30)年	1月30日　札幌基督教青年会, 再発足(現, 北海道YMCA).　p.91
	－月－日　日本正教会, ニコライ桜井宣次郎を札幌定住司祭として派遣.　p.95
1898(明治31)年	1月18日　北海道庁,「教務所説教所設置出願手続」を制定(庁令第3号).
	1月26日　札幌日本基督教会青年会,『北海教報』発行. 11月から札幌基督教青年会の発行となる. プロテスタント諸教派の動向を報道.　p.92
	8月27日　道内巡回の日本正教会ニコライ主教, 掌院セルギイ, 札幌滞在, 信徒宅などを巡回(～31日).　p.95
	10月17日　基督教徒聯合水災救済会, 水害被災者救援のため, 荷馬車を牽いて区内を練り歩き古着などの寄付を募る(～20日).　p.92
	11月12日　日本福音同盟会派遣の宮川経輝による伝道集会, 市内プロテスタント5教会合同で開催(～14日).　p.99
	11月－日　札幌基督教青年会寄宿舎, 設立(北4条東2丁目).
	12月－日　札幌婦人矯風会, 設立(現, 日本キリスト教婦人矯風会札幌支部).　p.91
	－月－日　H.ラフォンヌの指揮で, 石造の聖堂兼司祭館が完成(北2条東3丁目. 現在の北1条東6丁目. 現存. 別説1897年10月).　p.96
1899(明治32)年	7月24日　札幌基督教青年会, 社会問題演説会を開催. 片山潜が講演.　p.93
	7月27日　内務省令第41号「宗教ノ宣布者及堂宇説教所ノ類設立廃止等ノ場合届出ニ関スル件」公布.　p.100

	8月3日　文部省, 訓令第12号「(一般の教育から)宗教上ノ教育ヲ施シ又ハ宗教上ノ儀式ヲ行フコトヲ許ササルヘシ」と発令.　p.100
	10月1日　札幌・函館・小樽に市制に準ずる区制を施行　p.119
	10月－日　札幌日本基督教会,『鶏鳴』(月刊)を発行.
	12月9日　勅令第359号「私立学校令」を公布.　p.100
	12月9日　政府, 帝国議会に「宗教法案」(第1次)提案.　p.101
1900(明治33)年	2月18日　札幌基督教会臨時総会で教会規則を改正. 札幌独立基督教会と名称を変更, 牧師資格に他教派の按手礼を不要とする.　p.98, 125
	3月10日　「治安警察法」公布.　p.101
	4月27日　第10回日本福音同盟大会, 20世紀大挙伝道を決議. プロテスタント諸教派による新しい信徒の獲得運動をめざす.　p.123
	9月17日　日本美以教会, 函館連回から札幌連回を独立させ, 連回の担当にチャールズ・ウエスレー・ヒューエットを指名.

Ⅲ　教勢の伸張と市民への浸透（1901 年～ 1932 年）

西暦（日本暦）	事　　　項
1901(明治34)年	1月23日　札幌組合基督教会で1月からの教会自給を決議.　p.128
	2月5日　区内プロテスタント各派による大挙伝道北海道第一区支部が組織される.　p.123
	3月10日　札幌独立基督教会臨時総会, 教会規則を修正, 二大礼典(洗礼式, 晩餐[聖餐]式)の停止を決議. 洗礼式に替え入会式とする. p.125
	4月－日　この頃, 札幌聖公会, 自給を決定し,「牧師俸給会社」に出願(自給実現は, 1920年).　p.128
	6月24日　大挙伝道集会開催(～7月4日), 延べ3,700人が参集. 11月, 秋期大挙伝道集会開催. この間, M. C. ハリスなどの伝道集会開催.　p.123
	9月－日　北星女学校, 高等女学校程度と認定されたとの通達を札幌区役所から受ける.
	10月16日　内村鑑三, 第1回札幌伝道を行う(～26日).　p.124
1902(明治35)年	4月16日　日本美以教会年会開催. この年会で札幌美以教会の教会自給が「試用」として承認される.　p.128
	6月3日　北海(道)聯合伝道会, 大挙伝道として集会を開催(～7日).　p.125
	6月－日　札幌独立基督教会員竹内余所次郎・前田英吉ら, 社会問題研究会を組織.　p.146

1903(明治36)年	3月14日　日本基督教会宮城中会から分離した北海道中会,設立式を札幌で挙行.
1904(明治37)年	2月10日　日本政府,ロシアに宣戦布告(日露戦争).　p.115 2月29日　札幌農学校,画学講師飯田雄太郎(美以教会員)を解職.非戦論主張が理由とされる.札幌独立基督教会宮川巳作牧師らも非戦論を主張.　p.142 3月12日　日露戦争開戦により日英米人聯合音楽会,開催.総代にジョン・バチェラー.益金を出征軍人家族のために寄付.5月7日,第2回開催.　p.140 7月16日　日露戦争支持のため北海道宗教者大会,創成小学校で開催.仏教・教派神道・キリスト教各派の代表者が発起人となる.　p.141 8月24日　札幌浸礼教会講義所,北海道庁から会堂・説教所設置の許可を受ける(南2条西1丁目).6月13日,石川保五郎,布教者として届出.　p.130 10月17日　区内プロテスタントの教会が共同して後備大隊犒軍音楽会を開催,12月3日,北星女学校も音楽会を開催して将兵を慰問.　p.141
1905(明治38)年	1月19日　札幌美以教会,石造の教会堂を建築,献堂式を挙行(北1条東2丁目.現存).　p.127 9月30日　末日聖徒耶蘇基督教会宣教師J. W. ストケル,布教者として北海道庁に届出.　p.132
1906(明治39)年	2月15日　札幌組合基督教会,『北海光』(月刊)を発行.　p.122 5月2日　第12回福音同盟会大会開催,プロテスタント諸教派の合同促進案を決議.　p.129 9月10日　区内のプロテスタント教会,北海道物産共進会に際しテントを設営,福音館と称し,天幕伝道,茶菓接待を実施(〜30日). 9月26日　北海道基督教(信)徒大会,札幌座などで開催(〜28日).講師に海老名弾正,星野光多,平岩愃保.
1907(明治40)年	1月19日　フランシスコ修道会士ヴェンセスラウス・キノルドら札幌に到着.布教活動を開始.　p.134 5月22日　日本伝道のメソヂスト三派(アメリカ南北・カナダ教会)合同総会開催,日本メソヂスト教会設立.札幌美以教会,同札幌教会と改称.　p.62, 127 6月22日　札幌農学校,東北帝国大学農科大学となる.　p.120 10月25日　第1回文部省美術展覧会(文展)開催.林竹治郎の「有心無心」(のち「朝の祈り」)が入選.　p.184

	11月16日　札幌日本基督教会, 札幌大火で焼失の会堂を新築, 献堂式を挙行(北1条西6丁目), 同日, 臨時総会で日本基督北辰教会と改称.　p.126
	－月－日　札幌独立基督教会員逢坂信忢ら農科大学生, 社会主義研究会を結成.　p.146
1908(明治41)年	1月20日　フランシスコ修道会総長, W. キノルドを布教地の長に任命.　p.155
	8月31日　マリアの宣教者フランシスコ修道会グァダルーぺら修道女, 着札. 北3条東4丁目で活動を開始(当初の所在地には諸説多数).　p.133
	11月12日　フランシスコ修道会, 修道院と聖堂を建築, 奉献式挙行(札幌村天主公教会. 現, カトリック北十一教会).
1909(明治42)年	1月30日　札幌基督教青年会, 会館献堂式を挙行(北1条西6丁目. 北辰教会に隣接). のちローリー館と命名.
	3月21日　鉄道基督教青年会, 札幌で発足.
	9月25日　農科大学基督教青年会寄宿舎, 献堂式を挙行(北13条西2丁目. 現, 汝羊寮).　p.154
	10月5日　プロテスタントの開教50年記念祝典, 東京で開催(～10日).　p.115
1910(明治43)年	4月1日　北海道拓殖業15箇年計画実施.　p.118
	6月－日　プロテスタント区内6教会,『札幌基督教信徒名簿』を共同作成. 6教会所属の教職・信徒853人を掲載.　p.136
	6月－日　東洋宣教会, 福音使森五郎を派遣し伝道を開始. 札幌福音伝道館を開設(苗穂東5丁目).　p.132
	8月22日　韓国併合に関する日韓条約調印(朝鮮併合)　p.115
1911(明治44)年	6月4日　日本メソヂスト札幌教会, 山鼻講義所の開所式を挙行.　p.127
	9月15日　マリアの宣教者フランシスコ修道会, 修道院・施療院を開設(札幌村新川添23番地. 現, 天使病院, 北12条東3丁目).　p.134
1912(明治45, 大正元)年	2月10日　日本基督教会・組合基督教会・メソヂスト教会などプロテスタント8教派, 日本基督教会同盟を結成, 発会式を挙行.　p.115
	2月25日　原敬内務大臣, 教派神道・仏教・キリスト教の代表者を招き懇談会を開催(～26日. "三教会同"). 内村鑑三らは批判.　p.116
	10月20日　内村鑑三の札幌伝道に際し, 札幌独立基督教会と齋藤宗次郎・浅見仙作ら各地の教友会(無教会)が一致・協力を契約.
1913(大正2)年	2月18日　札幌独立基督教会,『独立教報』(月刊)を発行.

	7月13日　札幌共談会講演会, 時計台で開催. 東京・本郷教会牧師海老名弾正, 奈良・興福寺住職大西良慶らが講演. 8月18日　札幌婦人矯風会, 日本基督教婦人矯風会札幌支部と改称, 発会式を挙行. 矢島楫子会頭(本部)らが講演.　p.145 9月11日　日本基督教会札幌福音館, 開館式を挙行(南4条西1丁目). 主任伝道者に山本喜蔵就任.　p.139 11月15日　札幌組合基督教会, れんが造りの会堂を新築, 献堂式を挙行(南1条西1丁目).　p.162 12月－日　札幌基督教徒凶作救済会, 結成, 凶作農民救済運動を起こす. 1914年1月13日～21日　区民に食糧・衣類・義捐金寄付を募る. 5月頃まで継続.　p.144
1914(大正3)年	3月1日　プロテスタント各派による全国協同伝道開始(～1917年).　p.142 4月1日　札幌組合基督教会,『北海光』の後続紙として『北光』(月刊)を発行.　p.122 　　　6月28日　サラエヴォ事件. 第1次世界大戦始まる.　p.115 7月20日　札幌でも全国協同伝道準備総委員会を開催. 8月27日, 幹部会で協同伝道開始を1915年に延期.　p.143 8月8日　札幌浸礼教会講義所, 閉鎖.　p.130 12月8日　札幌天主公教会主任H. ラフォンヌ転任. 1915年2月, パリ外国宣教会の管轄から札幌などが分離, フランシスコ修道会の管轄に移る.　p.155
1915(大正4)年	2月12日　ローマ教皇庁, 函館教区から, 函館を除く全道, 樺太を管轄させるため札幌知牧区を置く. 知牧(教区長)にW. キノルドを任命.　p.155 6月26日　札幌の協同伝道集会開催(～30日). 明治学院総理井深梶之助, 富士見町教会牧師植村正久ら講師として来札. 25回の集会で8,750人が参加.　p.143
1916(大正5)年	1月2日　フランシスコ修道会,『光明』(週刊)を発行.　p.155 8月4日　第七日安息日基督再臨教会(セブンスデー・アドベンチスト教会)伝道師渡辺保之介, 時計台付近に仮集会所を設置(別説5日).　p.152 8月－日　フィンランド・ルーテル福音協会派遣宣教師ヨハンネス・ビクトリー・サオライネン, 牧師溝口弾一, 来札, 伝道を開始.　p.152 9月17日　プロテスタント各派による札幌諸教会聯合特別大伝道(会), 金森通倫を講師に開催(～24日). 1,207人が入信の決心を表明.　p.150 10月2日　札幌組合基督教会, 北部講義所を開設(北13条西2丁目). 11月17日付で北海道庁の開設認可.　p.154

	10月8日　札幌天主公教会, 新会堂完成, 献堂祝別式を挙行(北1条東6丁目. 現存).　p.156, 162
	11月11日　組合・メソヂスト・北星女学校の各共励会(青年会)により札幌聯合共励会組織.
1917(大正6)年	3月12日　ロシア2月革命.　p.158
	6月10日　日本日曜学校協会札幌部会, プロテスタント各派の日曜学校生徒大会を農科大学校庭で開催, 駅前通をパレード. 生徒1,200人参加.　p.148
	7月15日　日本メソヂスト札幌教会,『北海メソヂスト』(月刊)を発行.　p.122
	10月31日　東洋宣教会, 東洋宣教会ホーリネス教会と改称. これにともない札幌福音伝道館も札幌ホーリネス教会と改称(現, 札幌新生教会).　p.132
	11月－日　札幌聖公会, 会堂を新築, 竣工式を挙行(北8条西6丁目).　p.162
	12月23日　札幌福音ルーテル教会設立(現, 日本福音ルーテル札幌教会).　p.152
1918(大正7)年	8月15日　開道50年記念式典, 札幌で挙行.　p.117 札幌でも開府50年記念式開催.
	8月18日　北海道大博覧会に際しプロテスタント各派による聯合演説会開催(～25日). その他路傍伝道など前後3週間にわたり伝道を実施.　p.150
1919(大正8)年	4月19日　北星女学校,「文部省指定北星女学校」として認可を受けて改称(卒業生は修業年限4か年の高等女学校以上の学力と見なされる).　p.148
	4月27日　プロテスタント7教会による札幌基督教会同盟, 札幌組合基督教会で発会式.　p.151
	6月7日　札幌正教会議友会, 司祭に対する「東京本会」からの補助辞退を可決.　p.190
	6月8日　日本ハリストス正教会主教セルギイ, 日本ハリストス正教会憲法を公布. 母教会のロシア正教会からの自立を図る.　p.158
	6月10日　セブンスデー・アドベンチスト教会日本年会常務委員会, 開催(～12日), 北海道部会を設置. 部長にH. F. ベンソン任命(別説S. T. ジェークス).　p.152
	6月15日　道内の正教会による『北海の(之)正教』(月刊), 発行.　p.158
	7月1日　救世軍札幌小隊, 時計台で開戦式(設立式. 南4条西1丁目). 小隊長に江藤大尉が就任.　p.154

1920(大正9)年	1月11日　札幌禁酒会, 再建. 20日, 発会式を挙行, 会長に高杉栄次郎(日本メソヂスト札幌教会)を選出.　p.145 1月21日　北辰教会, 総会を開催, 名称を以前の札幌日本基督教会に変更することを決議.　p.160 1月28日　札幌聖公会臨時信徒総会, 教会自給を決議. 2月11日, 自給祝賀会を開催.　p.128 4月6日　札幌組合基督教会の幼稚園, 開園式.　p.148 4月－日　この頃, メソヂスト小樽教会員土屋捨吉, 琴似村の新工場敷地に会堂建築(のち同札幌教会琴似講義所). 伝道師仁藤譲が就任.　p.154 8月18日　殉教者聖ゲオルギオのフランシスコ修道会V. D. ハール, クサベラ・レーメ修道女ら来札. 北17条西1丁目にマリア院を開設.　p.156 10月1日　第1回国勢調査実施. 札幌区人口10万を超える. 現市域では, 約14万5,000人.　p.119
1921(大正10)年	3月－日　日本基督教会札幌福音館, 豊平に移る. 後, 豊平伝道所(または講義所)の名称となる.　p.140 4月9日　札幌基督教会同盟理事会で「教会間の和親」, 同盟に加盟しない教会のことが論議される.　p.154 11月－日　第七日安息日基督再臨教会(セブンスデー・アドベンチスト), 札幌に講義所を設置(南7条西11丁目).　p.152
1922(大正11)年	7月－日　救世軍北海道中隊, 大隊に変更. 7月－日　札幌村天主公教会, 北11条東2丁目に仮聖堂を落成.　p.157 8月1日　札幌など道内6区に市制施行.　p.119 9月20日　北海道帝国大学教授松村松年,『北海タイムス』に「科学と宗教戦」連載. 札幌日本基督教会牧師小野村林蔵らが反論し論争続く.　p.161 9月26日　札幌基督教会同盟, 水難救済運動を起こし, 食糧・義捐金を募る(～28日). 10月28日　札幌独立基督教会, W. S. クラーク記念会堂を新築, 献堂式挙行(大通西7丁目).　p.162
1923(大正12)年	2月－日　札幌福音ルーテル教会溝口弾一, 転任. 同教会の札幌伝道中絶.　p.152 4月24日　札幌独立基督教会日曜学校教師会, 札幌日曜学校聯盟からの脱退を決議. 8月－日　殉教者聖ゲオルギオのフランシスコ修道会マリア院修練院において最初の着衣式を行い, 修道会志願者に修道服を授与.　p.156

	8月－日　札幌日本基督教会，日曜学校桑園分校，桑園伝道所を開設（北7条西13丁目）．9月，桑園幼稚園を開園．　p.148, 154, 166 9月1日　関東地方に大震災発生．　p.163 11月10日「国民精神作興ニ関スル詔書」発表．　p.169 11月14日プロテスタントの教派・団体による日本基督教聯盟設立．　p.115
1924（大正13）年	2月21日　清浦内閣，神道，仏教，キリスト教の代表者を招き精神作興などで懇談（“三教懇談”）．　p.169 2月23日　市内プロテスタント教会（札幌独立基督教会を除く）が，前年の「国民精神作興ニ関スル詔書」に呼応し伝道活動などを「申合せ」，発表．　p.169 7月2日　殉教者聖ゲオルギオのフランシスコ修道会，修道院祝別式を挙行（北16条西2丁目）．　p.156 10月12日　日本基督教聯盟による「全国基督教教化運動」，総員礼拝日をもって開始． 10月－日　天使病院附属看護婦養成所を開設． －月－日　札幌天主公教会，聖堂内で初めて聖体行列を行う．翌1925年，教会構内で行う．　p.157
1925（大正14）年	4月1日　藤高等女学校，開校．5月27日，校長J. B. サロモン，死去．クサベラ・レーメ，校長に就任．　p.156 4月22日　治安維持法公布．　p.163 4月26日　日本基督教聯盟，「全国基督教強化運動」講師に金井為一郎を派遣，市内教会で特別講演会開催（～29日）．札幌独立基督教会は不参加．　p.169 12月15日　札幌日本基督教会牧師小野村林蔵著『神社に対する疑義』（新星社刊），刊行．　p.170, 231 －月－日　無教会の伝道者浅見仙作，札幌に転居（北1条西10丁目）．浴場業を営みながら，無教会の集会を自宅のほか全道各地で開く．　p.166
1926（大正15，昭和元）年	1月1日　札幌組合基督教会北部講義所廃止，日本組合基督教会北部講義所，開設．牧師に小北寅之助が就任．　p.166 1月－日　この月からCMSの援助が打ち切られ，日本聖公会の道内の伝道活動は北海道地方部に移る．経済的自立を求められる． 2月7日　札幌日本基督教会，南講義所（後，山鼻講義所）の開所式を挙行．　p.166
1927（昭和2）年	1月22日　第七日安息日基督再臨教会（セブンスデー・アドベンチスト）札幌講義所信徒，教会を組織（南7条西11丁目）．　p.166 1月30日　札幌天主公教会信徒による同胞会，無料治療所を開設．2月1日より診療開始．　p.165

	2月28日　救世軍,聯隊組織を改組,北海道聯隊を置く(別説1925年).　p.166 4月1日　第2期北海道拓殖20箇年計画実施.　p.118 4月1日　天使院,授産所を開設.印刷・製本,刺繍技術を習得させる.　p.213 10月2日　札幌日本基督教会,北1条西6丁目に会堂を新築,献堂式を開催(田上義也の設計).　p.162 10月18日　前日本基督北辰教会(札幌日本基督教会)牧師高倉徳太郎著『福音的基督教』(長崎書店刊),刊行.　p.160
1928(昭和3)年	6月29日　フランシスコ修道院,修練院を開院,修道会入会志望者の養成にあたる. 7月16日　北海道庁,日本基督教青年会同盟(YMCA)出願の札幌市基督教青年会堂設立を許可(北1条西6丁目.担任布教者小野坦). 7月31日　文部省,北星女学校を修業年限5か年の高等女学校と同等以上の学力ある学校として指定,告示. 10月20日　賀川豊彦を迎え,プロテスタント各派による御大典記念特別伝道集会開催(～22日).前後19回,聴衆1万人といわれる. 12月15日　北海道会で,大嘗祭に際しての神社参拝にあたって市立高等女学校教諭(カトリック教徒)が玉垣外で参拝したと質問.北星・藤両校の三大節奉拝にも質問.　p.171
1929(昭和4)年	4月3日　ローマ教皇庁,札幌知牧区を代牧区に昇格,W.キノルドを代牧に任命. 4月－日　在日朝鮮人伝道のため牧師韓泰裕,大阪から来札,札幌・小樽で伝道開始.在日本朝鮮イエス会札幌教会の発足(北1条東4丁目か).　p.166 5月22日　救世軍司令官山室軍平少将,札幌市公会堂,北海道帝国大学中央講堂において講演会(～23日).聴衆のべ約3,500人. 9月19日　北海道庁長官,教化総動員の件を告諭.　p.170 10月24日　ニューヨーク株式市場大暴落.世界恐慌始まる.　p.164 11月6日　日本基督教聯盟,賀川豊彦主唱の神の国運動の宣言式を開催.翌1930年から3か年の全国伝道を展開(のち2年延長).　p.167
1930(昭和5)年	5月28日　日本基督教聯盟,札幌基督教会聯盟などプロテスタント55団体,内務省の神社制度調査会見解に対し「神社問題ニ関スル進言」を発表.　p.172 8月3日　山鼻天主公教会,設立,献堂式を挙行(南10条西11丁目.現,カトリック山鼻教会).　p.167

1931(昭和6)年	5月8日　賀川豊彦を迎えて,神の国運動講演会を公会堂などで開催,5回の集会で,入信志望者489人(〜9日).　p.167 5月31日　プロテスタントの各派聯合日曜学校生徒大会開催,市内を旗行列,市公会堂で集会.生徒1,200人が参加.　p.187 5月－日　福音ルーテル教会牧師西丘一雄,札幌の教会再建のため着任. 6月8日　プロテスタントの主要教会牧師による基督教根本思想講演会,今井記念館で連続開催(〜13日)　p.167 7月－日　無教会指導者浅見仙作,『喜びの音』(月刊)を創刊. 9月18日　柳条湖事件起こる(満州事変).　p.164, 199
1932(昭和7)年	4月23日　札幌天主公教会青年会など,「史劇・切支丹の最後」を今井記念館などで上演(〜24日).　p.165 5月7日　第七日安息日基督再臨教会(セブンスデー・アドベンチスト)札幌教会,南9条西16丁目に会堂を新築,献堂式を挙行. 5月15日　海軍将校ら犬養毅首相を射殺(5.15事件).　p.164 5月－日　日本基督教会円山伝道所,設立,主任者に菅日出男就任(藻岩村円山3丁目.現,新生基督教会円山教会).　p.167 6月24日　札幌基督教会聯盟,「基督教愛国運動」として特別祈祷会,信徒大会を開催(〜26日).　p.168 7月17日　札幌日本基督教会,山鼻伝道所献堂式を挙行(南12条西11丁目).　p.167 8月21日　札幌ホーリネス教会,大通西11丁目(現在地)に会堂を新築して献堂式を挙行.　p.162, 167

Ⅳ　教勢の退潮と教会の統合（1933年〜1945年）

西暦（日本暦）	事　　項
1933(昭和8)年	4月20日　宣教師L. C. レーク,菅日出男,日本基督教会北海道中会に軽川伝道所の新設届を提出(軽川村32番地.主任者菅日出男).受理される.　p.209, 237 6月1日　日本組合基督教会札幌北部教会,前年,牧師小北寅之助死去により廃止して札幌組合基督教会に合入し,同教会北部伝道所となる.　p.209 －月－日　札幌基督教会聯盟が主導,札幌廃娼廓清会を組織.会長に高杉栄次郎を選出.9月,廓清会北海道支部結成,高杉栄次郎を会長に選出.　p.210
1934(昭和9)年	4月1日　ブライエルハイデの教職修道会による光星商業学校,開校.校長に司祭武宮雷吾が就任.　p.217

	6月4日　北海道庁, 日本福音ルーテル教会(札幌福音ルーテル教会)の設立願に許可(南12条西12丁目, 現在地). 11月3日, 献堂式を挙行(現存).　p.209
	11月29日　札幌組合基督教会牧師椿真泉(真六)著『日本精神と基督教』, 刊行.　p.225
	12月22日　カトリックの市内3教会, 公開のクリスマス大会を市公会堂で開催. 合唱, 日本舞踊, クリスマス劇を行う.　p.210
1935(昭和10)年	8月3日　政府, 国体明徴を声明(第1次).　p.201
	－月－日　光星商業学校のブライエルハイデの教職修道会士, 活動を断念しドイツに帰国.　p.217
1936(昭和11)年	2月26日　皇軍派青年将校, クーデター決行, 斉藤実首相らを殺害(2. 26事件).　p.202
	5月10日　札幌正教会, 南7条東1丁目に顕栄聖堂の成聖(献堂)式を挙行.　p.162, 209
	10月2日　北海道帝国大学農学部を大本営として陸軍大演習を開始. 天皇が統監.　p.208, 237
	12月25日　東洋宣教会ホーリネス教会分裂, 日本聖教会成立により, 札幌ホーリネス教会, 札幌聖教会と改称. 1937年6月3日, 北海道庁, 改称を許可.
	－月－日　韓泰裕牧師, 在日本朝鮮基督教会神戸教会に転任. 翌々38年, 朝鮮基督教聯合公議会の解散にともない伝道事業が廃止, 北海道・樺太伝道を中止.　p.220
1937(昭和12)年	7月7日　盧溝橋で日中両軍衝突. 日中戦争始まる.　p.202
	11月24日　日本基督教聯盟総会, 盧溝橋事件を踏まえ「支那事変ニ関スル声明」を発表.　p.203
	12月5日　円山天主公教会, 設立, 献堂式を挙行(藻岩村大字円山村395番地. 現, 北4条西23丁目, 現在地).　p.209
	12月－日　無教会の伝道者浅見仙作, 発売禁止・罰金処分となった『喜の音』にかわり,『純福音』(隔月刊)を発行.　p.227
1938(昭和13)年	4月1日　国家総動員法公布.　p.202
	7月15日　政府, 東京・札幌のオリンピック開催返上をオリンピック組織委員会に伝える.　p.207
1939(昭和14)年	4月8日　宗教団体法公布. 翌40年4月1日, 施行.　p.204
	6月5日　元北海道帝国大学総長・メソヂスト札幌教会員佐藤昌介死去. 8日, 日本基督教聯盟会長阿部義宗の告辞により同大学葬執行.
	6月15日　北星女学校, 札幌神社祭に際し生徒の自由参拝から全校参拝に変えて行う. 以後, 札幌護国神社への参拝とともに恒例化する.　p.216

	6月－日　文部省視学官ら藤高等女学校を視察, クサベラ・レーメ校長らに天皇とキリストとの比較, 宗教, 教育内容, 国家観を問う.　p.216 12月1日　北星女学校「赤い球」事件. 防空関係者, 同校が防空演習に非協力であるとして, 新島善直校長を叱責.　p.126
1940(昭和15)年	2月10日　札幌基督教会聯盟, 紀元二千六百年奉祝讃美礼拝を市公会堂で開催, 2,000人参加. 4月12日　日本基督教会桑園伝道所, 宗教結社として届出(主任者に山田三郎).　p.220, 242 5月16日　日本聖公会北海道地方部監督ゴールドン・J. ウォルシュ, 辞意を表明. 帰国. 翌41年9月29日, 北海道教区監督に前川真二郎が就任.　p.215 6月2日　札幌独立基督教会, 臨時総会開催, 教会合同に不参加方針を決定. 道庁, 単立教会として1942年3月31日付をもって「札幌大通基督教会規則」認可.　p.221 6月12日　文部省, キリスト教各派代表者に, 宗教団体法による教団設立認可基準を教会数50以上, 信徒数5,000名以上との方針を示す.　p.205 6月－日　元救世軍札幌小隊信者村上政明陸軍歩兵一等兵, 応召先で信仰的反戦思想と軍務の矛盾から自殺. 7月31日, 東京憲兵隊, 救世軍司令官らを連行, 同本営を捜査.　p.214 8月29日　救世軍, 救世団と改称, 札幌小隊は札幌支部となる. 9月23日, 救世団の結成式を挙行.　p.215 9月－日　札幌日本基督教会牧師小野村林蔵, 伝道誌『泉』に教会合同に対し躊躇・反対を表明. のち, 各派の伝統を活かした部制を主張.　p.218 10月15日　藤高等女学校の修道女, この日より学校では修道服を脱ぎ「俗服」(着物, ワンピース, のちには標準服, もんぺ)を着用, 授業を行う.　p.216 10月17日　プロテスタント各派, 皇紀二千六百年奉祝全国基督教信徒大会, 東京で開催, 2万人参加. 教会合同などを宣言, 合同機運を加速.　p.203 10月－日　カトリック臨時教区長協議会の外国人教区長更迭方針により札幌代牧区キノルド司教, 辞表提出. 12月, 後任教区長に戸田帯刀任命.　p.215 12月17日　ジョン・バチェラー, 離札. カナダを経由, 1943年, イギリスに帰国.　p.215
1941(昭和16)年	3月10日　治安維持法改正公布. 国体否定, 神宮・皇室の尊厳冒涜に対する処罰を強化.　p.226 4月1日　札幌郡円山町を札幌市に編入.　p.206

	6月24日　日本基督教団,創立総会を東京で開催(～25日).プロテスタント各派は,日本聖公会など一部を除き合同.　p.217
	8月7日　日本基督教団北海教区,創立教区会を札幌北一条教会で開催(～8日).教区長に小野村林蔵を選出,教団加盟後の教会名称を決定.　p.218
	5月3日　カトリック,「日本天主公教」教団として文部省から設立を認可される.　p.220
	9月24日　日本天主公教統理者土井辰雄ほか,伊勢皇太神宮に参拝.
	11月24日　日本基督教団規則,文部省から認可される.以後,札幌各教会も加盟後の名称に改称する.　p.219
	12月8日　政府,アメリカ真珠湾など攻撃(太平洋戦争開戦).　p.223
	12月8日　北海道帝国大学予科英語教師ハロルド・レーン,ポーリン・レーン夫妻,学生宮澤弘幸とともに軍機保護法違反容疑で逮捕.1943年9月,日米交換船で帰国.　p.224
	12月26日　日本基督教団北海教区,大東亜戦必勝祈祷会を札幌北一条教会で開催.　p.223
1942(昭和17)年	1月11日　日本基督教団統理者富田満ほか,伊勢皇太神宮に参拝.
	3月9日　日本天主公教札幌代牧区教区長戸田帯刀,軍事に関する造言飛語をしたとして検挙.6月6日,無罪判決.　p.225
	3月13日　日本基督教団札幌教会(旧日本メソヂスト札幌教会)規則,北海道庁から認可される.6月26日,同教会山鼻講義所閉鎖,感謝祈祷会を行う.
	3月13日　日本基督教団札幌北一条教会(旧札幌日本基督教会),札幌北光教会(旧札幌組合基督教会)の各規則,北海道庁から認可される.
	3月17日　日本天主公教札幌北一条教会(旧札幌天主公教会),札幌南十条教会(旧山鼻天主公教会)などの各規則,北海道庁から認可される.3月31日,円山教会規則(旧円山天主公教会),認可される.　p.220
	3月18日　日本基督教団豊水教会(旧救世団札幌支部.元札幌小隊)規則,北海道庁から認可される.
	3月26日　日本基督教団函館本町教会(元函館聖教会)小山宗祐,未決監房で獄中死.不敬,造言飛語容疑と言われる.　p.226
	3月31日　札幌第七日基督再臨教会(旧セブンスデー・アドベンチスト札幌教会)規則,北海道庁から認可される.　p.221
	3月31日　札幌聖公教会(旧日本聖公会札幌教会)規則,北海道庁から認可される.　p.220, 243

	3月31日　日本基督教団札幌山鼻教会(旧札幌福音ルーテル教会),札幌新生教会(旧札幌聖教会),円山教会の各規則,北海道庁から認可される. 3月31日　札幌正教会(旧名,ハリストス顕栄会堂)規則,北海道庁から認可される.　p.221 6月26日　日本基督教団第六部・第九部,東洋宣教会きよめ教会など旧ホーリネス系教師,治安維持法違反容疑で一斉検挙(札幌では札幌新生教会牧師伊藤馨).　p.226 12月10日　日本基督教団,礼拝前の国民儀礼徹底を各教会・伝道所に通知.日本天主公教教団でも実施を強化.
1943(昭和18)年	3月28日　札幌北光教会,会堂を陸軍被服本廠の倉庫として接収され,札幌教会明星幼稚園舎に移転.　p.231 2月1日　北星女学校理事会,財団法人北星女学校寄付行為変更,学則の中からキリスト教教育の文言を削除.　p.232 3月31日　日本聖公会,法的組織を解消.　p.220 4月10日　札幌新生教会,教会設立認可取消,宗教結社禁止処分を伝達される.　p.227 7月21日　無教会伝道者浅見仙作,反戦言辞を述べたとして拘引.翌44年5月19日,札幌地方裁判所,治安維持法違反で懲役3年の判決.　p.227 7月－日　在日本プレスビテリアン宣教師社団所有の豊平講義所土地・建物,敵国財産として没収.管理が日本基督教団に移される. 9月20日　第七日基督再臨教団の教職・信徒,治安維持法違反容疑で一斉検挙(札幌では牧師金子末逸・国谷弘).　p.228 9月－日　小野村林蔵,『泉』9月号に「大麻奉斎の心得」を掲載.　p.231 －月－日　札幌聖公教会(日本基督教団加盟後は,札幌北八条教会),会堂を軍の倉庫として接収される.　p.231
1944(昭和19)年	4月1日　札幌光星商業学校,工業学校に転換,札幌光星工業学校となる.　p.217 4月28日　日本基督教団札幌北一条教会牧師小野村林蔵,神社への不敬,反戦的言論容疑で拘引.9月28日,札幌区裁判所で懲役8か月の判決.　p.229 8月6日　札幌大通基督教会,会堂を陸軍被服本廠の倉庫として接収される.　p.232 6月18日　日本基督教団,「必勝祈祷会開催」を各教会に通牒.7月8日,札幌でも各派聯合の戦勝祈祷会開催. 6月－日　日本天主公教札幌代牧区司祭中川寿ら,南方占領地宣撫活動のため,徴用派遣される.　p.232

1945(昭和20)年	11月11日　北海道庁，女子医学専門学校新設のため北星高等女学校の校舎借用を申し入れる．のち同校理事会は校舎貸与，生徒募集停止を決議．　p.232 －月－日　日本天主公教札幌北一条教会，伝道館を陸軍警備隊に接収される（別説1943年）．　p.232 5月24日　札幌北一条教会牧師小野村林蔵の言論出版結社等臨時取締法違反事件，札幌控訴院で無罪判決．　p.230 5月－日　文部省，日本天主公教の教義，日本基督教団の信仰問答草案からキリストの復活などを除外するよう求める．　p.232 6月12日　無教会伝道者浅見仙作の治安維持法違反事件，大審院で無罪判決．　p.228 7月14日　米軍，道内を空襲・艦砲射撃（～15日）．札幌でも死者．　p.208 8月6日　米軍，広島に原子爆弾投下．9日，長崎に投下．

V　戦後の教勢回復（1945年～1969年）

西暦	事　　項
1945年	8月15日　天皇，終戦の詔書をラジオで放送（第二次世界大戦終結）．　p.233 9月20日　東久邇宮稔彦首相，日本基督教団統理・日本天主公教教団統理らを招き，国民道義昂揚，新日本建設のため努力を要請． 9月27日　札幌大通基督教会，陸軍の会堂接収を解かれる．引き続き占領軍の礼拝（カトリック）のために会堂が使用．　p.259 10月7日　治安維持法違反で受刑中の札幌新生教会伊藤馨牧師，札幌第七日基督再臨教会（セブンスデー・アドベンチスト）金子末逸牧師釈放．　p.233, 260 11月30日　日本聖公会北海道教区主教前川真二郎の招集により，北海道臨時教区会を開催．再建に向かう．　p.260 12月1日　日本天主公教教団が解散し，日本天主公教教区聯盟設置（現，カトリック中央協議会）．　p.258 12月2日　札幌新生教会，教会再建のため新結成の式を挙げ，第1回の礼拝を行う．　p.260 12月15日　占領軍，国家神道・神社神道に対する国家の保証の排除など指令（神道指令）．　p.254 12月16日　札幌北光教会，陸軍に接収中の会堂が返還される．p.259 12月28日　宗教団体法廃止．宗教法人令公布．p.234, 258
1946年	1月1日　天皇と国民の紐帯について詔書を発表（昭和天皇の“人間宣言”といわれる）．　p.254

	3月22日　札幌大通基督教会, 札幌独立基督教会の名称に復帰. 5月12日, 進駐軍から会堂が返還される.　p.259
	4月4日　新日本建設基督教全道会議, 神威古潭で開催(〜5日).
	6月9日　プロテスタントの全国基督教大会, 東京で開催,「新日本建設キリスト運動」3年計画の展開を宣言.
	6月30日　進駐軍のキリスト教礼拝堂, 大通3丁目に建築, 開堂式を挙行.　p.266
	7月6日　札幌豊水教会, 教会会議を開催, 救世軍復帰, 救世軍札幌小隊とすることを決議.　p.262
	8月30日　賀川豊彦による新日本建設キリスト運動の伝道集会を西創成小学校で開催(〜31日. 別説25〜26日). 各1,000名を超す. 以後1947年, 48年も実施.　p.265
	8月－日　日本基督教団札幌教会, 文化学院を開設. 英語と家政を教授.　p.266
1947年	4月－日　札幌天使女子厚生専門学校, 開校(現, 天使大学).　p.279
	5月3日　日本国憲法施行.　p.254
	5月24日　藤女子専門学校, 開校(現, 藤女子大学).　p.279
	11月20日　北大カトリック研究会, カトリック文化展を丸井今井で開催(〜23日). 入場者1万人を超す.
1948年	9月17日　ヘレン・ケラー, 2度めの来札, 札幌市中央公民館で講演(〜18日).　p.268
	11月20日　安息日再臨教団(セブンスデー・アドベンチスト)札幌教会, 再組織して発足.　p.260
1949年	1月10日　札幌グループYWCA, 発会(現, 札幌YWCA).
	3月11日　日本基督教団豊平伝道所, 発足, 伝道開始(現, 日本キリスト教会札幌豊平教会).
	3月12日　大衆伝道者スタンレー・ジョーンズ来札. 市内連合の伝道集会開催(〜13日)
	4月17日　日本基督教団の教会と在札進駐軍共催の日米合同復活祭礼拝, 真駒内キャンプで開催. 知事・市長が祝辞. このころ"キリスト教ブーム".　p.266
	4月17日　札幌北光教会の月寒での家庭集会が独立, 月寒教会設立.　p.271
	6月25日　聖フランシスコ・ザベリオの聖腕, 札幌に到着. 6月26日, 聖腕行列, 藤学園で野外ミサ, 渡来400年記念式典を挙行.　p.268
	7月－日　札幌山鼻教会, 日本基督教団離脱, 福音ルーテル札幌教会と改称(現, 日本福音ルーテル札幌教会).　p.262

	8月28日　日本基督教団琴似教会設立総会, 開催(現, 日本キリスト教会札幌琴似教会).
1950年	1月22日　札幌基督教青年会(YMCA), 戦後復興総会を開催. 1月－日　日本ナザレン教団札幌教会, 開設. 4月1日　藤女子短期大学, 天使女子厚生短期大学, 開学.　p.279 7月8日　キリスト教保育連盟北海道部会, 結成大会. 12月25日　札幌市内のキリスト教連盟が主催するクリスマス讃美礼拝, 札幌市民会館で開催. 12月28日　救世軍札幌小隊, 社会鍋を復活. 狸小路西2丁目で, 朝鮮戦災孤児救済などを呼びかける(～31日).
1951年	3月3日　北星学園女子短期大学英文科設置認可.　p.279 4月3日　日本基督教団から離脱した札幌北一条教会などが日本基督教会北海道中会を建設. 5月23日, 日本基督教会創立大会を開催.　p.263 4月26日　セブンスデー･アドベンチストの日本三育学院札幌教会小学校(現, 札幌三育小学校), 認可. 開校.　p.279 12月9日　道内の信徒教育･青年活動を目的とした北海道基督教会館献堂式を挙行(北7条西6丁目. 現, 北海道クリスチャンセンター).　p.275
1952年	6月15日　ルーテル教会宣教師団, 札幌ユースセンターを建設, 献堂式を挙行(大通西6丁目. 現, 札幌ルーテルセンター).　p.272 8月1日　聖書の無償配付を目的とする日本国際ギデオン協会札幌支部結成. 10月12日　琴似教会, 臨時教会総会開催, 日本基督教団からの離脱と日本基督教会への加入を可決(現, 札幌琴似教会). 1953年 2月15日, 豊平伝道所も定期総会で日本基督教会加入を可決(現, 札幌豊平教会).　p.264 12月11日　ローマ教皇庁, 教皇大教書により札幌代牧区を札幌司教区に昇格させ, 全道のカトリック教会を管轄させる.
1953年	5月17日　札幌バプテスト教会, 教会組織を決議し設立. 11月1日, 教会堂の献堂式を挙行.　p.274
1954年	9月6日　日本基督教団, 北海道特別開拓伝道委員会を組織. 日本基督教会設立により教会の半数が離脱した道内で開拓伝道を開始.　p.271 12月6日　プロテスタント諸教会･団体, 札幌基督教連合会を結成(現, 札幌キリスト教連合会).
1955年	5月－日　神学者エミール･ブルンナー来札. 5月24日, 札幌市民会館で講演会開催のほか各所で講演.

	4月15日　日本聖書協会,「聖書協会創立百五十周年記念」および「口語聖書完成感謝」祝典, 銀座教会(東京)で開催. 8月23日, 札幌でも口語聖書の完成記念式を開催. 9月18日　国際福音宣教団(OMF)のバイブルクラス参加者による教会設立. 翌1956年4月28日, 北栄キリスト教会と命名.　p.275
1959年	6月15日　HBCラジオ, 全道向けにカトリック放送を開始.　p.276 8月16日　札幌キリスト教連合会, 宣教百年記念音楽礼拝を北星学園で開催. 11月1日～7日, 日本基督教協議会(NCC)宣教百年記念大会を東京都内で開催.　p.276 10月4日　プロテスタントのラジオ放送「世の光」, OMFによってHBCから放送開始. 10月－日　プロテスタントの北海道マスコミ伝道センター(ホレンコ)設立(同センターでは, 10月5日を「ホレンコの日」としている).　p.276 12月17日　札幌キリスト教連合会, 宣教百年を記念し市民クリスマスを札幌市民会館で開催. 以後, 恒例となる.　p.276
1960年	6月23日　改定日米安全保障条約批准書交換, 発効(新安保条約).　p.255
1961年	1月22日　日本基督教団月寒教会から分離した信徒により札幌美園教会(単立)発足, 記念礼拝を行う(現, 日本イエス・キリスト教団札幌羊ヶ丘教会). 4月1日　藤女子大学, 開学.　p.279
1962年	4月20日　北星学園大学開学, 入学式を挙行. 1964年, 大谷地に移転.　p.279 4月29日　カトリックの日本再布教百年祭式典, 横浜で開催(～5月6日). 7月22日　札幌独立基督教会, W. S. クラーク記念会堂で最後の礼拝を行う. 大通7丁目から大通22丁目に移転.　p.250 8月13日　北海道キリスト者平和の会結成. 翌63年4月, 自衛隊法違反で酪農家野崎健美・美晴兄弟が起訴された事件への取り組みを開始(恵庭事件). 1967年3月29日, 札幌地方裁判所で無罪判決.　p.277 10月11日　ローマ・カトリック教会の第二バチカン公会議開催(～1965年12月8日).　p.276
1963年	8月31日　真駒内団地に真駒内聖母幼稚園祝別式, 11月3日, カトリック真駒内教会献堂式を挙行. 4月30日　札幌聖心女子学院, 開校式を挙行.　p.279
1964年	3月1日　日本基督教団札幌教会の開拓伝道による麻生伝道所開設式(現, 麻生教会).　以後, 同教会は幼稚園設置を伴う伝道所を厚別・真駒内の団地にも開設.　p.271

	9月23日　OMF, 超教派の神学校, 北海道聖書学院を開設, 開校式を挙行(白石中央). p.275
1965年	1月3日　OMFの伝道により設立した北栄キリスト教会などが, 北海道福音教会協議会(HECA)を組織. p.275 2月25日 「より高いキリスト者の生活」をめざす第1回北海道ケズィック・コンベンション, 定山渓で開催(〜27日). p.308
1966年	3月21日　カトリック北一条教会, 司祭が信徒に向かって行う対面式のミサを始める. 5月21日　札幌キリスト教連合会, 本田弘慈牧師を講師として札幌福音クルセードを札幌市民会館で開催(〜5月25日). 参加者延べ1万1,200名. 11月7日　札幌キリスト教連合会が支援して, さっぽろ朝禱会を発足させ, 第1回を朝7時から北海道クリスチャンセンターで開催. p.277 11月27日　紀元節反対北海道キリスト教各界連絡会, 紀元節復活反対集会を北光幼稚園で開催, 市内でデモ行進. p.278 12月9日　2月11日を建国記念の日とする政令, 施行. p.289
1967年	1月19日　教会一致祈祷週間の一環としてカトリック, プロテスタント共催の講演祈祷会開催. p.277 1月－日　カトリック北一条教会, 新しい祈祷書・聖歌集を使用. 日本語ミサに移行. 1968年, 日本語ミサを正式に採用. p.277 3月1日　札幌市, 手稲町と合併. 戦後の町村合併を終え, 札幌市は現市域となる. p.256 3月26日　日本基督教団総会議長,「第二次大戦下における日本基督教団の責任についての告白」を表明. 3月－日　カトリック札幌地区, 信徒の働きを使徒職と位置づける札幌地区信徒使徒職協議会発足. p.277
1968年	4月23日　日本基督教団北海教区総会開催(〜24日). 靖国神社国家護持法反対運動に取り組むことを決議, 靖国神社問題特別委員会を設置. 以後, 日本基督教会北海道中会, 聖公会北海道教区, 日本バプテスト連盟北海道地方連合, 札幌キリスト教連合会で靖国問題委員会, 社会委員会, 信教の自由を守る委員会などを設置. 10月13日　第1回カトリック札幌地区信徒使徒職大会, 藤学園で開催. p.277 12月8日　キリスト教界から労働組合, 市民団体などに呼びかけ, 靖国神社国営化阻止道民連絡会議が結成. 同連絡会議キリスト者グループも発足(現, 靖国神社国営化阻止キリスト者グループ). p.311

1969年	5月18日　札幌キリスト教連合会, 靖国神社法案反対ハンスト, 署名・街頭宣伝運動を札幌北光教会前で開催(〜25日). 7月13日, 決起大会開催.　p.278, 311
	6月30日　靖国神社法案, 国会に提出(第1次).　p.＊278, 311
	9月16日　北海道福音放送協会設立, 活動を開始.「世の光」ラジオ放送を再開.　p.310
	10月2日　日本国際ギデオン協会, 第18回全国大会を札幌で開催(〜5日).
	11月25日　日本基督教団臨時総会, 東京で開催. 審議にいたらず, 以後, 大阪万国博キリスト教館参加問題で4年間, 総会を開催できず.　p.295

Ⅵ　宣教の拡大と多様化（1970 年〜 2004 年）

西暦	事　　　項
1970年	3月11日　東京神学大学に機動隊導入, 不退去罪で3人逮捕.　p.295
	3月14日　大阪万国博覧会開催.　p.293
	4月11日　北星学園大学,「大学紛争」で入学式中止.　p.295
	5月3日　札幌ハリストス正教会, 南7条の会堂で最後の主日公祈祷を行う. 1971年8月22日, 福住に顕栄聖堂の成聖式を挙行.　p.162, 280
	5月3日　在日大韓基督教会札幌伝道所設立.　p.303
	5月9日　特別養護老人ホーム神愛園, 開園式を挙行.　p.314
	6月23日　日米安全保障条約自動延長.
	11月20日　札幌市, 百万都市になったと宣言.　p.＊291
1971年	2月11日　全道労協など47団体,「靖国神社法案に反対する声明」を行う.　p.311
	5月3日　北海道キリスト者平和の会の主唱による, 長沼事件支援全国キリスト者の会発足. 長沼ナイキ基地反対運動の拡大に取り組む. 1973年9月7日, 札幌地方裁判所, 自衛隊が憲法違反と判決.　p.277, 313
	7月1日　札幌青少年伝道センター「グッドアワー」開設(南9条西4丁目). 喫茶店伝道を行う.　p.310
	9月12日　北栄キリスト教会から独立, 栄福音キリスト教会が設立.　p.275
	9月15日　札幌バプテスト教会から独立, 西野バプテスト教会が設立.　p.275
	12月15日　札幌地下鉄南北線開業式挙行.　p.292
1972年	2月3日　第13回冬季オリンピック札幌大会開催.　p.257, 292

	4月1日　札幌市，政令指定都市に指定される．市内に区制施行（中央区など7区）．　p.292 5月15日　アメリカ政府，沖縄の施政権を返還．　p.293 6月11日　日本基督教団札幌北光教会退会の信徒による札幌中央教会，総会開催．1974年11月，同教団離脱，単立教会となる．1988年7月，同教団へ加入． 10月1日　カトリックの信徒・司祭・修道女による札幌地区カトリック連合結成．11月5日，札幌地区カトリック連合結成記念使徒職大会開催．　p.297
1973年	7月15日　第12回朝祷会全国大会，藤学園で開催（～16日）．　p.328 11月20日　日本基督教団，4年ぶりで教団総会開催．　p.295
1974年	3月24日　在日スウェーデン福音宣教団により日本聖書福音教団，白老町虎杖浜で設立．1976年9月，札幌で伝道開始（現，日本同盟基督教団新札幌福音教会．厚別区）．　p.307 5月25日　靖国神社法案，衆議院本会議採決（前年，5度めの国会提出）．道内各地でも反対運動．6月3日，国会閉会により廃案．　p.311 5月30日　「ジャネット・リンと共に福音を聞こう」集会，札幌市民会館で開催（～6月1日）．3,800人参加．　p.308 7月5日　札幌美園教会と日本ナザレン教団札幌教会による第1回札幌聖会開催（～6日）．
1975年	4月27日　日本ルーテル教団札幌中央ルーテル教会設立（同教団のユース・センター，エマヌエル，めぐみ各教会が合同）． 4月－日　OMF宣教師R．カニングハム夫妻，アルコール中毒者の中間施設サマリヤ館を新川に開設．1978年11月，サマリヤ館を藤野に開館．　p.314 7月－日　札幌地区カトリック正義と平和委員会，発足．　p.313
1976年	4月1日　麻生明星幼稚園などによる学校法人北海道キリスト教学園寄付行為認可．このころ市内教会附属幼稚園の学校法人へ移行進む．　p.309
1977年	6月－日　カトリックのメリノール宣教会ロイ・アッセンハイマー来札．アルコール依存症患者の更正運動開始．82年4月，社会復帰中間施設「マック・ハウス」を菊水に開設．　p.314 7月17日　札幌美園教会，みすまい霊園に教会納骨堂を完成，記念野外礼拝を挙行．このころ以降，同霊園などに教会墓地の建立が続く．
1978年	10月1日　カトリック，プロテスタント新約聖書共同出版記念会，藤女子大学で開催．　p.297

1979年	1月25日　青少年の悩み，“自殺念慮”の電話相談「北海道いのちの電話」，日本基督教団札幌教会教育館で開局，同教会礼拝堂で開局式（国内で5番目）． p.314 2月7日　札幌市北一条教会堂を保存する会結成．日本基督教会札幌北一條教会堂（北1条西6丁目）の保存に取り組む．4月20日，会堂解体工事が完了．同教会は大通西13丁目に移転．
1981年	2月23日　ローマ教皇ヨハネ・パウロ2世，来日（～26日）． 5月25日　豊平墓地の里塚移転のため，仏教，神道，キリスト教合同供養式，挙行． 9月15日　北海道リバイバル聖会，北海道青少年会館で開催（～17日）．
1982年	1月12日　道内宗教団体28団体代表，鈴木善幸首相宛に「靖国神社公式参拝問題に関する要望書」提出．以後，北海道宗教者懇談会開催． p.311 7月15日　福島恒雄著『北海道キリスト教史』刊行．
1984年	7月14日　北海道クリスチャンセンター，新築による竣工感謝礼拝を挙行． 10月9日　日本福音同盟（ＪＥＡ）に加盟の教会など，「北海道をキリストへ」を目標に，北海道伝道会議を定山渓で開催（～11日）． p.308
1985年	4月14日　アジアキリスト聖書学院，創立（中央区．現，CFNJ［Christ For Nations Japan］聖書学院．石狩市花川）． p.304 5月－日　札幌地区カトリック正義と平和委員会を強化．「平和旬間」を定め平和集会，平和行進を始める． 6月30日　札幌新生教会臨時総会開催，日本基督教団からの離脱を決議． 11月1日，「宗教法人ホーリネスの群札幌新生教会規則」認証される． p.295 8月15日　中曽根康弘首相，“公式参拝”と称して靖国神社に参拝． p.294 10月17日　日本国際ギデオン協会，第34回全国大会を札幌で開催． 10月－日　在日韓国・朝鮮人の指紋押捺問題に取り組むカトリック月寒教会司祭ジュル・ロー，外国人登録法の指紋押捺拒否． p.313
1986年	4月29日　「天皇在位60年記念式典」に対する4.29抗議行動実行委員会（道内14キリスト教団・団体），抗議集会と街頭デモを挙行． p.296 5月11日　日本キリスト改革派教会，札幌伝道所を設立． p.307

	6月10日　日本福音同盟(JEA)設立総会(～6月11日). これまでのJEAを解散, 教団・教会・団体が加盟する協力連絡組織として発足.　p.299
	7月7日　盧溝橋事件50年後にあたり, キリスト教団体と市民団体が第1回7. 7平和集会を共催.　p.312
	12月20日　札幌ルーテルセンターが完成, 新礼拝堂献堂式を挙行.
1987年	9月5日　カトリックとプロテスタントの協同による『聖書　新共同訳』が刊行される. 札幌でもカトリック・プロテスタントによる出版記念会が北海道クリスチャンセンターで開催.　p.297
1988年	2月21日　カトリック北一条教会のミサで『聖書　新共同訳』を使用. 日本基督教会札幌豊平教会でもペンテコステ礼拝から試用.　p.297
	3月13日　青函トンネル開通により, ＪＲ北海道津軽海峡線全通. 青函連絡船終航.　p.292
1989年	2月24日　「『大喪の日』」にあたって天皇制を考えるキリスト者の集い」, 北海道クリスチャンセンターで開催.　p.312
	8月21日　聖化を強調するウエスレアン・ホーリネス系教会による第1回札幌聖化大会, 北海道クリスチャンセンターで開催.　p.308
	4月1日　日本聖書福音教団, 篠路福音センターを篠路福音キリスト教会と改称し, 開拓伝道を再開(現, 日本同盟基督教団札幌キリスト教会あいの里チャペル).　p.307
1990年	4月 1日　キリスト教ブライダル宣教団シャロン・ゴスペル・チャーチ札幌, 設立.　p.310
	11月12日　道内労働団体・市民団体・キリスト教関係の65団体による「大嘗祭に反対する11. 12北海道集会」, 共済ホールで開催.　p.312
	11月22日　大嘗祭, 皇居内で挙行(～23日).
1992年	4月29日　北海道福音教会協議会など4団体が合同し, 日本福音キリスト教会連合(JECA)を設立.　p.304
1995年	1月17日　阪神淡路大震災発生.
	4月10日　日本キリスト教協議会(NCC), カトリック, 日本友和会, 日本福音同盟(JEA)など9団体が「戦後50年を迎えるキリスト者の反省と課題」を発表.　p.298
	8月15日　カトリック札幌地区, 同北一条教会で戦後50年記念平和祈願ミサ, 平和行進を挙行. 大通公園で札幌キリスト教連合会デモ行進と合流.　p.298
	9月10日　結婚式用の“教会”, 宮の森フランセス教会創立.　p.310

1996年	1月28日　札幌豊平教会定期総会,「戦後50年を迎えての日本キリスト教会札幌豊平教会の罪の告白と新たな宣教への決意」採択. 5月27日　日本リバイバル同盟(NRA)設立総会開催.　p.299 6月22日　市内カトリック, プロテスタント教会の合同による第1回さっぽろ教会音楽祭, 札幌北光教会で開催, 15団体が参加.　p.307 9月－日　カトリック札幌地区宣教司牧評議会設立. 札幌地区信徒使徒職協議会を吸収(同協議会解散は, 同年11月).　p.297
1997年	8月14日　'97さっぽろ聖書展, 今井デパートで開催(～19日). 来場者のべ8,200人.　p.297 11月17日　北海道拓殖銀行, 経営破綻. 営業を北洋銀行に譲渡.　p.292
1999年	12月25日　カトリック札幌教区司教による大聖年開幕ミサ, 同北一条教会で挙行.
2000年	10月8日　カトリック札幌教区ミレニアム委員会, 大聖年記念大会を藤学園で開催. 10月9日　聖公会北海道教区, ミレニアム感謝の教区大礼拝, ミレニアム・フェスティバルを札幌聖ミカエル教会で開催.
2001年	12月15日　札幌市民クリスマス, 同クリスマス実行委員会により市民会館で再開.　p.315

おもな参考文献目録

1. ここには，本書を執筆するにあたって参照，引用したおもな文献を収録した．
2. 日本史一般の文献および執筆にあたって参考にしたけれども，本書で引用せず，また註に記載しなかった文献およびじゅうぶんに参照できなかった文献は，収録を割愛した．
3. 収録にあたっては，著編者，書名・論文名，副書名・副題，（叢書名），巻号次，発行所名，刊行年月次（論文の収載書名・雑誌名，刊行年月次ほか）などの順に記載した．刊行年月次は筆者が利用することができた版次・刷次によって記載し，必要に応じてその初版・初刷の年次・月次を記載した．
   なお，刊行年は，すべて西暦で記載した．元号による表示も西暦に換算して記載した．
4. 記載の事項は，それぞれの奥付の表示を転記した．ただし，表紙その他の表示によって補ったところもある．［　］を付したのは，筆者の判断で補った部分を示す．
   なお，この目録では，漢数字で標記されている巻号次を算用数字に変えた．
5. 収録にあたっては，各文献の主題などによって分類を施した．各分類項目の中の排列は，刊行年月次または作成年次の順に行った．刊行年月次および作成年次が明らかではないものについては，推定して排列を行った．

北海道史・札幌市史（個別の研究を含む）

木村曲水著『札幌繁昌記』前野玉振堂・石塚書房，1891 年 9 月（複刻版：みやま書房，1975 年 1 月）．

札幌史学会編『札幌沿革史』同会，1897 年 2 月．

北海道議会事務局編『北海道議会史』北海道議会，第 1 巻～第 3 巻，1954 年 4 月～1962 年 4 月．

北海道編『新北海道史』第 1 巻概説，第 4 巻通説 3 ～第 6 巻通説 5，北海道，1973 年 8 月～ 1981 年 3 月．

札幌市史編さん委員会編『札幌百年のあゆみ』札幌市，1970 年 5 月．

鈴江英一著『北海道町村制度史の研究』北海道大学図書刊行会，1985 年 3 月．

北海道編『新北海道史年表』北海道出版企画センター，1989 年 3 月（2 刷：1992 年 9 月）．

札幌市教育委員会文化資料室編『開拓使時代（さっぽろ文庫，50）』札幌市・札幌市教育委員会，1989 年 9 月．

荻野富士夫著『北の特高警察』新日本出版社，1991 年 10 月．

札幌市教育委員会編『新札幌市史』第2巻通史2～第5巻通史5(下)，第8巻I統計編，札幌市，1991年10月～2005年3月．

関秀志，桑原真人，大庭幸生，高橋昭夫共著『新版北海道の歴史』下，近代・現代編，北海道新聞社，2006年12月．

札幌市編『新札幌市史』第8巻II，年表・索引編，札幌市，2008年3月．

札幌市文化資料室編『概説　札幌のあゆみ』同室，2011年4月．

日本キリスト教史一般

海老沢亮著，東方書院編『基督教各派の現状（日本宗教講座）』有隣書院，1934年6月．

上良康，加藤邦雄執筆，日本基督教団宣教研究所編『プロテスタント百年史研究』日本基督教団出版部，1961年3月．

海老沢亮著『日本キリスト教百年史』日本基督教団出版部，1965年9月（3版．初版：1959年7月）．

都田恒太郎著『日本キリスト教合同史稿』教文館，1967年12月．

海老沢有道，大内三郎共著『日本キリスト教史』日本基督教団出版局，1970年10月．

大濱徹也著『明治キリスト教会史の研究』吉川弘文館，1979年7月．

石原謙，松村克己，中川秀恭共著『キリスト教と日本　回顧と展望』日本基督教団出版局，1979年9月．

土肥昭夫著『日本プロテスタント・キリスト教史』新教出版社，1980年7月．

日本キリスト教歴史大事典編集委員会編『日本キリスト教歴史大事典』教文館，1988年2月．

渡辺信夫著『アジア伝道史』いのちのことば社，1996年9月．

中村敏著『日本における福音派の歴史――もう一つの日本キリスト教史――』いのちのことば社，2000年5月．

大貫隆ほか共編『岩波キリスト教辞典』岩波書店，2002年6月．

キリスト新聞社編『『キリスト新聞』で読む戦後キリスト教史』同新聞社，2003年4月．

日本キリスト教歴史大事典編集委員会編『日本キリスト教史年表』改訂版，教文館，2006年5月．

今橋朗，徳善義和共著『よくわかるキリスト教の教派』（キリスト新聞社，2007年6月（新装版．初版：1996年5月）．

徐正敏著『日韓キリスト教関係史研究』日本キリスト教団出版局，2009年5月．

中村敏著『日本キリスト教宣教史――ザビエル以前から今日まで――』いのちのことば社，2009年5月．

日本神学史

石原謙著『日本キリスト教史論』新教出版社，1967 年 3 月.
熊野義孝著『日本キリスト教神学思想史』新教出版社，1968 年 6 月.
C. H. ジャーマニー著，布施濤雄訳『近代日本のプロテスタント神学』日本基督教団出版局，1982 年 3 月.
古屋安雄，大木英夫共著『日本の神学』ヨルダン社，1989 年 4 月.
古屋安雄, 土肥昭夫, 佐藤敏夫, 八木誠一, 小田垣雅也共著『日本神学史』ヨルダン社, 1992 年 4 月.

教派・教団史

ゲルハルト・フーベル「フランシスコ会北海道布教小史」1 ～ 17（『光明』第 1173 号～ 1190 号附録，1957 年 1 月 13 日～ 5 月 19 日付）.
日本聖公会歴史編纂委員会編『日本聖公会百年史』日本聖公会教務院文書局，1959 年 4 月.
［日本基督教団］東京教区史編集委員会編『東京教区史』日本基督教団東京教区，1961 年 6 月.
日本聖公会北海道教区歴史編纂委員会編『教区九十年史』同教区，1966 年 3 月.
日本基督教団史編纂委員会編『日本基督教団史』同教団出版部，1967 年 3 月.
山崎鷲夫，千代崎秀雄共著，二十周年記念運動出版委員会編『日本ホーリネス教団史　1901－1970』同教団，1970 年 4 月.
牛丸康夫著『日本正教史』日本ハリストス正教会教団府主教庁，1978 年 5 月.
高木一雄著『明治カトリック教会史研究（キリシタン文化研究会シリーズ，19 ～ 20）』中，下，キリシタン文化研究会，1979 年 10 月～ 1980 年 6 月.
梶山積著『使命に燃えて —— 日本セブンスデー・アドベンチスト教会史 ——』福音社，1982 年 11 月.
中川宏監修，仁多見巌編著『北海道とカトリック』戦前篇，「北海道とカトリック」出版委員会，1983 年 5 月.
ホーリネス・バンド昭和キリスト教弾圧史刊行会編『ホーリネス・バンドの軌跡 —— リバイバルとキリスト教弾圧 ——』編者，1983 年 9 月.
日本基督教会北海道中会歴史編纂委員会編『北のひとむれの歩み —— 日本基督教会北海道中会の諸教会の歴史と年表 ——』同委員会，1983 年 10 月.
高木一雄著『大正・昭和カトリック教会史（日本と教会，2 ～ 5）』1 ～ 4，聖母の騎士社，1985 年 1 月～ 9 月.
近野亘監修，仁多見巌編著『北海道とカトリック』戦後編，光明社，1987 年 9 月.
秋元巳太郎原著，杉森英子編著『神の国をめざして —— 日本救世軍の歴史』2（1927

～ 1946)，救世軍出版供給部，1992 年 12 月.
無教会史研究会編著『無教会史』Ⅱ第二期継承の時代，新教出版社，1993 年 8 月.
高木信二，ウィリアム・マッキンタイヤ共著，高木信二編『日本末日聖徒史　1850 －1980 年』ビーハイブ出版，1996 年 6 月.
カトリック札幌司教区編『躍進 ── 札幌司教区昇格 50 周年記念誌 ──』光明社，2002 年 11 月.
［日本基督教団］東海教区史編纂小委員会『東海教区史』同教区，2003 年 9 月（改訂版）.
日本キリスト教会北海道中会歴史編纂委員会編『日本キリスト教会北海道中会 50 年史　1951－2001』同中会，2006 年 3 月.
日本キリスト教会歴史編纂委員会編，五十嵐喜和執筆『日本キリスト教会 50 年史 1951－2000』同委員会，2011 年 9 月.
李清一著，在日大韓基督教会歴史編纂委員会監修『在日大韓基督教会宣教 100 年史 1908－2008』かんよう出版，2015 年 12 月.

地域キリスト教史

林恒衛著『札幌市に於ける天主公教会』（稿本．カトリック北一条教会所蔵．カトリック北一条教会信友会「宣教 120 周年記念事業委員会記念誌小委員会」編『「喜び，祈り，感謝」カトリック北一条教会宣教 120 周年記念』（同教会，2002 年 3 月）に「天主公教会教会誌歴」として掲載）.
竹中正夫著『倉敷の文化とキリスト教』日本基督教団出版局，1979 年 11 月.
福島恒雄著『北海道キリスト教史』（日本基督教団出版局，1982 年 7 月）.
札幌市教育委員会文化資料室編『札幌とキリスト教（さっぽろ文庫，41)』札幌市・札幌市教育委員会，1987 年 6 月.
横浜プロテスタント史研究会編『図説横浜キリスト教文化史』有隣堂，1992 年 1 月.
坂井信生著『福岡とキリスト教 ── ザビエルから現代までの変遷を追って ──』海鳥社，2012 年 4 月.
松本汎人著『長崎プロテスタント教界史 ── 東山手から始まった新教の教会 ──』上巻，中巻，下巻，長崎文献社，2017 年 6 月.
鈴江英一著『札幌キリスト教史の研究 ── 通史のための試み』北海道出版企画センター，2019 年 3 月.

個別の教会史（修道院を含む）

須々木邦造編『札幌基督教会歴史』喜多島慶次郎，1894 年 7 月 .
伊藤一隆「教史」（『北海教報』第 51 号，1901 年 10 月 5 日付，所収）.

［札幌組合基督教会］編『札幌組合基督教会略史』同教会，1906 年 9 月．

救世軍北海道聯隊札幌小隊編『救世軍［札幌］小隊歴史』，1928 年使用開始（同小隊所蔵）．

佐藤久雄編『献堂満七十周年記念』北一条カトリック教会，1952 年 12 月．

日本基督教会札幌北一条教会創立六十年史編纂委員会編『日本基督教会札幌北一条教会創立六十年史』同委員会，1956 年 12 月．

武田利信，細谷良彦共編『山鼻カトリック教会三十年のあゆみ』，同教会三十周年記念祝典委員会，1960 年 12 月．

日本基督教団札幌教会教会史編纂委員会編『川畔の尖塔 ―― 札幌教会七五周年 ――』同教会，1964 年 9 月．

日本基督教団真駒内伝道所編『からしだね』第 14 号，一周年記念特別号，1965 年 10 月．

日本基督教団札幌北光教会教会七十周年記念誌編集委員会編『札幌北光教会七十年の歩み』同教会，1966 年 10 月．

日本基督教団麻生教会編『聖恵みの歩み ―― 麻生教会 10 年の記録（1962 年より・1972 年まで）――』同教会，1972 年 8 月．

日本基督教団厚別教会編『シャローム』第 60 号，厚別教会 10 周年記念特集号，同教会，1973 年 10 月．

日本ナザレン教団札幌教会編『建堂 25 周年記念誌　エベネゼル』同教会，1977 年 8 月．

新名忠臣著『教会組織五十周年記念誌 ―― セブンスデー・アドベンチスト教団札幌教会史，主をほめたたえよ ――』同教会，1977 年 12 月．

札幌バプテスト教会編『めぐみ ―― 25 年のあゆみ・札幌バプテスト教会創立 25 周年記念誌 ――』同教会，1979 年 1 月．

日本基督教会札幌琴似教会編『教会 30 年史』同教会，1979 年 7 月．

有島武郎「札幌独立教会」「札幌独立基督教会沿革」（有島武郎著『有島武郎全集』第 1 巻，筑摩書房，1980 年 8 月，所収）．

日本イエス・キリスト教団札幌美園教会創立二十周年記念誌編集委員会編『日本イエス・キリスト教団札幌美園教会創立二十周年記念誌』同教会，1980 年 12 月．

日本聖公会札幌聖ミカエル教会編『三十年のあゆみ』同教会，1981 年 9 月．

北栄キリスト教会二十五年史編集委員会編『二十五年史　北栄キリスト教会』同教会，1982 年 8 月．

札幌独立キリスト教会教会史編纂委員会編『札幌独立キリスト教会百年の歩み』上巻，下巻，同委員会，1982 年 10 月～ 1983 年 3 月．

カトリック北一条教会宣教 100 周年記念誌編集委員会編『神の愛　われらに満ちて ―― カトリック北一条教会宣教 100 周年記念 ――』同教会，1982 年 12 月．

カトリック北十一条教会記念誌委員会編『フルダから札幌へ ―― カトリック北十一条（聖フランシスコ）教会創建 75 周年記念 ――』同教会，1984 年 12 月．

佐々木藤夫ほか編『献堂十周年　森の声　十年のあゆみと』小野幌カトリック教会，［1985 年］．

日本キリスト教団札幌北部教会創立10周年記念委員会編『北を拓く――創立10周年記念誌――』同教会，1986年6月.
札幌正教会百年史委員会編『札幌正教会百年史』札幌ハリストス正教会, 1987年8月.
カトリック円山教会編『五十年のあゆみ――カトリック円山教会創立50周年記念――』同教会，1987年11月.
日本キリスト教団月寒教会編『月寒教会40年史年表』同教会，1988年10月.
［藤野福音キリスト教会］十周年記念誌編集委員会編『主の足あと――創立十周年記念――』同教会，1988年10月.
日本基督教会札幌桑園教会30周年記念誌編集委員会編『札幌桑園教会30周年記念誌』同教会，1989年6月.
札幌新生教会史編纂委員会編『札幌新生教会八十年史』ホーリネスの群札幌新生教会, 1990年8月.
日本ルーテル教団札幌中央ルーテル教会15周年記念誌委員会編『札幌中央ルーテル教会15周年記念誌』同委員会，1991年12月.
「札幌教会百年の歩み」編集委員会編『札幌教会百年の歩み』日本基督教団札幌教会, 1992年7月.
札幌教会宣教七十五周年記念誌委員会編『宣教七十五周年の歩み』日本福音ルーテル札幌教会，1992年12月．表紙の書名：『宣教七十五年の歩み』.
札幌キリスト教会歴史編集委員会編『日本聖公会札幌キリスト教会百年の歩み』同教会，1993年4月.
カトリック月寒教会記念誌編集委員会編『カトリック月寒教会三十周年・献堂式記念誌』同教会，1993年8月.
献堂30周年記念記念誌編集委員会編『30年のあゆみ　1963－1993』カトリック真駒内教会，1993年12月.
日本キリスト教団十二使徒教会15周年記念誌編集委員会編『15周年記念誌』同委員会，1994年12月.
札幌西福音キリスト教会編『神は愛です　創立25周年記念誌』同教会創立25周年記念誌実行委員会，1994年12月.
カトリック北二十六条教会編『北の国の聖母　献堂35周年記念誌　1959～1994』同教会，［1994年か］.
北斗チャペルキリスト教会編『新しい出発――宣教20周年記念誌――』同教会, 1995年5月.
［日本聖書福音教団］20周年記念誌編集委員会編『日本聖書福音教団創立20周年記念誌』同教団，1995年5月.
札幌北一条教会歴史編纂委員会編『日本キリスト教会札幌北一条教会100年史略年表』同教会，1995年10月.
札幌東キリスト教会30周年記念誌編集委員会編『ポプラのように　創立30周年記念誌』同教会，［1995年12月］.

日本福音ルーテル新札幌教会編『歴史は語る献堂15周年記念～日本福音ルーテル新札幌教会～』同教会，［1997年］.
札幌白石教会伝道開始50周年記念誌刊行委員会編『札幌白石教会伝道開始50周年記念誌』日本キリスト教会札幌白石教会，1998年4月.
西岡福音キリスト教会創立40周年記念誌委員会編『創立40周年記念誌――実を結ぶ教会――』同教会，1998年10月.
中川収［編纂責任］『日本キリスト教会札幌豊平教会略年表　1949－2000』同教会，2000年5月.
日本キリスト教会札幌北一条教会歴史編纂委員会編『日本キリスト教会札幌北一条教会100年史　1890－1995』同教会（市販版：一麦出版社），2000年10月.
インマヌエル札幌教会『インマヌエル札幌教会四十周年記念誌　神の恵みに導かれて』同教会，2001年4月.
札幌聖ミカエル教会宣教50周年記念誌編集委員会編『五十年のあゆみ』日本聖公会札幌ミカエル教会，2001年9月.
日本キリスト教会札幌豊平教会『日本キリスト教会札幌豊平教会建設40周年記念誌』同教会，2001年12月.
カトリック北一条教会信友会「宣教120周年記念事業委員会記念誌小委員会」編『「喜び，祈り，感謝」－カトリック北一条教会宣教120周年記念－』同教会，2002年3月.
新札幌聖ニコラス教会編『小史――新札幌聖ニコラス教会の歩み――』同教会，2002年10月.
［日本ナザレン教団札幌教会］記念誌編集委員会編『建堂50周年記念誌　エベネゼルⅡ』同教会，2002年10月.
札幌バプテスト教会五十周年記念誌編集委員会編『50周年記念誌　光のうちに』同教会，2003年11月.
アガペーチャーチホームページ，「MANA　CHAPEL　今日までの歩み」，2003年12月19日現在.
日本キリスト改革派札幌伝道所編『年報』2004年度，2004年［1月］.
恵みキリスト教会札幌編『年報』2004年度，2004年4月.
日本福音キリスト教会連合北栄キリスト教会50年史編集委員会編『主のよくしてくださったことを何一つ忘れるな　50年史　北栄キリスト教会』同教会，2006年8月.
マリアの宣教者フランシスコ修道会札幌修道院創設100周年「記念誌」編集委員編『札幌修道院100年のあゆみ　1908年～2008年』同修道院札幌第一修道院，2008年8月.
日本基督教団札幌元町教会編『札幌元町教会四〇年史』同教会，2009年3月.

学校史

北海道大学編『北大百年史』札幌農学校史料(一)，同大学，1981年4月.

札幌市教育委員会文化資料室編『遠友夜学校（さっぽろ文庫，18）』札幌市・札幌市教育委員会，1981 年 9 月.
泉重陽「札幌光星商業学校」（札幌市教育委員会文化資料室編『旧制中学物語（さっぽろ文庫，30）』札幌市・札幌市教育委員会，1984 年 9 月，所収）.
五十周年記念誌編集委員会『光星五十年のあゆみ』札幌光星高等学校, 1984 年 11 月.
札幌市教育委員会文化資料室編『女学校物語（さっぽろ文庫，35）』札幌市・札幌市教育委員会，1985 年 12 月.
北海道聖書学院創立 25 周年記念誌編集委員会編『あゆみ —— 北海道聖書学院創立 25 周年記念誌 ——』同委員会，1990 年 4 月.
北星学園百年史刊行委員会編『北星学園百年史』通史篇・資料篇，北星学園，1990 年 7 月〜 10 月.
藤女子中学校・高等学校 70 周年記念誌編集委員会編『ゆたけきめぐみ —— 藤女子中学校・高等学校 70 周年記念誌 ——』同校，1995 年 9 月.
CFN J 聖書学院ホームページ,「学院の沿革と運営」，2004 年 4 月 7 日現在.
大山綱夫著『札幌農学校とキリスト教』EDITEX，2012 年 7 月.
阿部敏夫「北星学園誕生の時空 —— 明治 20 年「函館新聞」掲載記事から ——」（『北星教育と現代』北星学園キリスト教センター，2014 年 3 月，所収）.

団体・会社史

さっぽろ朝祷会編『さっぽろ朝祷』第 1 号，同会，1966 年 11 月.
北海道マスコミ伝道センター編『ホレンコの歩ゆみ《(ママ)》（1954（29）－1971（46)』同センター，［1972 年］.
青十字サマリヤ館編『全き愛』財団法人青十字サマリヤ会断酒ホーム青十字サマリヤ館，1986 年 4 月.
日本キリスト教婦人矯風会編『日本キリスト教婦人矯風会百年史』ドメス出版, 1986 年 12 月.
天使病院 75 周年記念誌編集委員会編『天使病院 75 周年記念誌』聖母会天使病院, 1987 年 6 月.
［神愛園星置ハイツ五周年記念誌編集委員会編］『星置ハイツ五周年記念誌』同ハイツ, 1990 年 12 月.
［神愛園］20 周年記念誌編集委員［会］編『神愛園創立 20 周年記念誌』同園，1991 年 4 月.
大嘗祭に反対する 11・12 北海道集会実行委員会編『「大嘗祭に反対する 11・12 北海道集会」報告集』同実行委員会，1991 年 8 月.
カトリック札幌地区信徒使徒職協議会平和旬間グループ『信仰は時空を超えて』編集委員会編『信仰は時空を超えて —— 戦後 50 年を機に戦争と平和を考える ——』

同協議会，1996 年 8 月.
［'97 さっぽろ聖書展実行委員会］編『聖書展』同実行委員会，1997 年［8 月］.
北海道 YMCA 百年史編纂委員会編『すべてのわざには時がある —— 北海道 YMCA 百年史 ——』北海道 YMCA，1997 年 10 月.
日本キリスト教婦人矯風会札幌支部創立 100 周年記念誌編集委員会編『主に導かれて —— 矯風会札幌支部 100 周年記念誌 ——』同支部，1998 年 9 月.
北海道マスコミ伝道センター編『御言葉を宣べ伝えなさい —— 創立 40 周年記念 ——』同センター，1999 年 10 月.
深瀬忠一，橋本左内，榎本栄次，山本光一共編『平和憲法を守りひろめる（新教コイノニア，18）』新教出版社，2001 年 9 月.
［日本国際ギデオン協会］編『日本国際ギデオン協会 50 年史』同協会，2001 年 10 月.
札幌市民クリスマス 2003 実行委員会編『札幌市民クリスマス　2003』同実行委員会，2003 年 12 月.
札幌朝祷会編「第 900 回記念例会」同会，2004 年 4 月.
第 19 回聖霊による刷新北海道大会実行委員会編「第 19 回聖霊による刷新北海道大会ご案内」，2004 年 5 月.
北海道福音放送協会作成「北海道福音放送協会の沿革と働き」，2004 年 7 月 14 日，同協会より受信.
石井栄治，小岩裕一，髙橋養二，岡田順一共編『みことばの祝福 —— 北海道ケズィック・コンベンション四〇周年記念誌 ——』北海道ケズィック・コンベンション事務局，2006 年 2 月.
土屋博，寺岡宏共著『北海道大学キリスト教青年会の歩み —— 羊たちの群像 ——』同青年会，2009 年 10 月.

伝記・自伝・人物研究（論説を含む）

安東幾三郎「ウィリヤム，クラーク」（札幌農学校学芸会編『蕙林』第 13 号，1894 年 11 月，所収）.
内村鑑三「黒田清隆伯逝く」（『福音新報』272 号，1900 年 9 月，所収）.
山鹿旗之進「落葉のかきよせ」㈤ハリス監督の逸事（『教会時報』1560 号，1921 年 7 月，所収）.
小野村林蔵著『神社に対する疑義』新星社，1925 年 12 月.
内村鑑三「基督教の伝道師として見たるウィリアム・S・クラーク先生」（『聖書之研究』第 315 号，1926 年 10 月，所収）.
椿真泉（真六）著『日本精神と基督教』中村信以（東京堂発売），1934 年 11 月.
山本泰次郎訳編『宮部博士あての書簡による内村鑑三』東海大学出版部，1950 年 10 月.
浅見仙作著『小十字架』待晨堂書店，1952 年 11 月.

小塩力著『高倉徳太郎伝』新教出版社，1954 年 6 月．

内村鑑三著『内村鑑三著作集』第 17 巻小篇，岩波書店，1954 年 8 月．

高倉新一郎「クラーク博士と北海道大学」(『北大季刊』第 17 号, 1959 年 12 月, 所収)．

宮部金吾「如何にして基督教が札幌初代学生間に伝はりしか」（逢坂信忢著『クラーク先生を語る』増補 3 版，著者，1963 年 12 月，所収）．

逢坂信忢著『クラーク先生詳伝』クラーク先生詳伝刊行会，1956 年 2 月（再版：1965 年 1 月）．

小沢三郎著『内村鑑三不敬事件』新教出版社，1961 年 9 月．

仁多見巌訳編『ジョン・バチェラーの手紙』山本書店，1965 年 12 月．

佐波亘編『植村正久と其の時代』第 1 巻，教文館，1966 年 3 月（復刻．初版：1937 年 12 月）．

内村鑑三著，松沢弘陽訳「余はいかにしてキリスト信徒となりしか —— わが日記より ——」（松沢弘陽編『日本の名著』38，中央公論社，1971 年 5 月，所収）．

宮田洋子訳『掌院セルギイ北海道巡回記（キリシタン文化研究会シリーズ，6)』キリシタン文化研究会，1972 年 7 月．

日本聖公会歴史編集委員会編『あかしびとたち —— 日本聖公会人物史 ——』(日本聖公会出版事業部，1974 年 7 月，所収)．

小野忠亮著『宣教師・植物学者フォリー神父（キリシタン文化研究会シリーズ，15)』キリシタン文化研究会，1977 年 4 月．

椿貞子編著『陽子の坂道』椿貞子後援会，1977 年 10 月．

小野村林蔵著，小野村林蔵全集刊行委員会編『小野村林蔵全集』第 1 巻〜第 3 巻，新教出版社，1979 年 3 月〜 12 月．

太田雄三著『クラークの一年 —— 札幌農学校初代教頭の日本体験 ——』昭和堂，1979 年 8 月．

鈴江英一「戦争期，キリスト教徒にみる国家体制順応の思想 —— 札幌組合基督教会椿真六牧師の場合を事例として ——」(1) 〜 (5)（『北海道史研究』第 22 号〜第 26 号，1980 年 4 月〜 1981 年 6 月，所収）．

牧野キク「藤に生きる」(『私たちの歴史』2，北海道新聞社，1984 年 3 月，所収)．

札幌市教育委員会文化資料室編『新渡戸稲造（さっぽろ文庫，34)』札幌市・札幌市教育委員会，1985 年 9 月．

坂本幸四郎著『涙の谷を過ぎるとも —— 小山宗祐牧師補の獄中自殺 ——』河出書房新社，1985 年 12 月．

鈴木俊郎著『内村鑑三伝　米国留学まで』岩波書店，1986 年 1 月．

佐藤昌彦，大西直樹，関秀志編訳『クラークの手紙 —— 札幌農学校生徒との往復書簡 ——』北海道出版企画センター，1986 年 6 月．

ジョン・M. マキ著『W・S・クラーク　その栄光と挫折』(北海道大学図書刊行会，1986 年 12 月（新装版．第 1 版：1978 年 3 月)．

上田誠吉著『ある北大生の受難 —— 国家秘密法の爪痕 ——』朝日新聞社, 1987 年 9 月．

松沢弘陽「非戦を訴えた札幌市民」(深瀬忠一ほか共編『北海道で平和を考える』北海道大学図書刊行会，1988年11月).
榎本栄次著『川は曲がりながらも――北海道開拓伝道一四年の記録――』主婦の友社，1989年6月.
松沢弘陽「札幌農学校・トルストイ・日露戦争――一学生の日記と回想――」(『北大法学論集』第39巻第5・6合併号下巻，1989年10月，所収).
岸本羊一著『スキャンダラスな人びと――レーン夫妻スパイ事件と私たち――』新教出版社，1991年7月.
仁多見巌著『異教の使徒――英人ジョン・バチラー伝――』北海道新聞社，1991年8月.
大島正健著，大島智夫改訂増補『クラーク先生とその弟子たち』教文館，1993年5月(初版：帝国教育会出版部，1937年7月).
藤井清「藤井清氏聞書き(1995年)(新札幌市史編集資料)」新札幌市史編集室，1995年9月27日，稲場民子聞取.
鈴木範久著『内村鑑三日録』1，1891－1888，青年の旅，教文館，1998年2月.
北村正直「北村正直氏聞書き(1999年)　戦後の札幌市内のキリスト教会事情――福音ルーテル教会信徒の視点から――(札幌市史編纂資料)」札幌市教育委員会文化資料室，1999年7月4日，鈴江英一聞取.
桑原真人，田中彰共編著『平野弥十郎幕末・維新日記』北海道大学図書刊行会，2000年2月.
李清一「北海道・樺太伝道と韓泰裕牧師(歴史コラム㉒)」(在日大韓基督教会編『福音新聞』第615号，2003年8月1日付).
久保木勁「久保木勁牧師聞書き(2004年)　～1970年代以降，札幌のキリスト教界(札幌市史編纂資料)」札幌市教育委員会文化資料室，2004年3月21日，鈴江英一聞取.
佐々木宏人「封印された殉教――あなたは戸田帯刀神父を知っていますか？――」⑱(『福音と社会』251号，2010年8月以降，所収，連載中).
小枝弘和著『William Smith Clarkの教育思想――札幌農学校の自由教育の系譜――』思文閣出版，2010年12月.
キリスト教史学会編『宣教師と日本人――明治キリスト教史における受容と変容――』教文館，2012年9月.
北大生宮澤弘幸「スパイ冤罪事件」の真相を広める会編『引き裂かれた青春――戦争と国家秘密――』花伝社，2014年9月.

キリスト教史研究

中嶋正昭執筆『北海道開拓伝道　1954～1963』日本基督教団北海教区常置委員会，1965年1月.

工藤英一著『日本社会とプロテスタント伝道――明治期プロテスタント史の社会経済史的研究――』日本基督教団出版部，1959年10月．

深瀬忠一，橋本左内共著『平和憲法を守るキリスト者――恵庭事件におけるキリスト者の証し――（新教新書，141)』新教出版社，1968年5月．

靖国神社国営化阻止北海道キリスト教連絡会編『“信教の自由”めざして（靖国神社国営化阻止ハンドブック，1)』同連絡会，1972年3月．

深瀬忠一，榎本栄次共編著『北からの平和（今日のキリスト双書，18)』新教出版社，1975年1月．

靖国神社国営化阻止北海道キリスト教連絡会編『“まちの靖国„北海道のたたかい（靖国神社国営化阻止ハンドブック，2)』同連絡会，1976年8月．

札幌市教育委員会文化資料室編『札幌の絵画（さっぽろ文庫，17)』札幌市・札幌教育委員会，1981年6月．

松沢弘陽「札幌農学校と明治社会主義」（北海道大学編『北大百年史』通説，ぎょうせい，1982年7月，所収)．

山田滋編（代表)『日本基督教会札幌北一条教会創立九十周年記念論集』同教会，1986年11月．

永沢悟「戦時下，日本基督教団北海教区における第六部等の動向」（日本キリスト教団北海教区宣教研究委員会編『宣教論集――1986年――』同教区，1987年3月，所収)．

五味一「日本基督教団北海教区「北海道特別開拓伝道」の研究」（日本キリスト教団北海教区宣教研究委員会編『宣教論集――1986年――』同教区，1987年3月，所収)．

阿部敏夫「禁酒会」（札幌市教育委員会文化資料室編『札幌とキリスト教（さっぽろ文庫，41)』札幌市・札幌市教育委員会，1987年6月，所収)．

鈴江英一「戦前，札幌におけるキリスト教会の変遷――その名称と会堂位置について――」（新札幌市史編集室編『札幌の歴史』第13号，札幌市教育委員会文化資料室，1987年8月，所収)．

小檜山ルイ著『アメリカ婦人宣教師――来日の背景とその影響――』東京大学出版会，1992年6月．

[島田麗子] 編『主よ，御もとに立ち帰らせてください』Ｉ私たちの歴史と福音理解，「正義と平和」委員会ほか，[1993年]．

鈴江英一「自治体史の中のキリスト教史――札幌市史の経験を中心に――」（『日本プロテスタント史研究会報告』第51号，1994年1月，所収)．

鈴木正實「キリスト教的精神風土と北海道の洋画――二人の指導者を中心に（1)――」（北海道立近代美術館ほか編『紀要　1994－95』同館ほか，1995年3月)．

鈴江英一「地域キリスト教史の試み――札幌の事例による――」（『横浜プロテスタント史研究会報』№16，1995年4月，所収)．

仁多見巌「戦時下における札幌のカトリック伝道と受難」（『札幌の歴史』第29号，1995年8月，所収)．

鈴江英一「戦時下キリスト教史の叙述について――『新札幌市史』のためのノート――」(『札幌の歴史』第31号，1996年8月，所収).
大島良雄「小樽拠点の宣教活動　1902年－1914年」(『関東学院大学文学部2000年度紀要』第89号，2000年7月，所収).
鈴江英一著『キリスト教解禁以前――切支丹禁制高札撤去の史料論――』岩田書院，2000年11月.
平中忠信「一九七〇年以降の札幌地区における，カトリックの動向」(札幌市教育委員会文化資料室編『札幌の歴史』第47号，2004年8月，所収).
鈴江英一著『開拓使文書の森へ――近代史料の発生，様式，機能――』北海道出版企画センター，2005年3月.
原誠著『国家を超えられなかった教会――15年戦争下の日本プロテスタント教会――』日本キリスト教団出版局，2005年12月.
前川公美夫著『北海道音楽史』新装版，亜璃西社，2006年8月(第2刷．初版：1995年7月).
『「靖国問題」北海道の四〇年――これからも共に――』編集委員会編『「靖国問題」北海道の四〇年――これからも共に――』靖国神社国営化阻止北海道キリスト教連絡会，2011年11月.
キリスト教史学会編『植民地化・大正デモクラシー・再臨運動――大正期キリスト教の諸相――』教文館，2014年8月.
中井純子「宗教団体法および改正治安維持法下での日本セブンスデー・アドベンチスト教団の弾圧」(『キリスト教史学』第69集，2015年7月，所収).
鈴江英一「札幌における状況への順応」(『キリスト教史学』第71集，2017年7月，所収).

道内教界・教会紙

日本聖公会北海道地方部『北海之光』，1892年創刊.
札幌基督教青年会(創刊時：札幌日本基督教会青年会)『北海教報』，1898年1月創刊.
札幌組合基督教会『北海光』，1906年2月創刊，
札幌独立基督教会『独立教報』，1913年創刊.
札幌組合基督教会『北光』，1914年4月創刊．一時期，日本組合基督教会北海部会紙.
フランシスコ会『光明』1916年1月創刊.
日本メソヂスト教会北海部会『北海メソヂスト』，1917年7月創刊.
北海の正教社『北海の(之)正教』，1919年6月創刊.
札幌メソヂスト教会『札幌教壇』，1930年［10月］創刊.

史資料・史料集

『大日本正教会公会議事録』東京降誕会，1881 年 7 月．

開拓使残務取扱所旧札幌本庁工業課営繕係『庁下官宅一件　明治十二年一月ヨリ同拾五年至ル』北海道立文書館所蔵簿書 5268 号，№ 33，1882 年．

札幌基督教会編『札幌基督教会々員姓名録　明治廿三年二月調』同教会，1890 年．

『美以教会日本年会記録』，第 8 回～第 9 回（青山学院資料センター所蔵）．

Baptism,Marriages,Funerals as Region,Hakodate,1874-.（デニングの英文教籍簿．日本聖公会北海道教区事務所所蔵）

札幌基督教会編『[札幌基督] 教会日誌（書記）第二巻　明治廿八年四月ヨリ三十年二月マテ』，1897 年（札幌独立キリスト教会原蔵．複写本：札幌市文化資料室）．

『明治二十二年大日本正教会公会議事録』正教会本会，1889 年 8 月．

札幌基督教会『札幌基督教会報告』第 1 号・第 9 号，1893 年～ 1897 年．

『大挙伝道札幌五教会運動記録』1901 年（札幌北光教会所蔵）．

札幌独立基督教会『日誌　第五巻　明治三十三年ヨリ三十四年二月マテ』，1901 年．

札幌独立基督教会『札幌独立教会日誌　明治参拾六年壱月起』，1903 年（札幌独立キリスト教会原蔵．複写本：札幌市文化資料室）．

「日本正教会各会状況表概要　自明治四十二年七月至同四十三年六月」（『大日本正教会神品公会議事録』，1910 年 9 月，所収）．

『札幌基督教信徒名簿』，[1910 年]（北海道大学附属図書館（佐藤昌介記念文庫）所蔵）．

伊東正三編『札幌区史史料　第一（宗教）』（市立函館図書館所蔵）．

北海道史編纂掛編『北海道ニ於ケル宗教』（北海道大学附属図書館管理）．

『日本メソヂスト教会第十六回東部年会記録』（青山学院資料センター所蔵）．

THE ACTS AND PROCEEDINGS OF THE FIFTY-SIXTH GENERAL ASSEMBLY OF THE Presbyterian Church in Canada，1930 年 6 月．

『基督申報』第 801 号，1931 年 4 月 8 日．

『北海道部部会記録　第二十七回　昭和八年十月』，1933 年（日本基督教団札幌教会所蔵）．

『在日本朝鮮基督教会大会々録』第 1 回～第 2 回，1934 年 8 月～ 1936 年．

北海道警察部特別高等課編『特別関係要警戒人物一覧簿』同課, 1936 年 9 月（複写本：北海道立文書館所蔵）．

札幌組合基督教会編『統計書類綴　自明治二十九年十月以降至昭和一五年度年表』，1940 年（札幌北光教会所蔵）．

深谷善三郎編『宗教団体法解説』中央社，1940 年 3 月（増修 7 版）．

札幌市役所『札幌宗教関係書類』1 ～ 7・9 ～ 11・14・20 ～ 22，1927 年～ 1943 年（北海道立図書館所蔵．原題：『社寺関係書類』『宗教結社届綴』『寺院教会規則認可関係』など）．

日本基督教団編『日本基督教団年鑑』昭和 18 年版・1971 年版・2001 年版，同教団

出版局ほか，［1943年］～2000年11月．

日本基督教団讃美歌委員会編『興亜讃美歌』警醒社，1944年2月（第2版．初版1943年6月）．

［キリスト教関係被弾圧者名簿］（複写本：北海道立文書館所蔵．故加藤邦雄牧師収集史料，⑬日本基督教団関係資料，vol. 3，所収）．

キリスト教年鑑編集部編『キリスト教年鑑』（1978年版までは『基督教年鑑』）1948年版～2004年版，キリスト新聞社，1948年9月～2003年11月．

「札幌市史編集資料」21宗教（1）調査資料，1950年（札幌市公文書館所蔵）．

H・チースリク訳『宣教師の見た明治の頃（キリシタン文化研究シリーズ，2)』キリシタン文化研究会，1968年11月．

同志社大学人文科学研究所，キリスト教社会問題研究会共編『戦時下のキリスト教運動――特高資料による――』1～3，新教出版社，1972年6月～1973年8月．

戸村政博編『神社問題とキリスト教（日本近代キリスト教史資料，1)』新教出版社，1976年8月．

日本基督教会北海道中会歴史編纂委員会編『日本基督教会北海道中会記録　1903年－1961年』新教出版社，1983年10月．

札幌市教育委員会文化資料室編『札幌歴史写真集（さっぽろ文庫別冊)』昭和編，同市・同市委員会，1984年2月．

松村菅和・女子カルメル修道会共訳『パリ外国宣教会年次報告』Ⅰ（1846～1893）～Ⅱ（1894～1901），聖母の騎士社，1996年8月．

日本基督教団宣教研究所教団史料編纂室編『日本基督教団史資料集』第1巻～第5巻，同研究所，1997年1月～2001年10月．

稲垣正策編『第一回―第十回日本基督教団教区総会議事録，北海教区常置委員会など記録』編者，［2009年1月］

道内一般紙

『北海道毎日新聞』，1887年創刊．

『小樽新聞』，1894年創刊．

『北海タイムス』，1901年創刊．

『北海道新聞』，1942年創刊．

『北海タイムス』，1949年創刊．

札幌キリスト教史

宣教の共なる歩み

発行日……二〇一九年十二月二十一日　第一版第一刷発行
定価……［本体五、四〇〇＋消費税］円
著者……鈴江英一
発行者……西村勝佳
発行所……株式会社 一麦出版社
札幌市南区北ノ沢三丁目四―一〇　〒〇〇五―〇八三二
郵便振替〇二七五〇―三―二七八〇九
電話（〇一一）五七八―五八八八　FAX（〇一一）五七八―四八八八
URL http://www.ichibaku.co.jp/
携帯サイト http://mobile.ichibaku.co.jp/
印刷……株式会社総北海
製本……石田製本株式会社
装釘……須田照生

ISBN978-4-86325-120-5 C0016
落丁本・乱丁本はお取り替えいたします。

日本キリスト教会札幌北一条教会100年史
――1890―1995　札幌北一条教会歴史編纂委員会

神の言葉への信従、感謝と悔い改めの表白。変わることのない「神の真実」こそが、教会のあらゆる時代をつらぬいていることを見出したい。
菊判　定価（本体5800＋税）円

日本キリスト教会50年史
――1951―2000　日本キリスト教会歴史編纂委員会

一九五一年の創立大会からの五十年の歩みを記述。前史として、一八五九年の宣教師来日、日本基督公会、日本基督一致教会、日本基督教団の各時代にも言及。
菊判　定価（本体4500＋税）円

小野村林蔵
――日本伝道二代目の苦難　山田滋

日本の福音宣教、教会形成の閉塞状態が叫ばれて久しい。主のご栄光のために励んだ日本伝道二代目の牧師の困難を研究することは、この課題に益するであろう。
四六判　定価（本体1800＋税）円

植村正久の神学理解
――『真理一斑』から「系統神学」へ　木下裕也

処女作の『真理一斑』、対海老名論争の中で生み出された「キリストとその事業」、東京神学社での講義録「系統神学」など主要な文献にもあたってその神学理解に迫る――。
A5判　定価（本体4200＋税）円

福音道しるべ
植村正久（大森教会「福音道志流部」現代語訳委員会訳）

君に届け！　27歳、植村正久、現代の言葉で福音を語る。日本人に福音を伝えたい、という青年・植村の篤い思いに圧倒される。
四六判　定価（本体850＋税）円

地のはてまで
――歴史と永遠の切点に生きる　永井修

キリストの証人として、いかなる困難に直面しようとも「地のはてまで」（使徒一・八）伝道したキリスト者たち。傑作エピソード満載で、圧倒的なおもしろさ！
A5判　定価（本体5200＋税）円